장애와 재활

Foundations of
Vocational Rehabilitation

| 이상진 저 |

학지사

머리말

1981년 장애인의 재활을 법적으로 최초 명시한 「심신장애자복지법」이 시행된 이후 많은 장애 관련 법령들이 제정되며 장애인 재활 분야도 많은 발전을 이루어 왔다. 특히 21세기에 들어 제정된 「장애인차별금지 및 권리구제 등에 관한 법률」은 고용, 교육, 서비스 이용, 사법 · 행정, 가족 등 장애인 삶의 전반적인 영역에 있어 차별을 금지하여 장애인의 권리를 향상시키고 삶의 질을 높이는 계기가 되었다.

장애의 정의도 이와 같은 사회환경의 변화와 더불어 변화해 왔다. WHO가 1980년 제시한 국제장애분류(International Classification of Impairment, Disabilities, and Handicaps: ICIDH)는 신체적 · 정신적 손상으로 인해 기능에 제한이 있는 사람을 장애인으로 보고 이 장애로 인해 사회적 불이익인 handicap을 가지는 '장애의 개인적인 측면'을 강조했었다. 그러나 2001년 제시한 국제기능장애건강분류(International classification of disability, functioning and health: ICF)에서는 ICIDH의 정의에서처럼 손상이 사회적 불이익의 일반적 원인이 되는 것이 아니라, 장애와 기능은 장애인의 건강상태, 환경, 개인적인 요인들과 서로 연관되어 복잡하고 다양한 상호작용으로 인해 나타나는 결과로 인식하는 새로운 패러다임을 제시하였다. 이는 곧 장애인을 둘러싼 사회환경이 장애인에 대해 개별 욕구에 적합한 양질의 지원과 서비스를 제공하는가 여부에 따라 장애의 정도가 달라지고, 결국 장애인의 사회참여와 활동 수준을 결정한다고 보는 장애에 관한 생태학적 개념으로 변화하였다.

이러한 측면에서 장애인들이 성인으로서 경제적인 활동을 통해 적극적인 사회참여와 활동을 할 수 있도록 지원하는 직업재활의 필요성은 더욱더 강조되고 있다. 재활은 이전의 능력이나 지위, 권리, 명예를 회복하거나 개발하는 것을 의미하며, 직업재활은 이 과정에서 인간의 존엄성과 가치를 부여하는 중요한 역할을 하는 것이다.

2008년 제정된 「장애인차별금지 및 권리구제 등에 관한 법률」은 제10조 고용부문에 차별금지 조항을 두어 "사용자는 모집 · 채용, 임금 및 복리후생, 교육 · 배치 · 승진 · 전보, 정년 · 퇴직 · 해고에 있어 장애인을 차별하여서는 아니 된다."라고 규정하고 있고, 「장애인고용촉진 및 직업재활법」에서는 직업재활서비스를 "직업생활을 통하여 자립할 수 있도록 하는 것"이라고 정의하고 있으며, 장애인이 차별받지 않고 본인이 가진 능력을 평가받아 평등한 고용기회를 가져 직업에 진출하고, 적정한 고용관리를 통해 장기간 직업유지가 가능하도록 제도화하고 있다. 즉, 장애인의 희망·적성·능력 등에 맞는 직업생활을 할 수 있게 돕는 다양한 직업재활서비스를 제공하도록 하여 장애인의 자립능력 개발에 직업재활서비스가 중추적인 역할을 하고, 당사자의 개별 특성과 욕구에 적합한 서비스 제공을 제도적으로 정하고 있음을 알 수 있다. 직업재활 과정에 장애인도 직업인으로서의 자각을 가지고 스스로 능력이 향상되도록 노력하여 유능한 직업인으로 자립하도록 노력하여야 한다고 하고 있어 현재의 재활 패러다임이 장애인 당사자들의 능동적인 참여를 통한 직업, 사회, 나아가 문화적 측면에서 자립생활 성취에 그 목적을 두고 있음을 알 수 있다.

이렇게 변화하는 재활 패러다임에 따라 직업뿐 아니라 사회·문화적 영역에서 장애인의 진로를 탐색하고 발달을 지원하는 전인적인 재활 전문가 양성과 장애인의 보다 다양해진 개별 욕구에 부응하는 전문적인 서비스를 제공할 수 있는 전문인력의 필요성도 점차 높아지고 있는 상황이다.

이러한 의미에서 보다 깊이 있는 지식을 갖춘 직업재활 전문인력이 양성되고, 장애인이 전문적인 직업재활서비스를 통해 보다 만족스러운 삶을 영위하기를 원하는 바람을 담아 이 『장애와 재활』이라는 책을 저술하게 되었다.

이 책의 각 장은 직업재활의 역사와 정의부터 각 과정별 직업재활서비스의 이론뿐 아니라 현장에 적용하는 데 도움을 줄 사례와 양식도 포함하여 구성함으로써 활용도를 높이고자 하였다.

앞으로 이 책이 직업재활 분야의 성장에 도움이 되기를 바라며, 책이 나오기까지 많은 도움을 주신 학지사 김진환 사장님과 한승희 부장님, 꼼꼼히 살펴 다듬어 주신 이세희 선생님과 편집부 선생님들 그리고 많은 가르침을 주신 강위영 교수님, 언제나 열렬한 격려를 아끼지 않는 사랑하는 가족들, 힘 내라고 응원해 준 평택대학교 재활상담학과 학생들과 동문들, 힘들고 어려울 때마다 의로운 손으로 붙들어 주신 하나님 아버지께 감사를 드린다.

2018년 6월

저자 이상진

차례

제1장

Foundations of Vocational Rehabilitation

우리나라 직업재활의 역사

1. 직업재활 관련 법령
2. 장애인고용지원제도
3. 「장애인복지법」
4. 「발달장애인 권리보장 및 지원에 관한 법률」
5. 「중증장애인생산품 우선구매 특별법」
6. 「장애인기업활동 촉진법」

1. 직업재활 관련 법령

1) 1988년 서울장애인올림픽

1988년 서울올림픽 개최와 더불어 하계올림픽을 개최하는 국가가 같은 해에 장애인올림픽을 주최하는 관례에 따라, 1988년 10월 15일부터 24일까지 서울장애인올림픽을 개최하였다. 이 장애인올림픽으로 인해 국내에서는 장애인에 대한 인식이 개선되고 장애인 스스로도 보다 적극적인 태도를 갖추며, 국외로는 장애인 복지 분야의 국제교류가 강화되었다. 또한 직업재활을 촉진하기 위한 「장애인고용촉진 등에 관한 법률」 등 관계 법령이 제정되어 장애인의 경제적 자립을 법률적으로 지원하는 계기가 되었다.

[그림 1-1] 서울장애인올림픽 포스터

2) 「장애인고용촉진 등에 관한 법률」(1990)

1990년 1월 13일 장애인이 그 능력에 맞는 직업생활을 통하여 인간다운 생활을 할 수 있도록 장애인의 고용촉진과 직업재활 및 직업안정을 도모함을 목적으로 「장애인고용촉진 등에 관한 법률」을 제정하고 1991년 1월 1일부터 시행하였다.

동법 제2조(정의) 제1항에서는 '장애인'을 "신체 또는 정신상의 장애로 인하여 장기간에 걸쳐 직업생활에 상당한 제약을 받는 자로서 대통령령이 정하는 기준에 해당하는 자"로 정의했고, 제2항에서는 '직업재활'을 "장애인에게 직업지도 · 직업훈련 · 직업소개 기타 이 법이 정하는 조치를 강구하여 장애인이 직업생활을 통하여 자립할 수 있도록 하는 것"으로 정의하였다(법제처, 1990). 또 '중증장애인'에 대해 "장애인 중 근로능력이 현저하게 상실된 자로서 대통령령으로 정하는 기준에 해당하는 자"로 개념을 정의하였다.

제4조(사업주의 책임) 제1항에서는 사업주가 장애인의 고용에 관한 정부의 시책에 협조하여야 하고, 장애인이 가진 능력을 정당하게 평가하여 고용의 기회를 제공함과 동시에 적정한 고용관리를 행할 의무를 지며, 제2항에서는 사업주가 근로자가 장애인이라는 이유로 채용 · 승진 · 전보 및 교육훈련 등 인사관리상의 차별대우를 하여서는 아니된다고 규정하고 있다. 제5조에서는 장애인인 근로자도 직업인으로서의 자각을 가지고 스스로의 능력 개발 및 향상을 도모하여 유능한 직업인으로서 자립하도록 노력하여야 한다고 하였다.

무엇보다도 1990년 「장애인고용촉진 등에 관한 법률」의 가장 큰 의의는 '장애인 의무고용제도'의 실시를 들 수 있다. 동법 시행령 제33조는 상시 300인 이상의 근로자를 고용하는 사업주를 의무고용 대상 사업주로 정하고 제34조에서 기준고용률을 100분의 2로 정하여 의무고용제도를 통해 장애인 고용을 활성화하고자 하였다. 그러나 장애인 고용 의무를 민간 사업주에게만 부여하고 국가 및 지방자치단체의 경우 법 제34조 제1항에 국가 및 지방자치단체의 장은 장애인이 소속 공무원 정원의 100분의 2 이상 고용될 수 있도록 노력하여야 한다고 하여 권고사항으로 두어 민간 사업주에게 차별적인 법률이었다. 또한 제3항에서는 국가 및 지방자치단체의 적용제외 공무원 규정을 두어 직무의 성격상 장애인의 근무가 부적합한 다음과 같은 직무 분야, 직종, 직급 등에 대하여는 장애인 의무고용 적용을 제외하여 이 또한 차별적인 성격을 가지고 있었다.

'알아봅시다' 1-1 국가 및 지방자치단체의 적용제외 공무원

국가 및 지방자치단체의 적용제외 공무원(제32조 관련)

1. 「국가공무원법」 제2조 제2항 제1호 및 「지방공무원법」 제2조 제2항 제1호의 규정에 의한 일반직 공무원 중 다음 각 호에 해당하는 직렬의 공무원
   가. 1급 내지 9급공무원 중 공안 · 공업 · 광무 · 농림 · 물리 · 선박 · 수산 · 시설 · 통신 · 항공 및 수로직군의 전체 직렬
   나. 연구직 공무원 중 학예 · 공업 · 농림 · 물리 및 수산직군의 전체 직렬
   다. 지도직 공무원 중 농림 · 수산직군의 전체 직렬

2. 「국가공무원법」 제2조 제2항 제2호 및 「지방공무원법」 제2조 제2항 제2호의 규정에 의한 특정직 공무원

3. 「국가공무원법」 제2조 제2항 제3호 및 「지방공무원법」 제2조 제2항 제3호의 규정에 의한 기능직 공무원 중 다음 각 호에 해당하는 직렬의 공무원
   가. 사무보조 분야를 제외한 철도현업 직렬
   나. 계리 및 사무보조 분야를 제외한 체신현업 직렬
   다. 토건 · 기계 · 화공 · 선박 · 농림 및 방호직군의 전체 직렬
   라. 통신 · 전화수리 및 전기 직렬

4. 「국가공무원법」 제2조 제3항 제1호 및 「지방공무원법」 제2조 제3항 제1호의 규정에 의한 정무직 공무원

5. 「국가공무원법」 제2조 제3항 제2호의 규정에 의한 별정직 공무원 중 '가' · '나' 및 '다'의 공무원

6. 「국가공무원법」 제2조 제3항 제4호 및 「지방공무원법」 제2조 제3항 제4호의 규정에 의한 고용직 공무원 중 이 표의 제3호에 해당하는 기능직 공무원과 동일 직무를 수행하는 고용직 공무원

7. 「국회인사규칙」 제4조 제1항의 규정에 의한 일반직 공무원 중 다음 각 호에 해당하는 직렬의 공무원
   가. 경위 직렬
   나. 공업 · 통신 · 시설 및 농림직군의 전체 직렬

8. 「국회인사규칙」 제4조 제2항의 규정에 의한 기능직 공무원 중 전화수리 · 전기 및 기계 직렬 공무원

9. 「법원공무원규칙」 제4조 제1항의 규정에 의한 일반직 공무원 중 다음 각 호에 해당하는 직렬 및 직류의 공무원
   가. 법원사무 직렬 중 조사사무 직류, 정리 직렬
   나. 통역 · 시설 및 공업직군의 전체 직렬

10. 「법원공무원규칙」 제4조 제2항의 규정에 의한 기능직 공무원 중 다음 각 호에 해당하는 직렬 및 직류의 공무원
   가. 사무보조 직렬 중 정리 직류
   나. 시설 · 공업 · 원예 및 방호직군의 전체 직렬
   다. 전화수리 직렬

11. 위 각호의 공무원 외에 관계부처와 협의하여 노동부장관이 정하는 직렬 또는 직류 · 직무 분야 및 직급 등에 해당하는 공무원

장애인의 의무고용을 확대하기 위해 상벌제도도 두었는데, 기준의무고용비율 이상으로 고용하는 경우 제37조(장애인고용지원금 등의 지급) 제1항에 사업주가 기준고용률을 초과하여 장애인을 고용하는 경우나 적용을 받지 아니하는 사업주가 장애인을 고용하는 경우 당해 사업주에게 고용지원금을 지급하도록 하였다. 반면 제38조 제1항은 장애인 고용률이 기준고용률에 미달하는 사업주는 매년 당해 연도의 최저임금액의 100분의 60 이상에 해당하는 장애인 고용부담금을 납부하도록 하였다.

또한 법에서 정하는 장애인의 고용촉진업무를 효율적으로 수행하여 장애인이 직업생활을 통하여 자립할 수 있도록 지원하기 위해 동법 제12조에서 '한국장애인고용촉진공단' 설립을 명시하여 1990년 9월 1일 공단을 설립하였고 다음의 사업을 수행하도록 하였다.

① 장애인의 고용에 관한 정보의 수집 · 분석 · 제공 및 직업 소개
② 장애인의 고용촉진 및 직업재활에 관한 조사 · 연구
③ 장애인적응훈련 및 장애인직업생활상담원의 양성 · 연수
④ 사업주와 관계기관에 대한 직업재활 및 고용관리에 관한 기술적 사항의 지도 · 지원

⑤ 장애인에 대한 적성검사, 직업지도 · 평가 기타 직업에 필요한 지식과 기능 교육
⑥ 장애인직업훈련원 및 장애인표준사업장 운영
⑦ 장애인고용촉진을 위한 홍보 · 교육 및 장애인기능경진대회 등 관련사업
⑧ 기타 장애인의 고용촉진을 위하여 필요한 사업 및 노동부장관 또는 중앙행정기관의 장이 위탁하는 사업

「장애인고용촉진 등에 관한 법률」 제47조는 공단의 운영, 지원금 및 장려금의 지급 등 장애인고용촉진을 위한 사업을 수행하기 위하여 장애인고용촉진기금을 설치하고, 제48조에 기금 재원에 관한 규정을 두어 사업주의 부담금, 정부 또는 정부외의 자로부터의 출연금 또는 기부금 등으로 재원을 마련하도록 하였다. 그 결과 기금 재원의 대부분이 사업주 부담금으로 마련되어 장애인 고용이 감소될수록 오히려 기금이 증가하는 모순적인 상황이 벌어지게 되었다.

3) 「장애인고용촉진 및 직업재활법」(2000)

「장애인고용촉진 등에 관한 법률」은 2000년에 「장애인고용촉진 및 직업재활법」으로 전부 개정되어 그해 7월부터 시행되었다. 동법은 장애인에 대한 직업지도, 직업적응훈련 등 고용촉진 및 직업재활의 단계적 사업 내용 및 지원 근거와 동 사업을 수행하는 기관 간 연계로 종합적 지원체계를 구축하기 위해 법 제명을 개정하였다는 것이 가장 큰 의의이며, 이는 제1조의 "장애인이 그 능력에 맞는 직업생활을 통하여 인간다운 생활을 할 수 있도록 장애인의 고용촉진 및 직업재활을 도모함을 목적으로 한다."라는 조항에도 잘 나타나 있다. 제2조 제2항에서는 중증장애인에 대해 "장애인 중 근로능력이 현저하게 상실된 자로서 대통령령이 정하는 기준에 해당하는 자"로 규정하고, 동법 시행규칙 제2조에서 「장애인복지법 시행규칙」 [별표 1]의 규정에 의한 장애인의 장애등급 중 제2급으로 하였으며, 시행령 제4조에 다음과 같이 대상자를 규정하였다(법제처, 2000a).

제4조(중증장애인의 기준) 법 제2조 제2호에 의한 중증장애인은 다음 각호의 1에 해당하는 자로 한다.

1. 「장애인복지법 시행령」 제2조의 규정에 의한 장애인 기준에 해당하는 장애인 중 노동부령이 정하는 장애등급 이상의 장애등급에 해당하는 자

2.「장애인복지법 시행령」제2조의 규정에 의한 장애인 기준에 해당하는 장애인 중 제1호의 규정에 의한 장애등급보다 1단계 낮은 장애등급에 해당하는 자로서 뇌병변장애인 · 시각장애인 · 지적장애인 · 발달장애인 · 정신장애인 · 심장장애인 및 상지에 장애가 있는 지체장애인

3.「국가유공자 등 예우 및 지원에 관한 법률 시행령」제14조 제3항의 규정에 의한 상이등급에 해당하는 자 중 2급 이상의 상이등급에 해당하는 자

4.「산업재해보상보험법 시행령」제31조 제1항의 규정에 의한 신체장해등급에 해당하는 자 중 제3급 이상의 장해등급에 해당하는 자

법 제2조 제3항에서는 "고용촉진 및 직업재활이라 함은 장애인의 직업지도 · 직업적응훈련 · 직업능력개발훈련 · 취업알선 · 취업 · 취업 후 적응지도 등에 대하여 이 법이 정하는 조치를 강구하여 장애인이 직업생활을 통하여 자립할 수 있도록 하는 것을 말한다."라고 명시하여 직업재활의 범위를 넓히고 보다 체계적인 직업재활 서비스를 제공할 기틀을 마련하였다.

또한 제23조에서는 국가 및 지방자치단체의 장애인고용을 권장사항에서 의무사항으로 변경하고, 장애인을 소속 공무원 정원의 100분의 2 이상 고용하여야 하며, 이에 미달할 경우 의무고용률을 조기에 달성할 수 있도록 재직 중인 장애인공무원 수가 1만 명에 이를 때까지 장애인공무원 공개채용비율을 100분의 5로 상향 조정하여, 민간 사업주 의무고용부담과 형평성을 맞추었다. 그러나 국가 및 지방자치단체의 장애인고용 의무 적용 제외 직무는 여전히 존재하였다.

제68조에서는 직업재활에 대한 내용이 포함되면서 기존의 장애인고용촉진기금의 명칭이 장애인고용촉진 및 직업재활기금으로 변경되고, 제61조(기금의 용도)에서 다음 각호에 규정하는 비용의 지급에 사용하도록 하였다.

① 공단의 사업수행에 필요한 경비
② 제26조의 규정에 의한 고용장려금
③ 장애인 고용촉진 및 직업재활정책에 관한 조사 · 연구에 필요한 경비
④ 직업지도, 직업적응훈련, 직업능력개발훈련, 취업알선 또는 장애인고용을 위한 시설 · 장비의 설치 · 수리에 필요한 비용의 융자 · 지원
⑤ 직업지도, 취업알선, 취업 후 적응지도를 행하는 자에 대한 필요한 경비의 융자 · 지원

⑥ 장애인에 대한 직업적응훈련, 직업능력개발훈련을 행하는 자 및 당해 장애인에 대한 훈련비 · 훈련수당

⑦ 자영업장애인에 대한 창업자금 및 장애인 근로자에 대한 직업생활안정자금 등의 융자

⑧ 사업주의 장애인 고용관리를 위한 장애인직업생활상담원 등의 배치에 필요한 경비

⑨ 기타 장애인의 고용촉진 및 직업재활을 위하여 대통령령이 정하는 사업에 소요되는 비용과 제1호 내지 제8호의 사업수행에 부대되는 경비

동법 시행규칙 제4조에서는 직업재활실시기관을 "장애인고용촉진 및 직업재활 사업을 수행할 목적으로 노동부장관으로부터 법인설립 허가를 받은 법인"과 "안마사에 관한 규칙 제5조의 규정에 의한 안마수련기관"으로 명시하였다.

또한 제16조에서는 '전문요원의 종류'를 다음과 같이 규정하고, 다음의 자격에 해당하는 자 중 공단이 실시하는 소정의 전문요원 양성 과정을 이수한 자로 규정하여, 직업재활서비스를 제공할 전문요원의 내용과 범위를 명확히 하였다.

① 장애인직업생활상담원

② 장애인직업훈련교사

③ 장애인직업상담사

④ 장애인직업능력평가사

⑤ 직무지도원

⑥ 수화통역사

⑦ 점역사

자격의 범위는 다음과 같다.

① 재활 · 교육 · 심리 · 의료 · 기술 및 사회사업 분야의 학사 이상의 학위를 소지한 자

② 고등학교 졸업 또는 이와 동등 이상의 학력을 취득한 후 공단, 장애인직업능력개발훈련시설, 「장애인복지법」에 의한 장애인복지시설 기타 장애인과 관련된 기관 및 단체에서 장애인 관련 업무에 2년 이상 종사한 자

③ 고등학교 졸업 또는 이와 동등 이상의 학력을 취득한 후 장애인 근로자가 종사하고 있는 사업장에서 3년 이상 재직하고 있는 자

4) 「장애인고용촉진 및 직업재활법」(2002)

2002년 9월 「장애인고용촉진 및 직업재활법」을 일부 개정하면서 시행령 제4조는 중증장애인의 기준 중 제3항의 기준을 "「국가유공자 등 예우 및 지원에 관한 법률 시행령」 제14조 제3항의 규정에 의한 상이등급에 해당하는 자 중 2급 이상의 상이등급에 해당하는 자"에서 "3급 이상의 상이등급에 해당하는 자"로 변경하였다(법제처, 2002).

또한 제16조(전문요원의 종류 등)는 장애인직업능력평가사와 직무지도원을 전문요원에서 삭제하고, 기존의 "공단이 실시하는 소정의 전문요원 양성과정을 이수한 자"라는 규정을 "소정의 전문요원 양성과정을 이수한 자"로 개정하였다. 또한 전문요원의 명칭도 장애인직업상담사를 장애인직업재활전문요원, 수화통역사를 수화통역전문요원, 점역사를 점역전문요원으로 변경하였다.

5) 「장애인고용촉진 및 직업재활법」(2004)

「장애인고용촉진 및 직업재활법」은 2004년에 개정되어 의무고용사업체의 범위를 50인 이상 상시 근로자 고용 사업체로 확대하였으며 장애인의무고용 비율은 개정하지 않았다. 그러나 제27조 제1항에서는 상시 50인 이상 100인 미만의 근로자를 고용하는 사업주의 경우 사업체 규모를 감안하여 장애인고용부담금 납부를 제외하였다(법제처, 2004).

제2조 제5항에서 근로자를 "소정근로시간이 대통령령이 정하는 시간 미만인 자(중증장애인을 제외한다)를 제외한다."라는 단서를 신설하여, 중증장애인이 근로자로 인정받을 수 있게 하였고, 시행령 제4조 제2항은 "1월간의 소정근로시간이 60시간 미만인 자"로 적용 제외 대상을 규정하였다.

또한 제3조 제2항을 신설하여 국가가 매년 장애인고용촉진 및 직업재활사업에 소요되는 비용의 일부를 일반회계에서 부담할 수 있도록 하여 고용촉진 및 직업재활사업의 재정적 안정화를 도모하였다. 제23조 제2항에서는 기존의 재직 중인 장애인 공무원의 수가 1만 명 미만인 경우 공개채용비율을 100분의 5로 하던 규정을 직종별 장애인 공무원의 수

가 해당 정원의 100분의 2 미만인 경우 그 직종의 공개채용비율은 100분의 5로 하도록 개정하여, 직종별로 의무고용비율을 달성하도록 내용을 강화하였다.

동법 시행령 제3조에서는 장애인의 기준을 다음의 3가지 기준에 해당하는 자로 두었다.

① 「장애인복지법」 시행령 제2조의 규정에 의한 장애인 기준에 해당하는 자
② 「국가유공자 등 예우 및 지원에 관한 법률 시행령」 제14조 제3항의 규정에 의한 상이등급기준에 해당하는 자
③ 「산업재해보상보험법 시행령」 제31조 제1항의 규정에 의한 신체장해등급기준 중 제1급 내지 제9급에 해당하는 자

6) 「장애인고용촉진 및 직업재활법」(2007)

「장애인고용촉진 및 직업재활법」은 2007년 전부 개정을 통해 사업주가 거짓과 그 밖의 부정한 방법으로 지원받는 것을 방지하기 위하여 부당한 융자 · 지원금 및 고용장려금 수급에 대한 제재를 강화하고, 부담금 징수 및 고용장려금 지급 등의 소멸시효 중단사유에 「민법」이 정하는 시효중단 사유를 추가하는 한편, 법 문장을 일반 국민이 쉽게 읽고 이해할 수 있도록 하기 위하여 법문장의 표기를 한글화하고 어려운 용어를 쉬운 우리말로 풀어 국민중심의 법률 문화를 정착시키고자 하였다(법제처, 2007a).

2007년 「장애인고용촉진 및 직업재활법」의 주요 내용은 법 제23조에 부정한 방법으로 수령한 융자 · 지원금의 징수 및 지급제한의 근거를 마련하여 사업주가 부정한 방법으로 장애인 고용 사업주 또는 장애인 표준사업장에 대한 융자 또는 지원을 받거나 융자 또는 지원금을 사업 목적에 집행하지 아니한 경우 당해 금액 또는 지원에 상응하는 금액을 징수할 수 있도록 하고, 3년간 융자 또는 지원을 제한할 수 있도록 하였다. 법 제31조는 고용장려금 부정수급에 대한 제재 조항을 신설하여 고용장려금을 거짓이나 부정한 방법으로 지급받은 경우 그 금액의 2배에 해당하는 금액을 추가로 징수하도록 하고, 2년간 고용장려금의 지급을 제한할 수 있도록 하였다. 법 제41조 제1항 제7호에서는 부담금이나 그 밖에 이 법에 따른 징수금을 징수하거나 그 환급을 받을 권리와 고용장려금을 받을 권리의 소멸시효의 중단 사유에 「민법」에서 규정하고 있는 시효중단 사유를 추가하였다.

7) 「장애인고용촉진 및 직업재활법」(2008)

2007년에 일부 개정하여 2008년에 시행된 「장애인고용촉진 및 직업재활법」의 제27조는 기존의 국가와 지방자치단체의 장애인 고용 의무 비율을 100분의 2 이상에서 100분의 3 이상으로 향상시켰으며, 장애인이 신규채용 인원의 100분의 3(장애인 공무원의 수가 해당 정원의 100분의 3 미만이면 100분의 6) 이상 채용되도록 시험을 실시하도록 하였다. 그러나 제3항에서는 공안직군 공무원, 검사, 경찰 · 소방 · 경호 공무원 및 군인의 경우 여전히 의무고용적용제외 직종을 두고 있어 차별적인 조항은 개선되지 않았다. 다만 제5항에서 국가 및 지방자치단체의 채용시험 및 모집에 응시하는 장애인의 응시 상한 연령을 중증장애인인 경우에는 3세, 그 밖의 장애인인 경우에는 2세 각각 연장하여 공공부문에서 장애인이 진출하는 데 도움을 주고자 하였다(법제처, 2008a).

또한 동법 시행령 제4조의 중증장애인의 기준도 일부 개정되어 「산업재해보상보험법 시행령」 규정에 의한 신체장해등급자를 대상에서 제외했고, 상지에 장애가 있는 지체장애인을 팔에 장애가 있는 지체장애인으로 변경하였다.

8) 「장애인고용촉진 및 직업재활법」(2009)

2009년에 개정된 「장애인고용촉진 및 직업재활법 시행령」 제4조 제1항 제2호는 중증장애인의 기준을 「장애인복지법 시행령」 제2조에 따른 장애인 기준에 해당하는 장애인 중 제1호에 따른 장애등급보다 한 단계 낮은 장애등급에 해당하는 자로서 뇌병변장애인 · 시각장애인 · 지적장애인 · 자폐성장애인 · 정신장애인 · 심장장애인 · 호흡기장애인 · 간질장애인 및 팔에 장애가 있는 지체장애인으로 개정하여, 호흡기장애인과 간질장애인으로 범위를 확대하였다.

9) 「장애인고용촉진 및 직업재활법」(2010)

2010년에 개정된 「장애인고용촉진 및 직업재활법」은 고용부담금과 고용장려금 의무고용비율을 분리하여 각각 다른 의무고용률을 적용하도록 하였으며 기존의 의무고용률을 향상시켰다. 동법 시행령 제25조(사업주의 의무고용률) 제1항은 법 제33조에 따른 장애인 고용부담금에 관한 의무고용률을 다음과 같이 변경하였다(법제처, 2010a).

① 2010년 1월 1일부터 2011년 12월 31일까지: 1000분의 23
② 2012년 1월 1일부터 2013년 12월 31일까지: 1000분의 25
③ 2014년 이후: 1000분의 27

2항에서는 법 제30조에 따른 장애인 고용장려금에 관한 의무고용률을 기존의 1천분의 20에서 27로 향상시켰다.

10) 「장애인고용촉진 및 직업재활법」(2011)

2011년 개정된 「장애인고용촉진 및 직업재활법」 제19조의 2(근로지원인 서비스의 제공) 제1항에서 "고용노동부장관은 중증장애인의 직업생활을 지원하는 사람(이하 이 조에서 '근로지원인'이라 한다)을 보내 중증장애인이 안정적 · 지속적으로 직업생활을 할 수 있도록 하는 등 필요한 서비스를 제공할 수 있다."라는 규정을 신설해 근로지원인서비스를 통하여 중증장애인이 직업생활을 안정적 · 지속적으로 할 수 있도록 지원하도록 하였다(법제처, 2011).

제22조(장애인 표준사업장에 대한 지원)에서 제3항에서 둘 이상의 장애인 고용 의무가 있는 사업주가 장애인 표준사업장의 주식을 소유하거나 출자한 경우에는 그 비율만큼 장애인 표준사업장에 고용된 근로자를 해당 사업주가 고용하는 근로자 수에 포함하도록 하여 공동설립방식의 자회사형 장애인 표준사업장에 대한 지원근거를 마련하였다.

제27조(국가와 지방자치단체의 장애인 고용 의무)의 "「교육공무원법」 제11조 제1항에 따른 교사의 신규채용을 할 때에 장애인 응시 인원 또는 장애인 합격자의 수가 장애인 채용 예정 인원에 미치지 못하면 그 부족한 인원을 장애인이 아닌 자로 채용할 수 있다."라는 단서를 삭제하여 교사 신규 채용에 있어 장애인 구분모집 예외규정을 폐지하여 장애인 교사 양성을 도모하였다.

제31조(부당이득금의 징수 및 지급 제한) 규정에서 장애인고용장려금 부정수급자에 대한 부당이득금 징수금액 범위를 현행 2배에서 5배로 확대하고 고용장려금 지급제한기간을 2년에서 1년으로 단축하여 장애인고용장려금 부정수급을 보다 강력하게 방지할 수 있는

근거를 마련하였다.

또한 제33조(장애인 고용부담금의 납부 등)에서는 "장애인을 상시 1명 이상 고용하지 아니한 달이 있는 경우에는 그 달에 대한 사업주의 부담기초액은 「최저임금법」에 따라 월 단위로 환산한 최저임금액으로 한다."라고 규정하여 기존의 최저임금액의 100분의 60 이상에서 최저임금액으로 대폭 상향조정하여 장애인 고용부담금의 부과체계를 합리화할 수 있도록 하였다.

11) 「장애인고용촉진 및 직업재활법」(2012)

「장애인고용촉진 및 직업재활법」은 2012년 일부 개정하여 제9조 제2항의 장애인 직업재활 실시 기관을 장애인복지관에서 장애인 지역사회재활시설로 범위를 확대하여 장애인복지관 외에 장애인주간보호시설, 장애인체육시설, 장애인수련시설, 장애인 심부름센터, 수화통역센터, 점자도서관, 점자도서 및 녹음서 출판시설이 포함되었다(법제처, 2012a).

12) 「장애인고용촉진 및 직업재활법」(2013)

2013년에 개정된 「장애인고용촉진 및 직업재활법」은 제22조의 3(장애인 표준사업장 생산품의 우선구매 등) 제1항에서 "「중소기업제품 구매촉진 및 판로지원에 관한 법률」 제2조 제2호에 따른 공공기관의 장은 물품·용역에 관한 계약을 체결하는 경우에는 장애인 표준사업장에서 생산한 물품과 제공하는 용역을 우선 구매하여야 한다."라고 개정하였다. 또한 제2항과 제3항에서는 "공공기관의 장은 장애인 표준사업장 생산품의 구매계획과 전년도 구매실적을 대통령령으로 정하는 바에 따라 고용노동부장관에게 제출하여야 한다. 이 경우 구매계획에는 공공기관별 총구매액(물품과 용역에 대한 총구매액을 말하되, 공사비용은 제외한다)의 100분의 1의 범위에서 고용노동부장관이 정하는 비율 이상에 해당하는 장애인 표준사업장 생산품의 구매목표를 제시하여야 한다." "공공기관의 장은 장애인 표준사업장 생산품을 수의계약으로 구매할 수 있다. 이 경우 수의계약의 절차 및 방법 등에 관하여는 「국가를 당사자로 하는 계약에 관한 법률」 등 관계 법령에 따른다."는 조항을 신설하였다(법제처, 2013).

이는 장애인 표준사업장의 경영안정화를 도모하기 위하여 공공기관의 장애인 표준사업장 생산품 우선구매를 의무화하고, 수의계약을 통한 구매계약을 허용하며, 장애인 표준사업장의 체계적 운영과 관리를 위하여 인증 및 인증취소 제도의 도입 · 부당 융자 또는 지원금 등의 징수 및 지급제한 관련 규정을 합리적으로 개선하는 한편, 기타 공공기관 · 지방공사 · 지방공단 · 출자법인 및 출연법인의 장애인 의무고용률을 공기업이나 준정부기관과 동일한 3%로 상향 조정함으로써 장애인 고용을 촉진하고, 그 밖에 장애인 공무원의 의무고용 주체를 명확히 하는 등 현행 제도의 운영상 나타난 일부 미비점을 개선 · 보완하려는 것이었다.

13) 「장애인고용촉진 및 직업재활법」(2015)

2015년 「장애인고용촉진 및 직업재활법」 제27조(국가와 지방자치단체의 장애인 고용의무) 제2항에서는 각 시험 실시 기관의 장은 장애인이 신규채용 인원의 100분의 3(장애인 공무원의 수가 해당 정원의 100분의 3 미만이면 100분의 6) 이상 채용되도록 시험을 실시하여야 한다고 개정하여 국가 및 지방단체의 신규 장애인 채용을 활성화하고자 하였다. 또한 시행령 제25조(사업주의 의무고용률)는 2015년 이후 의무고용률을 개정하여 다음과 같이 고지하여 장애인 고용을 촉진하고 직업안정을 도모하고자 하였다.

이를 정리해 보면 〈표 1-1〉과 같다(법제처, 2015b).

〈표 1-1〉 연도별 장애인 의무고용률

<table>
<tr><th colspan="3">연도
적용대상</th><th>1991~1999</th><th>2000~2007</th><th>2008</th><th>2009</th><th>2010~2011</th><th>2012~2013</th><th>2014~2016</th><th>2017~2018</th><th>2019</th><th>비고</th></tr>
<tr><td rowspan="5">고용부담금에 관한 의무고용률</td><td rowspan="2">국가 · 자치단체</td><td>공무원</td><td rowspan="4">2.0% (권고사항)</td><td colspan="2">2.0%</td><td colspan="4">3.0%</td><td>3.2%</td><td>3.4%</td><td rowspan="2">정원 기준</td></tr>
<tr><td>근로자</td><td colspan="3">미적용</td><td>2.3%</td><td>2.5%</td><td>2.7%</td><td>2.9%</td><td>3.4%</td></tr>
<tr><td rowspan="2">공공기관</td><td>공기업 · 준정부기관</td><td colspan="3" rowspan="2">2.0%</td><td colspan="3">3.0%</td><td rowspan="2">3.2%</td><td rowspan="2">3.4%</td><td rowspan="3">상시 근로자 기준</td></tr>
<tr><td>기타 공공기관 지방공기업</td><td>2.3%</td><td>2.5%</td><td>3.0%</td></tr>
<tr><td colspan="2">민간기업</td><td colspan="4">2.0%</td><td>2.3%</td><td>2.5%</td><td>2.7%</td><td>2.9%</td><td>3.1%</td></tr>
<tr><td>고용장려금에 관한 의무고용률</td><td colspan="2">민간기업</td><td colspan="4">2.0%</td><td colspan="3">2.7%</td><td>2.9%</td><td>3.1%</td><td>상시 근로자 기준</td></tr>
</table>

2. 장애인고용지원제도

1) 고용장려금

1990년 「장애인고용촉진 등에 관한 법률」이 공표되면서 실시된 장애인의무고용제도는 사업주에게 일정 비율의 장애인을 고용하도록 하는 할당 제도 형태로 도입되었다.

유완식(2014)은 할당 제도 도입 초기에는 사업주의 장애인 고용으로 인한 부담을 완화시켜 주기 위하여 비교적 규모가 큰, 상시 근로자 300인 이상을 고용하고 있는 사업주에게 할당 인원에 대한 고용 의무를 부과했다고 하였다. 할당률에 해당하는 장애인 고용의 지급 기준율은 1992년 의무고용사업체인 300인 이상은 1.0%, 의무고용을 부과 받지 않는 300인 미만의 비의무고용사업체는 2.0%가 적용되었다. 지원금과 장려금은 지급 기준율을 초과하여 장애인을 고용하는 경우, 그 초과 고용 인원에 대하여 지불했는데, 1인당 지급하는 지급 단가도 지원금은 부담기초액의 50%, 장려금은 지원금 지급 단가의 50%를 지급하였다. 여기서 부담기초액은 의무고용사업체가 의무고용 인원에 미달하여 장애인을 고용하고 있을 때, 미고용 인원 1인당 징수하는 부담금을 말한다.

1993년에는 지급 기준율을 의무고용사업체의 지원금은 1.6%, 비의무고용사업체의 장려금은 3.0%로 상향 조정했다가, 1994년에는 의무고용사업체의 의무고용률이 2.0%로 다시 상향 조정됨에 따라 지급 기준율도 의무고용사업체의 지원금과 비의무고용사업체의 장려금 모두 2.0%로 단일 비율이 적용되었다. 지급 단가는 1994년까지 지원금과 장려금을 달리 적용하다가 1995년부터 동일하게 적용하여 부담기초액의 80%를 지급했고, 1996년에는 지급 단가를 부담기초액의 100%까지 높였다(단, 최저임금 적용 제외자는 지급 임금의 60%로 제한하였다).

2000년에는 지급 기준율을 의무고용률과 연계시켰고, 이원적으로 운영되었던 지원금 제도와 장려금 제도를 통합하여 장려금 제도로 명칭을 통일시켰다. 2000년에는 그동안 「장애인고용촉진 등에 관한 법률」의 중증장애인에 대한 직업재활 강조를 통해 「장애인고용촉진 및 직업재활법」으로의 개정이 이루어졌다. 이와 함께 중증장애인의 고용 증대를 위하여 장려금 지급 단가는 부담기초액에서 최저임금액 기초로 전환되었다. 장려금의 지급 단가는 최저임금액의 100%를 기초로 여성장애인은 25%, 중증장애인은 50%를 가산하여 지급하였다. 단, 월평균임금이 최저임금액에 미치지 못하는 경우에는 임금의 60%(여성과 중증은 75%)만 지급하였다.

2002년에는 최저임금액과 연동하여 최저임금액의 100%를 지급 단가로 하던 것을 일정액인 47만 4천 원으로 고정시켰다. 또한 장려금을 통하여 장애인의 저임금 구조를 개선하기 위하여 장애인에게 지급하는 임금이 장려금을 하회하는 경우에는 장려금을 임금만큼만 지급하였다.

2004년에는 의무고용사업체의 범주가 상시 근로자 300인 이상에서 50인 이상으로 확대되었다. 이와 함께 장려금 지급 단가도 최저임금액을 고려한 고정액에서 장애인 고용률에 따라 달리 적용되었다.[1] 장려금 지급 대상 인원이 상시 근로자에서 차지하는 비중이 30% 이하인 사업체의 지급 인원에 대한 지급 단가는 30만 원을 기초로 여성장애인과 중증장애인에 대하여 각각 25%를 가산하고, 30%를 초과한 경우에는 40만 원을 기초로 여성장애인과 중증장애인에 대하여 각각 25%를 가산하여 지급하였다. 그리고 장애인에게 지불한 월평균임금이 장려금보다 적은 경우에는 월평균임금의 75%만 장려금으로 지급하였다.

2004년에 개편된 장려금 제도는 2009년까지 큰 변동 없이 유지되다가 2010년에 다시 대폭 개편되었다. 의무고용사업체의 장애인 고용률이 크게 증가함에 따라 의무고용률이 상향 조정되었고, 이와 함께 장려금의 지급 기준율도 2.0%에서 민간 기업은 2.7%, 공기업과 준정부기관은 3.0%로 높아졌다. 장려금 지급 단가는 30만 원을 기초로 여성장애인과 중증장애인에 25%씩 가산하던 것을 각각 10만 원으로 낮추었다.

2010년 장려금 제도 개편에서 두드러진 것은 지급 기준율의 상향 조정보다 성과 장애 정도에 따라 차등을 두었던 지급 단가에 근속 기간 기준을 추가했다는 것이다. 그동안 장애인 장려금은 중증장애인보다는 경증장애인의 고용 증가를 더 유도하고, 장려금 사업체의 장애인 근로자가 저임금에 머물도록 했다는 비난을 받아 왔다. 장려금 지급 단가는 이를 반영하여 월별 상시 근로자에서 의무고용률(2.7%)을 초과하는 경우 계속 지급하나 경증장애인에 대하여 근속 기간별로 감액 지급하고, 최경증인 6급 장애인(국가유공자 6·7급 포함)에 대해서는 고용 기간 동안 계속 지급하던 것을 입사일로부터 만 4년까지만 지급하도록 제한시켰다.

장애인 장려금은 지급 기준율을 초과하여 고용하는 장애인의 추가비용을 지원하는 성

---

1) 2004년의 장려금 지급 단가 개편은 2005년부터 적용되었다.

격을 갖고 있기 때문에 장려금 지급 시기도 장애인 고용에 영향을 미친다. 왜냐하면 사업주가 이미 지불한 비용에 대한 보전이 지급 시기에 따라 이연됨으로써 더 높은 비용이 발생하기 때문이다. 장려금의 지급 시기는 도입 초기 연 1회에서 2004년 연 2회로 늘어났고, 2009년부터는 분기별 연 4회 지급하고 있다.

〈표 1-2〉는 장려금 제도의 도입 초기부터 현재까지 제도의 근간인 지급 기준율, 지급 단가 및 지급 시기가 변화된 내용을 간략히 요약한 것이다.

〈표 1-2〉 고용장려금 지급 기준율, 지급 단가 및 지급 시기

<table>
<tr><th rowspan="2">연도</th><th colspan="2">지급 기준율</th><th colspan="3">지급 단가</th><th rowspan="2">지급 시기</th></tr>
<tr><th>지원금</th><th>장려금</th><th>지원금</th><th>장려금</th><th>비고</th></tr>
<tr><td>1992</td><td>1.0%</td><td>2.0%</td><td>부담기초액의 50%</td><td>지원금 지급 단가의 50%</td><td></td><td>연 1회 (8월)</td></tr>
<tr><td>1993</td><td>1.6%</td><td>3.0%</td><td>〃</td><td>〃</td><td></td><td>〃</td></tr>
<tr><td>1994</td><td>2.0%</td><td>2.0%</td><td>〃</td><td>〃</td><td></td><td>〃</td></tr>
<tr><td>1995</td><td>〃</td><td>〃</td><td colspan="2">부담기초액의 80%</td><td></td><td>〃</td></tr>
<tr><td>1996</td><td>〃</td><td>〃</td><td colspan="2">부담기초액의 100%</td><td>*최저임금 적용 제외자: 지급 임금의 60% 지급</td><td>〃</td></tr>
<tr><td>1997</td><td>〃</td><td>〃</td><td>〃</td><td>〃</td><td>〃</td><td>〃</td></tr>
<tr><td>1998</td><td>〃</td><td>〃</td><td>〃</td><td>〃</td><td>〃</td><td>〃</td></tr>
<tr><td>1999</td><td>〃</td><td>〃</td><td>〃</td><td>〃</td><td>〃</td><td>〃</td></tr>
<tr><th>연도</th><th colspan="2">지급 기준율</th><th colspan="2">장려금</th><th>비고</th><th>지급 시기</th></tr>
<tr><td>2000</td><td colspan="2">의무고용률</td><td colspan="2">최저임금액의 100%(여성 25%, 중증 50% 각각 가산)</td><td>*지급 기준율 의무고용률과 연계
*지원금과 장려금을 장려금으로 명칭 통일
*월평균임금<최저임금: 지급 임금의 60% 지급(중증 및 여성은 75%)</td><td>〃</td></tr>
<tr><td>2001</td><td colspan="2">〃</td><td colspan="2">〃</td><td></td><td>〃</td></tr>
<tr><td>2002</td><td colspan="2">〃</td><td colspan="2">474,000원(여성 25%, 중증 50% 가산)</td><td>*지급 임금<장려금: 지급 임금 지급
*월평균임금<최저임금: 지급 임금의 60% 지급(중증 및 여성은 75%)</td><td>〃</td></tr>
<tr><td>2003</td><td colspan="2">〃</td><td colspan="2"></td><td></td><td>〃</td></tr>
<tr><td rowspan="2">2004</td><td colspan="2" rowspan="2">〃</td><td colspan="2">장애인고용률 30% 이하: 300,000원(여성, 중증 각각 25% 가산)</td><td>*장려금>월평균임금: 월평균임금액의 75% 지급
*고용장려금 지급 단가를 하향 조정-최대액 월 829,000원에서 600,000원으로 하향</td><td rowspan="2">연 2회 (7월, 1월)</td></tr>
<tr><td colspan="2">장애인고용률 30% 초과: 400,000원(여성, 중증 각각 25% 가산)</td><td>*장려금>월평균임금: 월평균임금액의 75% 지급
*고용장려금 지급 단가를 하향 조정-최대액 월 829,000원에서 600,000원으로 하향</td></tr>
</table>

2005	〃	〃	〃	〃
2006	〃	〃	〃	〃
2007	〃	〃	〃	〃
2008	〃	〃	〃	〃
2009	〃	〃	〃	분기별 (4월, 7월, 10월, 1월)
2010	의무고용률 (공기업 및 준정부기관 3.0%, 민간기업 2.7%)	300,000원 (여성, 중증 각각 100,000원 가산)	〃	〃
2011	〃	〃	* 경증장애인 근속기간별 차등 지급: (3년까지 100%, 4~5년 70%, 6년부터 50% 지급) * 6급 장애인 4년간 한시적 지급 * 장려금 > 월평균임금: 월임금액의 60% 지급	〃
2012	〃	〃	〃	〃
2013	〃	〃	〃	〃

출처: 유완식(2014). 장애인 고용장려금 제도 개선 방안. 서울: 한국장애인고용공단, 고용개발원.

2010~2018년 고용장려금 지급 단가를 연도별로 보면 다음과 같다.

〈표 1-3〉 2010~2015년 대상별 장려금 지급 단가 (단위: 원)

구분	경증남성	경증여성	중증남성	중증여성	비고
입사일로부터 만 3년까지(100%)	300,000	400,000	400,000	500,000	지급 단가와 월임금액의 60%를 비교하여 낮은 단가 지급
입사 후 만 3년 초과 만 5년까지(70%)	210,000	280,000	400,000	500,000	
만 5년 초과 (50%)	150,000	200,000	400,000	500,000	

출처: 고용노동부(2010, 2011, 2012, 2013, 2014, 2015). 2010~2015년 대상별 장려금 지급 단가.

2016년부터 중증여성장애인에 대한 고용장려금 지급 단가가 월 50만 원에서 월 60만 원으로 지급 단가가 인상되었다.

〈표 1-4〉 2016~2017년 대상별 장려금 지급 단가 (단위: 원)

구분	경증남성	경증여성	중증남성	중증여성	비고
입사일~만 3년까지	300,000	400,000	400,000	600,000	지급 단가와 월임금액의 60%를 비교하여 낮은 단가 적용
만 3년~만 5년까지	210,000	280,000	400,000	600,000	
만 5년 초과	150,000	200,000	400,000	600,000	

출처: 고용노동부(2016, 2017). 2016~2017년 대상별 장려금 지급 단가.

〈표 1-5〉 2018년 대상별 장려금 지급 단가 (단위: 원)

구분	경증장애인		중증장애인		비고
2018년	남성	여성	남성	여성	-지급단가와 월임금액의 60%를 비교하여 낮은 단가 지급 -중증여성은 2016년도부터 60만 원 적용 (그 이전 연도 발생분은 50만 원 적용)
	300,000	400,000	500,000	600,000	
	6급 장애인은 한시지원 폐지				

출처: 고용노동부(2018). 2018년 대상별 장려금 지급 단가.

2) 고용부담금

장애인 고용부담금제도는 월별 의무고용률에 미달하는 인원에 대해 해당 부담기초액을 부과하는 제도다. 장애인 고용부담금 산정기준은 다음과 같다.

> ㅇ 월 부담금 = 해당 월 의무고용 미달인원 ×장애인 고용률에 따른 부담기초액
> ㅇ 부담금 납부총액 = 매월 부담금의 연간 합계액

장애인 고용부담금의 부담기초액은 매해 조정되며 의무고용 인원대비 장애인 고용비율에 따라 부담기초액에 가산하거나 최저임금제를 적용한다.

2012년부터 2018년까지 연도별 고용부담금은 〈표 1-6〉과 같다.

〈표 1-6〉 2012년 월 고용부담금

구분 \ 연도별 월 고용부담금 (장애인 1명당)	2012년
의무고용 인원의 1/2 이상이며, 의무고용에 미달고용 인원	590,000원

장애인 고용률에 따라 가산한 부담기초액	1/2 미만인 경우 미달고용 인원 (부담기초액의 50% 가산)	885,000원
	장애인을 한 명도 고용하지 않은 미달고용 인원 (최저임금)	950,000원

출처: 고용노동부(2012). 2012년 월 고용부담금.

2013년부터 고용률에 따라 부담기초액을 4단계로 차등부과하였다.

〈표 1-7〉 2013~2014년 연도별 월 고용부담금

구분 \ 연도별 월 고용부담금 (장애인 1명당)		2013년	2014년
의무고용 인원의 3/4 이상이며, 의무고용에 미달고용 인원		626,000원	670,000원
장애인 고용률에 따라 가산한 부담기초액	1/2 이상~3/4 미만인 경우 미달고용 인원 (부담기초액의 25% 가산)	782,500원	837,500원
	1/2 미만인 경우 미달고용 인원 (부담기초액의 50% 가산)	939,000원	1,005,000원
	장애인을 한 명도 고용하지 않은 미달고용 인원 (최저임금)	1,015,740원	1,088,890원

출처: 고용노동부(2013, 2014). 2013~2014년 월 고용부담금.

2015년부터 고용률에 따라 부담기초액을 5단계로 차등부과하였다.

〈표 1-8〉 2015~2016년 연도별 월 고용부담금

구분 \ 연도별 월 고용부담금 (장애인 1명당)		2015년	2016년
의무고용 인원의 3/4 이상이며, 의무고용에 미달고용 인원		710,000원	757,000원
장애인 고용률에 따라 가산한 부담기초액	1/2 이상~3/4 미만인 경우에 미달고용 인원 (부담기초액의 10% 가산)	781,000원	832,700원
	1/4 이상~1/2 미만인 경우 미달고용 인원 (부담기초액의 20% 가산)	852,000원	908,400원
	1/4 미만인 경우 미달고용 인원 (부담기초액의 30% 가산)	923,000원	984,100원
	장애인을 한 명도 고용하지 않은 미달고용 인원 (부담기초액의 66.5% 가산)	1,166,220원	1,260,270원

출처: 고용노동부(2015, 2016). 2015~2016년 월 고용부담금.

〈표 1-9〉 2017~2018년 연도별 월 고용부담금

<table>
<tr><th colspan="2">구분 \ 연도별 월 고용부담금 (장애인 1명당)</th><th>2017년</th><th>2018년</th></tr>
<tr><td colspan="2">의무고용 인원의 3/4 이상이며, 이무고용에 미달고용 인원
(월 최저임금의 60%)</td><td>812,000원</td><td>945,000원</td></tr>
<tr><td rowspan="4">장애인 고용률에 따라 가산한 부담 기초액</td><td>1/2 이상~3/4 미만인 경우에 미달고용 인원
(월 최저임금의 64%)</td><td>860,720원</td><td>1,001,700원</td></tr>
<tr><td>1/4 이상~1/2 미만인 경우 미달고용 인원
(월 최저임금의 72%)</td><td>974,400원</td><td>1,134,000원</td></tr>
<tr><td>1/4 미만인 경우 미달고용 인원
(월 최저임금의 84%)</td><td>1,136,800원</td><td>1,323,000원</td></tr>
<tr><td>장애인을 한 명도 고용하지 않은 미달고용 인원
(월 최저임금의 100%)</td><td>1,352,230원</td><td>1,573,770원</td></tr>
</table>

출처: 고용노동부(2017, 2018). 2017~2018년 월 고용부담금.

3. 「장애인복지법」

1) 「심신장애자복지법」(1981)

산업화 · 도시화 추세에 따른 생활환경의 변화로 심신장애인의 수가 증가하고, 크게 증대되고 있는 복지욕구에 대처하기 위해 심신장애의 발생 예방과 심신장애인의 의료 · 직업재활 및 생활보호 등 복지시책을 효과적으로 추진하고 장애인의 재활 · 자립과 그 가족의 정상적인 경제 · 사회활동을 도와주며, 사회복지 증진에 기여하는 것을 목적으로 1981년 최초의 장애인 관련 법인 「심신장애자복지법」이 신규 제정되었다.

동법 제1조에는 "심신장애의 발생의 예방과 심신장애자의 재활 및 보호에 관하여 필요한 사항을 정함으로써 심신장애자의 복지증진에 기여함을 목적으로 한다."고 목적을 밝혔으며, 제2조(정의)에서는 '심신장애자'를 지체부자유, 시각장애, 청각장애, 음성 · 언어기능장애 또는 정신박약 등 정신적 결함(이하 '심신장애'라 한다)으로 인하여 장기간에 걸쳐 일상생활 또는 사회생활에 상당한 제약을 받는 자로 명시하였다. 동법 시행령 제2조에서는 심신장애자의 기준을 명시하여 이후 이에 따라 5가지 유형의 장애에 대해 장애 판정을

받게 되었다.

또한 제11조 제1항은 장애인의 고용을 촉진하기 위해 국가 또는 지방자치단체는 심신장애자의 고용을 촉진하기 위하여 다음 각호의 사업을 실시하여야 한다고 규정하여 장애인의 경제적 자립을 도모하고자 하였다.

① 심신장애자에게 적합한 직종의 개발 및 보급
② 심신장애자에 대한 적성검사 및 직업지도
③ 작업환경 또는 기능에 적응할 수 있도록 하기 위한 훈련

제2항은 국가 또는 지방자치단체는 사업주가 장애인의 능력과 적성에 따라 고용하도록 노력하여야 한다고 하여 국가나 지방자치단체의 장애인 고용을 촉진하고자 하였고, 제3항은 민간 사업주가 장애인의 능력과 적성에 따라 고용하도록 권유하게 하여 공공과 민간에 장애인 고용을 촉진하고자 하였다.

2) 「장애인복지법」(1989)

심신장애인들이 자립자활할 수 있도록 필요한 법적 지원을 개선하기 위해 1989년 전면개정이 시행되었으며, 세계적인 추세에 맞춰 장애인의 명칭을 변경하고, 장애인 현황을 파악하여 체계적인 지원을 제공하기 위해 장애인등록제를 신설하였다.

① '심신장애자'라는 용어를 '장애인'으로 변경하고, 이에 따라 이 법의 제명을 '장애인복지법'으로 하였다.
② 장애인복지에 관한 사항을 심의 · 건의하기 위하여 보건사회부에 장애인복지위원회를 설치하였다.
③ 장애인등록제를 신설하였다.

또한 장애유형의 명칭을 지체장애, 시각장애, 청각장애, 언어장애, 지적장애로 변경하였다.

3) 「장애인복지법」(2000)

2000년 「장애인복지법」은 일부 개정을 통해 제1조(목적)에서 장애인의 직업재활 사업을 정함으로써 장애인복지대책의 종합적 추진을 도모하며, 장애인의 자립, 보호 및 수당의 지급 등에 관하여 필요한 사항을 정함으로써 장애인의 생활안정에 기여하는 등 장애인의 복지증진 및 사회활동 참여증진에 기여한다고 하여, 기존의 고용이라는 용어보다 종합적인 직업재활이라는 용어를 최초로 사용하였다.

제2조(장애인의 정의)에서는 신체적 · 정신적 장애로 인하여 장기간에 걸쳐 일상생활 또는 사회생활에 상당한 제약을 받는 자로 장애인을 정의하고, 신체적 장애를 주요 외부 신체기능의 장애와 내부기관의 장애로 구분하고, 정신적 장애의 범주를 지적장애 이외에

'알아봅시다' 1–2 우선구매 대상 장애인 생산품의 품목 및 물량

제23조 (생산품의 구매 등) ① 보건복지부장관은 법 제40조 제1항의 규정에 의하여 다음 각호의 1에 해당하는 물품 및 물량의 범위 안에서 국가 등이 장애인복지시설 또는 장애인복지단체로부터 구매하여야 할 물품의 품목 및 물량을 정하여 고시하여야 한다. 이 경우 다음 각호의 1의 백분율은 금액을 기준으로 하여 국가 등이 당해 연도에 구매하는 해당품목의 총 구매물량에서 차지하는 비율을 말한다.

1. 행정봉투: 100분의 2 이상
2. 복사용지(전자복사용지 및 보존복사용지): 100분의 2 이상
3. 재생화장지: 100분의 10 이상
4. 칫솔: 100분의 20 이상
5. 면장갑(작업용 면장갑 및 고무코팅 면장갑): 100분의 20 이상
6. 쓰레기분리수거용 합성수지(PE) 봉투: 100분의 20 이상

② 보건복지부장관은 제1항의 규정에 의한 장애인 생산물품의 원활한 판매를 지원하기 위하여 당해물품에 대한 구매신청의 접수 및 납품의 대행과 당해물품의 생산시설 간 생산량 조정업무 등을 담당하는 장애인복지단체를 정하여 고시할 수 있다.

제24조 (국가 등의 구매의무) 국가 등은 법 제40조 제1항의 규정에 의하여 물품의 구매요구를 받은 경우 당해물품의 가격 및 납품기한 등이 적당하다고 인정하는 때에는 이를 우선적으로 구매하여야 한다.

정신적 질환으로 발생하는 장애까지 확대하였다. 그 결과 법적 장애유형은 5가지에서 뇌병변장애인, 발달장애인, 정신장애인, 신장장애인, 심장장애인의 5가지 유형을 추가하여 총 10개 유형으로 증가하였다. 또한 시행령 제23조 및 제24조에서는 장애인의 직업재활을 촉진하기 위하여 국가 및 지방자치단체 등이 우선구매하여야 할 장애인 생산품의 품목 및 물량을 정하였으며 생산품목과 구매비율은 〈'알아봅시다' 1-2〉와 같다.

4) 「장애인복지법」(2003)

장애의 개념이 사회적 · 기능적으로 확대되고 있는 흐름에 맞추어 일상생활 또는 사회생활에 상당한 제약을 받고 있는 중증질환자에 대한 사회적 지원을 강화하기 위하여 10종인 장애의 종류에 호흡기장애, 간장애, 안면장애, 장루 · 요루장애 및 간질장애 등 5종을 추가하였다.

5) 「장애인복지법」(2007)

2007년 「장애인복지법」은 장애인의 권익을 신장하고, 중증장애인 및 여성장애인을 포함한 장애인의 자립생활 등을 실현하기 위한 각종 제도를 도입하였다. 개정된 주요 내용은 제4조 제3항 및 제12조의 장애인의 권익을 신장하기 위한 제도의 도입, 법 제7조 · 제37조 및 제55조 제2항의 여성장애인의 자립생활을 지원하기 위한 제도의 도입, 제25조의 장애인에 대한 사회적 인식 개선, 법 제53조와 제55조의 중증장애인의 자립생활을 실현하기 위한 시책 강구, 중증장애인자립생활지원센터를 통한 각종 지원서비스 제공, 활동보조서비스 지원 등을 명시하였다.

또한 2007년 12월에 전부 개정된 「장애인복지법 시행규칙」은 장애인 생산품의 인증기준 등에 관한 사항을 정하는 등 법률에서 위임된 사항과 그 시행에 필요한 사항을 정하였다. 장애인 직업재활시설의 종류를 기존의 장애인 작업활동시설, 장애인 보호작업시설, 장애인 근로작업시설, 장애인 직업훈련시설, 장애인 생산품 판매시설의 5개 유형의 시설에서 장애인 보호작업장, 장애인 근로사업장의 2가지 유형으로 개편하였다.

6) 「장애인복지법」(2010)

장애인복지 혜택이 질적으로 향상되고 양적으로 커짐에 따라 장애 정도에 관한 심사의 중요성이 높아져, 심사를 담당하는 조직의 안정성을 도모하고 심사업무의 안정성을 확보하고자 하였다. 현재 이 법 시행규칙에 따라 보건복지부장관이 정하여 고시하도록 한 심사기관을 이 법에서 직접 '국민연금공단'으로 명시하였다.

7) 「장애인복지법」(2012)

이전까지 장애인 생활시설에 대하여 정원 제한을 두고 있지 않아 시설이 대규모화되면서 시설 이용자들의 개별적 요구를 충족시키지 못하고, 자율성 감소나 사생활 침해와 같은 부작용이 발생하고 있었다. 장애인 생활시설에서 거주 기능과 함께 재활에 필요한 상담, 치료, 훈련, 교육 등 여러 종류의 서비스를 함께 제공하고 있어서 시설 이용자들이 전문적인 서비스를 제공받기에 어려우며, 다양한 환경과 상호작용할 수 있는 기회를 제한하여 결과적으로 지역사회와 분리되는 결과가 나타나자 2012년 법을 개정하여 장애인복지시설의 개념과 기능을 재정립하였다.

이에 따라 장애인 생활시설을 포함한 장애인복지시설의 개념과 기능을 재정립하여 장애인 생활시설을 거주서비스를 제공하는 거주시설로 개념 및 기능을 재정립하여 장애인 거주시설의 정원은 30명을 초과할 수 없도록 하고, 장애인 생활시설에 대한 이용 절차 및 시설이 제공하는 서비스의 최저기준을 규정하는 등 장애인복지시설 이용자 중심의 서비스체계를 구축하였다. 그리고 장애인 거주시설에서 제공해야 하는 서비스의 최저기준을 마련하고, 장애인복지실시기관은 서비스의 최저기준이 충족될 수 있도록 필요한 조치를 하도록 하며, 시설 운영자는 최저기준 이상의 서비스 수준을 유지하도록 하였다. 지역사회재활시설 중 의료재활시설을 별도로 규정하며, 유료복지시설은 삭제하였다.

이전까지 재활치료 서비스를 제공하는 전문인력에 대한 자격제도가 민간자격제도로 운영되고 있어, 전문인력의 자격 수준이 서로 다르고 이에 따라 서비스 간에 질의 차이가 나타나 이용자의 불편과 사회적 비용이 발생하는 상황이었다. 전문인력의 자격에 대한 법률적 근거가 없기 때문에 서비스제공자 및 서비스제공기관에 대한 체계적 관리마저 이루어지지 않고 있어 관련 제도의 보완도 시급하였다. 이에 언어재활 분야의 민간자격에 대하여 국가자격제도를 도입하여 수행 인력의 전문성을 높이고, 서비스 품질을 향상시킴으로써 장애인의 복지를 증진하고자 하였다.

8) 「장애인복지법」(2013)

현행법상 장애인생산품인증제를 실시하고 있으나 장애인생산품 인증 기준을 충족시키지 못하거나 인증 표시를 거짓으로 사용하는 경우에 대한 금지규정이 없어 이를 명시하였다. 거짓 인증표시에 대한 벌칙규정을 신설하며, 현재 시행규칙에 규정되어 있는 인증취소 관련 규정을 법률로 상향하여 규정하고, 장애인복지단체의 재정적 부담을 경감하기 위하여 장애인복지단체에 국유 · 공유 재산을 무상으로 대부 또는 사용 · 수익할 수 있도록 하는 법적 근거를 명확히 하였다.

9) 「장애인복지법」(2016)

장애인재활상담사에 대한 국가자격제도를 도입하여 재활 관련 서비스를 제공하는 인력에 대한 전문성을 강화하고 그 서비스의 질을 향상시키고자 하였다.

장애인재활상담사의 자격 조항은 〈'알아봅시다' 1-3〉과 같다.

'알아봅시다' 1-3 장애인재활상담사 자격 조항

제72조의 3(장애인재활상담사 자격증 교부 등) ① 보건복지부장관은 장애인의 직업재활 등을 지원하기 위하여 제2항에 따른 자격요건을 갖춘 사람으로서 제73조에 따른 국가시험에 합격한 사람(이하 '장애인재활상담사'라 한다)에게 장애인재활상담사 자격증을 내주어야 한다.

② 장애인재활상담사의 종류 및 국가시험 응시자격 요건은 다음 각 호의 구분과 같다. 이 경우 외국의 대학원 · 대학 · 전문대학에서 장애인재활 분야의 학위를 취득한 사람으로서 등급별 자격기준과 동등한 학력이 있다고 보건복지부장관이 인정하는 경우에는 해당 등급의 응시자격을 갖춘 것으로 본다.

1. 1급 장애인재활상담사: 다음 각 목의 어느 하나에 해당하는 사람

가. 「고등교육법」에 따른 대학원에서 장애인재활 분야의 박사학위를 취득한 사람

나. 2급 장애인재활상담사 자격증을 가진 사람으로서 「고등교육법」에 따른 대학원에서 장애인재활 분야의 석사학위를 취득한 사람

다. 2급 장애인재활상담사 자격증을 가진 사람으로서 장애인재활 관련 기관에서 3년 이상 재직한 사람

라. 사회복지사 2급 자격증을 가진 사람으로서 장애인재활 관련 기관에서 5년 이상 재직한 사람

2. 2급 장애인재활상담사: 다음 각 목의 어느 하나에 해당하는 사람

가. 「고등교육법」에 따른 대학에서 보건복지부령으로 정하는 장애인재활 관련 교과목을 이수한 사람

나. 3급 장애인재활상담사 자격증을 가진 사람으로서 장애인재활 관련 기관에서 2년 이상 재직한 사람

다. 사회복지사 2급 자격증을 가진 사람으로서 장애인재활 관련 기관에서 3년 이상 재직한 사람

3. 3급 장애인재활상담사: 「고등교육법」에 따른 전문대학에서 보건복지부령으로 정하는 장애인재활 관련 교과목을 이수한 사람

제54조 및 제63조에서는 국가나 지방자치단체의 장애인복지단체 또는 장애인자립생활지원센터에 대한 운영비 지원 근거를 마련하였다.

또한 「발달장애인법」 제정과 함께 법 제25조 제2항의 "발달장애인에 특화된 직업훈련을 하는 직업재활시설을 설치 · 운영"하기 위해 장애인 직업적응훈련시설을 신설하여 "작업능력이 극히 낮은 장애인에게 작업활동, 일상생활훈련 등을 제공하여 기초작업능력을 습득시키고, 작업평가 및 사회적응훈련 등을 실시하여 장애인 보호작업장 또는 장애인 근로사업장이나 그 밖의 경쟁적인 고용시장으로 옮겨갈 수 있도록 돕는 역할을 하는 시설"로 정의하였다.

4. 「발달장애인 권리보장 및 지원에 관한 법률」

발달장애인은 전체 등록장애인 중 소수에 불과하지만 성인이 되어서도 세수, 화장실 사용 등의 간단한 일상생활조차도 타인의 도움이 없이 영위하기가 어려워 일생 돌봄이 필요한 경우가 대부분이다. 그리고 발달장애인은 인지력 · 의사소통능력 등이 부족하여 자신의 권리를 주장하거나 스스로를 보호하는 데 상당한 어려움이 있어 학대 · 성폭력, 인신매매, 장기적인 노동력 착취 등의 피해자가 되는 경우가 지속적으로 발생하고 있어 문제가 된다. 발달장애인에 대한 복지서비스와 인프라는 그 필요량에 비해 지원 규모가 부족하여 발달장애인을 돌보는 부모나 보호자들의 신체적 · 정신적 · 경제적 · 정서적 부담이 매우 높은 수준이고, 발달장애인 직업훈련이나 평생교육 등 능력 계발을 위한 지원 체계도 상당히 미흡한 실정이다. 이를 해결하기 위해 발달장애인에 대한 구체적인 장애 범위, 그 가족이나 보호자 등의 특수한 수요에 부합될 수 있는 지원체계 및 발달장애인지원센터 설립의 근거를 제정함으로써 발달장애인의 권리를 보호하고, 그 보호자 등의 삶의 질을 향상시켜 국민 전체의 행복에 기여할 수 있도록 하기 위해 「발달장애인 권리보장 및 지원에 관한 법률」(2015)이 제정되었다.

이 법의 주요 내용은 다음과 같다.

우선 지원 대상을 아동 및 성인 발달장애인과 그 보호자로 하였다(제2조).

제2조(정의) 이 법에서 사용하는 용어의 뜻은 다음과 같다.

1. '발달장애인'이란 「장애인복지법」 제2조 제1항의 장애인으로서 다음 각 목의 장애인을 말한다.

가. 지적장애인: 정신 발육이 항구적으로 지체되어 지적 능력의 발달이 불충분하거나 불완전하여 자신의 일을 처리하는 것과 사회생활에 적응하는 것이 상당히 곤란한 사람

나. 자폐성장애인: 소아기 자폐증, 비전형적 자폐증에 따른 언어 · 신체표현 · 자기조절 · 사회적응 기능 및 능력의 장애로 인하여 일상생활이나 사회생활에 상당한 제약을 받아 다른 사람의 도움이 필요한 사람

다. 그 밖에 통상적인 발달이 나타나지 아니하거나 크게 지연되어 일상생활이나 사회

생활에 상당한 제약을 받는 사람으로서 대통령령으로 정하는 사람

2. '보호자'란 다음 각 목의 어느 하나에 해당하는 사람을 말한다.

가.「아동복지법」 제3조 제3호의 보호자(발달장애인이 미성년자인 경우에 한정한다)

나. 성년인 발달장애인의 후견인

다. 성년인 발달장애인의 후견인이 아닌 사람 중「민법」 제779조에 따른 가족 또는 같은 법 제974조에 따른 부양의무자로서 사실상 해당 발달장애인을 보호하는 사람

라. 성년인 발달장애인 중 나목 및 다목의 보호자가 없는 경우 지방자치단체의 장이 발달장애인의 보호자로 지명하는 사람(나목에 따른 후견인을 선임하기 전까지로 한정한다)

그리고 발달장애인의 권리보호를 위해 자기결정권을 보장하고 성년후견제 이용을 지원하기로 함을 밝혔다. 또 의사소통도구 개발 및 지원, 발달장애인 전담조사제, 발달장애인 대상 범죄의 신고의무, 발달장애인지원센터에 조사권 부여 등을 정하고 있다(제8조부터 제17조까지).

또한 제9조에서 발달장애인에게 개인별지원계획을 세워 개별 특성에 따라 적합한 서비스를 제공하도록 하였고, 정밀진단 비용 지원, 치료 및 재활 체계 구축, 발달장애인에 특화된 직업훈련서비스 제공, 평생교육 지원 등의 서비스를 제공하도록 하였다(제23조부터 제26조까지).

제19조(개인별지원계획의 수립) ① 특별자치시장 · 특별자치도지사 · 시장 · 군수 · 구청장은 개인별지원계획의 수립을 신청받은 경우 대상자 선정 여부 및 복지서비스 내용을 결정하여 제33조 제2항에 따른 지역발달장애인지원센터(이하 '지역발달장애인지원센터'라 한다)의 장에게 개인별지원계획의 수립을 의뢰하여야 한다.

② 지역발달장애인지원센터의 장은 개인별지원계획의 수립을 의뢰 받은 경우 제1항에 따라 결정된 복지서비스의 범위에서 발달장애인 및 그 가족의 특성을 고려하여 복지서비스의 내용, 방법 등이 포함된 개인별지원계획을 수립하여야 한다.

③ 개인별지원계획을 수립할 때에는 발달장애인에게 적합한 의사소통의 방식으로 의견진술의 기회가 충분히 제공되어야 한다.

④ 지역발달장애인지원센터의 장은 복지서비스 대상자에 대하여 수립된 개인별지원계획의 승인을 특별자치시장 · 특별자치도지사 · 시장 · 군수 · 구청장에게 요청하여야

하며, 개인별지원계획은 특별자치시장 · 특별자치도지사 · 시장 · 군수 · 구청장의 적합성 심사를 거쳐 승인을 얻은 경우 효력을 가진다.

⑤ 지역발달장애인지원센터의 장은 개인별지원계획의 적합성 심사 결과를 발달장애인 및 그 보호자에게 통보하여야 한다.

⑥ 개인별지원계획을 통보받은 발달장애인과 그 보호자는 발달장애인의 복지 욕구를 고려하여 개인별지원계획의 변경 · 수정을 지역발달장애인지원센터의 장에게 신청할 수 있다.

⑦ 개인별지원계획을 변경 · 수정하는 경우에는 제4항과 제5항의 절차를 따른다.

⑧ 제1항부터 제7항까지에 따른 개인별지원계획 수립의 의뢰 방법 및 절차, 수립 방법 및 내용, 승인통보 · 신청 · 변경 · 수정 방법 및 절차 등에 필요한 사항은 보건복지부령으로 정한다.

제25조(고용 및 직업훈련 지원) ① 국가와 지방자치단체는 발달장애인이 자신의 능력을 최대한 활용하여 직업생활을 영위할 수 있도록 필요한 조치를 강구하여야 한다.

② 보건복지부장관은 장애의 정도가 심한 발달장애인의 능력과 특성에 적합한 직업훈련을 지원하기 위하여 발달장애인에 특화된 직업훈련을 하는 직업재활시설을 설치 · 운영할 수 있다.

③ 제2항에 따른 직업재활시설의 설치 · 운영에 필요한 사항은 보건복지부령으로 정한다.

제26조(평생교육 지원) ① 국가와 지방자치단체는 발달장애인에게 「교육기본법」 제3조 및 제4조에 따른 평생교육의 기회가 충분히 부여될 수 있도록 특별자치시 · 특별자치도 · 시 · 군 · 구(자치구를 말한다. 이하 같다)별로 「평생교육법」 제2조 제2호의 평생교육기관을 지정하여 발달장애인을 위한 교육과정을 적절하게 운영하도록 조치하여야 한다.

② 제1항에 따른 평생교육기관의 지정 기준과 절차, 발달장애인을 위한 교육과정의 기준, 교육제공인력의 요건 등은 교육부장관이 보건복지부장관과 협의하여 정한다.

③ 국가와 지방자치단체는 제1항에 따라 지정된 평생교육기관에 대하여 예산의 범위에서 발달장애인을 위한 교육과정의 운영에 필요한 경비의 전부 또는 일부를 지원할 수 있다.

제30조부터 제32조까지는 발달장애인의 보호자에 대한 교육 및 상담, 정보 제공, 휴식지원 및 비장애 형제 · 자매에 대한 지원 등의 근거를 마련하기도 하였다.

또한 지원 및 보호를 위해 복지정보 제공, 발달장애인 학대 등 신고 접수 시 현장출동 · 조사 · 보호조치, 상담 및 인식개선 홍보 등의 업무를 수행하는 발달장애인지원센터의 설치 근거를 마련하였다(제33조 및 제34조).

제33조(발달장애인지원센터) ① 보건복지부장관은 제4조에 따른 책무를 효과적으로 수행하고 발달장애인에 대한 통합적 지원체계를 마련하기 위하여 중앙발달장애인지원센터를 설치하여야 한다.

제34조(발달장애인지원센터의 임무) ① 중앙발달장애인지원센터는 다음 각호의 업무를 수행한다.

1. 발달장애인에 대한 연구수행 지원
2. 발달장애인이 이용 가능한 복지정보 데이터베이스 구축 및 정보 제공
3. 발달장애인 가족 및 관련 서비스 종사자에 대한 지침 · 편람 마련 및 교육지원
4. 발달장애인에 대한 인식개선 홍보
5. 발달장애인 지원 프로그램 개발
6. 지역발달장애인지원센터의 지원
7. 제9조 제3항에 따른 후견인 후보자의 추천
8. 발달장애인 권리침해의 모니터링 및 권리구제의 지원
9. 그 밖에 보건복지부장관이 필요하다고 인정하는 사항

② 지역발달장애인지원센터는 다음 각호의 업무를 수행한다.

1. 발달장애인에 대한 개인별지원계획의 수립
2. 발달장애인을 위한 복지지원 정보의 제공 및 연계
3. 발달장애인 가족 및 관련 서비스 종사자에 대한 교육지원
4. 발달장애인에게 서비스를 제공하는 기관에 대한 정보의 축적 및 관리
5. 발달장애 조기 발견과 발달장애인에 대한 인식 개선을 위한 지역사회 홍보
6. 발달장애인 및 그 가족에 대한 상담지원
7. 제2조 제2호 라목에 따른 보호자에 대한 감독
8. 제9조에 따라 선임된 후견인에 대한 감독지원 및 후견업무의 지원
9. 제16조 및 제17조에 따른 현장조사 및 보호조치 등 발달장애인의 권리구제 지원
10. 그 밖에 보건복지부장관이 필요하다고 인정하는 사항

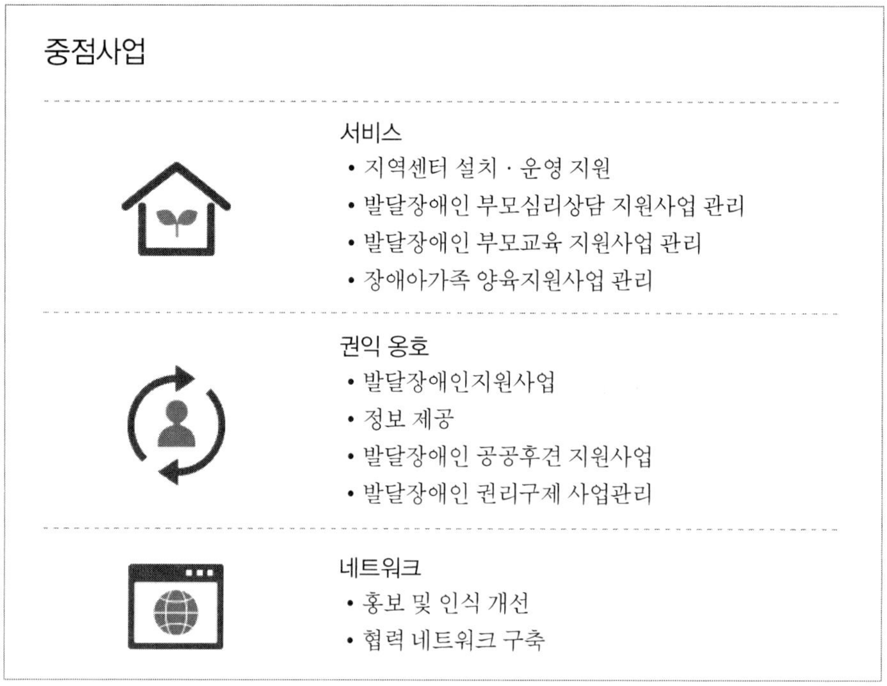

[그림 1-2] 발달장애인지원센터 사업안내

출처: 중앙발달장애인지원센터 홈페이지(https://broso.or.kr/mainPage.do)

③ 발달장애인지원센터에는 대통령령으로 정하는 자격을 가진 특수교사, 사회복지사, 변호사 등 필요한 인력을 적절히 배치하여 발달장애인이 복지 및 법률 서비스를 받을 수 있도록 노력하여야 한다.

④ 발달장애인지원센터는 발달장애인 동료에 대한 상담 및 교육 등의 역할을 수행할 수 있는 발달장애인을 채용할 수 있다.

⑤ 제3항 및 제4항에 따른 인력 배치 및 채용 등에 필요한 사항은 보건복지부령으로 정한다.

5. 「중증장애인생산품 우선구매 특별법」

현재 중증장애인의 직업재활을 도울 목적으로 중증장애인들을 고용하는 직업재활시설 등의 생산품에 대한 우선구매를 지원하는 제도가 시행되고 있다. 하지만 중증장애인

생산품 생산시설의 관리·감독과 관련하여 보건복지부의 업무량이 증가하고 있음에도 권한의 위임·위탁 근거가 없어 효율적인 관리·감독에 어려움이 발생하는 등 문제점이 나타나고 있고, 중증장애인생산품 우선구매를 장려하기 위하여 포상의 대상을 늘리는 등 인센티브를 제공할 필요성이 있어 법 제정의 필요성이 제시되었다.

이에 중증장애인생산품 생산시설 지정취소 요건 추가 등 관리·감독을 강화하고, 중증장애인생산품 우선구매에 대한 포상 대상을 확대하며, 현재 운영되고 있는 중증장애인생산품 우선구매관리시스템의 법적 근거를 마련하는 등 중증장애인생산품 우선구매제도와 관련한 운영상 미비점을 보완하여 「중증장애인생산품 우선구매 특별법」(2008)이 제정되었다.

법의 주요 내용은 다음과 같다.

① 국가 및 지방자치단체의 책임(법 제3조)

국가 및 지방자치단체는 중증장애인생산품의 우선구매촉진을 위하여 필요한 지원 및 시책을 종합적이고 효과적으로 추진하여야 함.

② 우선구매촉진계획의 수립·추진(법 제4조)

보건복지가족부장관은 매년 초에 중증장애인생산품우선구매촉진위원회의 심의를 거쳐 우선구매촉진을 위한 계획을 수립하고 이를 추진하여야 함.

③ 중증장애인생산품우선구매촉진위원회의 설치(법 제5조)

중증장애인생산품우선구매촉진계획 및 주요 정책사항에 대한 심의·의결을 위하여 보건복지가족부 소속하에 중증장애인생산품우선구매촉진위원회를 둠.

④ 중증장애인생산품 우선구매지원(법 제6조)

보건복지가족부장관은 공공기관이 중증장애인생산품을 구매함에 있어서 불합리한 차별적 관행이나 제도를 행할 경우 이의 시정을 요구하여야 함.

⑤ 공공기관의 구매촉진(법 제7조)

공공기관의 장은 중증장애인 생산품시설의 생산품에 대한 구매를 촉진하여야 함.

⑥ 중증장애인생산품의 품질인증(법 제8조)

보건복지부장관은 중증장애인생산품의 판매를 촉진하고 품질을 향상시키기 위하여 중증장애인 생산품시설의 생산품에 대해 품질인증을 할 수 있음.

⑦ 중증장애인 생산품시설의 지정(법 제9조)

중증장애인 생산품시설로 지정받고자 하는 자는 대통령령으로 정하는 시설기준과 품질요건 등을 갖추어 보건복지부장관의 지정을 받아야 함.

⑧ 한국중증장애인생산품업무수행기관 지정(법 제11조)

국가 또는 지방자치단체는 일반고용이 어려운 중증장애인들에게 고용기회를 제공하고 중증장애인생산품을 육성하기 위한 사업을 효율적으로 수행하기 위하여 한국중증장애인생산품업무수행기관을 지정함.

⑨ 세제지원 등(법 제13조)

정부는 중증장애인 생산품시설의 경제력 향상과 사회적인 경쟁력 확보를 적극 지원하기 위하여 「조세특례제한법」 또는 「지방세법」 등 조세 관련 법률로 정하는 바에 따라 세제상의 지원을 할 수 있음.

⑩ 국 · 공유재산의 무상대부(법 제14조)

국가 또는 지방자치단체는 협회의 설립 및 운영을 위하여 필요한 때에 「국유재산법」 및 「공유재산 및 물품관리법」에 따라 국유재산과 공유재산 및 물품을 무상으로 중증장애인생산품업무수행기관에 대부할 수 있음.

6. 「장애인기업활동 촉진법」

장애인의 창업과 기업활동을 촉진함으로써 장애인의 경제적 · 사회적 지위를 제고하고, 경제력 향상을 도모하여 국민경제 발전에 이바지하기 위해 2005년 「장애인기업활동 촉진법」이 제정되었다. 이 법의 주요 내용은 다음과 같다.

① 장애인기업 등의 정의(법 제2조)

- 장애인이 소유하거나 경영하는 기업으로서 일정 기준에 해당하는 기업과 당해 기업에 고용된 상시근로자 총수 중 장애인의 비율이 30% 이상으로서 일정 기준에 해당하는 기업을 장애인기업으로 정의함.
- 장애인기업의 대표자와 임원으로서 당해 기업의 최고의사결정에 참여하는 장애인을 장애경제인으로 정의함.

② 차별적 관행의 시정요청(법 제4조)

중소기업청장은 공공기관이 장애인기업에 대하여 불합리한 차별적 관행이나 제도를 시행할 경우 시정을 요청할 수 있도록 하고, 시정을 요청받은 공공기관은 특별한 사유가 없는 한 이에 응하도록 함.

③ 장애인기업활동촉진에 관한 기본계획 등(법 제5조 및 제6조)

- 중소기업청장은 매년 초 장애인기업활동촉진위원회의 심의를 거쳐 장애인기업의 활동을 촉진하기 위한 기본계획을 수립하고 이를 추진하도록 함.
- 장애인기업활동촉진에 관한 기본계획 및 장애인기업활동촉진에 관한 주요 사항을 심의하기 위하여 중소기업청에 장애인기업활동촉진위원회를 두도록 함.

앞에서 제시한 법령 이외의 장애인 직업재활과 관련된 법들은 〈표 1-10〉과 같다.

〈표 1-10〉 장애인 직업재활 관련 법

법명	제정 연도
「국가유공자 등 예우 및 지원에 관한 법률」	1953
「근로기준법」	1997
「근로자직업능력 개발법」	2005
「사회적기업 육성법」	2007
「산업재해보상보험법」	1964
「장애아동 복지지원법」	2013
「장애인 등에 대한 특수교육법」	2008
「장애인·고령자 등 주거약자 지원에 관한 법률」	2012
「장애인·노인·임산부 등의 편의증진 보장에 관한 법률」	1994
「장애인차별금지 및 권리구제 등에 관한 법률」	2008
「장애인활동 지원에 관한 법률」	2011
「장애인·노인 등을 위한 보조기기 지원 및 활용촉진에 관한 법률」	2016

제2장

Foundations of Vocational Rehabilitation

장애인복지시설

1. 장애인복지시설 관련 법
2. 장애인복지시설 현황
3. 중증장애인직업재활지원사업

1. 장애인복지시설 관련 법

장애인복지시설이란 장애인의 인간다운 삶과 장애인의 의료 · 교육 · 직업재활 · 생활환경 개선 등을 통하여 장애인의 생활 안정에 기여하는 등의 장애인복지서비스를 제공하는 시설을 말한다.

장애인복지시설은 1950년대부터 설치되기 시작했으나 법적으로 최초로 규정된 것은 1982년 「심신장애자복지법 시행규칙」[별표 2]에서 심신장애자복지시설의 시설기준과 기타 설치허가기준을 명시한 것이다. 이 당시에는 지체부자유자재활시설, 시각장애자재활시설, 청각 · 언어기능장애자재활시설, 정신박약자재활시설, 심신장애자요양시설, 심신장애자근로시설, 점자도서관, 점자출판시설로만 한정되었다. 이후 장애인 당사자들의 욕구와 변화하는 사회 추세에 따라 법 개정을 통해 현재에는 장애인 거주시설, 지역사회재활시설, 직업재활시설, 의료재활시설 등 다양한 시설이 설치 · 운영되고 있다.

2018년 현재 「장애인복지법」 제58조에서는 장애인복지시설의 종류를, 제59조에서는 장애인복지시설의 설치를 규정하고 있다(법제처, 2018a).

제58조(장애인복지시설) ① 장애인복지시설의 종류는 다음 각호와 같다.

1. 장애인 거주시설: 거주공간을 활용하여 일반가정에서 생활하기 어려운 장애인에게 일정기간 동안 거주 · 요양 · 지원 등의 서비스를 제공하는 동시에 지역사회생활을 지원하는 시설
2. 장애인 지역사회재활시설: 장애인을 전문적으로 상담 · 치료 · 훈련하거나 장애인의 일상생활, 여가활동 및 사회참여활동 등을 지원하는 시설
3. 장애인 직업재활시설: 일반 작업환경에서는 일하기 어려운 장애인이 특별히 준비된 작업환경에서 직업훈련을 받거나 직업생활을 할 수 있도록 하는 시설
4. 장애인 의료재활시설: 장애인을 입원 또는 통원하게 하여 상담, 진단 · 판정, 치료 등 의료재활서비스를 제공하는 시설
5. 그 밖에 대통령령으로 정하는 시설

제59조(장애인복지시설 설치) ① 국가와 지방자치단체는 장애인복지시설을 설치할 수

있다.

② 제1항에 규정된 자 외의 자가 장애인복지시설을 설치 · 운영하려면 해당 시설 소재지 관할 시장 · 군수 · 구청장에게 신고하여야 하며, 신고한 사항 중 보건복지부령으로 정하는 중요한 사항을 변경할 때에도 신고하여야 한다. 다만, 제62조에 따른 폐쇄 명령을 받고 1년이 지나지 아니한 자는 시설의 설치 · 운영 신고를 할 수 없다.

③ 제58조 제1항 제1호에 따른 장애인 거주시설의 정원은 30명을 초과할 수 없다. 다만, 특수한 서비스를 위하여 일정 규모 이상이 필요한 시설 등 대통령령으로 정하는 경우에는 그러하지 아니하다.

④ 제58조 제1항 제4호에 따른 의료재활시설의 설치는 「의료법」에 따른다.

⑤ 제2항에 따른 장애인복지시설의 시설기준 · 신고 · 변경신고 및 이용 등에 관하여 필요한 사항은 보건복지부령으로 정한다.

동법 시행령 제36조에서는 법 제58조 제1항 제5호에서 장애인복지시설 중 "그 밖에 대통령령으로 정하는 시설"로 규정한 시설을 장애인 생산품 판매시설로 설명하였고(법제처, 2018b), 시행규칙 제41조에서는 법 제58조 제2항에 따른 장애인복지시설의 구체적인 종류를 [별표 4]와 같이 구분하고, 장애인복지시설의 종류별 사업과 설치 · 운영기준은 [별표 5]에서 정하는 바에 따른다고 명시하였다(법제처, 2018c).

'알아봅시다' 2-1 장애인복지시설의 종류(제41조 관련)

1. 장애인 거주시설
   가. 장애유형별 거주시설: 장애유형이 같거나 유사한 장애를 가진 사람들을 이용하게 하여 그들의 장애유형에 적합한 주거지원 · 일상생활지원 · 지역사회생활지원 등의 서비스를 제공하는 시설
   나. 중증장애인 거주시설: 장애의 정도가 심하여 항상 도움이 필요한 장애인에게 주거지원 · 일상생활지원 · 지역사회생활지원 · 요양서비스를 제공하는 시설
   다. 장애영유아 거주시설: 6세 미만의 장애영유아를 보호하고 재활에 필요한 주거지원 · 일상생활지원 · 지역사회생활지원 · 요양서비스를 제공하는 시설

라. 장애인 단기거주시설: 보호자의 일시적 부재 등으로 도움이 필요한 장애인에게 단기간 주거서비스, 일상생활지원서비스, 지역사회생활서비스를 제공하는 시설

마. 장애인 공동생활가정: 장애인들이 스스로 사회에 적응하기 위하여 전문인력의 지도를 받으며 공동으로 생활하는 지역사회 내의 소규모 주거시설

2. 장애인 지역사회재활시설

가. 장애인복지관: 장애인에 대한 각종 상담 및 사회심리 · 교육 · 직업 · 의료재활 등 장애인의 지역사회생활에 필요한 종합적인 재활서비스를 제공하고 장애에 대한 사회적 인식 개선사업을 수행하는 시설

나. 삭제 〈2012. 4. 10.〉

다. 장애인 주간보호시설: 장애인을 주간에 일시 보호하여 장애인에게 필요한 재활서비스를 제공하는 시설

라. 삭제 〈2012. 4. 10.〉

마. 삭제 〈2012. 4. 10.〉

바. 장애인 체육시설: 장애인의 체력증진 또는 신체기능 회복활동을 지원하고 이와 관련된 편의를 제공하는 시설

사. 장애인 수련시설: 장애인의 문화 · 취미 · 오락활동 등을 통한 심신수련을 조장 · 지원하고 이와 관련된 편의를 제공하는 시설

아. 장애인 생활이동지원센터: 이동에 상당한 제약이 있는 장애인에게 차량 운행을 통한 직장 출퇴근 및 외출 보조나 그 밖의 이동서비스를 제공하는 시설

자. 수화통역센터: 의사소통에 지장이 있는 청각 · 언어장애인에게 수화통역 및 상담서비스를 제공하는 시설

차. 점자도서관: 시각장애인에게 점자간행물 및 녹음서를 열람하게 하는 시설

카. 점자도서 및 녹음서 출판시설: 시각장애인을 위한 점자간행물 및 녹음서를 출판하는 시설

타. 장애인 재활치료시설: 장애아동을 포함한 장애인에게 언어 · 미술 · 음악 등 재활치료에 필요한 치료, 상담, 훈련 등의 서비스를 제공하고 서비스를 이용한 자로부터 비용을 수납하여 운영하는 시설

3. 장애인 직업재활시설

가. 장애인 보호작업장: 직업능력이 낮은 장애인에게 직업적응능력 및 직무기능 향상 훈련 등 직업재활훈련 프로그램을 제공하고, 보호가 가능한 조건에서 근로의 기회를 제공하며, 이에 상응하는 노동의 대가로 임금을 지급하며, 장애인 근로사업장이

나 그 밖의 경쟁적인 고용시장으로 옮겨 갈 수 있도록 돕는 역할을 하는 시설

나. 장애인 근로사업장: 직업능력은 있으나 이동 및 접근성이나 사회적 제약 등으로 취업이 어려운 장애인에게 근로의 기회를 제공하고, 최저임금 이상의 임금을 지급하며, 경쟁적인 고용시장으로 옮겨 갈 수 있도록 돕는 역할을 하는 시설

다. 장애인 직업적응훈련시설: 작업능력이 극히 낮은 장애인에게 작업활동, 일상생활훈련 등을 제공하여 기초작업능력을 습득시키고, 작업평가 및 사회적응훈련 등을 실시하여 장애인 보호작업장 또는 장애인 근로사업장이나 그 밖의 경쟁적인 고용시장으로 옮겨갈 수 있도록 돕는 역할을 하는 시설

4. 장애인 의료재활시설

장애인 의료재활시설: 장애인을 입원 또는 통원하게 하여 상담, 진단 · 판정, 치료 등 의료재활서비스를 제공하는 시설

5. 장애인 생산품 판매시설

장애인 생산품의 판매활동 및 유통을 대행하고, 장애인 생산품이나 서비스 · 용역에 관한 상담, 홍보, 판로 개척 및 정보 제공 등 마케팅을 지원하는 시설

또한 시행규칙 제43조는 장애인 복지시설의 설치 · 운영신고에 관한 규정을 다음과 같이 명시하였다.

① 법 제59조 제2항 본문에 따라 국가 또는 지방자치단체 외의 자가 장애인복지시설을 설치 · 운영하려는 경우에는 별지 제20호 서식의 신고서(전자문서로 된 신고서를 포함한다)에 다음 각호의 서류(전자문서를 포함한다)를 첨부하여 관할 시장 · 군수 · 구청장에게 제출하여야 한다.

1. 정관 1부(법인인 경우에만 해당한다)
2. 시설운영에 필요한 재산목록 1부
3. 사업계획서 및 예산서 각 1부
4. 시설의 운영에 관한 규정 각 1부
5. 시설의 평면도(시설의 층별 및 구조별 면적을 표시하여야 한다)와 설비구조 내역서 각 1부

② 제1항에 따라 신고서를 받은 시장 · 군수 · 구청장은 「소방시설 설치 · 유지 및 안전관리에 관한 법률 시행령」 [별표 5]에 따라 장애인복지시설이 갖추어야 하는 소방시설에

대하여 「소방시설 설치 · 유지 및 안전관리에 관한 법률」 제7조 제6항 전단에 따라 그 장애인복지시설의 소재지를 관할하는 소방본부장이나 소방서장에게 그 장애인복지시설이 같은 법 또는 같은 법에 따른 명령을 따르고 있는지에 대한 확인을 요청하여야 하고, 「전자정부법」 제36조 제1항에 따른 행정정보의 공동이용을 통하여 다음 각호의 서류를 확인하여야 한다. 〈개정 2010. 9. 1., 2012. 4. 10., 2015. 8. 3., 2017. 3. 28.〉

1. 법인 등기사항증명서(법인인 경우만 해당한다)
2. 삭제
3. 건물등기부 등본
4. 토지등기부 등본

③ 법 제59조 제2항 본문에 따라 장애인복지시설의 설치 · 운영을 신고한 자가 신고한 사항을 변경하려면 다음 각호에서 정하는 바에 따라 해당하는 서류를 관할 시장 · 군수 · 구청장에게 제출하여야 한다. 〈개정 2012. 4. 10., 2015. 8. 3.〉

1. 시설의 명칭이나 시설의 장을 변경하는 경우: 별지 제21호 서식의 신고서에 장애인복지시설 신고증을 첨부할 것
2. 시설의 종류를 변경하는 경우: 별지 제21호 서식의 신고서에 제1항 각호의 서류와 장애인복지시설 신고증을 첨부할 것
3. 시설의 소재지나 이용정원을 변경하는 경우: 별지 제22호 서식의 신고서에 다음 각 목의 서류를 첨부할 것

가. 시설의 소재지나 이용정원의 변경 사유서

나. 시설거주자에 대한 조치계획서

다. 시설의 운영에 필요한 재산목록 · 사업계획서 및 예산서

라. 시설의 운영에 필요한 재산의 평가 조서(이용정원이 변경되는 경우에만 해당한다)

마. 시설의 평면도(시설의 층별 및 구조별 면적을 표시하여야 한다)와 설비구조 내역서(시설의 소재지가 변경되는 경우에만 해당한다)

바. 장애인복지시설 신고증

④ 제3항 제2호에 따라 시설 종류의 변경신고서를 받거나 같은 항 제3호에 따라 시설 소재지의 변경신고서를 받은 시장 · 군수 · 구청장은 「소방시설 설치 · 유지 및 안전관리에 관한 법률 시행령」 [별표 5]에 따라 장애인복지시설이 갖추어야 하는 소방시설에 대하여 「소방시설 설치 · 유지 및 안전관리에 관한 법률」 제7조 제6항 전단에 따라 그 장애인

복지시설의 소재지를 관할하는 소방본부장이나 소방서장에게 그 장애인복지시설이 같은 법 또는 같은 법에 따른 명령을 따르고 있는지를 확인하여 줄 것을 요청하여야 하고, 「전자정부법」 제36조 제1항에 따른 행정정보의 공동이용을 통하여 다음 각호의 서류를 확인하여야 한다. 〈개정 2010. 9. 1., 2012. 4. 10., 2015. 8. 3.〉

1. 법인 등기사항증명서(법인인 경우만 해당한다)
2. 건물등기부 등본
3. 토지등기부 등본

⑤ 시장 · 군수 · 구청장은 제1항에 따른 신고를 받으면 별지 제23호 서식의 장애인복지시설신고증을 발급하여야 하며, 제3항에 따른 변경신고를 받은 경우에는 장애인복지시설 신고증에 그 변경사항을 적어 발급하여야 한다.

⑥ 시장 · 군수 · 구청장은 별지 제24호 서식의 장애인복지시설신고관리대장을 작성 · 관리하여야 한다.

2. 장애인복지시설 현황

1) 장애인 거주시설 현황

2016년 12월 현재 장애인 거주시설은 1,505개소에 30,980명이 입소해 있고, 장애유형별 거주시설은 지체장애는 40개소, 1,766명, 시각장애는 17개소, 711명, 청각장애는 7개소, 228명, 지적장애는 317개소, 12,112명으로 지적장애인 거주시설이 가장 많이 분포하고 있다. 중증장애인 거주시설은 233개소, 11,192명이 입소하고 있다. 장애영유아 거주시설은 9개소, 452명, 단기거주시설은 146개소, 1,616명, 공동생활가정은 736개소, 2,903명이 입소하고 있다(보건복지부, 2017).

장애인 거주시설 중 장애인 공동생활가정과 단기거주시설의 경우를 제외하고 「장애인복지법 시행규칙」 [별표 5]에서는 시설의 규모를 상시 10명 이상 30명 이하가 생활할 수 있는 시설을 갖출 것을 규정하고 있다. 장애유형별 거주시설의 관리 및 운영 요원 배치기준은 장애유형에 따라 다르며, 중증장애인 거주시설, 장애영유아 거주시설은 장애유형별 거주시설 배치기준과 동일하다. 단기거주시설은 관리 및 운영 요원을 3명 이상 두도록 하고 있고, 공동생활가정은 입주 장애인 4명당 사회재활교사 1명을 두도록 하고 있다.

〈표 2-1〉 장애인 거주시설 현황

(단위: 시설 수, 명)

시 · 도	합계			지체장애			시각장애			청각장애			지적장애			중증장애			장애 영유아			단기			공동		
	시설 수	정원	현원	시설 수	정원	현원	시설 수	정원	현원	시설 수	정원	현원	시설 수	정원	현원	시설 수	정원	현원	시설 수	정원	현원	시설 수	정원	현원	시설 수	정원	현원
합계	1,505	35,232	30,980	40	2,178	1,766	17	1,010	711	7	373	228	317	13,450	12,112	233	12,514	11,192	9	522	452	146	1,902	1,616	736	3,283	2,903
서울	284	4,657	3,971	3	180	158	3	142	123	1	62	34	18	929	806	23	1,980	1,588	2	95	93	40	445	442	194	824	727
부산	70	1,677	1,428	3	158	129	1	95	25				13	785	691	7	341	321	2	91	76	2	30	30	42	117	156
대구	49	1,616	1,473	3	383	335							6	427	398	8	546	500	1	96	91	2	26	23	29	138	126
인천	72	1,392	1,095	2	154	72	1	70	54	1	50	20	7	264	208	12	580	505	1	50	39	5	56	47	43	168	150
광주	72	1,238	985	5	236	128	2	109	45				15	494	456	3	169	152				3	47	43	44	183	161
대전	69	1,328	1,188	1	70	63	1	70	59				8	421	392	10	420	387				17	211	168	32	136	119
울산	24	708	645							1	55	34	1	60	60	8	475	446				5	82	72	9	36	33
세종	4	176	163										3	106	102	1	70	61									
경기	311	7,097	6,334	8	190	163	4	124	100	2	96	68	81	2,866	2,587	51	2,769	2,515	1	100	94	25	296	233	139	656	574
강원	67	1,664	1,518	1	29	24	1	80	77				17	650	600	15	702	632				6	70	66	27	133	119
충북	81	2,258	1,982	3	120	101	2	170	95	1	85	56	20	926	823	11	748	710				3	45	37	41	164	160
충남	60	2,049	1,833										19	1,112	1,000	16	706	690				7	113	62	18	118	81
전북	74	2,034	1,781	4	168	136	1	50	46				34	1,211	1,102	11	433	352	1	50	39	2	20	20	21	102	86
전남	52	1,500	1,282	2	127	127	1	100	87	1	25	16	24	858	730	7	292	249				3	35	25	14	63	48
경북	88	3,052	2,747	3	209	189							29	1,302	1,173	30	1,318	1,188				10	148	135	16	75	62
경남	96	2,147	1,952	2	154	141							15	782	741	14	705	649	1	40	20	12	224	164	52	242	237
제주	32	639	603										7	257	243	6	260	247				4	54	49	15	68	64

출처: 보건복지부(2017). 2017년 장애인 복지시설 일람표.

〈표 2-2〉 장애인 지역사회재활시설 및 의료재활시설 현황

(단위: 시설 수, 명)

시·도	시설 수(개소)									종사자 수(명)								
	지역사회재활시설								의료재활 시설	지역사회재활시설								의료재활 시설
	소계	장애인 복지관	주간보호 시설	장애인 체육관	생활아동 지원센터	수화통역 센터	점자 도서관	점자도서 및 녹음서 출판시설		소계	장애인 복지관	주간보호 시설	장애인 체육관	생활아동 지원센터	수화통역 센터	점자 도서관	점자도서 및 녹음서 출판시설	
합계	1,303	231	663	34	159	194	20	2	20	11,914	6,920	2,534	421	979	897	103	60	1,129
서울	200	46	117	7	1	26	2	1	7	2,711	1,735	391	168	211	143	9	54	598
부산	77	14	55	1	1	5	1	0	1	734	488	165	22	19	29	11	0	7
대구	55	6	41	2	1	4	1	0	1	378	182	127	25	17	21	6	0	9
인천	48	10	34	1	1	1	1	0	2	475	306	129	3	18	15	4	0	148
광주	38	7	28	1	1	1	0	0	0	348	192	116	5	16	19	0	0	0
대전	57	7	40	3	1	5	1	0	2	457	255	129	28	12	29	4	0	221
울산	41	4	32	2	1	1	1	0	0	279	106	103	44	16	6	4	0	0
세종	4	1	1	0	1	1	0	0	0	35	20	5	0	5	5	0	0	0
경기	216	32	113	4	31	31	5	0	0	2,274	1,257	606	42	185	155	29	0	0
강원	64	10	16	0	19	18	1	0	1	434	218	67	0	72	75	2	0	111
충북	50	12	15	1	11	10	1	0	1	443	252	68	20	51	44	8	0	15
충남	57	14	12	1	15	15	0	0	1	557	365	45	3	83	61	0	0	6
전북	76	12	29	3	15	15	2	0	0	525	270	102	13	69	65	6	0	0
전남	78	18	25	2	15	17	1	0	0	586	364	90	6	58	64	4	0	0
경북	114	20	40	4	24	24	1	1	1	725	389	155	16	73	80	6	6	37
경남	102	13	47	2	20	19	1	0	2	614	297	155	26	61	70	5	0	105
제주	26	5	18	0	1	1	1	0	1	339	224	81	0	13	16	5	0	22

출처: 보건복지부(2017). 2017년 장애인 복지시설 일람표.

2) 장애인 지역사회재활시설 및 의료재활시설 현황

장애인 지역사회재활시설은 총 1,303개소이며, 이 중 장애인복지관은 231개소, 주간보호시설은 663개소, 장애인체육관은 34개소, 생활이동지원센터 159개소, 수화통역센터 194개소, 점자도서관 20개소, 점자도서 및 녹음서 출판시설 2개소로 주간보호시설이 전체 지역사회재활시설의 50%를 차지하고 있다. 의료재활시설은 20개소다(보건복지부, 2017).

「장애인복지법 시행규칙」[별표 5에]에 따르면 장애인 지역사회재활시설의 관리 및 운영 요원 배치기준은 장애인복지관 20명 이상, 장애인 주간보호시설 3명 이상, 장애인 체육시설 3명 이상, 장애인 수련시설, 5명 이상, 장애인 생활이동지원센터, 운전원을 포함하여 3명 이상, 수화통역센터, 3명 이상, 점자도서관, 관장, 사서, 점자지도원, 대출열람원, 교정원 각 1명 이상, 점자도서 및 녹음서 출판시설, 소장, 편집인, 제판원, 교정원, 인쇄원, 제본원 각 1명 이상이다.

지역사회재활시설의 위탁은 「사회복지사업법」 제34조 제5항 및 동법 시행규칙 제23조에 따라 ① 국가 또는 지방자치단체가 설치한 시설은 필요한 경우 사회복지법인 또는 장애인복지단체 등 비영리법인에게 위탁하여 운영하고, ② 위탁계약기간은 5년 이내로 하되, 위탁자가 필요하다고 인정할 때 계약기간을 갱신할 수 있다. 지역사회재활시설 이용자 요건은 「장애인복지법」 제2조의 규정에 의한 장애인이어야 하나, 지역사회와의 유대강화 및 사회통합 분위기 조성을 위해 해당 지역 주민도 사회통합 프로그램에 한하여 일부 이용할 수 있다.

2015년 12월 현재 장애인복지관 기관 유형을 살펴보면 종합복지관이 전체의 81.7%로 대부분을 차지한 반면, 2013년 대비 2015년 증가율은 지적/발달장애복지관이 가장 높았다. 2015년 12월 현재 전국 장애인복지관 기관 유형은 〈표 2-3〉과 같다.

〈표 2-3〉 전국 장애인복지관 기관 유형별 3개년 현황 (단위: 개소)

유형	2012년	2013년	2015년	2013년 대비 2015년 증감률(%)
종합	154(81.9%)	161(82.5%)	174(81.7%)	0.81
지체/뇌병변	7(3.7%)	7(3.5%)	7(3.3%)	–
지적/발달	8(4.2%)	8(4.1%)	11(5.2%)	3.75
시각	14(7.4%)	14(7.1%)	15(7.0%)	0.71

청각/청각언어	5(2.6%)	5(2.5%)	6(2.8%)	2.00
총계	188(100%)	195(100%)	213(100%)	0.92

출처: 한국장애인복지관협회(2015). 2015년도 전국 장애인복지관 편람.

장애인복지관 규모별 조직을 살펴보면 정원 40명 이상 복지관의 경우 1국 8팀으로, 정원 30~39명 복지관은 1국 7팀, 정원 20~29명 복지관은 1국 6팀으로 운영하도록 하고 있다.

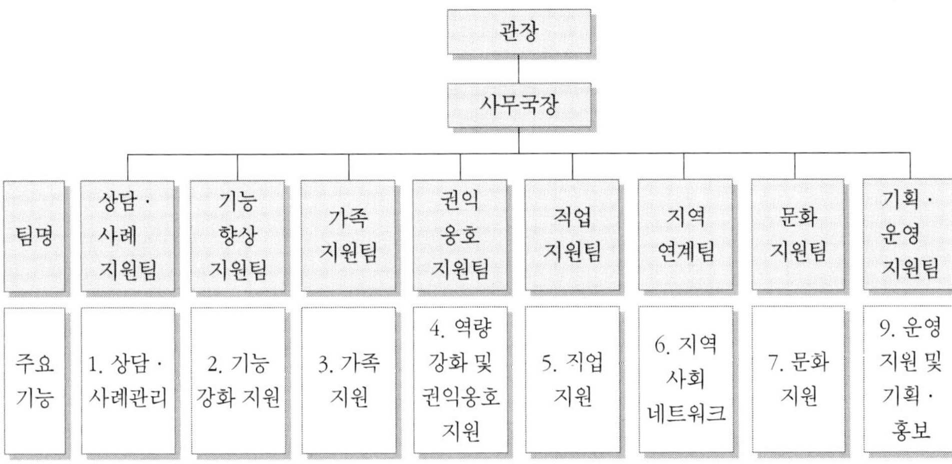

[그림 2-1] 정원 40명 이상 장애인복지관(1국 8팀)

출처: 한국장애인복지관협회(2015). 2015년도 전국 장애인복지관 편람.

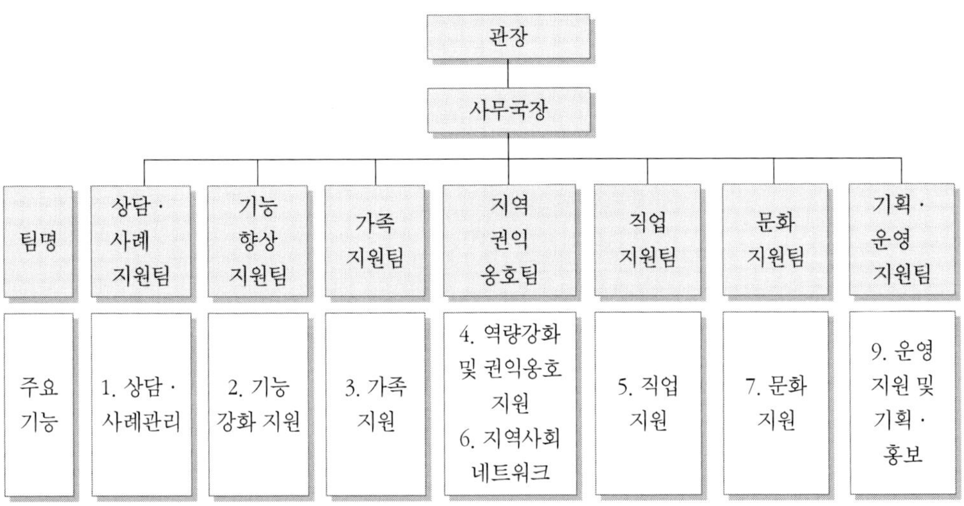

[그림 2-2] 정원 30~39명 장애인복지관(1국 7팀)

출처: 한국장애인복지관협회(2015). 2015년도 전국 장애인복지관 편람.

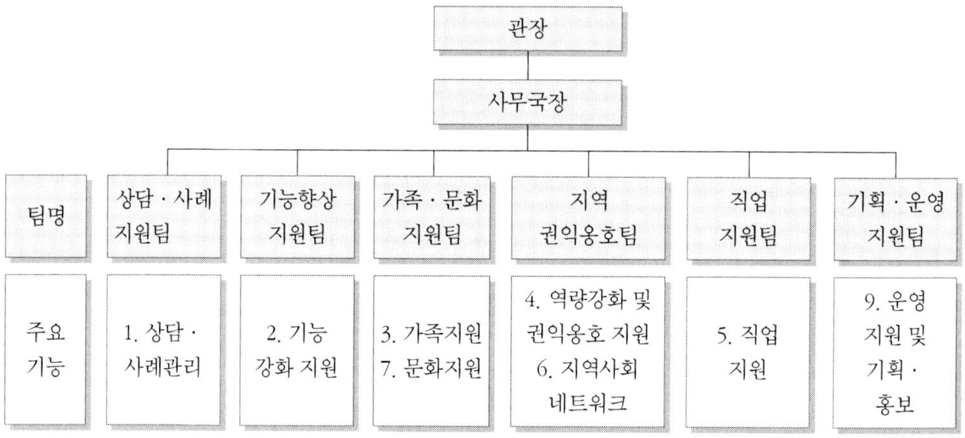

[그림 2-3] 정원 20~29명 장애인복지관(1국 6팀)

출처: 한국장애인복지관협회(2015). 2015년도 전국 장애인복지관 편람.

장애인복지관의 각 팀의 주요 업무는 다음과 같다.

〈표 2-4〉 장애인복지관 각 팀별 주요 업무

구분	팀명	주요 업무
1	상담 · 사례지원팀	사례 발굴, 접수 및 사정, 개입계획, 개입, 지역회의, 기타
2	기능향상지원팀	운동 · 지각 향상, 의사소통 향상, 학습능력 향상, 사회적응력 향상
3	가족지원팀	상담 및 교육, 가족기능 강화, 양육지원, 여성장애인 복지증진, 기타
4	권익옹호지원팀	역량 강화 및 지역사회참여 활동지원, 권익옹호, 정보제공, 수화 관련, 기타
5	직업지원팀	직업상담 및 평가, 전환교육, 직업적응 및 역량개발훈련, 사업체 개발 및 관리, 기타
6	지역연계팀	지역사회 장애인복지서비스 개발 및 지원, 지역의 사회통합 환경조성, 주민조직 지원, 민관협력 네트워크 구축, 지역자원 개발 및 관리, 기타
7	문화지원팀	문화 및 스포츠 지원, 평생교육, 정보접근 지원, 기타
8	사회서비스팀	장애인활동 지원, 장애아동 재활치료, 기타
9	기획 · 운영지원팀	총무, 기획, 홍보, 고객만족, 윤리경영, 기타

출처: 한국장애인복지관협회(2015). 2015년도 전국 장애인복지관 편람.

〈표 2-5〉 전국장애인복지관 종사자 현황(지역별)

(단위: 명, %)

지역	복지관 수	종사자 합계	전국 대비 비율(%)	보조금 인력	자부담 인력	정규직 인력	계약직 인력	평균 종사자 수	최대 종사자 수	최소 종사자 주
서울	45	1,746	25.2	1,581(22.8)	165(2.4)	1,574(22.7)	172(2.5)	38.8	69	26
부산	14	358	5.2	332(4.8)	26(0.4)	317(4.6)	41(0.6)	25.6	51	20
대구	6	186	2.7	171(2.5)	15(0.2)	163(2.4)	23(0.3)	31	49	20
인천	9	315	4.6	295(4.3)	20(0.3)	274(4.0)	41(0.6)	35	52	25
광주	7	206	3.0	194(2.8)	12(0.2)	190(2.8)	16(0.2)	29.4	52	20
대전	7	249	3.6	221(3.2)	28(0.4)	219(3.2)	30(0.4)	35.6	55	21
울산	4	112	1.6	107(1.5)	5(0.1)	104(1.5)	8(0.1)	28	48	20
세종	1	20	0.3	20(0.3)	0(0.0)	19(0.3)	1(0.0)	20	20	20
강원	7	219	3.2	189(2.8)	30(0.4)	177(2.6)	42(0.6)	31.3	46	22
경기	32	1,273	18.4	1,165(16.8)	111(1.6)	1,094(15.8)	179(2.6)	39.8	102	17
충북	12	293	4.2	284(4.1)	9(0.1)	274(4.0)	19(0.2)	24.4	41	16
충남	13	368	5.3	341(4.9)	27(0.4)	329(4.8)	39(0.5)	28.3	42	20
전북	12	340	4.9	284(4.1)	56(0.8)	264(3.8)	76(1.1)	28.3	41	16
전남	14	324	4.7	305(4.4)	19(0.3)	299(4.3)	25(0.4)	23.1	40	7
경북	13	378	5.5	349(5.0)	29(0.5)	311(4.5)	67(1.0)	29.1	49	20
경남	12	308	4.5	296(4.3)	12(0.2)	272(3.9)	36(0.6)	25.7	46	19
제주	5	226	3.3	177(2.6)	49(0.7)	157(2.3)	69(1.0)	45.2	69	29
전국	213	6,921	100.0	6,308(91.1)	613(8.9)	6,037(87.2)	884(12.8)	32.5	102	7

출처: 한국장애인복지관협회(2015). 2015년도 전국 장애인복지관 편람.

2015년 12월 현재 전국 장애인복지관에 종사하는 종사자 현황을 살펴보면 213개 복지관에 6,921명이 종사하고 있으며, 보조금 인력은 전체의 91.1%로 대부분을 차지하고 자부담 인력은 8.9%에 불과하여, 지방자치단체로 장애인복지사업이 이양된 상황에서 지역의 경제적 상황 편차에 따라 보조금지급 여력이 달라져 종사자의 처우도 편차가 심한 상황이다. 종사상 지위로 살펴보면 정규직 인력은 전체의 87.2%, 계약직 인력은 12.8%로 종사자들은 비교적 안정된 형태의 종사상 지위를 가지고 있는 것으로 나타났다.

2005년 정부는 지방분권 특별법을 통과시키면서 24개의 장애인복지사업을 지방자치단체에 이양시켰다. 정부의 장애인복지사업의 지방자치단체로의 이양으로 지방자치단체 간의 복지서비스 질의 격차가 심각하며, 더욱이 지방이양 복지사업 예산은 중앙정부에서 내려 보내 분권 교부세와 지방비로 짜도록 되어 있어 결국 부족한 예산에 대해서는 지자체 별로 지방비로 충당해야 하는 것이다. 그러나 재정자립도 격차가 크게는 13배 이상 차이나는 재정력의 격차로 인해 재정자립도가 낮은 지자체의 경우에는 운영비와 인건비 삭감 등 예산지원 축소 및 중단이 이루어져 기관운영에 차질을 빚을 수밖에 없고 이는 결국 복지서비스의 질을 떨어뜨리기 때문이다. 또한 이는 종사자 처우와도 연관이 있어 높은 이직률과 취업기피 현상까지 이어져 전문인력 부족으로 인해 복지서비스 후퇴라는 결과를 초래할 수 있다.

전국 장애인복지관 예산 현황을 살펴보면 정부보조금은 전체의 65.5%에 불과하고 법인전입금도 2.3%로 너무나 미흡한 상황이다. 부족한 예산을 메우기 위해 후원금, 사업수익, 민간지원 등의 다양한 방법을 활용하고 있으나, 이로 인해 안정적인 예산이 확보되지 못하고 복지관 고유의 업무를 수행하기보다 외부의 재정을 확보하는 데 더 많은 시간을 소요하여 복지관 이용인에 대한 서비스 질 저하 문제가 대두되고 있다.

장애인복지관의 직업재활사업 현황을 살펴보면 다음과 같다. 전체 직업재활사업 이용인원 중 가장 높은 비율을 차지하는 것은 직업적응훈련 인원으로 장애인복지관 1개소당 평균 연인원이 7,524명에 달하며, 다음으로 직업상담 연인원이 518명, 취업 후 적응지도 연인원이 550명, 직업평가 연인원이 485명, 취업알선 연인원이 150명, 사업체 개발 및 관리 연인원이 184명, 일반기업체 취업이 31명, 취업확정이 44명이었다. 즉, 장애인복지관 직업재활사업을 통해 장애인들의 경제적 자립과 사회통합이 원활히 이루어지고 있음을 알 수 있다.

〈표 2-6〉 전국 장애인복지관 예산(세입) 현황(지역별)

(단위: 개, 천 원)

지역	복지관 수	합계	평균	정부보조		기타 정부보조		법인전입금	
		금액	금액	금액	비율	금액	비율	금액	비율
서울	45	156,600,767(100%)	3,480017	71,809,201	45.9%	26,214,292	16.7%	5,715,064	3.0%
부산	14	26,990,684(100%)	1,927,906	14,073,124	52.1%	2,666,081	9.9%	161,192	0.6%
대구	6	17,116,106(100%)	2,852,684	6,786,423	39.6%	3,008,111	17.6%	273,801	1.6%
인천	9	19,537,665(100%)	2,170,852	10,241,100	52.4%	300,843	1.5%	231,759	1.2%
광주	7	11,181,553(100%)	1,597,365	6,879,802	61.5%	2,429,560	21.7%	159,226	1.4%
대전	7	17,970,253(100%)	2,567,179	9,309,901	51.8%	3,053,082	17.0%	208,386	1.2%
울산	4	6,076,029(100%)	1,519,007	4,523,103	74.4%	231,106	3.8%	70,350	1.1%
세종	1	0(0%)	0	0	0%	0	0%	0	0%
강원	7	10,884,537(100%)	2,176,907	4,880,820	44.8%	3,242,849	29.8%	153,743	1.4%
경기	32	90,374,030(100%)	2,824,188	49,959,690	55.3%	7,872,058	8.7%	1,713,193	1.9%
충북	12	22,085,980(100%)	1,840,498	11,874,629	53.8%	2,250,071	10.2%	129,542	0.6%
충남	13	24,296,676(100%)	1,868,975	15,981,407	65.8%	3,135,051	12.9%	205,110	0.8%
전북	12	22,602,940(100%)	1,883,578	13,978,521	61.8%	2,788,166	12.3%	321,337	1.4%
전남	14	27,828,810(100%)	1,987,772	14,797,343	53.2%	4,661,734	16.8%	256,854	0.9%
경북	13	26,379,683(100%)	2,029,206	13,801,219	52.3%	3,029,004	11.5%	401,735	1.5%
경남	12	19,006,523(100%)	1,583,877	11,004,364	57.9%	2,888,388	4.4%	233,424	1.7%
제주	5	15,771,455(100%)	3,154,291	4,409,073	28.0%	3,334,663	21.1%	13,000	0.1%
전국	213	514,703,691(100%)	2,510,749	264,309,720	53.5%	71,105,059	12.0%	9,247,716	2.3%
평균		32,168,980		13,748,840		3,085,367		582,329	
최댓값		156,600,767		71,809,201		26,214,292		4,715,064	
최솟값		6,076,029		4,409,073		111,441		13,000	

출처: 한국장애인복지관협회(2015). 2015년도 전국 장애인복지관 편람.

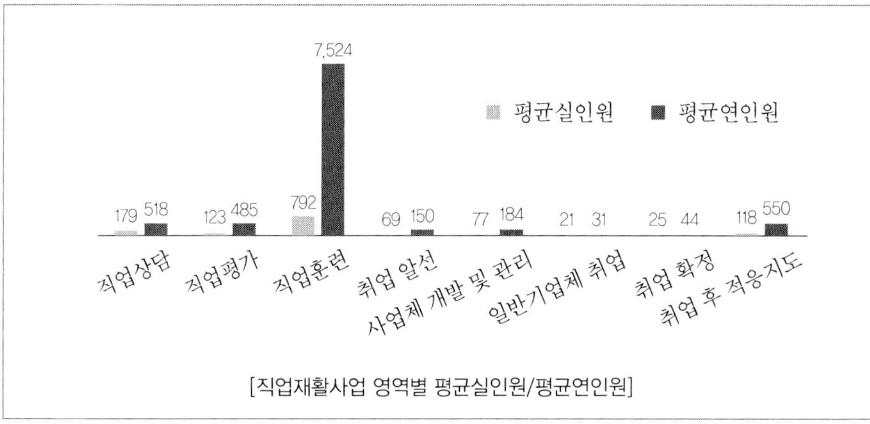

[그림 2-4] 전국 장애인복지관 직업재활사업 현황

출처: 한국장애인복지관협회(2015). 2015년도 전국 장애인복지관 편람.

3) 장애인 직업재활시설 현황

장애인 직업재활시설은 2016년 12월 현재 582개소이며 장애인 수는 17,131명이다. 이 중 근로사업장은 63개소, 근로장애인은 2,762명이고, 보호작업장은 516개소, 장애인은 14,335명이다. 직업적응훈련시설은 3개소, 장애인은 34명이다. 이들 기관에 종사하고 있는 종사자 수는 정원 4,115명이나 현원은 3,256명으로 정원을 채우지 못하고 있는 실정이다(보건복지부, 2017). 이를 장애인 대비 종사자 수로 살펴보면 5.26명으로 개별화서비스를 제공하기에는 무리가 있고, 특히 적응훈련교사 수만을 고려했을 때는 지원해야 하는 근로자 수가 매우 많을 것이며, 보호작업장의 경우 근로자 이외에 훈련생에 대한 적응훈련도 요구되기 때문에 생산, 판매, 이용인 관리 등을 모두 수행하는 적응훈련교사의 업무는 매우 과중하며 양질의 서비스를 제공하기에는 무리가 있음을 알 수 있다. 이는 직업재활시설 실태 조사 및 운영개선 연구(2014)에서도 시설이 원활히 운영되기 위해 보다 많은 인력을 요구하고 있는 것과 같은 맥락이며, 실제로는 적응훈련교사 1인당 담당하는 장애인 수는 평균 13.36명으로 적절하다고 생각하는 담당 장애인 수는 6.36명으로 직업재활 전문인력에 대한 국가의 재정지원이 매우 시급히 요구되는 상황이다.

「발달장애인법」 제정으로 법 25조 2항의 작업능력이 극히 낮은 장애인에게 작업활동, 일상생활훈련 등을 제공하여 기초작업능력을 습득시키고, 작업평가 및 사회적응훈련

〈표 2-7〉 장애인 직업재활시설 현황 (단위: 시설 수, 명)

시 · 도	시설 수	장애인 수	근로사업장		보호작업장		직업적응훈련시설		종사자	
			시설 수	장애인 수	시설 수	장애인 수	시설 수	장애인 수	정원	현원
합계	582	17,131	63	2,762	516	14,335	3	34	4,115	3,256
서울	124	4,081	12	689	111	3,372	1	20	800	680
부산	32	944	2	64	30	880	–	–	188	157
대구	39	1,047	6	219	33	828	–	–	226	166
인천	28	854	4	188	24	666	–	–	218	158
광주	22	677	4	157	18	520	–	–	191	133
대전	19	543	3	137	15	406	1	0	161	126
울산	14	289	1	31	13	258	–	–	75	54
세종	3	77	–	–	3	77	–	–	15	14
경기	98	2,960	13	540	84	2,406	1	14	830	675
강원	33	778	4	141	29	637	–	–	210	158
충북	21	760	1	80	20	680	–	–	155	156
충남	18	587	–	–	18	587	–	–	142	119
전북	19	504	2	64	17	440	–	–	125	99
전남	17	402	1	30	16	372	–	–	111	66
경북	38	1,136	2	106	36	1,030	–	–	278	201
경남	48	1,142	5	166	43	976	–	–	278	206
제주	9	350	3	150	6	200	–	–	112	83

출처: 보건복지부(2017). 2017년 장애인 복지시설 일람표.

등을 실시하기 위해 「장애인복지법 시행규칙」[별표 4]에서 장애인 직업적응훈련시설을 2016년 신설하였고 앞으로 그 수는 증가할 전망이다.

4) 장애인 생산품 판매시설

장애인 생산품 판매시설은 장애인 생산품의 판매활동 및 유통을 대행하고, 장애인 생산품이나 서비스 · 용역에 관한 상담, 홍보, 판로 개척 및 정보 제공 등 마케팅을 지원하는 시설로 전국에 17개소가 운영되고 있다.

〈표 2-8〉 장애인 생산품 판매시설 현황

구분	시설장	우편	소재지	전화번호	팩스번호
서울	이광우	07984	서울특별시 양천구 목동서로 33	02-2647-4100	02-2645-4540
부산	이수영	47209	부산광역시 부산진구 동평로 405번길 88	051-852-0258	051-852-0234
대구	정희용	41156	대구광역시 동구 해동로 204	053-984-1116	053-984-1222
인천	백은석	21975	인천광역시 연수구 앵고개로 345-30	032-464-0184	032-468-0183
광주	이대원	62428	광주광역시 광산구 광산로 55	062-672-9765	062-672-9763
대전	백영희	34087	대전광역시 유성구 은구비남로 7번길 15	042-826-3233	042-826-3234
울산	김종욱	44728	울산광역시 남구 도산로 107번길 21	052-258-2494	052-268-2484
세종	노국현	30025	세종특별자치시 조치원읍 새내 14길 65-3	044-864-2081	044-864-2082
경기	강병모	16272	경기도 수원시 장안구 팔달로 211	031-268-9844	031-268-9846
강원	한택근	24374	강원도 춘천시 효석로 37	033-262-4264	033-262-4265
충북	박종태	28583	충청북도 청주시 흥덕구 공단로 87	043-238-4577	043-234-4577
충남	이건휘	32542	충청남도 공주시 봉황로 138	041-881-7781	041-881-7783
전북	김세영	54535	전라북도 익산시 익산대로 27길 132	063-856-2646	063-857-2646
전남	정백화	58696	전라남도 목포시 백년대로 266번길 11	061-278-2461	061-278-2463
경북	김진오	36637	경상북도 안동시 광명로 43	054-857-8890	054-857-8892
경남	곽준석	51441	경상남도 창원시 의창구 신월로 63	055-274-0888	055-274-0890
제주	양창오	63282	제주특자치도 제주시 임항로 294	064-702-1459	064-702-1458

출처: 한국장애인개발원(2018). https://www.goods.go.kr/pp/index.do?menuNo=5402000&condition.fcltySe=S

3. 중증장애인직업재활지원사업

한국장애인개발원은 중증장애인의 직업재활을 통해 자립기반 마련 및 사회참여를 증진하기 위해, 중증장애인직업재활지원사업을 시행하고 있다. 이 사업은 지역사회 내 직업재활사업수행기관을 지정하고 장애인의 생애주기에 따른 전문적이고 체계적인 직업재활서비스를 지원하는 사업이다.

중증장애인직업재활지원사업의 목적은 진단 · 평가, 교육 · 훈련 및 자립지원정책 등의 종합적인 직업재활서비스를 제공함으로써 중증장애인의 보호고용 또는 일반노동시장으로 취업을 지원하고 이를 통하여 사회적 · 경제적 활동에 동등한 사회구성원으로 자리

매김하는 데 목적이 있다.

중증장애인직업재활지원사업의 사업추진 근거는 「장애인복지법」 제21조에 두고 있다.

'알아봅시다' 2-2 중증장애인직업재활지원사업 추진 근거

「장애인복지법」 제21조(직업)

① 국가와 지방자치단체는 장애인이 적성과 능력에 맞는 직업에 종사할 수 있도록 직업지도, 직업능력평가, 직업적응훈련, 직업훈련, 취업알선, 고용 및 취업 후 지도 등 필요한 정책을 강구하여야 한다.

② 국가와 지방자치단체는 장애인직업훈련이 원활히 이루어질 수 있도록 장애인에게 적합한 직종과 재활사업에 관한 조사·연구를 촉진해야 한다.

사업추진 경과

추진경위

중증장애인의 자립기반 마련과 중증장애인 중심의 고용촉진 활성화를 위해 2000년에 「장애인고용촉진 등에 관한 법률」을 「장애인고용촉진 및 직업재활법」으로 전면 개정

- 중증장애인직업재활지원사업 고용노동부에서 업무이관(2007년 3월)
- 고용노동부 기금사업에서 복지부 일반회계 사업으로 전환
- 복지부 '중증장애인직업재활지원사업' 본격 시행(2008년 이후) 2010년부터 사업수행기관별 평가에 따른 예산 차등 지원 실시
- 2007년 4월 4일 관계부처 합동 제2차 장애인지원종합대책에서 장애인고용촉진기금의 기금수지악화, 사업수행체계 이원화 문제에 따라 기금에서 분리하여 일반회계로 전환해야 한다는 문제 제기
- 2007년 3월 20일~22일 청와대, 기획예산처, 보건복지부, 노동부 등 관련부처 회의에서 복지부 사업예산 163억을 일반회계로 전환한다는 데 합의
- 2007년 10월 2008년 정부예산안에 복건복지부 일반회계예산에 반영(163억, 민간경상보조)
- 2007년 11월 19일 보건복지부 내·외부 평가위원의 사업계획서 심사 및 평가에 따라 한국장애인개발원을 총괄사업수행기관으로 지정
- 2008년 1월~현재 중증장애인직업재활지원사업 수행

〈표 2-9〉 2017년 현재 중증장애인직업재활지원사업 수행기관

수행기관 유형	개소 수	주요 지원 내용	주 기능 및 부 기능
직업재활 센터	33	• 직업상담 및 직업평가, 지원고용, 직업적응훈련, 취업알선 및 적응지원 담당자 인건비와 사업비 • 직업적응훈련생 상해보험 가입 및 훈련수당 지원–훈련수당 월 7만 원/1인당 • 지원고용훈련생 상해보험 가입 및 훈련수당 및 사업주 보조금 지원 –훈련수당: 훈련준비금 40,000원(사전훈련 포함 6일 이상 출석한 사람 1회 지급), 일비 17,000원 • 취업장려금 및 직업재활사업 홍보비 지원 등	주 기능 직업상담 직업평가 적격성 결정 직업재활계획 수립 직업적응훈련취업알선 취업 후 적응지원
직업평가 센터	6	• 직업상담 및 직업평가 담당자 인건비와 사업비 등	주 기능 직업상담, 직업평가 부 기능 적격성 결정, 직업재활계획 수립
직업재활 시설	74	• 직업적응훈련 담당자 인건비와 사업비 • 직업적응훈련생 상해보험 가입 및 훈련수당 지원 등 –훈련수당 월 7만 원/1인당	주 기능 직업상담, 적격성 결정, 직업재활계획 수립, 직업적응훈련, 취업알선 부 기능 직업평가, 취업 후 적응지원
장애인 단체	30	• 직업상담 및 직업평가, 취업알선 및 적응지원 담당자 인건비와 사업비 • 취업장려금 및 직업재활사업 홍보비 지원 등	주 기능 직업상담, 적격성 결정, 직업재활계획 수립, 취업알선 부 기능 직업평가, 직업적응훈련, 취업 후 적응지원

직업능력 개발 훈련기관	20	• 직업능력개발 훈련비와 훈련생 훈련수당 지원 등 –훈련비: 해당 훈련비약정단가×월 훈련시간(월117시간 한도)×평균훈련생 –훈련수당: 훈련준비금 4만 원(6일 이상 출석한 신입생), 가계보조수당 월 7만 원, 가족수당 1인당 월 3만 원, 교통비 월 5만 원, 식비 월 5만 원, 자격취득수당 1회 5만 원	
직업재활 프로그램	3	• 기관 및 지역특성에 맞는 취업지원, 직업역량 프로그램, 전문가 양성 등 장애유형별 다양한 직업재활 프로그램 지원을 목표로 기관당 연 6천만 원 이내 사업비 지원	
현장중심 직업재활 센터	8	• 수행기관 사업수행 전문인력, 직무지원인 인건비 및 사업비 지원 · 현장중심적응훈련 훈련생 상해보험 가입 및 월 훈련수당 10만 원 지원 · 사업체 현장중심적응훈련 훈련생 배치 및 직무지원인 상시지도 지원	직업지도, 현장중심적응훈련, 취업알선 및 취업 후 적응지원
총수	174		

출처: 한국장애인개발원(2018). http://vr.koddi.or.kr/org/org_info_list.jsp?seOrgKnd1=5

제3장

Foundations of Vocational Rehabilitation

장애의 이해

1. 장애의 개념
2. 장애관
3. 장애인 통합 개념의 변화
4. 장애의 정의
5. 재활의 정의

1. 장애의 개념

직업재활의 개념을 이해하기 위해서는 먼저 장애관에 대한 역사적 변천과정을 이해할 필요가 있다. 장애의 일반적 영문명 disability는 'dis(반대 · 부정)'와 'ability(능력)'가 결합된 용어로 예전에는 '불능'이나 '능력 없음'이라고 해석하여 차별적인 용어로도 인식하였다. 외국의 경우 disability 대신에 handicap, challenge, different ability, disadvantage라는 용어를 사용하기도 한다. 그러나 장애의 공식적인 영문명은 'disability'이며, 장애인은 'a person with disability'다.

외국의 경우에도 과거에는 장애인에 대해 차별적이고 가치절하적인 관점을 가지고 있었다. 신체적 장애인의 경우 crippled person(불구자, 병신), 정신적 장애인의 경우 feeble-minded person(정신박약자)라고 부르기도 하였으며, 하나의 가치 있는 개체로서의 사람이 아닌 장애의 제한적인 면을 강조하는 'disabled person'이라는 용어를 공식적으로 사용하기도 하였다. 그러나 장애인에 대한 사회적 인식이 개선되고 '장애보다 사람 먼저'라는 구호 아래 인간으로서의 존엄성과 가치를 인정하는 용어인 'A Person with Disability'로 공식적 용어가 변경되었다. 이제는 '장애인'을 무한한 '잠재력(potential)'을 가지고 적합한 지원을 받을 경우 사회에 기여할 수 있는 무한한 가치를 가진 구성원으로 해석한다.

우리나라에서도 사회가 성숙되어 가면서 가치 있는 개인으로서의 장애인으로 관점 변화가 이루어졌고, 2000년도부터 「장애인복지법」에서 '장애인'이라는 용어를 사용하기 시작하면서 법적인 공식 용어가 '장애자'에서 '장애인'으로 바뀌었다.

2. 장애관

1) 그리스 · 로마시대

그리스 · 로마 시대의 장애관은 장애인의 기능제한적인 측면에 초점을 두는 '의학적(개인적, 기능제한적) 모델'이었다. 이는 장애인을 신체나 정신이 불편한 '환자'로 생각하고, 장애인이 겪는 문제를 당사자 개인에 원인이 있다고 보았다. 그러므로 장애인이 겪는 차별

[그림 3-1] 밀로의 〈비너스〉

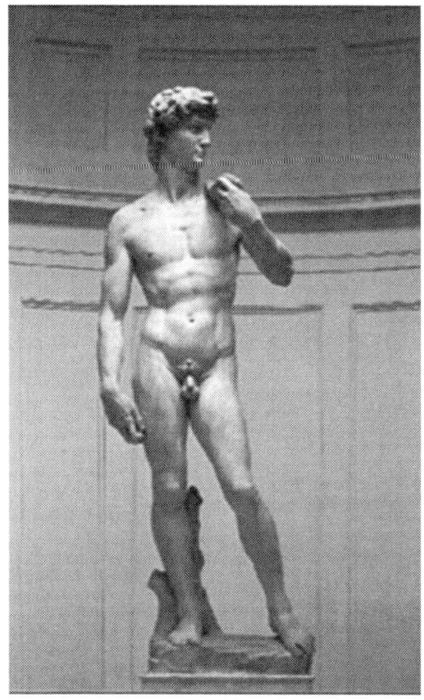

[그림 3-2] 미켈란젤로의 〈다비드〉

이나 어려움은 당연시되었고, 스스로 문제를 해결하지 못하면 사회에서 도태되는 것이 일반적이었다.

그리스 · 로마 시대에는 '완전한 인간의 모습'을 최고의 덕목으로 삼았는데, 신체의 건강과 이상적인 미를 중요시한 고대 그리스 시대의 조각 작품인 밀로의 〈비너스〉나 미켈란젤로의 〈다비드〉에서 그 시대의 인간상을 찾아볼 수 있다.

장애인은 무능력하기 때문에 추한 인간, 밥만 축내는 식충이로 인식되었고, 산에 버려 아사시키도 하였다. 엄격한 교육과 강력한 군사의 양성을 중시하던 스파르타에서는 출생 첫 주 신체검사를 통해 미래에 강한 군사가 될 수 없다고 판단되는 장애인은 제거하기도 하였다. 또한 로마에서는 물에 빠뜨려도 소리를 칠 수 없는 청각 · 언어장애인의 경우 익사시키기도 하였다. 살아남더라도 투기장, 연회장 등에서 광대가 되어 사람들의 웃음거리가 되거나 여흥의 대상이 되는 경우도 있었다. 실제로 네로황제는 활쏘기 표적에 장애인을 세워 많은 사람을 죽이기도 하였다.

이렇듯 그리스 · 로마 시대에는 장애인에게 인간으로서의 존엄성이나 가치를 부여하지 않고 국가나 사회에 도움이 되지 못하는 제거해야 하는 존재로 인식하였는데, 이 시대의 철학이 여러 고대 철학자들의 저서에도 잘 나타나 있다. Platon은 그의 저서 『공화국

(The Public)』에서 우수한 시민만 양육해야 한다고 주장하였고, Aristoteles는 자신의 사상 '감각론'에서 감각기관을 영혼의 기관으로 규정하여, 농아는 듣고 말하지 못하므로 정신기능을 사용하는 교육이 불가능하다고 주장하였다. 바보, 멍청이로 해석되는 영어의 'idiot'은 그리스어 'idiotas'에서 유래한 것으로 변한 자, 쫓겨난 자, 악마 붙은 자를 의미하는 말이었으며, 이는 곧 정신적 장애를 가진 사람을 악마에게 정신을 뺏긴 사람, 죄를 지어 사회에서 쫓겨날 수밖에 없는 사람으로 인식하던 시대상을 반영하는 것이다.

2) 중세시대

중세시대는 기독교관이 풍미하던 시기였으나 이 시기의 기독교관은 장애를 곧 원죄의 결과로 생각하였다. 심지어 장애아동의 출생이 악마와 성관계한 결과라고 여기고 그것을 어머니의 부도덕성과 책임 탓으로 돌리는 등 여전히 왜곡된 장애인관을 보였다.

다행히도 Luther가 청각·시각·지적장애인은 선한 마음을 갖고 있기 때문에 신과 직접 체험할 수 있다고 주장하여 최초로 장애인을 긍정적인 시각으로 바라보는 계기가 마련되었다. 그러나 이 역시 청각장애인은 듣지 못하기 때문에, 시각장애인은 보지 못하기 때문에, 지적장애인은 단순하게 생각하기 때문에 순수한 마음을 가졌다고 여기는 편협된 사고에 기초한 주장이었다.

르네상스 시대에 들어오면서 인본주의적 사고, '휴머니즘'이 강조되어 14~17세기는 문예부흥과 인간의 본성을 강조하고, 자유와 자율성에 기초한 존엄성, 소질 발휘, 창조성, 이성과 비판정신 등을 제시하며 장애인에게 처음으로 인간으로서의 존엄성을 부여하고, 자율성과 자유를 가지고 행동할 것을 제안하였다.

3) 우생학과 사회진화론

19세기 미국에서는 우생학과 사회진화론이 사회를 지배하는 철학으로 대두되어 장애인을 강하게 차별하고 핍박하는 상황이 나타났다.

우생학에서는 바람직하지 않은 사람들의 강제이주, 생식능력의 거세를 주장하였는데 장애인은 곧 바람직하지 않은 사람들이기 때문에 더 이상의 증가를 막고 말살하기 위해 일반 사회와 격리된 곳에 거주하거나 거세를 통해 장애아동이 출생하지 못하게 하고자

[그림 3-3] 르네상스시대

하였다. 그런데 장애인을 격리하여 일반인과의 접촉을 막거나 거세해도 전체 인구의 장애아동 출생은 줄어들지 않아 모순을 노출한 우생학은 결국 실패하였다. 한편으로 이 사상의 영향으로 유태인들을 학살하게 되었다.

이 시기에 사회진화론을 주창한 Herbert Spencer는 Darwin의 진화론에 영향을 받아 적자생존의 법칙을 주장하였고, 가난하고 병든 자는 국가의 공적 부조나 보호 프로그램이 필요 없고 죽도록 내버려 두어야 한다고 하였다. 장애로 인해 제한점을 가진 장애인들은 치열한 경쟁에서 이기기 어렵기 때문에 생존하지 못할 것이고, 공적 부조를 받아도 생존하기 어렵기 때문에 자연적으로 도태된다고 보았다.

그러나 이러한 어려움 속에서도 많은 장애인들이 생존했고 사회복음운동이 시작되면서 우생학과 사회진화론에 대해 강한 비판이 이어졌으며, 반성과 함께 장애인에 대한 인식이 향상되었다. 물론 사회복음운동이 형제애, 연민, 상호협조를 강조하여 국가의 지원을 주장하기는 했지만, 장애인을 동등한 사회구성원으로 보는 성숙된 철학은 아니었다. 그러나 장애인의 재활을 국가 책임으로 주장한 최초의 시대사조로 장애인에 대한 국가의 종합적이고 체계적인 재활서비스가 시작되는 계기가 되었다.

4) 의무교육과 특수교육 프로그램

미국은 1852년에 매사추세츠 주에서 최초로 공교육의 의무교육법을 제정하였는데, 이는 '분리주의적 태도'에 기초한 것이었다. 즉, 장애아동도 의무교육 대상자로 학교를 필수적으로 다녀야 하나 자퇴할 수 없도록 법적으로 규정하여 장애아동이 비장애아동의 교육을 방해하지 않도록 일반학교가 아닌 특수학교에서 특수교육을 제공받도록 제한하는 매우 차별적인 법제정이었다.

5) 직업교육운동

1860년대부터 1910년대까지 미국에서는 공립고등학교를 중심으로 직업교육운동이 일어났다. 직업교육운동은 모든 학생에게 무상교육을 실시하는 것으로 공립학교에 재학하는 학생 수가 기하급수적으로 증가하면서, 장애학생 비율도 높아져 이들의 직업교육에 대한 관심도 높아졌다.

〈표 3-1〉 1865~1885년 공립고등학교 교과과정

연도	공립고등학교 교과과정
1865	문학, 역사, 직업, 상업과목 추가
1870년대	뉴욕 주, 매사추세츠 주 직업훈련 추가
1881	이외 5개 주 산업교육 추가
1885	사립 산업학교 • The Working-man's School of New York City • The Boston Manual Training School

6) 사회적 모델(생태학적 모델)

고대부터 이어져 왔던 의학적 · 기능제한적 모델은 사회가 성숙되어 감에 따라 장애인에게도 동등한 권리를 부여하고 인간으로서의 존엄성을 존중하는 개념으로 바뀌었다. '장애'를 심리적 · 신체적 손상에 기인한 개인의 문제가 아닌 여러 가지 사회적 · 환경적 요인에 기인한 사회적인 문제로 보기 시작하였다. 즉, 사회적 인식, 태도, 편견, 물리적 장벽 등이 '장애'를 만드는 것이고, 국가는 장애인을 국가의 서비스를 구매하는 '소비자(consumer)' '고객(customer)'으로 인식하고 삶의 질 향상을 위해 노력해야 한다는 사회적 인식이 대두되었다.

김민수 씨는 휠체어를 사용하는 지체장애인이다. 오늘 입사면접을 보기 위해 방문해야 하는 장소는 건물 2층에 위치해 있다. 그러나 그 건물에는 엘리베이터나 경사로가 설치되어 있지 않다. 김민수 씨를 도와줄 도우미도 없어서 결국 면접상소에 가지 못해 입사하지 못했다.

의학적 · 기능제한적 모델
보행이 불가능해서 계단을 사용할 수 없는 김민수 씨 개인의 문제다. 면접장소의 위치와 상관없이 지체장애를 가져 보행이 불가능하기 때문에 김민수 씨는 면접에 응시하지 못한 것이고, 입사에 실패한 것이 당연하다.

생태학적 · 사회적 모델
보행이 어려워서 계단을 사용할 수 없는 김민수 씨가 이용할 수 있는 경사로나 엘리베이터를 설치하지 않은 사회의 문제다. 보행이 어려워 계단을 이용하기 힘든 지체장애인도 불편함 없이 이용할 수 있도록 경사로나 엘리베이터가 마련된 환경이었다면, 김민수 씨는 충분히 면접에 응시할 수 있었고, 입사에 성공할 수도 있었을 것이다. 이 문제의 핵심은 사회와 환경이 장애인의 욕구에 맞춰 지원하지 못했다는 것이다.

3. 장애인 통합 개념의 변화

1) 탈수용(시설)화

재활전문가들이 1960년대의 많은 수용시설에서 적절한 교육과 양육을 제공하지 못하고 있다는 사실을 인식하면서 1960년대와 1970년대에 걸쳐 장애인을 시설에 수용하는 것에 대한 강한 비판이 일어나기 시작했고, 사회운동의 일환으로 이들 장애인들을 분리된 수용시설에서 지역사회로 이동시키기 시작하였다. 이러한 탈수용(시설)화(deinstitutionalization)는 장애인의 사회적 통합을 시작하는 데 매우 중요한 역할을 하였다.

탈시설화는 다음과 같은 배경으로 시작되었다.

① 장애인의 수가 지속적으로 증가하여 시설에서 수용할 수 있는 장애인은 2~3%에 불과하다.
② 시설 수용 장애인들을 관리하는 데 많은 비용이 소요된다.

③ 장애인들의 사회통합을 제한하고 인권을 침해하는 분리된 장소에 격리 및 수용되고 있다.

2) 정상화

정상화(normalization)는 문화적으로 정상적인 개인의 행동 및 특성을 형성하고 유지하기 위해서는 가능한 한 문화적으로 정상적인 수단을 사용해야 한다는 철학적인 믿음인 '정상화의 원리'에 따른 것이다. '정상화의 원리'는 1960년대 중반에 Nirje가 스칸디나비아에서 처음으로 주창한 개념이다.

'정상화'란 장애인을 위한 교육의 목적 및 수단이 가능한 한 정상인들을 위한 교육의 목적 및 수단과 같아야 함을 의미한다. 즉, 장애학생들이 특수학교가 아닌 일반학교에 통합되어 일반학생들이 받는 교육의 목적과 동일한 교육을 받고 일반교육이라는 동일한 수단으로 학습을 한다.

장애인들은 정상인들과 동등한 비제한적이고 비분리적인 생활양식을 취할 권리를 가지고 있다. 즉, 분리된 생활시설이 아닌 지역사회 가정에서 일반인들이 생활하는 양식과 동일하게 생활할 권리가 있다.

이 정상화의 과정에서 고려해야 할 점은 각 나라의 규준에 알맞게 각기 다른 방법으로 각기 다른 사회의 사회적 규준에 맞추어 적용해야 하는 것이다.

3) 주류화

미국 「공법 94-142(Education for All Handicapped Children Act: 전장애아교육법)」는 특수교육 대상자들에게 환경적 제약을 극소화하고, 가능한 한 일반교육에 가깝게 교육하며, 분리된 보호작업장이 아닌 통합된 작업장에 경쟁고용할 수 있는 주류화(mainstreaming)의 근거를 마련하였다. 전장애아교육법은 다음과 같이 주요 개념을 명시하고 있다.

① 완전수용(zero reject): 어떤 학생도 배제되어서는 안 된다는 규정으로 6~17세에 해당하는 모든 장애아동들은 장애 종류나 정도에 관계없이 적절한 무상의 공교육을 받을 권리가 있다.

② 비차별적 평가(nondiscriminatory evaluation): 학교는 인종, 문화 및 언어에 관련된 편견 없는 다양한 진단과 평가 방법을 사용하여 공정하게 판별함으로써 장애아동은 절차상 차별 없는 판별 및 평가보호를 받아야 한다.

③ 개별화교육프로그램과 무상의 적절한 공교육(free, appropriate public education): 모든 장애아동은 장애의 유형과 정도에 관계없이 무상의 적절한 공교육을 받아야 하며, 또한 각 아동의 교육적 요구에 맞게 구성된 개별화교육프로그램에 따라 개별화된 적절한 공교육을 제공받아야 한다. 여기에 관련 서비스와 보충적 서비스가 포함되어야만 한다.

④ 최소제한환경(least restrictive environment: LRE): 장애아동은 가능한 한 일반아동들과 함께 최소한의 제한된 환경에서 교육을 받아야 한다는 규정으로 개별화교육프로그램에서 아동이 어느 정도로 학문적 활동과 비학문적 활동에서 비장애아동과 교육을 받아야 하는지 법에서 명시하고 있으며, 분리할 경우에는 타당한 근거를 제시하여 최소한의 제한된 환경에서 교육이 제공되도록 하고 있다. 이 항목은 장애아동의 일반학교로의 통합을 촉진하였다.

4) 통합

통합(integration)은 장애인과 일반인이 동등한 사회적 환경에서 함께 생활하는 것을 의미한다. 장애인에게는 특별한 서비스가 필요하므로 특수한 장소에 격리해야 한다는 인식에 반대하는 개념으로, 물리적 통합뿐 아니라 개념적(인식적) 통합도 강조한다.

〈표 3-2〉 통합의 개념

물리적 통합	개념적 통합
• 건축물 • 교통 • 통신 • 통합학급 • 통합된 작업장 • 지역사회 내 거주	• 동등한 교육 기회 • 동등한 취업 기회 • 동등한 지역사회 서비스 이용 기회 • 동등한 참여 기회 • 사회의 편견 없는 태도

[그림 3-4] 통합교육

출처: http://news.kbs.co.kr/news/view.do?ncd=2544401

5) 완전통합

완전통합(inclusion)은 특수교육에서 사용하는 개념으로 장애아동이 장애의 유형이나 정도와 관계없이 하루 종일 일반 또래와 함께 일반학급에서 특수교육 및 관련 서비스를 제공받는 것이다(특수교육학 용어사전, 2009).

[그림 3-5] 완전통합

6) 장애인 소비자 운동

1940~1970년대에는 장애인구가 급격하게 증가하였다. 이는 제2차 세계 대전 등 전쟁 후 상이군인 수가 증가하고, 의학기술이 발달함으로써 중증의 손상을 입은 경우에도 생존할 수 있게 되었기 때문이다. 의학기술 발전은 또 개인의 수명을 연장시켜 노인인구가 증가하면서 지체장애인이 증가하게 되었다.

장애인구가 증가하고 1960년대 소수민족 · 여성 인권운동에 자극받아 장애인들도 일반시민으로서의 시민권 찾기 인권운동을 시작했는데, 직업재활서비스의 수동적 수혜자가 아닌 프로그램 수립에의 적극적 참여자로서 역할을 하기에 이르렀다. 장애인들은 권리를 찾고 자신의 욕구를 충족시킬 수 있도록 정책수립 과정에도 참여자로서의 권리보장을 주장하게 되었다.

이러한 장애인 소비자 운동은 통합교육과 통합고용을 가능하게 했고, 독립생활운동을 촉발시켜 중증장애인의 독립생활에 대한 지원 제도를 마련하게 되었다.

〈표 3-3〉 전통적 서비스 접근 VS 소비자 주권주의 접근

초점	전통적 서비스 접근	소비자 주권주의 접근
문제가 무엇인가?	직무기술과 동기가 결여됨	장애인에 대한 차별, 지원의 결여
문제의 원인이 무엇인가?	장애인 내담자 가족	장애인의 주변 환경 (고용주, 서비스 체제)
해결 방법이 무엇인가?	특정 서비스를 제공하기 위해 내담자를 평가, 처방, 준비시킴	진로발달을 촉진시키는 데 필요하다고 판단될 경우에만 지원 제공
변화의 주체는 누구인가?	서비스 체제 내의 전문가	장애인

4. 장애의 정의

1) WHO(1980): ICIDH-1(국제장애분류-1)

WHO(1980)는 장애를 손상, 장애, 사회적 불리로 정의하는 International Classification of Impairments, Disabilities, and Handicaps-1(ICIDH-1, 국제장애분류-1)을 제시하였다.

국제장애분류-1의 주요 개념은 다음과 같다.

- 손상(impairment): 신체적 · 정신적 기능이상/소실상태
- 장애(disability): 능력장애, 기능제한
- 사회적 불리(handicap): 사회적 편견, 차별

질병이나 정서상의 문제 → 손상(impairment) → 손상이 극복되지 않을 경우 → 능력장애(disability) → 사회적 차별이나 불이익으로 작용하는 사회적 불리로 이어짐(handicap)

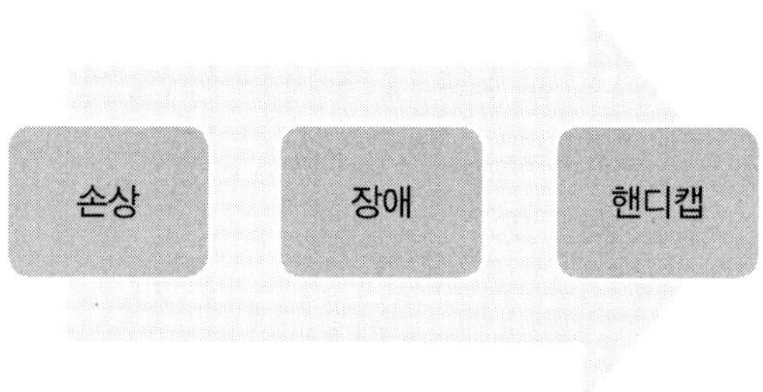

[그림 3-6] ICIDH-1(국제장애분류-1)의 개념

2) WHO(1997): ICIDH-2(국제장애분류-2)

WHO는 1997년 국제장애분류-1을 개정하여 International Classification of Impairments, Disabilities, and Handicaps-2(ICIDH-2, 국제장애분류-2)를 제시하였다. 국제장애분류-2의 개념과 국제장애분류-1과의 차이점은 다음과 같다.

① 국제장애분류-2는 신체나 정신적 손상이 보기, 듣기, 의사소통, 이동, 인간관계 등의 활동에 얼마만큼의 활동 제한을 주느냐를 기준으로 한다.

② 주변환경이나 사회환경들로부터 얼마만큼 참여를 제한받고 있느냐 등이 기준으로 제시된다.

③ 장애에 대한 개념이나 분류에 사회적인 측면, 환경적 측면이 강조된다.

④ 국제장애분류-1에서 해결되지 못한 사회적 장애, 즉 외견상 손상은 없지만 분명히 우리 사회 안에서 차별당하고 사회참여에 제한을 받는 장애의 문제 해결에 관심을 둔다.

국제장애분류-2의 주요 개념은 다음과 같다.

① 신체(body)
- 신체기능(body functions)
  -생리학적이거나 심리학적인 신체기능
- 신체구조(body structures)
  -장기, 사지, 구성요소와 같은 신체의 해부학적 부분
- 손상(impairments)
  -심각한 변형이나 손실과 같은 신체 기능이나 구조에 있어서 문제점

② 활동(activities)
- 개인이 과업 혹은 행동을 수행하는 것
- 활동제한(activity limitations)
  -개인이 활동수행에 있어 겪는 어려움

③ 참여(participation)
- 개인이 건강상태, 신체기능과 구조, 활동, 주변 요인과 관련한 일상생활에 참여하는 것
- 참여제약(participation restrictions)
  -개인이 일상생활에 참여하는 방법이나 정도에 있어 문제를 갖는 것

〈표 3-4〉 ICIDH-2(국제장애분류-2) 개요

구분	신체기능 신체구조	활동	참여	주변 요인
기능 수준	신체 (신체 부위)	개인 (통합된 개인)	사회 (일상생활)	환경적 요인(기능에 대한 외적 영향) + 개인적 요인(기능에 대한 내적 영향)
특징	신체기능 신체구조	개인 활동 수행	일상생활에 참여	신체 · 사회 · 태도적 특성 + 개인 특성
긍정적 측면 (기능)	기능과 구조의 통합	활동	참여	촉진자
부정적 측면 (장애)	손상	활동 제한	참여 제약	장벽/제해 요소

3) WHO(2001): ICF(국제기능, 장애, 건강분류)

International Classification of Functioning and Disability(ICF, 국제기능, 장애, 건강분류)는 국제장애분류-2의 장애에 대한 사회적 측면과 철학을 그대로 계승하였지만 특성으로 장애에 있어 개인적 측면과 사회적 측면 모두 통합하였다(WHO, 2001).

① 이 개념에서는 장애의 사회적 · 상황적 측면(건축물의 환경, 장애에 대한 인식 등)과 함께 개인적 측면(성, 연령, 대처방식 등)의 양측 면에서 장애를 가진 사람의 기능이 영향을 받는다고 정의한다.

- 장애 개념의 새로운 변화
- 장애 당사자의 자기결정과 선택에 대한 강조
- 장애를 규정하는 개념이 단순 모델에서 복합 모델로 전환
- 장애의 개념 규정에서 환경적 요인들을 점차 강조하는 추세
- 장애의 개념 규정에서 긍정적인 용어 사용 강조

〈표 3-5〉 ICF 개요

<table>
<tr><th></th><th colspan="2">제1부: 기능과 장애</th><th colspan="2">제2부: 배경 요인</th></tr>
<tr><td>구성 요소</td><td>신체 기능 및 구조</td><td>활동 및 참여</td><td>환경 요인</td><td>개인 요인</td></tr>
<tr><td>영역</td><td>신체기능
신체구조</td><td>생활영역
(과업, 일상행위)</td><td>기능 및 장애에
영향을 미치는
외적 요소</td><td>기능 및 장애에
영향을 미치는
내적 요소</td></tr>
<tr><td>구성개념</td><td>신체기능상 변화
(생리학적 변화)</td><td>능력
표준 환경에서 과업수행

수행
실제 환경에서 과업수행</td><td>물리적 · 사회적 ·
심리적 측면의
특징들이 미치는
촉진 효과 혹은
저해 효과</td><td>개인의 특성이
미치는 효과</td></tr>
<tr><td rowspan="2">긍정적 측면</td><td>기능과 구조의
통합</td><td>활동 참여</td><td rowspan="2">촉진 요인</td><td rowspan="2">적용 불가</td></tr>
<tr><td colspan="2">기능</td></tr>
<tr><td rowspan="2">부정적 측면</td><td>손상</td><td>활동 제한
참여 제약</td><td rowspan="2">장벽 요인/
저해 요인</td><td rowspan="2">적용 불가</td></tr>
<tr><td colspan="2">장애</td></tr>
</table>

② 환경 요인(environmental factors)

사람들이 삶을 영위하고 있는 물리적 · 사회적 · 심리적 환경 구성을 이룬다.

ICF의 주요 개념은 다음과 같다.

① 제1부 (기능과 장애)

- 신체 기능과 구조
- 활동과 참여

② 제2부 (배경 요인)

- 환경 요인
- 개인 요인

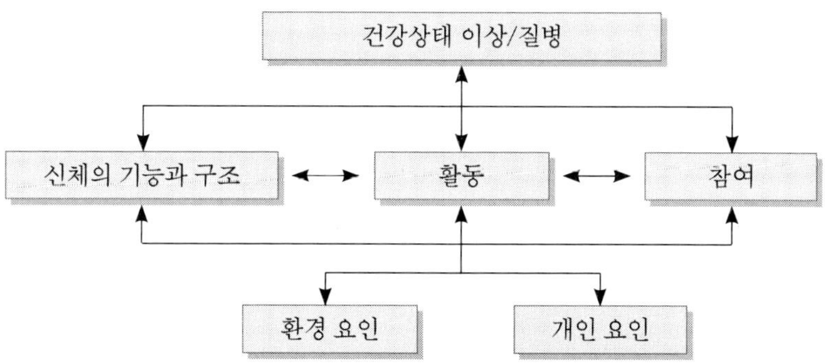

[그림 3-7] ICF 구성요소들 간 상호관계

4) 장애의 법적 정의

(1) 「미국장애인법(Americans with Disabilities Act: ADA)」

「미국장애인법」은 1974년 재활법 504조가 모태가 되어 제정된 법이다. 이 법에서는 장애의 정의를 매우 광범위하게 제시하고 있다.

① 장애

- 개인의 주된 일상생활 중 1가지 혹은 그 이상의 심각한(substantial) 제한을 초래하는 신체적 · 정신적 손상이 있는 경우
- 이러한 손상의 기록이 있는 경우

- 이러한 손상을 가진 것으로 여겨지는 경우

② ADA에서 규정하는 장애(활동) 범주

걷기, 앉기, 보기, 듣기, 서기, 숨쉬기, 뻗기, 학습, 말하기, 집중하기, 자기, 손으로 하는 과업 수행하기, 일하기, 듣기, 자신의 신변 가꾸기, 타인과 상호작용하기

③ 심각한 제한(substantial limits)

개인의 주된 일상생활을 수행하는 데 있어 조건, 방법, 지속력 등이 일반 평균인구와 비교하여 수행할 수 없는 정도(inability)이거나 심각한 제한이 있는 것

- 제한의 원인과 정도
- 제한의 지속기간 혹은 예측되는 지속기간
- 제한의 영구성 혹은 장기적인 영향

④ 신체적 장애

모든 생리적 장애나 상태, 외형적 변형, 또는 다음의 신체 체계(신경, 근골격, 특수 감각기관, 호흡기(언어조직 포함), 심장계, 생식기, 소화기, 비뇨기, 피부과, 혈액 및 임파, 피부, 내분비) 중 1가지 혹은 그 이상에 영향을 주는 해부학적 손실

⑤ 정신적 장애

지적장애, 기질적 뇌증후군, 정서 또는 정신질환, 특정 학습장애 등과 같은 모든 형태의 정신 혹은 심리적 장애

⑥ '일하기(working)'에 있어서의 장애

"심각한 제한이란 하나의 직업군 혹은 다양한 직업군 내의 여러 가지 직업을 수행하는 능력이 동등한 수준의 훈련, 기술, 능력을 가진 평균의 사람들과 비교해서 심각한 제한점을 가지는 것을 의미"(Equal Employment Opportunity Commission: EEOC)

⑦ 이러한 손상의 기록이 있는 경우

불법적인 약물 복용에서 회복한 사람, 현재 관리감독하에 재활 프로그램에 참여하고 있는 사람, 더 이상 약물을 사용하지 않는 사람까지 포함

⑧ 이러한 손상을 가진 것으로 여겨지는 경우

- 주된 일상생활에 심각한 제한점을 주지는 않으나 이러한 제한점을 야기하는 밖으로 드러나지 않는 존재의 통제를 받는 경우
- 이러한 손상에 대한 타인의 태도 때문에 일상생활에 심각한 제한을 받는 경우
- 손상은 없으나 심각하게 제한을 주는 밖으로 드러나지 않는 존재의 통제를 받는 경우

(2) 우리나라의 「장애인복지법」(2017)

「장애인복지법」에서 규정하고 있는 장애의 정의는 〈'알아봅시다' 3-1〉과 같다.

제2조(장애인의 정의 등) ① '장애인'이란 신체적 · 정신적 장애로 오랫동안 일상생활이나 사회생활에서 상당한 제약을 받는 자를 말한다.

② 이 법을 적용받는 장애인은 제1항에 따른 장애인 중 다음 각호의 어느 하나에 해당하는 장애가 있는 자로서 대통령령으로 정하는 장애의 종류 및 기준에 해당하는 자를 말한다.

1. '신체적 장애'란 주요 외부 신체기능의 장애, 내부기관의 장애 등을 말한다.
2. '정신적 장애'란 발달장애 또는 정신질환으로 발생하는 장애를 말한다.

'알아봅시다' 3-1 「장애인복지법」상 장애인의 정의 변천과정

「심신장애자복지법」(1981)

제2조 (정의) 이 법에서 '심신장애자'라 함은 지체부자유, 시각장애, 청각장애, 음성 · 언어기능장애 또는 정신박약 등 정신적 결함(이하 '심신장애'라 한다)으로 인하여 장기간에 걸쳐 일상생활 또는 사회생활에 상당한 제약을 받는 자로서 대통령령으로 정하는 기준에 해당하는 자를 말한다.

「장애인복지법」(1989)

제2조 (정의) 이 법에서 '장애인'이라 함은 지체장애, 시각장애, 청각장애, 언어장애 또는 지적장애 등 정신적 결함(이하 '장애'라 한다)으로 인하여 장기간에 걸쳐 일상생활 또는 사회생활에 상당한 제약을 받는 자로서 대통령령으로 정하는 기준에 해당하는 자를 말한다.

「장애인복지법」(2000)

제2조 (장애인의 정의) ① 장애인은 신체적 · 정신적 장애로 인하여 장기간에 걸쳐 일상생활 또는 사회생활에 상당한 제약을 받는 자를 말한다.
② 이 법의 적용을 받는 장애인은 제1항의 규정에 의한 장애인 중 다음 각호의 1에 해당하는 장애를 가진 자로서 대통령령이 정하는 장애의 종류 및 기준에 해당하는 자를 말한다.
1. 신체적 장애라 함은 주요 외부 신체기능의 장애, 내부기관의 장애 등을 말한다.
2. 정신적 장애라 함은 지적장애 또는 정신적 질환으로 발생하는 장애를 말한다.

「장애인복지법」(2007)

제2조 (장애인의 정의 등) ① '장애인'이란 신체적 · 정신적 장애로 오랫동안 일상생활이나 사회생활에서 상당한 제약을 받는 자를 말한다.

② 이 법을 적용받는 장애인은 제1항에 따른 장애인 중 다음 각 호의 어느 하나에 해당하는 장애가 있는 자로서 대통령령으로 정하는 장애의 종류 및 기준에 해당하는 자를 말한다.

1. '신체적 장애'란 주요 외부 신체기능의 장애, 내부기관의 장애 등을 말한다.
2. '정신적 장애'란 발달장애 또는 정신질환으로 발생하는 장애를 말한다.

(3) 「장애인고용촉진 및 직업재활법」(2017)

「장애인고용촉진 및 직업재활법」에서 규정하고 있는 장애의 정의는 다음과 같다.

제2조(정의) 이 법에서 사용하는 용어의 뜻은 다음과 같다.

1. '장애인'이란 신체 또는 정신상의 장애로 장기간에 걸쳐 직업생활에 상당한 제약을 받는 자로서 대통령령으로 정하는 기준에 해당하는 자를 말한다.

2. '중증장애인'이란 장애인 중 근로능력이 현저하게 상실된 자로서 대통령령으로 정하는 기준에 해당하는 자를 말한다.

중증장애인

「장애인복지법 시행령」 제2조에 따른 장애인 기준에 해당하는 장애인 중 제1호에 따른 장애등급보다 한 단계 낮은 장애등급에 해당하는 자로서 뇌병변장애인 · 시각장애인 · 지적장애인 · 자폐성장애인 · 정신장애인 · 심장장애인 · 호흡기장애인 · 뇌전증장애인 및 팔에 장애가 있는 지체장애인

5. 재활의 정의

장애인이 가치 있는 존재로 통합된 사회에 살 수 있도록 지원하는 재활에 관해서는 다음과 같이 다양한 정의가 제시되고 있다.

- 장애를 가진 사람에게 의학적, 사회적, 교육적, 직업적 수단을 동원하고 이를 상호 조정하여 훈련 또는 재훈련을 통해 그 사람의 기능적 능력을 가능한 최고의 수준에 도달하게 하는 것(WHO, 1980).
- 소비자의 고용 가능성, 독립성, 통합, 직업생활/지역사회 생활에의 참여를 극대화하기 위해 소비자와 재활상담사가 함께 수립한 종합적이고 지속적인 서비스(Jenkins et al., 1992, p. 28)
- 장애인의 신체적 · 감각적 · 인지적 · 심리적 · 사회적 기능 수준을 최적의 수준까지 회복시키거나 유지하게 하는 데 목적을 둔 과정. 재활서비스는 장애인이 자립과 자기 의사결정에 필요한 도구를 제공하는 것(WHO, 2016).
- 재활은 장애를 겪고 있거나 겪을 가능성이 있는 사람이 환경과의 상호작용에서 최적의 기능수준을 획득하거나 유지하는 것을 돕는 일련의 방법(WHO, 2011)
- Rehabilitation(장애인 재교육): 상해나 장애에 따른 재적응 과정(재활)
  Habilitation(장애인 교육): 선천적 장애인과 생애 초기에 장애가 유발된 사람을 위한 학습과정(특수교육)(Whitehouse, 1953)

또한 직업재활의 정의는 다음과 같다.

직업재활은 장애인들이 신체적, 정신적, 직업적, 사회적, 경제적 가용능력을 최대한 회복시키고 개발하여 일할 권리와 일할 의무를 비장애인과 동등하게 갖도록 지원하는 것이다. 직업재활을 통해 일을 하게 됨으로써 장애인들은 가치 있는 구성원으로 사회활동에 적극적으로 참여하여, 완전한 전인격적 존재이며 독특한 존재라는 인간으로서의 존엄성을 존중받고 가치를 실현하며, 만족스러운 삶을 영위하게 되는 것이다.

제4장

Foundations of Vocational Rehabilitation

미국 직업재활의 역사

1. 1920년대까지
2. 1920~1930년대의 법률들
3. 제2차 세계 대전 이후 직업재활운동
4. 재활의 황금기
5. 1973~1998년 법률들
6. 「미국장애인법」

이 장에서는 미국의 직업재활 관련 법령의 역사를 살펴봄으로써 직업재활의 역사적 흐름을 이해하고 우리나라 직업재활의 방향성을 살펴보기로 한다. 먼저 미국 「연방법」의 이해를 돕기 위해 구조를 알아보면 다음과 같다.

「연방법(Public Law: PL)」

미국 연방법은 가장 상위의 법으로 각자 법제정에 기여한 사람 고유의 이름을 따서 (예: Smith-Fess Act)라는 이름을 가지기도 하지만 어떤 경우에는 Civilian Vocational Rehabilitation Act 라는 법적인 이름을 가지기도 하며, 각 법은 연방법(Public Law)의 줄임말인 PL 다음에 고유 번호를 가진다.

예: Smith-Fess Act = Civilian Vocational Rehabilitation Act = PL 236

1. 1920년대까지

1) 「산업재해보상법(Federal Employers' Compensation Act, 1908, PL 16-176)」

19세기까지 사회진화론(Social Darwinism)으로 인해 장애인을 위한 법령을 제정하는 것은 불가능하였다. 이 시기에는 작업현장에서 산재가 발생하면 고용주를 상대로 소송한다 하더라도 승소할 가능성은 매우 낮았다. 고용과 동시에 장애 발생에 대해서는 '본인책임(과실)주의'로 산업재해가 본인 혹은 동료의 부주의로 인해 발생했을 때에는 아무런 보상을 받을 수 없었다. 특히, 고용주들은 「산업재해보상법」 제정을 반대했는데 「산업재해보상법」이 실시되면 재해 발생에 대비한 보험료(비용)가 증가하여 기업 운영에 부담이 된다고 생각했기 때문이었다. 이러한 이유로 산업재해를 입은 근로자는 적절한 보상을 받을 수 없었고, 재해로 인해 장애를 입어도 국가나 사회적 차원의 지원을 받을 수 없었다.

20세기가 시작하는 시점에 철도근로자의 산재로 인해 사망하는 비율은 매년 1/300명이나 되었고, 상해를 입는 비율도 매년 1/50명이나 되었다. 1908년 한 해에만 281,645명의 근로자가 재해를 입었고, 1만 2천 명이 사망하였다. 이와 같은 문제를 해결하기 위해

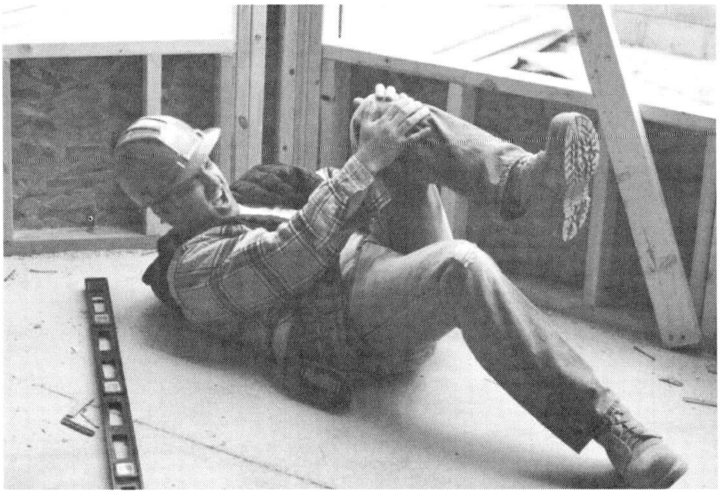

[그림 4-1] 작업현장에서의 산업재해

출처: http://thez.zeiler.com/report%3A-offering-voluntary-benefits-may-reduce-workers-compensation-claims

Theodore Roosevelt 대통령은 1908년 산업재해를 입은 철도근로자를 위한 보상과 회복, 산재발생률을 낮추며, 철도 공사 도구와 작업방법의 통일화를 위해 최초의 의무적인 산업재해보상법인 「공공근로자보상법(Civil Employees Act)」을 제정하였고, 뒤이어 「연방고용주책임법(Federal Employer's Liability Act)」을 제정하였다. 1908년에는 미국 최초의 산재근로자보상법인 「산업재해보상법(Federal Employer's Compensation Act)」이 제정되었다.

이 법률 제정에 따라 뉴욕 주가 1910년에 통과시켜 실시하게 되었고, 1911년까지 25개 주가, 1921년까지 42개의 주가 의무적으로 「산업재해보상법」을 실시하였으며, 1948년 미시시피 주가 마지막으로 「산업재해보상법」을 통과시켜 완성하였다.

초기 「산업재해보상법」은 직업재활을 포함하지 않았으나 전쟁에서보다 산업현장에서 장애를 입는 사람의 숫자가 더 많다는 산업혁명의 부정적인 측면이 부각되면서 직업재활 프로그램의 필요성을 심각하게 느끼게 되었나.

2) 「Smith-Hughes법(Smith-Hughes Act, 1917, PL 64-347)」

이 법의 공식 명칭은 「직업교육법(National Vocational Education Act)」으로 농업과 무역, 가정학 분야에 직업교육을 도모하기 위해 고등학교 교육과정에서 직업교육 과정을 분리한 것이다. 1910년대 미국은 산업혁명과 도시화로 인해 도시로 상경한 많은 젊은 비숙련 노동자들에 대한 직업훈련을 제공하고, 특정 산업 분야에서만 활용이 가능한 기술을 보유한 근로자들이 실직했을 때 직업교육이 필요하였다. 실직 노동자들의 재교육에 대한 욕구와 시골 출신 젊은 이주 노동자들의 직업훈련에 대한 욕구를 충족시키기 위해 1917년 「Smith-Hughes법」이 제정되었다. 이때 직업훈련에 대해 연방기금을 주 정부기금과 일대일 비율로 대응하는 방식으로 지원하였으며, 연방직업교육위원회(Federal Board for Vocational Education)를 설립하여 이후에는 상이군인과 일반시민 직업재활 프로그램을 담당하게 하였다.

또한 제1차 세계 대전으로 인해 전쟁에서 부상을 입은 상이군인의 '가용능력' 개발을 위해 장애인에 대한 직업교육에 관심을 갖게 되었다. 정부관리들과 사회 지도자들이 손상을 극복할 수 있는 직업훈련을 제공한다면 장애인들도 직업재활이 가능하다는 사실을 이해하기 시작한 것이다. 이를 통해 연방정부 차원의 상이군인을 위한 직업재활 관련 입법에 대한 관심이 높아지게 되었다.

3) 「상이군인재활법(The Soldier's Rehabilitation Act, 1918, PL 65-178)」

미국에서 최초로 연방 차원의 장애인 직업재활 프로그램이 시행된 것은 「상이군인재활법」을 통해서다. 「상이군인재활법」은 장애인 재활 분야에 있어 새로운 전기를 마련해 주었고, 퇴역 상이군인의 재활을 위한 프로그램을 제공하는 밑받침이 되었다. 1918년 이전까지 상이군인들은 국가에서 받은 연금과 공적 부조에 기대어 지냈으나 1918년 법 제정 이후 연방직업교육위원회(Federal Board for Vocational Education)는 상이군인에게 취업 중심의 직업재활서비스를 제공하게 되었다. 특히 의료기술의 발전으로 생존하는 상이군인의 수가 급격히 증가하자 상이보험국(Bureau of War Risk Insurance)은 1년에 4천 명의 직업재활서비스 대기자가 생기게 되었다. 이 법으로 인해 1921년까지 연방직업교육위원회(Federal Board for Vocational Education)는 23만 6천 명의 상이군인에게 직업훈련을 제공하였다.

「상이군인재활법」을 심의하는 과정에서 미 의회는 최종 법안에 일반시민을 위한 직업재활서비스 관련 조항을 포함시킬지 심각하게 고려하였다. R. M. Little 박사는 의회에서 장애를 가진 일반시민들을 위한 직업재활 프로그램이 상인군인을 위한 재활 프로그램보다 시급한 국가 과제라고 주장하였다. 이 의견은 연방 의회에서는 받아들여지지 않았으나 매사추세츠 주를 비롯한 6개 주에서 1920년 「Smith-Fess법」이 통과되기 이전에 이미 민간 직업재활 프로그램 설립을 규정한 법률들을 통과시켜 운영하고 있었다.

4) 「Smith-Fess법(Smith-Fess Act, 1920, PL 66-236)」

최초의 일반시민을 위한 「직업재활법」으로 공식 명칭은 Civilian Vocational Rehabilitation Act(PL 236)이다. 「Smith-Fess법」은 전체 또는 부분적으로 유급 노동능력을 상실한 신체장애인들의 재활을 목적으로 법 제정 첫해 750,000달러 이후 2년에 걸쳐 각각 1,000,000달러의 연방의 예산을 지급하였다.

이 법은 가장 최신의 인구조사 통계치를 근거로 미국 총인구 대비 주별 인구비율에 따라 각 주에 대한 연방예산 지원 총액 규모를 결정하도록 하였다. 그러나 가장 인구가 적은 주도 최소 5,000달러의 예산을 지급하였다. 이 법은 각 주에 대한 연방예산 지원에 있어 50 : 50의 대응방식을 채택하여 여러 주가 유사한 법률을 제정하도록 만드는 강력한 자극제 역할을 하였다.

이 법을 통해 지원된 연방예산은 직업지도, 직업교육, 직업적응, 직업배치, 보장구 지원(필수적인 서비스로 판정될 경우), 가사 등의 서비스를 제공했고, 최저 근로연령을 합법적인 직업재활서비스 대상 연령인 16세로 규정하였다.

2. 1920~1930년대의 법률들

직업재활의 정체기로 1924년까지 직업재활서비스 제공 대상에 해당하는 일반시민 장애인 중 5%만이 주립 재활기관들로부터 서비스를 받은 것으로 추산되었다. 1924년 추가적인 「연방법」이 통과되어 연간 100달러에 해당하는 연방정부 예산 지원을 승인했으나, 1930년 당시 연방 재활 프로그램에 참여한 전국 44개 주의 재활기관 종사자 수는 겨우 143명에 불과하였다. 1930년 한 해 동안 약 천만 명의 사람들이 사고로 부상을 입고, 이들 중 많은 수가 영구적 혹은 일시적 장애를 갖게 되었으며, 발달장애와 기타 질병에 의해 장애를 갖게 된 사람들까지 포함시켜 본다면 직업재활서비스를 제공할 수 있는 재원과 인력 문제는 매우 심각한 상황이었다.

1930년대 경제공황 상황은 직업재활서비스가 필요한 사람들 중 1/3~1/5에게밖에 서

[그림 4-2] Franklin Roosevelt 대통령

비스를 제공하지 못하는 결과를 초래하였다. 이러한 경제불황 상황을 타개하기 위해 국가 경제 재건을 공약으로 내건 Franklin Roosevelt가 대통령에 당선되었다. 그는 자신이 장애인이었음에도 장애인들의 욕구를 충족시키려는 노력을 기울이지 않았고, 오히려 직업재활 기금의 25% 삭감 요청을 했으나 의회에서 통과되지 못하였다. 그러나 그는 한편 1927년 Warm Springs Foundation이라는 비영리 소아마비 치료 기관이자 종합재활기관을 설립하였다. 1933년 연방재난구조청(Federal Emergency Relief Administration)은 직업재활서비스를 필요로 하는 공적 부조 대상자들을 위해 매월 70,000달러 지원을 약속하였다.

1) 「사회보장법(Social Security Act, 1935, PL 74-271)」

「사회보장법」 제정으로 직업재활서비스는 연방기금에서 영구적으로 지원할 수 있게 규정했으며, 연방예산은 2,000,000달러로 증가했고, 1939년에는 3,500,000달러로 증가하였다.

2) 시각장애인을 위한 법률 제정

1920~1930년대 초반까지도 대다수의 재활 및 특수교육 전문가들은 시각장애인들이 경쟁고용에 필요한 잠재력이 거의 없다고 생각하여 지체장애인에 비해 직업재활에서 소외되었으며, 고정관념에 따라 정해진 직종에서만 일할 수 있었다. 이러한 이유로 시각장애인들은 보호작업장이나 가내수공업에 종사하고 있었다.

(1) 「Randolph-Sheppard법(Randolph-Sheppard Act, 1936, PL 74-732)」

시각장애인들에게 독점적으로 연방정부기관 건물의 자판기 운영권을 부여하였고, 시각장애인에게 적합한 직종 탐색을 위한 설문을 실시하였다.

(2) 「Wagner-O'Day법(Wagner-O'Day Act: 1938)」

1935년의 「사회보장법」은 시각장애인이 작업장에서 생산한 물품을 연방정부가 우선 구매할 것을 법으로 제정하여 안정적인 판로를 구축하는 발판을 마련하였다. 이를 통해 「Wagner-O'Day법」에서는 연방정부가 지정된 품목에 한해 시각장애인 보호작업장에서 생산한 제품을 구매할 것을 의무화하였다. 그 결과 보다 많은 시각장애인들이 보호작업장에 취업할 수 있게 되었으며, 생산품의 정부 구매를 활성화하기 위해 비영리사립기관인 맹인산업협회(National Industries for the Blind)가 설립되었다.

이러한 시각장애인 관련 법 제정을 통해 시각장애인의 직업능력과 시각장애인에 대한 인식을 올바로 할 수 있는 계기가 되었다.

3. 제2차 세계 대전 이후 직업재활운동

1930년대 경제공황이 재활분야 발전에 부정적인 영향을 미친 반면, 제2차 세계 대전은 직업재활 분야에 많은 발전과 성장을 가져왔다. 세계 대전은 전쟁 수행에 필요한 군필품을 제조하고, 1,200만 명에 달하는 근로자들이 입대하는 결과를 낳아 노동력 부족 현상이 나타났으며, 장애인도 적합한 직종에 배치되면 일반인과 차이 없이 근로능력이 있다는 인식과 함께 장애인 취업이 확대되었다.

1) 「Barden-Lafollette법(Barden-Lafollette Act, 1943, PL 78-113)」

직업재활서비스 대상이 지적장애인과 정신장애인으로 확대되고, 영구장애인들을 대상으로 신체회복서비스를 지원하게 되었다.

이 법은 무엇보다도 시각장애인들의 재활에 필요한 최초의 연방-주 재활 프로그램 지원 사례로 시각장애인 재활서비스 역사에서 가장 획기적인 제도로 간주되고 있다. 이 법은 시각장애인 직업재활서비스의 빠른 성장과 재활 과정을 이수한 시각장애인의 수적 증가가 획기적으로 이루어지게 하였다. 그 결과 직업재활서비스를 통해 재활이 이루어진 시각장애인의 수가 1936년 2명에서 1969년 8,884명으로 급증하였다.

2) 의학의 발전

의학의 발달은 제2차 세계 대전으로 인한 상이군인들의 생존율을 높여 재활운동 발전에 큰 영향을 미쳤다.

〈표 4-1〉 각 세계 대전 이후 상인군인 생존자 예후

전쟁	예후
제1차 세계 대전	생존자의 96%가 1년 이내 사망
제2차 세계 대전	생존자의 75%가 20년 동안 생존 생존자 2,500명 중 1,400명이 취업

4. 재활의 황금기

1954년에서 1965년까지 직업재활 분야는 질적 · 양적 측면에서 모두 커다란 성장을 이루었다. 이 기간 동안 연방-주 재활 프로그램의 연간 예산 규모는 1억 5천만 달러였는데, 이는 1954년에 비해 4배나 증가한 액수다.

1) 「직업재활법 개정안(Vocational Rehabilitation Act Amendments, 1954, PL 83-565)」

제2차 세계 대전 기간 동안 민간 산업 분야에서 장애인 근로자들이 보여 준 높은 생산성과 상이군인들을 대상으로 시행된 직업재활서비스의 효과성을 체험한 Eisenhower 대통령은 직업재활운동의 강력한 후원자가 되었다.

1954년 「직업재활법 개정안」은 주 정부에 대한 연방정부의 재정부담 비율을 50 : 50에서 60 : 40으로 늘리고, 직업재활서비스를 희망하는 주 정부에 3,000,000만 달러를 지원하

는 규정을 추가하였다. 이로 인해 증가된 연방정부 지원금은 다음과 같다.

75만 달러(1921년)	⇒	3천만 달러(1955년) 4천5백만 달러(1956년) 5천5백만 달러(1957년) 6천5백만 달러(1958년)

또한 1954년 「직업재활법 개정안」은 보다 많은 수의 지적장애인과 정신장애인에게 직업재활서비스를 확대 · 제공하는 결과를 가져왔다. 1943년 법 제정으로 지적장애인과 정신장애인에게 연방과 주 정부로부터 직업재활서비스를 받을 수 있는 토대는 마련되었지만, 1950년대 말까지도 실제 서비스를 받는 경우는 매우 드물었다.

〈표 4-2〉 1954년 「직업재활법」 이전/이후 지적장애인 · 정신장애인 재활인구 변화

지적장애		정신장애	
1945년	106	1953년	전체 재활인구의 5% 미만
1955년	531		
1963년	6,000	1969년	55,303 전체 재활인구의 23.3%
1973년	41,000		

또한 이 법은 지적장애인과 정신장애인 직업재활을 향상시키기 위한 다음과 같은 내용을 담고 있었다.

① 연구에 대한 재정지원 → 주립/비영리 직업재활기관 확대

② 서비스 확대 및 개선에 대한 재정지원 → 다양한 장애유형, 다양한 지역, 다양한 프로그램 개발(재활상담사 역할 활성화)

③ 재활기관 개발에 대한 지원 → 보호작업장건물 개 · 보수/기타 재활서비스 실행 지원

④ 대학에 직업재활 전문가 양성 프로그램 개설 지원 재활상담 석사과정이 Wayne State University와 Ohio State University에 개설됨

[그림 4-3] Ohio State University

출처: https://www.osu.edu/

2) 「사회보장법 개정안(Social Security Act Amendments, 1956, PL 84-880)」

1956년 개정된 「사회보장법」은 직장복귀가 불가능한 50세 이상 영구적인 장애를 가진 자에게 장애연금인 사회보장장애급여(Social Security Disability Allowances) 제공을 승인하였다. 그러나 이 법은 단지 장애인에게 금전적인 혜택을 주는 것이 아닌 사회보장장애보험(Social Security Disability Insurance: SSDI) 수혜대상자에게 직장에 복귀할 수 있도록 직업재활서비스 비용을 지원하는 것이 목적이다. 이 같은 용도로 사용이 가능한 연간 기금 규모는 전년도 장애보험 지출 총액의 1%를 유지하도록 하였다.

3) 「직업재활법 개정안(Vocational Rehabilitation Act Amendments, 1965, PL 89-333)」

직업재활의 황금기라고 불리는 1950년대와 1960년대는 연방정부의 예산지원을 통해 내담자 서비스, 전문요원 훈련, 시설 확충, 재활 분야 연구, 독립생활 개념 태동 등이 이루어졌다. 특히, 장애인 가족이었던 John F. Kennedy 대통령 재임기간(1961~1963년) 동안에는 장애인에 대한 다양한 정책들이 수립되었다. 미국재활협회(National Rehabilitation Association)는 1960년대 초반 「직업재활법」 개정을 통해 독립생활 관련 조항을 추가하고자 했으나 성공하지 못했고, 1961년 의회를 도와 독립생활서비스 관련 조항들이 망라된

「직업재활법」 개정 작업에 참여하였다. 이 법에서는 중증장애인의 독립생활을 위해 첫해에 15,000,000달러를 지원하고 두 번째 해에 25,000,000달러를 지원하도록 하였다. 또한 중증장애인에게 6~18개월간에 걸쳐 취업 가능성에 대한 확대평가를 실시할 수 있는 기초를 마련하여 중증장애인이 차별받지 않고 정당한 직업평가를 받을 수 있게 하였다.

직업재활의 대상도 기존의 지체장애인, 지적장애인, 정신장애인에서 심리학자나 정신과 의사가 행동장애인으로 진단한 사람까지로 범위가 확대되었다.

이외에도 다음과 같은 내용이 1965년 「직업재활법 개정안」에 포함되었다.

① 재활 프로그램에 대해 연방정부의 예산 분담액이 주 정부 분담액의 3배인 $3 : $1의 대응자금형태로 운영하고, 1968년에는 $4 : $1의 비율로 연방정부의 예산 분담비율을 증가시켜 연방정부의 직업재활 프로그램에 대한 책무성을 높임
② 직업재활서비스의 선행조건으로서의 경제적 지원 규정을 삭제하였으나 각 서비스의 필요성에 대한 평가 후에 주 정부가 연방정부에 지원을 요구할 수 있게 함
③ 새로운 직업재활센터와 작업장 수립에 대해 연방정부는 $2 : $1 혹은 $3 : $1의 대응자금 지원방식으로 재정을 지원함
④ 주 정부가 주 안에 거주하는 모든 장애인에 대한 재활서비스를 개발할 수 있도록 재정을 지원함

[그림 4-4] John F. Kennedy 대통령과 여동생 Rosemary Kennedy

5. 1973~1998년 법률들

1) 「재활법(Rehabilitation Act, 1973, PL 93-112)」

1973년에 제정된 「재활법」은 법령명에서 중요한 재활 패러다임의 변화가 반영되어 있다. 1973년 이전에는 경증장애인 중심의 '취업'을 목적으로 하는 '직업재활법'이었으나, 1973년 「재활법」은 중증장애인의 '독립생활'까지 포함하는 포괄적인 개념의 재활을 법명에서부터 의미하고 있다. 1973년 「재활법」은 1968년 「직업재활법 개정안(PL 90-391)」의 연방정부와 주 정부 간의 80 대 20의 예산 분담 비율을 유지하고, 중증의 지체장애인, 지적장애인, 정서장애인 등에 대한 서비스를 더욱 강화할 것을 강조하고 있다.

1973년 「재활법」의 주요 내용은 다음과 같다.

① 중증장애인에 대한 서비스
② 소비자 참여 운동
③ 프로그램 평가 강화
④ 연구에 대한 지원
⑤ 장애인의 인권 향상

(1) 중증장애인에 대한 서비스

1973년 「재활법」은 장애인 재활의 주된 목표를 고용과 고용유지에 두고 있으나, 연방-주정부의 재활기관들이 유급 고용이 가능한 취업을 목표로 하는 재활서비스를 최중증장애인에게 우선적으로 제공할 것을 요구하였다. 미 의회는 1972년 '독립생활에 관한 서비스'를 재활법에 포함시킬 것을 제안하였으나 독립생활을 위한 재활서비스에 대해 반대 입장을 가지고 있던 Nixon 대통령의 거부권 행사로 1973년 재활법에는 '독립생활에 관한 서비스' 조항을 포함시키지 못했다. 그러나 Nixon 행정부는 고용과 고용유지를 목적으로 하는 직업재활은 어렵더라도 적절한 재활서비스를 제공받는다면 가정과 지역사회 내에서 독립적인 생활을 영위하거나 정상적인 기능 수행이 가능할 것으로 기대되는 장애인의 개별 욕구를 판별하기 위한 포괄적 욕구조사(Comprehensive Needs Study)를 실시한다는 것에는 동의하였다. 포괄적 욕구조사의 결과는 다음과 같다.

① 대부분의 장애인들은 독립생활을 위한 재활서비스를 필요로 함
② 고용, 이동(교통), 의료서비스를 원함
③ 많은 수의 장애인들은 '접근권' 확보가 가장 필요하다고 응답하였고, 가정, 대중교통, 공공기관 등에서의 장벽(barrier) 철폐를 요구함

1973년 「재활법 130조(Section 130)」는 시애틀, 뉴욕, 피오리아, 솔트레이크, 샌안토니오, 버클리 등 6개 시에 독립생활 재활 프로그램 시범 프로젝트(independent living rehabilitation demonstration projects)를 실시하였다. 이 프로젝트에서 실시한 독립생활 재활서비스는 재활서비스 제공의 최우선순위가 최중증장애인에 있다는 1973년 「재활법」의 입법 취지에 부합하는 것이었다. 이들 프로젝트의 결과로 얻는 함의점은 다음과 같다.

① 중증장애인들은 독립생활 재활서비스로부터 많은 혜택을 입을 수 있다.
② 독립생활 재활서비스 대상자는 다양한 기본적인 욕구를 가지며 이러한 욕구는 시간이 지남에 따라 달라질 수 있다.
③ 교통과 건축물 장벽은 중증장애인의 재활을 저해하는 주된 문제이나 대부분의 재활 프로그램은 이러한 장벽철폐에 도움이 되지 않기 때문에 이러한 문제 해결에 많은 노력이 필요하다.
④ 엄격한 독립생활 재활서비스 적격성 판정 규정을 두어 직업재활서비스를 통해 취업이 가능할 것으로 예상되는 중증장애인을 독립생활 재활서비스 프로그램에 배치하는 오류를 범하지 말아야 한다.
⑤ 독립생활 재활 프로그램이 꼭 필요한 경우 중증장애인을 독립생활 재활 프로그램에 장기간 배치해야 한다.
⑥ 독립생활 재활 프로그램에 드는 비용이 직업재활 프로그램에 드는 비용 보다 높을 수 있다. 독립생활 재활 프로그램이 많은 비용이 드는 원인 중 하나는 이 프로그램에 참여하는 이용인의 평균 체류기간이 상대적으로 길기 때문이다. 직업재활 프로그램에 참여하는 이용인의 평균 체류기간은 2년인 데 반해, 독립생활 재활 프로그램에 참여하는 이용인의 평균 체류기간은 3년 이상이다.

비록 1973년 「재활법」에는 '독립생활 프로그램'이 포함되지 못했지만, 1978년 「재활법」은 제7장(Title VII)을 새롭게 추가하여 독립생활 재활 프로그램을 연방-주 정부 재활 체계에 편입하였다. 「재활법」 제7장은 다음의 3가지 부분으로 구성되어 있다.

① Part A: 취업하거나 독립생활이 심각하게 제한된 중증장애인에 대한 종합적인 서비스 제공

↓

취업, 가정, 지역사회 활동에서 보다 향상된 기능을 할 수 있도록 지원하는 서비스

② Part B: 다양한 서비스를 제공할 수 있는 독립생활센터 설립 지원

↓

- 도우미 서비스(attender care)
- 독립생활기술훈련
- 동료상담
- 가사와 이동 도우미 서비스

③ Part C: 시각장애 노인에 대한 독립생활서비스 제공

↓

- 광학 보조기구(안경, 확대경 등)
- 점자서비스
- 대독서비스

[그림 4-5] 시각장애인용 광학기구

[그림 4-6] 시각장애인용 확대보조기기

(2) 소비자 참여 운동

① 개별재활계획서(Individualized Written Rehabilitation Program: IWRP) 개발

재활서비스 적격성이 결정된 내담자는 재활상담사와 함께 개별재활계획서(Individualized Written Rehabilitation Program: IWRP)를 작성한다. 개별재활계획서에는 다음의 내용이 포함되어야 한다.

개별재활계획서 장단기목표 설정 Tip

장기목표 설정

① 초기면접, 재활상담, 내담자 배경정보 등에서 획득한 내담자와 보호자(필요한 경우)의 욕구를 확인한다.

② 직업평가보고서에 제시된 내담자의 장점과 제한점, 종합소견, 권고사항을 확인한다.

③ 내담자와 보호자의 욕구, 직업평가에서 제안된 권고사항을 토대로 사례회의를 개최하여 최적의 장기목표를 설정한다.

단기목표 설정

① 장기목표를 성취하기 위한 세부 목표를 설정한다.

② 내담자와 보호자(필요한 경우)의 욕구에 따라 우선순위를 결정한다.

③ 목표 대비 달성도를 평가할 수 있는 평가기준을 설정한다.

[그림 4-7]은 미국 개별재활계획서에 해당하는 우리나라의 직업재활계획서로 한국장애인개발원에서 중증장애인직업재활지원사업 수행기관의 사업수행 지원을 위해 제작한 『중증장애인의 직업재활계획을 위한 직업상담과 직업능력평가 매뉴얼』에 제시되어 있는 직업재활계획서 양식이다.

NO.	
□ 초기 □ 수정(차)	

직업재활계획서

1. 장애인 인적사항 및 서비스 과정

성명		생년월일	
장애유형 및 등급		서비스 기간	
주소		연락처	

- 직업상담 실시 일자:
- 직업평가 실시 일자:
- 재활계획회의(사례회의) 실시 일자:

–장애인의 배경정보, 직업평가 결과는 초기면접지, 직업평가보고서, 사례회의록 등을 참조

2. 장애인 및 보호자의 의견

3. 직업 목표

4. 장기목표

5. 단기목표

장 · 단기목표		기간	담당자	수행방법	수행 달성 여부	
					예	아니요

위의 직업재활계획을 검토하였고 이를 성취하기 위한 최대한의 협력에 동의합니다.

작 성 일:
장 애 인: (인/서명)
보 호 자: (인/서명)
팀 장: (인/서명)
사례담당자: (인/서명)

[그림 4-7] 직업재활계획서 양식

출처: 한국장애인개발원(2015). 중증장애인의 직업재활계획을 위한 직업상담과 직업능력평가 매뉴얼.

② **재활서비스 적격성 판정**

내담자가 재활서비스를 받기에 부적격하다는 결정이 내려질 경우, 재활상담사는 부적격 판정의 이유를 내담자에게 충분하고 명확하게 설명해야 한다. 내담자가 부적격 판정 결정에 불만족할 경우 재심을 요청할 수 있다. 또한 매년 주립재활기관에 부적격 사례들에 대해 연례조사를 실시할 수 있는 제도를 마련하였다.

③ **내담자 지원 프로그램**(client assistance program)

내담자가 재활서비스를 충분히 이해하기 어려운 경우가 많아 재활상담사는 「재활법」에 의해 받을 수 있는 모든 혜택을 내담자에게 설명하고 도와줄 것을 명시하고 있다. 개별재활 프로그램 수립 과정에 내담자의 참여를 확대하고 재활서비스 부적격 결정을 받은 내담자가 이의를 제기할 수 있는 제도를 마련했지만, 장애인 내담자가 이러한 목표를 달성하는 과정에서 여러 가지 이유로 어려움을 겪는다는 사실이 나타났다. 1972년 「재활법」 제안 청문회장에서 재활 과정에서 장애인 내담자들이 재활서비스의 여러 요인에 대해 충분히 이해하는 데 어려움이 많고, 연방-주립 재활기관에서 제공 가능한 구체적인 서비스 내용과 어떤 이유로 이들 서비스를 제대로 이용하지 못하는지조차도 잘 모르고 있다는 점들이 집중적으로 논의되었다. 1973년 「재활법」을 제정함으로써 최대 20개 내담자 지원 프로그램을 실시하였고 그 내용은 다음과 같다.

> 재활상담사들은 모든 내담자와 서비스 지원자에게 법이 허용하는 범위 내에서 프로젝트 영역에 포함된 모든 가용 이익에 관한 정보와 조언을 제공해야 하며, 내담자나 서비스 지원자들의 요구가 있을 경우 법률이 정한 바에 따라 이들과 서비스 제공 프로젝트, 프로그램, 재활시설 등과의 관계를 지원해야 한다(Patterson & Woodrich, 1986, p. 49 재인용).

1978년 「재활법 개정안」은 내담자의 권리보장을 위해 법적 · 행정적 조치와 기타 문제를 해결하는 데 재활상담사가 도움을 주어야 함을 포함하였다. 의회는 1984년 「재활법 개정안」을 통해 내담자 지원 프로그램을 강화하여, 각 주 정부가 지원 프로그램 예산을 공식적으로 부담하게 하였고, 연방정부의 보조금은 각 주의 인구에 따라 결정되었다.

또한 1973년 「재활법 개정안」은 주 정부의 재활정책 개발에 장애인 소비자의 참여권을 의무화하였다. 이는 내담자의 경험이 효율적인 재활 프로그램 개발에 도움이 될 것이라는 가정하에 이루어진 것이었다. 연방정부도 재활서비스에 대한 소비자 참여를 적극 장려했는데, 1978년 「재활법 개정안」은 건축물 및 교통 장벽 철폐 위원회(Architectural and Transportation Barrier Compliance Board)에 적어도 5명의 장애인을 위원으로 위촉하도록 했고, 대통령이 임명하는 전국의 장애인 관련 전문가들로 구성된 국가장애인위원회(National Council on the Handicapped 이후 National Council on Disability로 명칭 변경) 설립 규정을 신설하였다. 이 위원회의 설립 목적은 다음과 같으며, 목적 3, 4, 5는 1986년 「재활법 개정안」에서 추가되었다.

- 국립장애연구소(National Institute of Handicapped Research 이후 National Institute on Disability and Rehabilitation Research로 명칭 변경) 운영과 감독에 필요한 정책 수립
- 재활서비스국(Rehabilitation Services Administration)의 정책과 운영에 대한 조언
- 「재활법」 혹은 「발달장애인 권리보장 및 지원에 관한 법률(Developmental Disabilities Assistance and Bill of Rights Act)」 등과 같이 연방정부 부처나 기관들의 지원을 받는 장애인 정책, 프로그램, 활동을 점검, 평가
- 장애인 지원을 목적으로 하는 연방 프로그램들이 속한 법령 점검, 평가
- 장애인 지원을 목적으로 하는 정책, 프로그램, 법령들이 장애인을 위한 지역사회중심서비스 수립에 어느 정도 도움 혹은 제약이 되는지 평가하고 이러한 정책, 프로그램, 법령들이 장애인의 완전한 사회통합 촉진과 자활능력, 존엄성에 기여하는지에 대한 평가

(3) 프로그램 평가 강화

① 재활 프로그램 평가 기준 마련

1973년 「재활법」은 재활서비스의 효과를 평가할 수 있는 일련의 평가 기준 마련을 촉구했으며, 연방-주 정부 직업재활기관들에게 다음의 기준에 적합한 서비스를 제공할 책임을 부여하였다.

- 재활서비스를 받고 있는 장애인구 비율

- 제공되는 서비스의 시의 적절성
- 직업 배치의 적절성
- 재활서비스에 대한 내담자의 만족도

② 주립재활기관 프로그램 평가 확대

재활 프로그램 평가 기준 부여는 연방-주립 직업재활기관들이 대규모의 재활 프로그램 평가 활동을 진행하는 계기가 되었다.

③ 1980~1990년대 평가 기술의 확대

재활서비스의 효과성을 정확히 평가하고자 하던 이와 같은 노력들이 있었음에도 1970년대에는 신뢰할 만한 평가기법이 부족하여 평가가 제대로 실시되지 못했으나 1980~1990년대 평가 기술들의 발전으로 체계적이고 적절한 평가가 이루어지게 되었다.

(4) 연구에 대한 지원

1973년 「재활법」은 직업재활과 독립생활에 중점을 둔 재활연구에 대한 지원을 강화하는 기존의 철학을 계승하여, 프로그램 혁신과 확장을 위한 연구예산, 연구와 훈련센터의 관리, 재활공학연구센터의 설립, 기타 연구 프로젝트의 개선과 확대 및 시범사업 지원 예산 확충 등을 제시하였다. 또한 말기 신장장애인, 척수장애인, 청각장애인 등 중증장애인을 위한 특별 프로그램을 개발하기 위한 연구 활동을 강화하도록 하였다. 1978년 재활법 개정안은 재활 분야의 연구 효과를 더 높이기 위해 국립장애연구소(National Institute of Handicapped Research)를 설립하였다. 국립장애연구소의 주요 임무는 다음과 같다.

① 장애인 삶의 질 향상에 대한 정보 제공
② 장애인 재활 시스템에 대한 대중 홍보
③ 재활에 관한 연구와 새로운 재활공학기술에 대한 학회 개최
④ 장애인 취업, 보건, 임금에 관한 통계와 연구보고서 작성 및 배포

내담자 욕구를 이해하고 대중의 장애인에 대한 인식을 개선하기 위해 이루어진 여러 연구들은 장애인의 특성에 대한 기술과 이들이 겪고 있는 장애와 관련된 제약을 감소시

키는 데 초점을 두었는데, 이러한 연구는 오히려 장애인이 겪는 사회적인 문제의 책임을 환경이나 이에 영향을 미치는 체계와 태도가 아닌 장애인 당사자에게 전가시키는 부정적인 결과를 초래하였다. 이러한 연구 결과들은 일차적으로 장애의 제한적 측면이라 할 핸디캡 문제의 책임이 장애인에게 있다는 기능제한 모델(Functional Limitation Model)에 근거한 것이다. 즉, 기능제한 모델은 장애인이 주변 환경에 적응하기 위해 장애인의 신체적·경제적 기술을 향상시켜야 함을 강조하는 모델이다.

장애심리학 분야의 저명한 학자인 Hahn(1985)은 기능제한 모델이 장애인의 완전한 사회참여능력 부족을 충분히 설명하기 어렵다고 보고, 향후 연구에서는 환경 설계 과정에서 대중의 태도가 미치게 될 영향력과 사회 전반에 걸쳐 행해지는 장애인의 일상생활 활동 참여를 촉진할 수 있는 신체적·지적·정서적 특징들을 집중적으로 탐색해야 한다고 하였다. 또한 이러한 연구가 활성화된다면 장애인의 사회활동과 직업활동 참여 저해요인에 대해 보다 의미 있는 설명이 가능할 것이라고 보았다.

Hahn(1985)은 장애 문제를 장애인 개인의 내부에 존재한다고 주장하는 기능제한 모델 대신에 장애인이 직면하고 있는 주요 문제들은 일상생활 활동에의 완전한 참여를 저해하는 물리적 장벽과 부정적 태도가 담긴 장애를 유발하는 환경에 책임이 있다고 보는 소수집단 모델(Minority Group Model)을 제시하였다. 즉, '장애인'이란 손상으로 인해 기능적 제한을 가진 사람이 아니라 사회참여를 제한하는 환경적 제약으로 인해 참여와 활동에 제한을 받는 사람이며, 소수집단 모델은 이러한 이유로 '환경 모델' 혹은 '생태학적 모델'로 불린다.

(5) 장애인의 인권 향상

1970년대와 1980년대 초반 장애인 인권운동이 활발하게 일어났는데, 이는 장애인들이 다른 소수집단들과 유사한 상황에 놓여 있다는 인식을 하게 되면서 일어나게 되었다. 즉, 흑인인권운동이나 여성인권운동과 같은 맥락에서 장애인권운동을 시작해야 함을 인식한 것이다. 장애인들은 생물학적 열성을 가진 열등한 존재라는 낙인과, 편견과 차별의 희생자이며, 취업, 참정권, 교육, 이동, 주거, 기타 생활에서의 차별과 배제를 겪고 있으며, 결국 「재활법」에 '장애인의 인권보장' 조항이 삽입되도록 하였다. 이와 같은 적극적인 노력으로 「재활법」 제5장의 501, 502, 503, 504조가 제정되었다. 「재활법」 제5장의 501, 502, 503, 504조의 내용은 다음과 같다.

① 501조: 연방기관의 평등고용(Affirmative Action in Federal Hiring)

연방정부에서 장애인 고용, 배치, 승진에 있어 장애를 이유로 이루어지는 차별적 행위를 금지하였다. 연방정부는 매년 장애인 고용과 승진에 대한 계획을 수립하도록 하고, 연방정부 각 부처와 기관들에게 장애인 고용을 위한 특별한 프로그램을 수립하고 청사 건물에 대한 물리적 접근성을 확보하기 위해 시설 개조를 법적으로 규정하였다. 또한 500인 이상의 근로자를 고용하고 있는 연방기관들은 청각장애, 시각장애, 지적장애, 정신장애, 마비장애 등과 같은 특정 유형의 장애인 고용에 대한 계획을 수립해야 한다고 하였다.

② 502조: 접근성(Accessibility)

미 의회는 1968년 「건축장벽철폐법(Architectural Barriers Act, PL 90-480)」을 제정하였는데, 이 법은 총무청장(Administrator of the General Services Administration), 주택및도시개발부 장관(Secretary of Housing and Urban Development), 국방부장관(Secretary of the Department of Defense)으로 하여금 보건교육복지부장관(Secretary of Health, Education, and Welfare)의 자문을 받아 신체장애인이 언제나 건물에 접근할 수 있고, 사용이 가능하도록 디자인, 건축, 개조해야 한다는 내용을 담고 있다. 또한 이러한 접근권에 대한 기준을 마련하도록 하였다.

또한 「재활법」 502조는 1968년에 제정된 건축장벽철폐법에서 규정한 접근성 규정을 실행하기 위해 건축 및 교통장벽 철폐 심의위원회(Architectural and Transportation Barriers Compliance Board)를 설치하였다.

③ 503조: 연방정부와 계약을 맺은 기관의 장애인 평등고용(Affirmative Action by Federal Contract Recipients)

1973년 「재활법」 503조는 연간 10,000달러 이상 연방정부와 계약을 맺는 기관은 신체적 · 정신적 장애를 이유로 고용에 있어 차별할 수 없다는 내용을 담고 있다. 또한 장애인들의 접근성을 높이기 위해 작업장을 개보수하고, 고용 및 승진에 있어 차별을 금지하였다. 특히 연방정부와 계약을 맺은 기관 중 근로자 수가 50인 이상이거나 계약 금액이 50,000달러 이상인 업체에 대해서는 차별시정계획서를 제출하도록 하였다.

노동부 연방정부계약 위원회 프로그램(Federal Contract Compliance Programs)은 연방정부와 계약을 맺은 기관에서 장애인 고용이 차별 없이 이루어지고 있는지 감시기능을 가진다.

④ 504조: **평등한 기회 보장**(Equal Opportunities)

1973년 「재활법」 504조는 연방정부의 프로그램이나 활동, 연방정부의 재정 지원을 받는 기관(초등 · 중등학교, 대학, 주간보호센터, 병원, 노인요양시설, 사회복지시설)의 프로그램이나 활동에 자격 있는 장애인이 참여하고자 할 경우 장애로 인해 차별할 수 없다고 하였다.

또한 '자격 있는' 장애인(qualified individual with a disability)이 활동할 수 있도록 정당한 편의 제공(reasonable accommodation)을 하지 않은 경우에 그 사람을 '자격 없는' 사람이라고 평가할 수 없다고 하였고, 이는 이후 미국장애인법(ADA)의 탄생의 모태가 되었다. 1973년 재활법에서 정의하고 있는 정당한 편의제공(reasonable accommodation)의 내용은 다음과 같다.

> 자격 있는 장애인 근로자를 채용하기 위해서는 적합한 수준의 건물 개조, 직무 재구조화, 작업스케줄 변경, 통역사 배치 등이 이루어져야 한다. 정당한 편의 제공은 불가능한 지원을 요구하는 것이 아니다.

정당한 편의 제공 조항은 우리나라 「장애인차별금지법」에서도 차용하여 제11조에 명시하고 있다.

제11조(정당한 편의 제공 의무) ① 사용자는 장애인이 해당 직무를 수행함에 있어서 장애인 아닌 사람과 동등한 근로조건에서 일할 수 있도록 다음 각 호의 정당한 편의를 제공하여야 한다.

1. 시설 · 장비의 설치 또는 개조
2. 재활, 기능평가, 치료 등을 위한 근무시간의 변경 또는 조정
3. 훈련 제공 또는 훈련에 있어 정당한 편의 제공
4. 지도 매뉴얼 또는 참고자료의 변경
5. 시험 또는 평가 과정의 개선
6. 화면 낭독 · 확대 프로그램, 무지점자단말기, 확대 독서기, 인쇄물음성변환출력기 등 장애인보조기구의 설치 · 운영과 낭독자, 수화 통역자 등의 보조인 배치

② 사용자는 정당한 사유 없이 장애를 이유로 장애인의 의사에 반하여 다른 직무에 배치하여서는 아니 된다.

③ 사용자가 제1항에 따라 제공하여야 할 정당한 편의의 구체적 내용 및 적용대상 사업장의 단계적 범위 등에 관하여는 대통령령으로 정한다.

과도한 부담(undue hardship)이란 정당한 편의 제공을 하기 위해 프로그램을 실행하거나 건축물 등을 개조하는 것이 회사 경영에 치명적인 어려움을 준다는 것으로, 사업주는 이러한 어려움이 장애인을 채용함으로써 실제로 존재한다는 것을 증명해야 할 의무가 있다. 사업주가 '과도한 어려움'을 호소하는 경우 제공하는 프로그램 자원, 수행형태, 건축물이나 장비 등의 수정이나 보수의 정도에 따라 승인 여부를 결정한다.

또한 1973년 「재활법」 504조는 이동권(Access to Transportation) 보장의 내용도 담고 있다. 1964년에 제정된 「도시대중교통지원법(Urban Mass Transportation Assistance)」은 제16조에 노인이나 장애인도 동등하게 대중교통을 이용할 권리를 추가하여, 일반인과 마찬가지로 대중교통 시설 및 서비스를 이용할 수 있도록 필요한 지원을 국가가 제공할 수 있도록 법적 장치를 마련하였다. 이러한 장애인의 대중교통 이용 권리를 향상시킨 일련의 법들 덕분에 1973년 「재활법」 504조는 새로 출시되는 버스는 장애인과 노인을 위한 휠체어 리프트 시설이 갖추어진 저상버스여야 하며, 장애인과 노인이 편리하게 이용할 수 있도록 적당한 가격에 기타 교통편이 제공되어야 한다는 내용을 담을 수 있었다.

이러한 장애인의 평등한 권리를 한층 향상시킨 1973년 「재활법」 5장은 장애인이 '수동적인 수혜자에서 능동적인 권리자'로 권리를 찾을 수 있는 조항을 명시하였다는 점에서 매우 중요하다 할 수 있다.

[그림 4-8] 우리나라의 저상버스

[그림 4-9] 미국의 저상버스

2) 1970년대 제정된 주요 재활 관련 법

(1) 「발달장애인 권리보장 및 지원에 관한 법률(Developmental Disabilities Assistance and Bill of Rights Act, 1976, PL 94-103)」

3백만 미국 발달장애인을 위한 법으로, 이 법에서는 '발달장애인'을 다음에 열거하는 일상생활 활동 중 3가지 이상에서 심각한 기능적 제약을 초래하는 정신적 혹은 신체적 손상에 따른 일단의 장애로 장애 발생 시기가 만 22세 이전이며 장애가 영구적일 때 발달장애로 규정하였다. ① 식사, 위생, 외모와 같은 기본적 생활욕구를 충족시킬 수 있는 자기관리능력, ② 다른 사람을 알아보고 표현과 정보 제공을 할 수 있는 의사소통, 즉 수용 및 표현 언어능력, ③ 새로운 행동, 지각, 정보를 획득하고 새로운 상황에 적응하는 일반지각과 학습능력, ④ 소근육 및 대근육운동 기술과 기계적 도움 혹은 도움 없이 장소를 이동하는 능력, ⑤ 자기 이익을 보호하고 의사결정을 하며, 자신의 사회적 · 개인적 이익을 통제하는 능력과 외부 도움이 필요 없는 연령에 적절한 생활능력, 독립생활능력, 적절한 고용과 재정적 운용을 할 수 있는 경제적 자기충족능력.

이 법은 발달장애인들이 경쟁고용에서 최저임금 혹은 그 이상 월급을 받도록 그 장애인의 작업능력에 상응하는 부족한 노동력만큼 계속적인 지원을 하고, 비장애 근로자와 함께 다양한 종류의 취업현장에 배치되며, 유급취업을 유지하는 데 필요한 감독비용, 훈련비용, 편의시설, 교통비용 등 활동비용을 지원할 것을 명시하고 있다. 즉, 발달장애인의 사회참여와 생산성 촉진이라는 핵심적인 이념에 걸맞은 구체적인 목표들을 제시하였다.

① 발달장애인들은 사전에 제공된 정보를 기초로 선택하고 결정할 권리가 있다(informed choice).
② 시민으로서의 권리와 의무를 충분히 수행할 수 있는 곳(가정이나 지역사회)에 거주한다.
③ 생산적인 삶을 추구한다.
④ 사회에 기여한다.
⑤ 친구들과 우정을 쌓고 유지한다.
⑥ 자신의 선호도와 능력에 맞는 목표를 세우고 성취할 수 있어야 한다.

(2) 「전장애아교육법(Education for All Handicapped Children Act, 1975, PL 94-142)」

「전장애아교육법」은 3세에서 21세의 모든 장애아동에게 무상의 적합한 교육을 실시하도록 하여 장애학생이 자신의 능력과 흥미에 알맞은 직업교육 프로그램을 최소제한적인 환경에서 제공받을 수 있도록 하였다.

(3) 「장애인교육법(Individuals with Disabilities Education Act, 1990, PL 101-476)」

14세 이상 적어도 16세 이전까지 학생 각 개인의 욕구와 선호도, 흥미도를 평가하여 개별전환교육계획서(Individualized Transition Plan: ITP)를 수립, 개별화교육계획(IEP)에 포함이 되도록 하였다. 직업평가를 담당하는 직업평가사, 전환계획에 있어 직업배치와 사례관리를 담당하는 전환교육 전문가, 여러 가지 평가 정보를 기초로 직업 담당 전문가들과 협력하는 특수교사가 주된 다학문적 팀의 구성원이 되어 평가 과정을 설계하고, 계획하고, 실행하여 개별전환교육계획서를 작성한다. 1997년 「장애인교육법」 개정안은 전환교육 대상의 연령을 적어도 14세 이전으로 낮추고 학습장애학생을 포함시켰으며, 직업 및 일상생활 기능에 대한 교육 이외에 기타 내담자가 원하는 서비스를 추가하였다.

(4) 「장애인교육법(Individuals with Disabilities Education Act, 1997, PL 105-17)」

3~6세 발달지체 유아에게 '발달지체(developmental delays)'라는 개념을 사용할 수 있도록 함으로써 장애를 판정받기 이전의 아동이 주 정부로부터 특수교육 및 관련 서비스를 제공받을 수 있도록 하였다. 또한 1997년 「장애인교육법」은 부모의 역할 및 권리를 강화하고, 학생의 학업 진전도, 조정(mediation)이나 징계절차 등의 절차적 보호와 보조과기에 대한 부분이 강조하였으며, 0~21세까지의 장애학생에 대한 무상의 적합한 공교육과 최소제한적 환경 배치 권리를 더 강화하였다. 특히, 개별화교육계획과 관련한 큰 변화가 있었다. 장애학생의 일반교육과정 참여 및 학업성과, 주 또는 전 지역에 걸친 장애아동 진단, 일반교육교사의 장애아동 교육 참여 등을 개별화교육계획에 명시하도록 의무화하였다.

(5) 「장애인교육향상법(Individuals with Disabilities Education Improvement Act, 2004, PL 108-446)」

장애아동의 교육권 보장 및 보호자의 권리를 한층 강화함으로써 특수교육 전반에 중요한 변화를 가져왔다(Yell, Shriner, & Katsiyannis, 2006). 특별히 이 법의 주된 내용은 1965년

초 · 중등교육법을 개정한 「아동낙오방지법(No Child Left Behind Act, 2001)」의 목표와 연계하여 장애학생을 포함한 모든 학생에 대한 높은 책무성을 강조하고, 장애학생에 대한 높은 학업성취 기대와 함께 일반교육 접근 보장, 전문적 특수교육교사 양성, 과학적으로 검증된 연구에 기반한 교수방법 개발, 지방의 유연성 강조, 장애아동 부모의 참여 및 선택권 확대, 조기중재서비스 지원, 개별화교육계획 개발 지원, 학습장애 적격성 기준, 장애아동 교육권 및 장애아동 부모의 권리에 대한 절차적 보호 등을 포함하고 있다.

14세 혹은 16세 학생의 개별화교육프로그램에 훈련, 교육, 고용, 독립생활기술과 관련된 적절한 전환평가에 기초한 측정 가능한 중등 이후 목표와 학생이 목표에 도달할 수 있도록 도와주기 위해 필요한 전환서비스(교육과정 포함)를 반드시 포함하도록 규정하고 있다. 또한 특수교육에 대한 책무성을 강화하기 위하여 각 주에서 약 20개의 지표들을 관리하도록 하고 있으며, 그 가운데 [지표 13]은 개별화교육프로그램이 중등교육 이후 성취하고자 하는 목표 진술과 그 목표에 도달하기 위한 전환서비스 및 교육목표를 포함하고 있는지에 관한 것이다. 또한 [지표 14]에서는 학생의 실제 중등 이후 성과에 중점을 두어 개별화교육프로그램에 의해 교육을 받은 청소년이 고등학교를 졸업한 이후의 고용이나 고등교육기관에 재학하고 있는지 등에 대한 자료를 수집하도록 하고 있다.

3) 1980년대

1980년대는 재활의 암흑기로 불리는데, 장애인과 사회적 약자에 대한 지원에 있어 연방정부의 역할을 제한해야 한다는 입장을 고수했던 Reagan이 대통령으로 취임하면서부터 장애인에 대한 복지혜택 축소와 시민권보호 축소가 이루어진 시기다. 그러나 장애인 재활 분야에 대한 투자가 줄어들고 국가의 장애인 권리증진에 대한 인식이 낮아졌다는 부정적 측면이 있었음에도 장애인 직업재활 프로그램의 잠재력 증대를 도모하는 일련의 연방법들이 통과된 시기이기도 하다.

(1) 1986년 「재활법 개정안(Rehabilitation Act Amendments, 1986, PL 99-506)」

「재활법」은 1973년 최초로 제정된 이후에 몇 차례의 개정을 거쳤고, 1986년 개정안에서는 장애인의 욕구와 관련된 기술적 진보와 더불어 이들의 고용 가능성 확대와 보다 폭넓은 일상생활 참여 촉진을 목적으로 하는 신규 프로그램 제공 혹은 기존 프로그램 강화를 강조하였다.

연방-주립 직업재활기관들은 장애인의 욕구를 충족시키기 위해 재활공학(rehabilitation engineering)의 이용을 늘릴 필요가 있다고 하여 재활공학의 중요성을 강조하였다. 재활공학서비스가 내담자에게 적절하다고 판정될 경우, 연방-주립 직업재활기관 상담사와 내담자는 개별재활계획서(IWRP)에 어떤 재활공학서비스를 제공할 것인지 명시하도록 하였다.

1986년 「재활법」에서는 '재활공학'을 다음과 같이 정의하였다.

> 장애인이 교육, 재활, 고용, 이동, 독립생활, 여가생활에 대한 욕구가 있으나 장벽이 있을 때 이를 기술적이거나 과학적인 방법을 체계적으로 적용하여 해결하는 것

1986년 「재활법」 제6장 Part C는 적절한 공립/비영리 사립재활기관은 중증장애인이 지원고용을 통해 취업할 수 있도록 협조하고 프로그램 개발에 연방기금을 지원할 수 있다고 하였다. 또한 일반 노동시장에서 장애인의 생산성을 향상시키기 위해 지원해야 하고, 국립장애연구소를 재편하고 권한과 기능을 강화하는 내용을 명시했으며, 국립헬렌켈러센터(Helen Keller National Center for Deaf-Blind Youths and Adults)를 재편하고 권한과 기능을 강화하는 내용을 명시하였다.

이외에도 각 주에 독립생활센터(Independent Living Center) 설치의 필요성을 강조하고, 보호작업장 정규 프로그램(regular program)에 속해 있는 장애인 임금을 최저임금의 50% 이상을 지급하한선으로 규정하여 보호작업장 근로자들의 경제적 자립을 도모하고자 했으며, 장애인 명칭을 disabled person에서 person with disability로 변경하여, 장애가 아닌 인간의 가치를 우선하는 방향으로 변경하였다.

(2) 1992년 「재활법 개정안(Rehabilitation Act Amendments, 1992, PL102-569)」

George H. W. Bush 대통령이 1992년 10월 29일에 법안에 서명함으로써 공식적으로 발효된 1992년 「재활법 개정안」은 장애인 고용 성과에 대한 우선순위 재확인, 독립생활서비스에 대한 지속적 관심, 개별재활 프로그램 수립에서부터 재활기관에서 제공하는 프로그램이 나아가야 할 전반적인 방향에 이르기까지 재활의 전 과정에 걸친 소비자 참여

가 확대되었다는 등의 의의를 가진다.

이 법은 연방-주립 직업재활기관이 프로그램 수립 시 해당 기관의 재활 정책과 서비스 제공 절차 수립에 필요한 지침을 제공할 수 있는 재활자문위원회(Rehabilitation Advisory Councils)를 설치하도록 하였다. 자문위원회 위원의 대부분은 그 지역의 장애인이거나 장애 관련서비스 기관, 장애인 단체에 속한 대표자들로 구성해야 한다. 1992년 「재활법 개정안」 105조는 재활자문위원회의 역할을 다음과 같이 명시하였다.

① 연방-주립 재활기관의 프로그램을 조사, 분석, 자문
② 대상자 선정 순서를 포함한 적격성 결정기준
③ 서비스 범위와 영역 설정
④ 행정적인 계획 수립과 프로그램 평가
⑤ 소비자 만족도 조사
⑥ 재활자문위원회, 연방-주립 재활기관, 전국 독립생활위원회, 각 주의 독립생활센터 간 협력체계 구축

1992년 「재활법 개정안」은 또한 내담자의 참여를 보다 더 향상시키고자 하였다. 이 법에서는 내담자 역량강화(consumer empowerment)를 중요시하고, 내담자가 직업재활 목표를 결정하는 데 있어 자신이 선택하고 보다 많은 통제를 할 수 있어야 한다고 하였다.

또한 102조에서는 개별재활계획서(IWRP)에 다음과 같은 내용이 포함되어야 한다고 하였다.

① 내담자의 독특한 장점, 자원, 선호도, 관심, 능력, 잠재력에 따라 재활 목표 결정
② 적격성과 직업재활 욕구 판정에 기초한 장기목표 수립(통합 환경에서 최상의 능력을 발휘할 수 있는 곳에 배치하기 위한 직업 흥미 등의 평가)
③ 개별화되고 통합된 환경에서 평가를 통해 점검되어야 할 단기목표
④ 제공될 특정 재활서비스, 서비스 시작일과 종료일
⑤ 재활서비스를 제공할 주체와 서비스 제공 과정
⑥ 내담자(부모, 가족, 보호자, 대리인 등)가 제공될 서비스에 대해 설명을 들었는가를 증명할 수 있는 문구

재활 프로그램 적격성 판정기준은 취업에 심각한 지장을 초래하는 신체적 · 정신적 장애 유무와 재활서비스 제공이 해당 장애인에게 유익할 것이라는 가정에 기초한다. 그러므로 재활기관들은 재활서비스 제공이 해당 장애인에게 아무런 도움이 되지 않는다는 사실을 명백하게 입증하지 못하는 한 모든 중증장애인에게 서비스를 제공해야만 한다. 1992년 「재활법」은 적격성 판정 과정에 변화를 가져왔다. 연방-주립 재활기관은 재활 프로그램을 신청한 후 60일 이내에 적격 여부를 결정하여 회신해 주어야 하고, 이때 필요하다면 학교 등 기타 기관의 자료를 기초로 평가할 수 있다. 적격성 판정이 어려운 경우에는 내담자의 동의를 얻어 최대 18개월간 확대평가를 실시하고, 확대평가기간 중 상담사는 90일마다 내담자의 진행 상황을 평가하도록 하였다.

또한 내담자의 장기 · 단기 재활목표 성취를 위한 전환서비스, 재활서비스를 받고 있는 내담자에 대한 직업현장 지원서비스, 지원고용서비스, 기관 간 협력에 의한 재활서비스를 제공하도록 하였다.

장애인들이 재활서비스를 받는 데 어려움을 초래하는 장벽도 인식하여 새로운 지식과 전략을 개발하기 위한 예산도 배정하였다. 농촌 지역에 거주하는 장애인의 이동 욕구 해소를 위한 교통수단, 중증장애인의 직업배치 전략 개발, 성인장애인에 대한 조기 개입전략 개발, 의료기관에서부터 지역사회 독립생활기관으로의 전이를 촉진하기 위한 서비스 평가, 개별 돌봄 프로그램(personal care assistance) 개발, 소수민족 장애인 지원 프로그램을 개발하기 위한 연구와 개발에 예산이 지원되었다.

(3) 1998년 「노동인력투자 및 재활법 개정안(Workforce Investment and the Rehabilitation Act Amendments, 1998, PL 105-220)」

1998년 8월 7일 Clinton 대통령이 법안에 서명함으로써 공식적으로 발효된 「노동인력투자 및 재활법 개정안」은 직업재활 관련 입법에 있어 중요한 변화를 대표하는 사건이었다. 이 법은 연방 차원에서 중요한 노동력에 투자하고 고용을 활성화하려는 관련 법들과의 결합을 최초로 시도한 법률이었다. 1998년 「노동인력투자 및 재활법 개정안」은 「직업훈련 파트너십법(Job Training Partnership Act)」을 대체하고 「Wagner-Peyser법(Wagner-Peyser Act, 1933)」을 개정한 법령이며, 「성인교육 및 가족 문해법(Adult Education and Family Literacy Act)」 2장과 1998년 「재활법 개정안」 5장의 내용을 포함하고 있다. 이러한 이유로 이 법은 60개가 넘는 별개의 직업훈련 프로그램들을 성인 고용과 직업훈련, 소외 계층 청소년 대상의 고용과 직업훈련, 성인교육과 가족 대상 문맹 퇴치 교육과 같은 3가지 영역의 정액 예산 사업으로 통합하였다.

결국 이 법의 목적은 잘 훈련된 근로자를 원하는 고용주들과 고용서비스에 대한 접근 기회 확대를 원하는 시민들의 욕구를 충족시키는 것이었다. 연방 직업훈련 프로그램을 개혁하고 새롭고 종합적인 인력투자체계를 창조하고 개혁된 체계는 소비자중심체계로, 소비자가 직업경력에 대한 정보를 얻고 양질의 서비스를 받는 것을 스스로 관리할 수 있는 도구에 접근할 수 있도록 하며, 사업체는 능력 있는 근로자를 고용할 수 있도록 지원하기 위한 체계로 보았다.

1998년 「노동인력투자 및 재활법 개정안」의 주요 내용은 다음과 같다.

① 연방정부 기관은 장애인이 일반인처럼 새로운 정보에 접근할 수 있도록 장애인의 전자 및 정보기술의 생산, 유지, 이용을 지원하는 사항을 규정한다.

② 주지사들이 보다 효과적이고 종합적인 직업재활서비스를 제공하도록 주의 노동투자 시스템을 통해 주 정부의 직업재활기관이 적절한 공기관이 되도록 한다.

③ 직업재활서비스 및 적격성과 관련하여 기술적인 지원과 직업훈련이 활발하게 제공되도록 다른 주의 노동투자 시스템(workforce investment system)과 협동적인 관계를 유지하며, 초기면접과 전화상담 같은 내담자를 위한 보편적인 서비스 절차를 제공하도록 규정한다.

④ 재활계획 수립에서 내담자 역할을 통한 내담자의 선택이 강화된다. 즉, 내담자가 직업재활 과정을 통해 알게 된 정보로 자신을 도울 수 있는 정보와 지원서비스를 제공받도록 규정한다.

⑤ 주 정부의 직업재활기관은 전환교육(transition service)을 실시하는 학교를 지원하고, 직업재활서비스를 받을 수 있다고 판단된 장애학생에 대해 전환교육 비용을 지원하도록 규정한다.

⑥ 개별전환교육계획서(Individual Transition Plan) 외에 IPE를 따로 작성하지 않아도 된다.

⑦ 평가와 적격성 판정에 있어 추정 적격성(presumptive eligibility) 개념 강조, 보충보장소득(Supplemental Security Income), 사회보장장애보험(Social Security Disability Insurance)을 받는 장애인은 최중증장애인이나 이들도 취업능력을 인정하고 직업재활서비스의 대상자로 판정될 수 있다. 중증장애인의 적격성 평가에 있어 확대평가

를 지양하고 모의 작업활동을 통해 평가해야 한다. 내담자가 서비스 대상 부적격자일 경우 재활상담사는 이 사실을 문서로 입증해야만 한다.

⑧ 기존의 개별재활계획서(IWRP)를 개별고용계획서(Individual Plan for Employment: IPE)로 대체하였다. 소비자는 '자격 있는 재활상담사(Certified Vocational Rehabilitation Counselor: CRC)'와 함께 개별고용계획서 작성에 적극적으로 참여하도록 하였다. '자격 있는 재활상담사'란 재활상담사자격위원회(Commission on Rehabilitation Counselor Certification: CRCC)의 전문 자격시험을 통과한 공인재활상담사(CRC)로 규정하였다.

1998년 「노동인력투자 및 재활법 개정안」의 7가지 주요 원칙은 다음과 같다.

① One-Stop System을 통한 서비스: one-stop 전달체계(one-stop shop)는 이 법의 중추적인 개념이다. 각 주의 인력투자 구역에 설립된 One-Stop Shop이나 인력개발센터(Workforce Investment Center)는 단일 조직체 내에서 연방정부의 예산 지원을 받는 직업훈련 프로그램과 서비스를 조율하여 다양한 유형의 직업훈련과 취업 관련 프로그램을 이용하는 장애인을 보다 잘 지원할 수 있다는 장점을 가지고 있었다.

② 개인 역량강화

③ 보편적인 접근성

④ 신뢰성 향상

⑤ 지역인력투자위원회와 민간 영역에 강력한 역할부여

⑥ 주 정부와 지방정부의 융통적인 운영

⑦ 청소년 프로그램 강화

6. 「미국장애인법(Americans with Disabilities Act: ADA, 1990, PL 101-336)」

1990년 7월 26일 Bush 대통령이 서명하여 공식적으로 발효된 「미국장애인법」은 장애인의 권리보장을 그 목적으로 하였다. 1985년 Louis Harris는 장애인을 대상으로 여론조사를 실시했는데, 장애인 문제의 핵심은 '실업'이라는 응답 결과가 나타났으며, 여전히 장애인에 대해서는 여러 형태의 차별이 존재함을 확인하였다. 이를 해결하기 위해서는 전반적인 영역에서 차별을 금지하고 완전참여를 보장하는 법령의 제정이 필요하게 되었다. 광범위한 차별 문제를 해결하는 데 많은 경비가 소요되는 경제적인 문제가 있음에도 강력한 차별금지법은 필수적으로 필요한 사회서비스이며, 결국 장애인의 생산성에 대한 투자라는 사회적 인식에 의해 「미국장애인법(Americans with Disabilities Act: ADA, 1990, PL 101-336)」이 제정되게 되었다.

① 약 4,300만 명의 미국인들이 하나 또는 그 이상의 신체적 혹은 정신적 장애를 가지고 있으며, 미국 인구의 노령화가 진행됨에 따라 장애인의 수는 계속 증가할 것으로 추산된다.

② 역사를 통틀어, 미국 사회는 장애인을 차별하고 분리시키려는 태도와 정책을 보여 왔다. 상당한 정도의 개선이 이루어졌음에도 불구하고, 장애인에 대해 가해지는 여러 가지 형태의 차별 행위들은 여전히 미국 사회 전반에 퍼져 있는 주요 문제 중 하나다.

③ 장애인에 대한 차별은 고용, 주택, 공공편의시설, 교육, 대중교통, 정보통신, 여가, 의료서비스, 참정권, 시설수용, 공공서비스 이용 등과 같이 미국 사회 전반에 만연해 있다.

④ 인종, 피부색, 성별, 국적, 종교, 나이 등으로 인해 차별 받는 사람들과는 달리, 장애가 있다는 이유로 사회로부터 차별을 경험하는 미국인들은 이러한 차별 행위를 시정할 수 있는 법적 수단이 없다.

⑤ 장애인은 노골적이고 의도적인 배제를 당하고, 건물, 대중교통시설, 정보통신 분야 접근성 제약으로 차별을 받고, 과잉보호적인 규제와 정책에 시달리고 있으며, 기존 시설의 개선이나 관행에 대한 시정이 실패하고 있고, 배타적인 자격 기준과 표준이 제정되어 있으며, 분리된 환경에 배치되고, 한 등급 낮은 서비스, 프로그램, 사회활동, 각종 혜택, 직업, 사회참여 기회 부여를 포함하여 광범위한 영역에 걸쳐 지속적으로 강해지는 차별에 당면하고 있다.

⑥ 인구조사 데이터, 전국적인 여론조사 결과와 관련 연구에 따르면 장애인은 미국 사회에서 열등한 지위에 처해 있으며, 사회, 노동, 경제, 교육 등의 분야에서 매우 불리한 처지에 놓여 있다.

⑦ 역사적으로 장애인은 속박과 제약을 감내해야 했고, 의도적인 불평등 대우의 대상

이었으며, 미국 사회에서 정치적인 권력을 갖지 못했던 고립된 소수집단에 머물러 있었다. 이는 장애인 스스로도 통제할 수 없는 생득적 특징과 이들에게는 사회에 참여하여 기여할 능력이 없을 것이라는 대중의 태도 등을 포함하여 장애인이 지닌 개별적 능력을 간과한 잘못된 편견과 가설에서 비롯된 결과다.

⑧ 장애인에 대한 국가의 목표는 이들을 위해 기회균등, 완전한 사회참여, 독립생활, 경제적 자립 등을 보장하는 데 두어야 한다.

⑨ 장애인은 지속적으로 가해지는 불공정하고 불필요한 차별과 편견으로 인해 동등한 조건에서 경쟁할 기회는 물론, 미국이 자랑으로 내세우는 새로운 기회를 추구할 권리 자체를 거부당해 왔으며, 이로 인한 장애인의 경제적 종속과 생산력 손실은 미국 사회에 수십 억 달러에 달하는 불필요한 비용 부담을 가져다주었다.

1) 「미국장애인법(ADA)」 탄생의 배경

「미국장애인법(ADA)」은 비용이 많이 드는 법안인데도 불구하고 어떻게 탄생될 수 있었을까?

① 장애인에 대한 불공평한 편견과 차별이 장애인의 삶과 국가 경제에 부정적 영향을 미쳐 높은 사회적 비용이 소요되고 있었다.

② 새로운 연방 프로그램이나 별도의 정부기구를 만드는 대신 민간기업에 장애인에게 평등한 기회를 제공하는 법을 제정하면, 연방정부는 추가적인 비용을 지출할 필요가 없다.

③ 상원의원이자 장애인 가족인 Tom Harkin, Lowell Weicker, Ted Kennedy가 적극적으로 법 제정을 지지하였다.

④ Bush 대통령 또한 법 제정에 열렬한 지지자로 법안에 서명하였다.

⑤ 평등권, 경제적 자립, 사회참여 등의 보장을 목적으로 하는 차별금지와 장애인 권리구제에 관한 「미국장애인법(ADA)」 이전 법령들이 기초가 되어 ADA가 제정될 수 있었다.

⑥ 1986년 천 명의 장애인을 대상으로 실시한 Louis Harris 설문조사 결과 응답자들의 75%가 반차별적이고 인권 향상을 위한 강력한 법 제정이 필요하다고 하였다. 취업률이 1970년 41%에서 1988년 33%로 급감하고, 1988년 장애인 남성의 소득이 1981년

[그림 4-10] ADA에 서명하고 있는 Bush 대통령

대비 13%나 감소했으며, 장애인 여성의 소득도 동년 대비 7%가 감소하여「장애인 차별금지법」 제정의 필요성이 대두되었다.

1973년「재활법」 504조는 ADA의 기초가 되었고, 가장 많은 유사성을 지니고 있다.

2)「미국장애인법(ADA)」의 목적

① 장애인 차별 철폐를 보다 명확하고 종합적인 연방법으로 규정
② 장애인 차별을 보다 명확하고 강력하고 지속적으로 규정하는 규준 명시
③ 연방정부가 장애인을 대신해서「미국장애인법(ADA)」에 명시된 규준을 실행하는 강력한 중심 역할
④ 장애인 차별에 대해 기업을 규제하는 의회의 강력한 권위 부여

1990년 제정된「미국장애인법」은 1992년 7월 26일 시행되었고, 적용 대상은 25인 이상 상시근로자를 고용하고 있는 고용주였다. 법 적용 대상이 되는 고용주는 구직절차, 고용, 승진, 퇴직, 복리후생, 직업훈련, 고용에 수반되는 기타 조건이나 특전에 있어 자격이 있는 장애인을 장애를 이유로 차별하는 것을 금지하였다. 1994년 7월 26일에는 법 적용 대상 범위를 확대하여 15인 이상 상시근로자를 고용한 고용주까지 포함하였다.

3)「미국장애인법(ADA)」의 조항

「미국장애인법(ADA)」은 제1장에서 제5장까지 5개의 조항으로 이루어져 있다.

「미국장애인법(ADA)」 각 장의 구성
제1장: 고용에 있어 차별금지 조항
제2장: 주 정부와 지방정부의 장애 차별금지
제3장: 공공기관과 상업기관에서의 차별금지
제4장: 통신수단에 대한 접근권 강화
제5장: 기타 조항

(1) 제1장: 고용에서의 차별금지

「미국장애인법(ADA)」 제1장의 목적은 적격 장애인에게 평등한 고용 기회를 보장하는 데 있고, 장애를 이유로 고용, 직무연수, 승진, 해고 절차 등 고용과 관련된 전반적인 과정에 걸쳐 자격 있는 장애인에 대한 사업주의 차별 행위를 금지하고 있다.

Q. 자격 있는 장애인은 누구인가?

A. 자격 있는 장애인이란 자신이 종사하고 있거나 취업을 희망하는 직업에서 요구하는 자격조건이나 기술, 경력, 교육수준에 적합한 사람을 말하며, 정당한 편의의 유무와 관계없이 그 직업에서 요구하는 필수기능을 수행할 수 있는 사람을 말한다. 해당 직업에서 요구하는 필수적인 기능을 수행하도록 요구하는 것은 장애인이 단지 부차적이거나 부수적인 직무기능을 수행하지 못하기 때문에 자격이 없다고 평가되지 않도록 하기 위함이다. 장애인이 필수적인 직무기능을 수행할 수 있다면 장애로 인한 제한점으로 인해 필수적인 직무기능을 수행하지 못하는 경우 사업주는 정당한 편의를 제공하여 이 기능을 수행하도록 할 것인지 고려해야 한다.

출처: https://www.ada.gov/q&aeng02.htm

① 직무 관련 필수 기능

동법 제1장 시행령에서 명시하고 있는 자격 있는 장애인이 수행할 수 있는 직무의 필수 기능 인정 근거는 해당 직무의 존재 이유가 그 기능을 수행해야 할 필요성과 해당 직무기능을 수행할 수 있는 근로자의 수가 제한되어 있으며 해당 직무는 매우 특수한 능력이나 전문성을 가진 사람을 고용해야 하기 때문이다.

직무 관련 필수 기능

- 규칙적인 근태
- 해당 직무에 종사하는 근로자가 실제로 해당 직무를 수행할 때 그 기능을 제거하면 해당 직업을 심각하고 근본적으로 변화시키는 경우

정당한 편의의 예

- 치료나 장애 회복을 위해 유급휴가나 무급휴직 사용(사규에 명시된 휴직 관련 규정에 위배되지 않는 범위)

고용에 있어 차별의 예

- 특정 직업에 취업을 희망하는 장애인이 정당한 편의 제공 유무와 상관없이 직무관련 필수 기능을 수행할 수 있지만, 사업주가 정한 직무 관련 필수 기능 수행 수준을 충족시킬 능력이 없다는 이유로 채용이 거부당함 ☞ 차별이 아님
- 필수적인 직무기능을 수행할 수 있는 장애인이 지원한 경우에도 장애 유무와 상관없이 해당 직무의 필수 기능 수행에 더 뛰어난 능력을 보이는 사람이 지원한 경우 ☞ 고용주는 장애인을 의무적으로 고용할 필요가 없음
- 고용주가 요구하는 기능을 수행할 수 없다는 증거가 없는 한 고용에 있어 제한점을 둘 수 없음(Kuehl과 Wal-Mart Stores 간 대법원 판례, 1995)

② 차별의 유형

- 개인의 장애를 이유로 고용 기회에 불리하게 작용할 수 있는 방식으로 구직자나 종업원을 별도 분리하거나 분류하는 일
- 구직자나 장애를 가진 종업원을 차별하는 계약
- 차별효과를 지닌 행정적 방법이나 차별을 존속시키는 방법을 사용하는 일
- 장애를 가진 것이 알려진 다른 사람과의 관계나 관련을 이유로 자격 있는 장애인을 차별하는 일
- 장애를 가진 개인이나 그 부류에 속하는 사람을 골라내는 경향이 있는 검사나 선택 기준을 사용하는 일

- 구직자의 기능이나 경향을 정확하게 반영하지 못하는 검사를 선택하여 실시하는 일
- 장애를 적절히 배려해야 된다고 여겨 자격 있는 구직자에게 고용을 거절하는 일
- 편의시설 제공이 고용주에게 과도한 부담(undue hardship)을 주지 않는데도 자격 있는 장애인에게 적절한 편의시설 제공을 하지 않는 일
- 고용 전 의학검사나 장애조사 금지
  - 검사나 질의가 직무와 관련된 것이라면 할 수 있음
  - 고용주는 약물재활 프로그램을 마쳤거나 고용 중인 사람이 현재 약물을 쓰지 않고 있다는 것을 확인하기 위해 약물검사 이용 가능

③ 정당한 편의

「미국장애인법(ADA)」을 적용받는 사업주는 법 제1장의 규정에 따라 장애인 취업 지원자나 자격 있는 장애인 근로자를 위해 과도한 부담(undue hardship)이 초래되지 않는 범위 내에서 '정당한 편의(reasonable accommodation)'를 제공할 의무를 지닌다. 정당한 편의는 취업 희망 장애인 또는 장애인 근로자가 평등한 고용 기회를 영위할 수 있도록 작업 환경 또는 통상적인 직무수행방식에 적용하는 다양한 형태의 개조 또는 변경을 의미한다(Equal Employment Opportunity Commission, 2017). 정당한 편의는 다음의 3가지 범주 중 하나에 해당한다(Dispenza, 2002).

- 채용 지원 절차 변경
- 장애인 근로자에게 직무 관련 필수 기능을 수행할 수 있도록 설계된 정당한 편의
- 장애인 근로자에게 고용의 획득과 유지를 통해 누리게 될 특권과 이에 따른 부수적 이익 공유를 인정하는 내용

「미국장애인법(ADA)」은 정당한 편의 제공 범주에 해당하는 다양한 근로 환경 개선 및 직무 재구조화 목록을 제시했고, 이 중 몇 가지만 살펴보면 다음과 같다.

㉮ 건축물 개조

구내식당, 회의실, 화장실 등 직장 내 시설에 대한 물리적인 환경 개선을 통해 이들 시설에 대한 장애인 근로자의 접근성을 높여 준다.

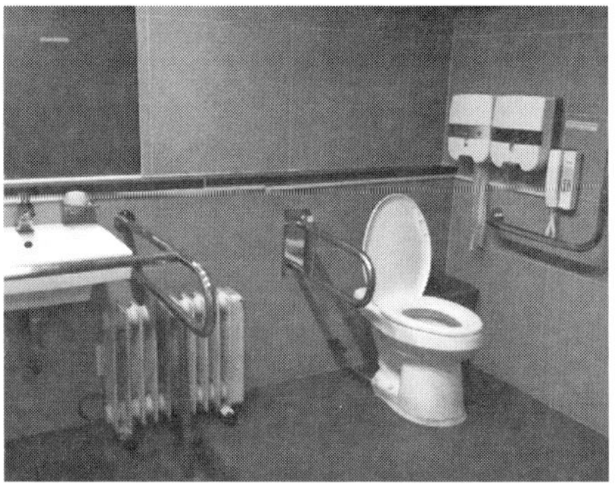

[그림 4-11] 장애인용 화장실

[그림 4-12] 전동싱크대

㉯ 장애인 직무수행 수준에 알맞은 직무 재구조화

장애인 근로자가 직무 관련 필수 기능을 수행할 수 있도록 직무 재구조화를 실시한다. 시간제 근무, 근무 스케줄 조정 등 일반적인 근로시간에 맞춰 일할 수 없는 근로자에게 수정된 작업 스케줄을 제공한다.

[그림 4-13] 수정된 작업 스케줄

[그림 4-14] 탄력근무제

출처: http://blog.naver.com/hinticube/140182706428

㉰ 보장구/보조공학기기 지원

[그림 4-15] 마우스 스틱을 사용한 업무수행

출처: http://m.blog.ohmynews.com/21konan/466361

㉱ 취업 지원 절차 수정

수화통역사 배치, 난독증 지원자에게 입사시험 문제를 구두로 읽어 주거나, 시각장애인에게 점자 시험지로 응시하게 한다. 뇌성마비가 있는 지원자에게 시험 시간 연장 등의 지원을 제공할 수 있다.

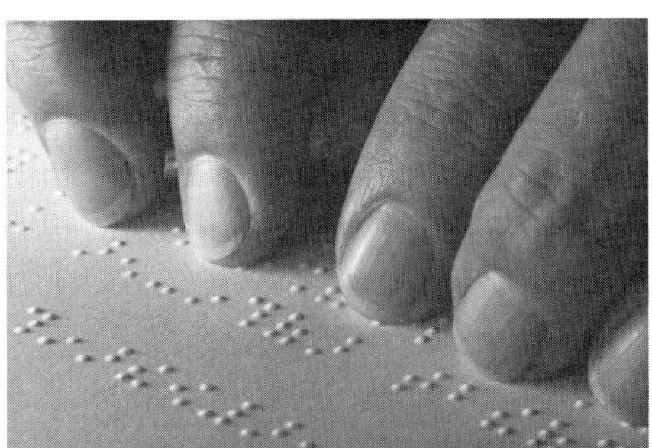

[그림 4-16] 점자 시험지 제공

㉤ 회사 정책 수정

시각장애인 안내견을 직장에 동반할 수 있도록 한다.

[그림 4-17] 시각장애인 안내견

출처: http://news.naver.com/main/read.nhn?mode=LSD&mid=sec&sid1=101&oid=016&aid=0000947851

㉥ 수화통역사나 자격 있는 글 읽기 봉사자 지원

청각장애인이나 시각장애인 근로자를 위해 수화통역사나 자격 있는 글 읽기 봉사자를 지원한다.

[그림 4-18] 수화통역

㉳ 정신장애인 근로자 직무 스트레스 완화를 위한 사적인 공간 마련

정신장애인 근로자에게 스트레스를 해소할 수 있는 사적인 공간을 마련하여 직무 스트레스 완화를 돕는다.

[그림 4-19] 직무 스트레스

[그림 4-20] 직원 휴게실

㉴ 장애인 근로자에게 요양이나 재활에 필요한 휴직 허용

장애인 근로자가 요양이나 재활치료가 필요한 경우 휴직을 허용하여 쉴 수 있도록 지원한다.

[그림 4-21] 재활치료

④ **과도한 부담**

과도한 부담(undue hardship)이란 "회사의 규모, 동원 가능한 자원, 사업 내용에 따라 고용주에게 과도한 어려움이나 비용을 주는 어떠한 작용"(US Equal Employment Opportunity Commission, 1992, pp. III-12)을 말한다. 사업주의 정당한 편의 제공 의무는 무제한적인 것은 아니다. 정당한 편의 제공이 과도한 부담에 해당하는지 여부를 결정하기 위해 사업주의 재정상태, 업종, 사업체 구조 등과 같은 여러 요인을 검토한다. 사업주가 외부로부터 정당한 편의 제공에 소요되는 비용을 지원받을 수 있다면 과도한 부담을 초래할 가능성을 크게 낮출 수 있다. 사업주에게 설문을 실시한 결과, 높은 비용이 드는 정당한 편의도 있지만 대부분의 기업은 사업주와 장애인 근로자 사이의 우호적 협력관계가 구축되어 있다고 가정할 경우, 정당한 편의 제공 비용이 대부분 100달러 미만이라고 하였다. 조사 대상 사업체의 70% 이상은 장애인 근로자를 위한 정당한 편의 제공에 500달러 이하의 비용을 지불했다고 하여 정당한 편의를 제공하는 데 대부분의 사람들이 생각하는 비용보다 훨씬 적은 비용이 드는 것으로 나타났다. 조사 대상 사업체 중 12%는 약 501~1,000달러 정도의 비용을 지출하여 사업주의 80% 정도가 1,000달러 이하의 비용만을 사용한 것을 알 수 있다.

⑤ **취업 지원 과정에 대한 가이드라인**

「미국장애인법(ADA)」은 채용 과정에서 요구되는 건강검진과 건강 관련 질문과 관련하여 상세한 지침을 제시하였다. 이러한 지침은 장애인 지원자와 사업주 모두를 보호하기 위해 마련된 것이다.

- 근로자 입장에서는 필수적인 직무 기능을 수행할 수 있는 장애인 지원자가 장애로 인해 채용에서 차별받고 탈락되지 않도록 보호하며, 사업주 입장에서는 정당한 편의를 제공한다 해도 장애로 인해 직무 관련 필수 기능 수행이 어려운 장애인 지원자를 채용하는 부담에서 보호받을 수 있다.

- 건강, 의학적 경력, 산재보상 경력에 대한 질문 금지
- 어떠한 의학 검진도 받도록 요구받을 수 없음

※ 예외: 과업수행에 필요한 능력을 보여 주기 위해 신체 검사를 받음

고용평등기회위원회(Equal Employment Opportunities Commission, 1992)는 취업 지원 절차에서 다음과 같은 질문을 하는 것을 금지하였다.

다음과 같은 상태나 장애로 인해 치료받은 적이 있습니까?

- 병원에 입원한 적이 있습니까?/그렇다면 어떤 병이었습니까?
- 정신과 상담을 받은 적이 있습니까?/그렇다면 어떤 병이었습니까?
- 질병으로 인해 직장을 쉰 적이 있습니까?
- 현재 약을 복용하고 있습니까?

취업 지원 절차가 진행되는 동안 사업주는 지원자에게 술을 마시는지, 불법 약물을 복용한 적이 있는지 등은 질문할 수 있다. 그러나 지원자에게 약물 중독자인지 알코올 중독 상태인지, 과거에 이러한 상태에 대해 치료받은 적이 있는지에 대해서는 질문할 수 없다. 다만 사업주는 취업 지원 절차가 진행되는 동안 언제나 지원자의 불법약물 복용 여부를 확인하기 위한 검사를 시행하는 것은 가능하다.

「미국장애인법(ADA)」은 사업주가 자신의 업체에서 근무하는 장애인 근로자에 대한 차별을 야기할 소지가 있는 계약관계를 채결하는 것을 금지하고 있다. 이러한 계약관계로 인해 차별적 상황이 발생할 경우, 사업주가 이러한 상황을 해결할 책임을 진다.

⑥ 제1장 고용에 있어 차별금지 조항에 의거 차별을 당한 경우

「미국장애인법(ADA)」 제1장 규정에 의거 고용 차별을 당한 경우 장애인은 고용평등기회위원회(EEOC, 1992)가 정한 행정절차에 따라 인종, 성별, 종교, 국적 등을 이유로 차별을 당했는지 조사받게 된다. ADA 제1장에 의거 고용 차별과 관련한 소송을 제기하고자 하는 개인이나 단체는 EEOC의 도움을 받아 고용주를 상대로 소송을 제기할 수 있다. 소송을 제기하게 되면 민사 소송을 제기할 권리도 주어진다. 고용평등기회위원회(EEOC, 1992)가 제시한 행정절차는 다음과 같다.

고용주를 상대로 고용 차별 관련 소송을 준비하고자 하는 개인이나 단체는 고용평등기회위원회(EEOC)에 사업주에 의한 고용 차별 행위 고발을 신고한 후 180일이 지나면 고용평등기회위원회(EEOC)에 '소송 권한 승인 문서'를 요청할 수 있다. 신고자는 고용평등기회위원회(EEOC)로부터 소송 권한 승인 문서를 접수한 날로부터 90일 이내에 소송을 제기하면 된다. 당사자가 법원에 소장을 제출하면 EEOC는 위원회에 접수된 원래의 고발을 기각한다. 고용평등기회위원회(EEOC)는 실제로 차별 행위가 일어나지 않았거나 EEOC의 중재 노력이 실패로 돌아가 신고자를 대신하여 소송을 대행하지 않기로 결정했을 때도 소송 권한 승인 문서는 발송된다.

⑦ 소송에 의한 과징금

「미국장애인법(ADA)」 제1장은 민사소송에 따른 보상과 과징금 부과가 가능한데, 과징금 및 보상금 최대 지급액은 사업장의 규모에 따라 결정된다.

소송에 의한 과징금 최대 금액

- 15~100인 고용업체: 50,000달러
- 101~200인 고용업체: 100,000달러
- 201~500인 고용업체: 200,000달러
- 500인 이상 고용업체: 300,000달러

(2) 제2장: 주 정부와 지방정부의 장애 차별금지

「미국장애인법(ADA)」 제2장은 2개의 절로 구성되었다. 1절은 연방정부의 재정지원을 받는 주 정부나 지방정부가 제공하는 공공 활동과 프로그램에서 장애 차별을 금지한 1973년 「재활법」 504조의 개념을 확대하여 연방정부의 재정 지원을 받지 않는 주 정부나 지방정부의 활동과 프로그램까지 장애 차별을 금지할 것을 내용으로 하고 있다. 연방정부의 재정 지원을 받지 않아 재활법 504조의 효력이 미치지 않던 주 정부와 지방정부 기관들은 시청, 지방 법원, 자격증/면허증 발급기관 등이며 건축물, 교통, 통신, 프로그램, 지원서비스(수화통역 등), 사회보장혜택(의료보호 등), 회사 방침, 운영방식, 운영 절차 등 모든 영역에 있어서의 장애로 인한 차별을 금지하였다.

그러나 공공기관에 천편일률적으로 융통성 없이 장애인 편의시설을 설치하도록 강제하지는 않았다.

- 시정부 청사에서 공공행사를 개최할 때 장애인 편의시설을 제공해야 할 영역은 건물 전체가 아니라 행사가 벌어지는 장소로 국한됨
- 엘리베이터가 없는 공공도서관 2층에 서가가 있을 경우, 휠체어 장애인 이용자가 원하는 책을 가져다주거나 도우미를 배치함
- 입구에 계단이 있는 도서관의 경우 저렴하고 신속하게 지원할 수 있는 나무로 된 경사로를 설치하고, 순회도서관서비스 실시

(3) 제3장: 민간기관이 운영하는 공공편의시설 및 상업시설에서의 차별금지

「미국장애인법(ADA)」 제3장은 공공편의시설과 상업시설, 신청서, 면허증, 자격증, 고등 또는 대학 학력검정, 전문직 혹은 통상 면허 취득 등을 위한 시험이나 교육 프로그램을 제공하는 사설기관 등의 민간시설들의 장애인 차별금지 및 접근성 의무를 이행하도록 하고 있다.

「미국장애인법(ADA)」 제3장은 대중 수송업을 주된 목적으로 하지 않는 공공편의시설 사업자가 운영하는 정규노선 운행 차량 또는 운송수요에 따라 운영되는 교통수단도 장애인 편의 제공 의무를 부여하였다. 여기에는 호텔이 운영하는 공항 셔틀서비스, 쇼핑센터가 운영하는 고객운송용 버스나 밴 서비스, 전문대학과 종합대학이 운영하는 통근용 혹은 교내 아동용 학교버스서비스, 스포츠 경기장, 동물원, 놀이공원과 같은 여가시설의 관람객 수송 수단 등이 포함된다. 또한 호텔, 음식점, 주점, 극장, 볼링장, 골프장, 도서관, 변호사 사무실, 음악당, 세탁소, 드라이클리닝 업소, 잡화점, 보험사, 박물관, 장례식장, 공원, 동물원, 사립학교, 주유소, 실내체육관, 주간보호센터, 은행, 병원, 전문 의료서비스기관 등이 제공하는 상품, 서비스, 시설, 혜택, 편의 등을 이용할 권리를 침해하는 모든 차별 행위를 금지하고 있다. 민간기관이 주관하는 면허증 및 자격증 취득 시험이나 교육 프로그램은 장애인 편의시설이 갖춰진 장소에서 장애인 응시자나 교육생의 특성을 고려한 정당한 편의를 제공하여 진행하되, 시행이 어려운 경우 장애인 접근성이 담보된 대체 수단을 강구해야 한다.

시험을 볼 때

- 응시자의 적성이나 성취도를 정확하게 반영될 수 있는 장소와 방법을 선택해서 시행할 것
- 응시자의 장애나 언어능력이나 행동에 영향을 받는 시험은 불법임
- 보조공학기기나 관련서비스 제공이 과도한 부담을 초래하거나 시험의 취지나 내용을 본질적으로 변화시킬 가능성이 높다는 것이 입증되지 않는 한 응시자가 요구하는 보조공학기기나 관련서비스를 제공할 의무가 있음
- 수화통역사, 듣기 보조장치, 기타 의사소통수단, 문제와 답안지 녹음테이프, 점자, 큰 활자 매체, 낭독도우미, 답안지 대필자 등

「미국장애인법(ADA)」은 제3장의 규정에 따라 비교적 '손쉽게 할 수 있는 수정(readily achievable modifi-cation)'이 가능한 경우 건축 및 통신장벽 철폐 의무 불이행이 차별금지 명령 위반에 해당하지 않는다고 하였다. '손쉽게 할 수 있는 수정'이란 비용이 거의 들지 않거나 어려움이 별로 없이 장벽 철폐가 가능한 수정을 의미하며, 미 법무부(US Department of Justice, 1995)는 '손쉽게 할 수 있는 수정'의 21가지 환경개조 사례를 제시하였다.

① 경사로 설치
② 인도나 출입구에 연석 설치
③ 선반의 위치 변경
④ 테이블, 의자, 자판기, 상품진열대, 기타 가구의 재배치
⑤ 전화기의 재배치
⑥ 엘리베이터 버튼의 촉지각 가능한 점자 표시
⑦ 불빛 경고등 설치
⑧ 출입문 확장
⑨ 출입문을 확장시킬 수 있는 오프 경첩
⑩ 회전문 제거/대안적인 접근로 제공
⑪ 접근 가능한 출입문 설치
⑫ 화장실에 손잡이 설치
⑬ 화장실에 휠체어가 움직일 수 있는 충분한 공간 마련

⑭ 화상 방지를 위한 세면대 배수관 단열처리

⑮ 변기 높이 높임

⑯ 전신 화장실 거울 설치

⑰ 화장실 휴지걸이 위치 조정

⑱ 장애인 주차공간 마련

⑲ 휠체어 장애인이 접근 가능한 위치에 식수대 종이컵 디스펜서 설치

⑳ 털이 길고 촘촘하지 않은 카펫 제거

㉑ 자동차 특수 운전 장치 설치

[그림 4-22] 불빛 경고등

출처: https://blog.naver.com/ha2anna/221063258874

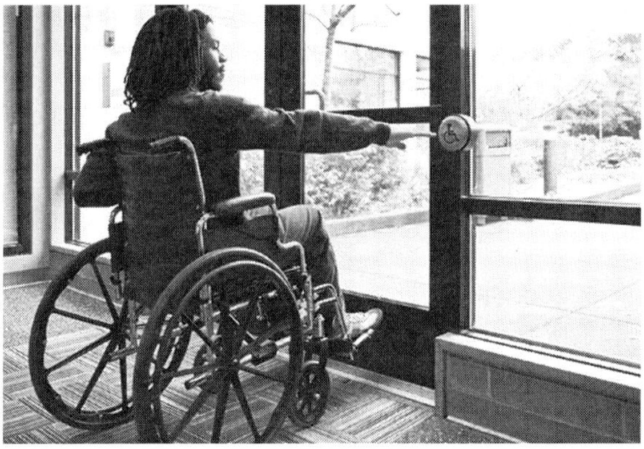

[그림 4-23] 장애인용 출입문

출처: http://pezcame.com/aGFuZGljYXBwZWQgcGF0aW8gZG9vcnM/

[그림 4-24] 장애인용 특수운전장치

출처: https://simondarcyccs.files.wordpress.com/2014/04/hand-controls1.jpg

(4) 제4장: 정보통신수단에 대한 접근성 강화

1934년 「통신법(Communication Act)」 이후 모든 미국인은 전화와 라디오를 통한 의사소통을 적정한 가격에 할 수 있게 되었다. 「ADA」 제4장은 1993년 7월 26일 전까지 주 내(intrstate), 주 간(interstate) 전화서비스 사업자들에게 청각장애인을 위한 양자 간 중개서비스(dual-party relay service)를 제공할 것을 규정하였다. 그 결과 청각장애인용 전화기인 TDD(telecommunication device for the deaf)와 일반전화와의 중개서비스(relay service)를 실시하게 되었다. 「미국장애인법(ADA)」 제4장이 이러한 전화 중개서비스 제공에 있어 최소 기준을 다음과 같이 제시하였다.

- 24시간 서비스
- 통화의 길이나 내용에 제한 없음
- 교환원은 통화내용의 비밀을 보장해야 함
- 중개서비스 통화 요금은 일반 통화 요금과 동일해야 함

또한 「미국장애인법(ADA)」 제4장은 연방정부의 예산 지원을 받아 제작되는 모든 TV 수상기에 청각장애인을 위한 자막기능(closed caption)을 추가하도록 하였다.

[그림 4-25] TDD

1996년 개정된 「전자통신법(Telecommunications Act)」 713조는 연방통신위원회가 영화나 TV 프로그램에서 시력을 요하거나 영상으로 처리된 부분을 시각장애인이 이해할 수 있도록 음성으로 설명하는 화면해설서비스(video description)를 시작할 것을 규정했다.

[그림 4-26] TV 자막기능

(5) 제5장: 기타 조항들

「미국장애인법(ADA)」 제5장은 동법 제1~4장에 포함되지 않은 여러 가지 기타 조항을 담고 있다.

① ADA에 의해 불법으로 규정된 행위에 대항한 개인에게 앙갚음하는 행위 규제

② 역사적인 빌딩이나 시설에 장애인 접근성 개선을 위한 절차와 지침 제작 · 배포

③ 미 의회의 고용에서의 장애인 차별 철폐

(6) ADA의 결과

「미국장애인법(ADA)」의 제정으로 건축물, 통신, 의사소통, 이동성에 대한 접근성 향상되었고, 이러한 접근성 향상이 적절한 비용으로 가능하며, 1990년대 초반에 이미 74%가 ADA 규정을 이행하고 있다는 긍정적인 결과가 나타났다. 그러나 여전히 ADA에 대한 교육과 기술 지원이 요구되고 있었고, 특정 단체(장애인, 인종 등)에 속한 사람들이 여전히 적절한 보호를 받지 못한다는 부정적인 결과도 제기되었다.

제5장

장애의 심리사회적 측면

1. 장애에 대한 세계적 동향
2. 장애를 둘러싼 심리사회적 환경
3. 장애인에 대한 관점
4. 장애인의 심리사회적 적응에 대한 접근

1. 장애에 대한 세계적 동향

'장애'에 대한 국제적인 관심은 UN이 1981년을 세계 장애인의 해로 지정하면서부터 시작되었다. 이후 UN은 1982년 12월 3일 장애인의 권리증진을 위해 'UN 장애인 10년(1983~1992년)'과 그 실천 전략인 '장애인에 관한 세계 행동계획'을 채택하였다. 이 행동계획은 '장애인의 재활과 복지, 장애인 문제에 대한 이해의 촉진 및 장애인이 보다 사람다운 생활을 할 수 있는 권리와 보조 수단의 확보를 목적'으로 하였으며, 행동계획을 선포한 12월 3일을 1992년부터 공식적으로 세계 장애인의 날로 기념하기 시작하였다. 우리나라는 1972년부터 4월 20일 민간단체의 '재활의 날'을 1981년부터 '장애인의 날'로 변경해 기념하고 있다.

우리나라는 유엔아시아태평양경제사회위원회(UNESCAP)에서 선포한 '제3차 아태 장애인 10년(2013~2022년)'을 이끄는 주도국의 역할을 수행하고, 그 행동 전략으로 2012년 아태 지역 '장애인 권리 실천을 위한 인천 전략'을 채택하였다. 인천 전략은 '장애아동에 대한 조기 개입 및 교육확대', '장애인 권리협약 비준 및 이행과 협약과 국내법의 조화 촉진' 등 10대 목표를 정하고, 이러한 목표 아래 UNESCAP 회원국과 함께 장애인의 복지와 인권 향상을 추구하고 있다.

1981년 세계 장애인의 해
- 장애인의 완전한 참여와 평등 추구

1983~1992년 UN 장애인 10년
- 각종 국제 장애인 정책 제시, 추구

1993~2002년 아태 장애인 10년 행동계획
- 장애예방, 재활, 기회평등, 국가적 조정, 입법, 정보, 일반인의 의식, 접근성과 커뮤니케이션, 교육, 훈련, 고용, 장애원인의 예방, 재활 서비스, 보장구, 자조단체

2003~2012년 제2차 아태 장애인 10년

- 21세기의 아태지역에서의 장애인을 위한 권리에 기반한 장애 없는 통합적인 사회 만들기

2013~2022년 제3차 아태 장애인 10년

- 유엔아시아태평양경제사회위원회(UNESCAP)
- 장애인 권리 실천을 위한 인천전략 채택

지난 두 차례 10년 계획으로부터의 성과

1. 인권 기반의 접근: ESCAP의 (지역)정책의 기본 틀로부터 강조됨
2. 지역 연대와 강화된 목소리: 국제적 논의과정에서 중요한 영향을 끼침
3. '장애 문제는 장애인의 목소리로': 효과적인 정책은 장애인의 참여에 의해 가능해짐
4. 추진과정을 위한 'SMART' 접근법: 지속적인 지지가 필요한 것들
5. 하부 지역 단위의 협력과 참여
6. 목표달성의 강화

인천전략

인천전략 이행의 증진: ESCAP의 접근방법

- 2013~2022년 아태 장애인 10년 Working Group의 지원
- 인천전략 이행을 위한 로드맵의 개발과 실천

Goal 2
정치과정 및 의사결정에 대한 참여의 증진

세부 목표

2.A: 정부의 의사결정 기구에서 장애인의 대표성을 보장한다.

2.B: 정치 과정에 대한 장애인의 참여를 증진하기 위해 정당한 편의를 제공한다.

핵심 지표

2.1 의회 또는 그에 상응하는 국가 입법기구에서 장애인의 의석 비율

2.2 장애 관련 국가조정기구에서 다양한 장애인 집단을 대표하는 구성원의 비율

2.3 성평등 및 여성의 역량강화를 목적으로 하는 국가기구에서 장애여성의 비율

2.4 장애인 투표자의 접근이 가능하고 이들의 비밀투표를 보장하는 국가 수도 내 투표소의 비율

보충 지표

2.5 중앙정부 각료 중 장애인의 비율

2.6 대법원 판사 중 장애인의 비율

2.7 국가 선거관리 당국이 다양한 유형의 장애인이 접근 가능한 방식으로 선거 과정을 관리할 것을 규정하는 입법의 유무

로드맵 초안의 주요 내용

2013~2022: 아태공동기금의 활성화

2013~2022: Make the Right Real 캠페인

2014: 인천전략 지표 데이터 구축을 위한 매뉴얼 개발

2015: 'Disability at a Glance' 출간

2016: 초기데이터 구축을 위한 중간조사

2017: 고위급 정부간 회의

로드맵 초안의 주요 내용

- 아태지역 장애포괄 비즈니스에 대한 ESCAP-Sasakawa 상 → Goal 1
- 장애청소년 Global IT Challenge → Goal 3
- 접근성 우수사례 사업 → Goal 3
- 장애에 관한 사회보장 toolbox 개발 → Goal 4

로드맵 초안의 주요 내용

- 장애 주류화:
  - –Beijing + 20 평가과정 → Goal 6
  - –Post–Hyogo Framework for Action과 재난 감소를 위한 장애포괄의 증진 → Goal 7

2013~2022 아태장애인 10년 Working Group 15개 정부위원(2013~2017)

1. Bangladesh
2. Bhutan
3. China
4. Fiji
5. India
6. Indonesia
7. Japan
8. Malaysia
9. Mongolia
10. Pakistan
11. phillippines
12. Republic of Korea
13. Russian Federation
14. Samoa and Kiribati (Samoa, first 2.5 year; Kiribati: second 2.5 years)
15. Thailand

Get Counted to Count!

make the right real!

<www.unescapsdd.org/disability>

2. 장애를 둘러싼 심리사회적 환경

[그림 5-1] 척수장애인협회 소식지

1) 개인이 경험하는 충격과 정서

장애 조건의 본질은 장애발생 이전 개인의 성격, 장애가 개인에게 주는 의미, 개인이 처한 환경 내에서의 가족과 사회의 지원 범위에 영향을 받는다. 그러므로 장애 발생 이전에 긍정적인 성격이고, 장애인에 대한 긍정적인 인식을 가지고 있으며, 가족과 사회의 지지체계가 강력한 개인이 장애를 입은 후에 경험하는 충격의 정도는 그렇지 못한 개인의 경우보다 훨씬 약하며, 장애에 보다 긍정적으로 적응해 나가게 된다.

2) 장애의 신체 · 심리적 영향

장애가 개인에게 주는 신체 · 심리적 영향은 내담자가 장애에 적응하려는 동기를 부여하고, 직업재활, 재활치료 등 재활 수단에 대해 긍정적인 반응을 갖도록 한다.

3) 생물학적 · 환경적 · 사회적 자극

개인의 장애 상태에 대해 주변의 타인들이 보이는 생물학적 · 환경적 · 사회적 반응의 강도나 긍정적 혹은 부정적 반응 유형은 장애를 가진 개인이 장애에 적응하는 데 영향을 미친다.

4) 학습되고 경험, 접촉, 정보를 통해 형성되는 태도

장애를 가진 개인의 실제 능력이나 기능보다는 개인을 둘러싼 환경의 반응체계에 따라 장애를 가진 개인의 자신에 대한 심리사회적 반응도 달라지게 된다. 이러한 반응체계는 학습되었거나 장애인에 대한 경험이나 접촉, 장애인에 대한 여러 가지 정보를 통해 얻게 된 인식체계에 기인한다. 장애인에 대한 반응체계는 다음의 3가지로 구분할 수 있다.

- 신념체계(부정적/긍정적 감정): "장애인은 우울할 것이다."
- 행동체계(태도의 대상 물체에 대한 반응): "정신장애인은 위험하기 때문에 피해야 한다."
- 정서체계(외재적 행동, 신체 반응): "장애인은 불쌍하기 때문에 도와주어야 한다."

3. 장애인에 대한 관점

1) 의학적 접근 방법

장애인에 대한 기존의 관점은 의학적 접근방법 혹은 개인적 · 기능제한적 · 경제적 관점으로 불린다. 이는 장애인 개인의 기능손상과 제한점에만 초점을 맞추는 접근방법으로 모든 문제의 원인을 장애인 개인에게 돌리고, 개인의 능력이 부족하기 때문에 사회에 통합되기보다 격리되어야 한다는 시각이다. 장애인들은 지금까지 특수학교, 분리된 장애인 전용 작업장 배치, 사회참여 기회 제한, 사회보장제도에 의존하는 것이 당연하다고 여기도록 교육받아 왔다.

2) 사회정치적 접근방법

사회정치적 접근방법은 장애심리학자인 Hahn(1988)이 주장한 개념으로 의료적 접근방법과 장애의 제한점을 개인 내부에서 찾는 전통적 장애인관을 비판하고, 장애를 개인과 환경 사이에서 발생하는 상호작용의 산물로 보았다. 이 사회정치적 접근방법은 생태학적 접근, 환경적 접근방법으로도 불리며, '장애'를 손상으로 인한 기능제한을 가진 개인의 문제가 아니라 개인이 활동하는 주변 환경에서 장애인의 개별 욕구에 적합한 지원을 제공하지 않아 발생하는 환경의 문제로 인식한다. 예를 들어, 장애인의 욕구와 특성을 정확하게 평가하고 그 개인에게 적합한 직무에 배치하면 세금을 내는 능력 있는 근로자로 사회에 기여하면서 스스로 높은 가치를 부여하는 양질의 삶의 질을 살아갈 수 있으나, 장애의 제한적인 면에만 초점을 맞춰 채용에서부터 차별을 한다면 사회보장제도에만 의존하는 수동적인 삶을 살아갈 수밖에 없는 중증장애인이 되는 것이다.

3) 소수집단 관점

장애인들은 소수집단의 특징인 높은 실업률, 사회보장 수혜율, 교육, 교통, 주거, 공공시설, 프로그램으로부터의 높은 격리를 경험한다. 이는 장애인에 대한 부정적인 태도에 기인하는데, 이러한 태도는 장애인에 대해 정확한 정보나 경험 없이 오랜 기간 동안 애매모호하고 부정적인 감정을 가짐으로써 형성된 결과다. 이러한 편견과 차별적인 태도는 장애인에 대한 대중매체의 묘사에 의해 각인되기도 한다. 대개 대중매체에서 나타나는 장애인의 모습은 조롱과 학대의 대상, 자기몰두적인 · 수동적인 · 어리석은 · 촌스러운 · 약한 · 인내력 없는 · 자기연민적 모습으로 그려지기 때문이다.

또 대중매체에서 장애인을 그리는 모습은 양극단의 두 모습을 보이는 경우가 많은데, 유약하고 연민적인 도움을 필요로 하는 모습의 가장 반대쪽에 있는 비현실적인 초능력을 가진 슈퍼맨적인 모습을 가진 장애인으로 그리는 것이다. 영화 〈Forrest Gump〉의 주인공의 경우 지적장애와 지체장애를 가지고 있으나 초인적인 달리기 실력으로 미식축구 선수가 되어 고등학교와 대학교에 진학한다. 학교를 졸업한 뒤에는 베트남전쟁에 참전하는데, 총알과 폭탄이 빗발치는 가운데에서도 아무 상해도 입지 않고 사경에 처한 전우를 구함으로써 전쟁영웅이 되며, 탁구에 탁월한 능력을 보여 세계대회에 참가하여 우승하며 유명인

[그림 5-2] 영화 〈Forrest Gump〉

사가 된다. 이후 베트남전쟁의 전우와 새우잡이에 뛰어들어 갑부가 되고, 어머니의 병환으로 고향으로 돌아온 뒤에도 애플컴퓨터 사업에 투자하여 큰돈을 번다. 이 영화는 지적장애를 가진 Forrest Gump가 현실세계에서 실제로 할 수 있는 일과 생각을 이야기하거나 교육을 통해 장애의 정도가 향상되도록 하는 노력을 보여 주기보다 비현실적인 장애인상을 그림으로써 장애에 대한 왜곡적인 시각을 갖도록 하였다. 영화에서 그를 키운 홀어머니는 다리교정기로 아들의 걸음걸이를 바로잡기는 하지만 그의 지능을 향상시키고자 어떤 시도도 하지 않는다. 이는 그녀의 "바보니까 바보처럼 행동하는 거지."라는 대사에 사회의 장애인에 대한 제한적이고 부정적인 인식이 잘 나타나 있다.

장애인에 대한 소수집단 관점은 다음과 같은 사회 요인들에 의해 장애인들은 주류사회 참여에 제한을 받을 수밖에 없다고 보고 있다.

① 환경(disabling environment)이 사람들에게 부과한 기능적 요구조건들은 기본적으로 장애가 없는 사람들이 주도하는 건축법과 사회제도와 같은 공공정책에 의해 결정된다.
② 환경은 기본적으로 과거와 현재의 공공정책에 의해 형성된 대중의 태도와 인식을 장애인들이 싸워야 할 주위환경의 주요한 요소라고 보는 것이다.
③ 장애인을 생물학적으로 열등하게 보는 관점으로 자아개념의 발달과 형성에 부정적인 영향을 미치며 주류사회로부터 배척하거나 억압하는 데 이용되었다.

4) 심미적 불안과 실존적 불안

실존적 불안이나 심미적 불안은 장애인에 대해 편견을 가지게 하고 장애인 개인과 집단에 대한 차별로 이어지게 한다. 결국 장애인은 사회의 주류를 이루고 있는 일반인이 만들어 놓은 편견(스테레오타입/낙인)에 따라 행동하도록 유도되고 다른 사람들이 생각하는 심상에 맞게 살도록 강화되어 왔다. 즉, 지적장애인은 "유치하다, 직업생활이 불가능하다", 자폐성장애인은 "다른 사람에 대해 무관심하다", 정신장애인은 "폭력적이고 위험하다", 지체장애인은 "결혼할 수 없고 아이를 가질 수 없다", 시각장애인은 "높은 구두를 신을 수 없고, 화장을 할 줄 모른다" 등 장애유형별로 사회적 낙인(label)을 찍고 이에 맞추어 살도록 강요하며, 그렇지 않은 경우 많은 어려움을 겪도록 제도적인 장치가 마련되어 있다.

장애차별적인 사회환경을 살펴보면 다음과 같으며, 이는 곧 장애에 부정적인 속성을 부여하여 사회적 신분을 변화시키고 이를 당연시하고 수용하도록 만드는 사회환경 요인들이다.

① 미디어의 장애인 상: 신체적 · 정신적 장애가 폭력, 범죄, 공포 등과 연관되어 있거나

〈표 5-1〉 심미적 불안과 실존적 불안

심미적 불안	실존적 불안
• 신체 외모가 일반적인 사람들의 형상과는 현저히 다른 사람들로부터 느끼는 공포감 • 대상이 되는 사람들을 종속적인 존재로서 취급하려는 경향 • 미와 신체적인 매력에 지나치게 강조를 두는 사회 (TV의 장애인=비정상인) • 기능 제한 모델 • 기능적 능력의 상실 • 의존적 역할 • 일반인이 장애에 의해 부과된 공포를 내면화하고 장애인에게 투사	• 외모나 자율성에 대한 근심에 의해 야기된 장애에 대한 반응 • 기능 제한 모델 –일반인이 느끼는 행동, 신체 등 기능상 능력의 잠재적 손실에 대해 투사된 공포감, 위협과 불안 → 사지마비인이나 시각장애인이 되면 차라리 죽겠다. –일반인이 장애에 대한 공포감을 내면화하고 그러한 감정들을 장애인에게 투사하는 것 → 장애인을 채용하기를 꺼리거나 무자격자로 보는 고용주의 태도 • 소수집단 모델 • 외모가 기준에서 벗어난 경우 다른 사람을 불안하게 하고 위협적 • 종속적 존재로 취급

원인임

② 참여에 있어 신체적 · 언어적 장벽: 건축물에 대한 접근성, 언어적 능력을 요구하는 안내서

③ 차별적 법률 · 규칙 · 규정: 신체검사를 요구하는 각종 직업과 공교육 등

④ 기본적 사회조직으로부터 제외: 대개의 재활시설들이 주류사회에서 격리되어 있음

5) 물리적 장벽과 개념적 장벽

물리적인 환경은 건축물, 교통수단, 사회의 제반 구조물들을 가리키는데, 이것들이 장애인을 주류 사회로부터 자연스럽게 격리시킨다. 이러한 물리적 장벽(handicap, barrier)들은 일반인의 이익을 위해 고안되었기 때문이다. 장벽들은 건축물 등 눈에 보이는 환경인 물리적 장벽뿐 아니라 장애인 주변의 환경, 즉 가정, 가족, 학교, 직장, 취미 및 여가 활동 등의 영역에서의 장벽과 같은 개념적 장벽도 의미한다. 가정 내에서의 장벽은 비장애 형제와의 차별, 장애자녀 방임, 가정 내에서 어떠한 교육적 자극도 제시하지 않음 등을 들 수 있다. 그리고 결국 이와 같은 차별은 교육적 방임과 정서적 학대로 이어져 아동이 시기 적절한 교육을 받지 못하고, 정서적으로 불안정하게 되어, 오히려 장애 정도가 심해지는 결과를 낳는 경우가 많다. 학교에서의 장벽은 일반학급에 물리적인 통합은 하지만, 담임교사나 또래 학생들의 방임 및 지원 부재로 학습이 이루어지지 않고, 원만한 또래관계와 교사와의 관계를 형성하지 못하는 모습으로 드러난다. 이는 학업성취도나 정서발달 측면에서 지체를 불러일으키게 되는 현상으로 귀결된다. 직장에서의 장벽은 채용 과정, 채용 이후 모두 차별을 받는 것이다. 장애 특성에 적합한 구인공고나 입사지원서(점자지원서 등)가 마련되지 않거나, 컴퓨터 사용이 어려운 장애인 응시자에게 온라인을 통한 지원만 가능하게 하고, 면접 과정에서 직무과 관련 없는 장애 관련 질문만을 하며, 청각장애인 지원자 면접에서 수화통역사를 배치하지 않고 대답을 하지 못한다는 이유로 탈락시키는 것이다. 채용 후에도 적절한 보수교육이나 직무배치를 하지 않아 승진 등의 기회를 박탈하는 사례가 발견되기도 한다.

6) 환경적 개입

이러한 물리적 · 개념적 장벽의 제거는 치료, 개인의 심리적 강화, 개인과 환경 양측 면의 조정, 직접적인 사회 및 직업적 환경요인의 수정을 통해 이루어진다. 이러한 장벽들을 제거하기 위해 재활전문팀은 장애 개인의 욕구를 판별하고, 사회의 지원체계를 분석하여, 최선의 조정이 이루어지도록 할 임무를 갖는다. 재활전문팀에는 재활상담사, 직업평가사, 의사, 재활간호사, 물리치료사, 작업치료사, 보장구사, 심리학자, 직업훈련교사, 운동치료사, 사회복지사 등이 있다.

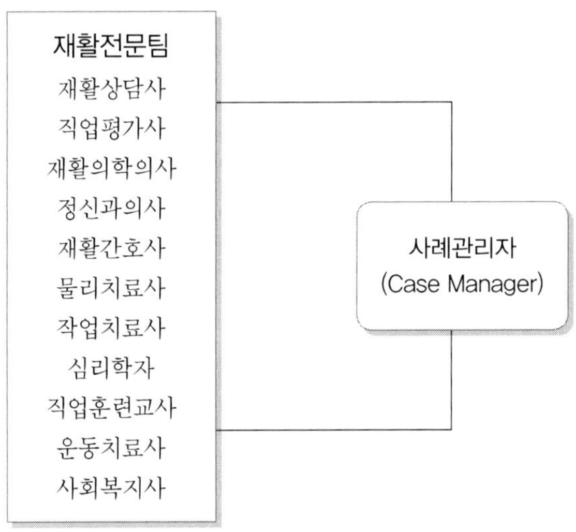

[그림 5-3] 재활전문팀 인력 구성의 예

4. 장애인의 심리사회적 적응에 대한 접근

1) 장애인의 심리사회적 적응에 영향을 주는 요인

장애에 대한 개인의 반응이 타인의 반응에 영향을 미치듯이 다른 사람들의 반응들 또한 장애를 가진 개인의 자아개념, 자아존중감, 자신의 장단점에 대한 지각에 영향을 미친다. 가족, 사회, 직업활동에의 참여는 다양한 활동들을 수행할 수 있는 능력과 상호작용을 전제로 하며, 이러한 상호작용이나 능력이 제한되거나 변화될 때 자신의 역할과 사회적 관계들에 변화가 일어난다.

새로이 장애를 입은 사람들이 직면하는 문제는 다음과 같다.

① 신체적 · 심리적 상실
② 신체상의 변화
③ 사회적 신분의 변화
④ 수입능력의 변화
⑤ 변화에 수반되는 불안과 비탄
⑥ 불확실한 미래에 대한 계획 수립
⑦ 새로운 행동에 대한 요구

자아개념은 자아존중감과 자아정체감에 많은 영향을 준다. 개인은 자신이 속한 사회 속에서 자신과 사회의 상호작용에서 신뢰감을 갖고 일관성을 경험함으로써 긍정적인 자아개념을 개발하게 된다. 장애인의 경우 불일치하고, 일관성이 없으며, 신뢰할 수 없는 관계를 많이 경험하기 때문에 부정적 자아개념을 갖게 되고, 결국 낮은 자아존중감과 자아정체감을 갖게 된다. 그리고 이러한 부정적 자아개념은 결국 다른 사회구성원들에게 부정적인 인식을 갖게 하고 부정적인 태도를 갖게 하여 보다 더 고립적인 상황에 놓이게 하는 악순환을 초래한다.

특히, 외형적으로 드러나는 장애를 가진 개인은 부정적인 신체상을 갖게 되는 경우가 많다. 신체상은 일생 동안 지각되는 자신의 모습으로 자신이 속한 문화, 사회적 기대, 다른 사람과의 경험 및 반응으로부터 영향을 받아 만들어진다. 외형적 장애를 가진 아동을 부모들로부터 자신의 모습을 탐색하지 못하도록 제한받고, 결국 자신의 모습에 대해 관심 갖는 것을 부끄럽거나 부정적으로 느끼게 된다. 이는 후천적으로 장애를 입은 사람들의 경우도 마찬가지다. 하반신 마비인 사람의 경우 개인이 장애를 입은 후 사회적응 초기단계에 이루어지는 사회적 접촉 빈도, 지역사회에의 출현 빈도, 수행되는 역할의 수가 자신의 장애에 대한 태도를 결정한다. 장애인이 사회적으로 활발한 대인관계를 맺고, 지역사회 활동에 참여하며, 다양한 역할을 수행하고자 한다면 주변 구성원들이 장애인의 긍정적인 측면을 빈번히 경험하면서 장애인에 대해 긍정적인 반응을 보이게 되고 이는 다시 장애인이 자신의 장애를 긍정적으로 바라보도록 하여 스스로 긍정적인 자아개념을 가지게 된다는 것이다. 물론 이러한 긍정적인 사회의 반응은 장애인의 개인적인 측면 이외에 사회에서 장애인에게 부여하는 가치나 위치에 많은 영향을 받는다.

그러므로 사회의 부정적인 장애인관에 의해, 혹은 장애 이전에 가지고 있던 부정적인 장애인관에 의해 자신의 신체상을 부정적으로 생각하는 장애인은 사회적으로 위축되고, 현저하게 좁은 사회관계를 유지하게 되며, 부정적인 장애인상을 받아들여 결국 장애인 스스로 부정적인 자아상과 자아개념을 갖게 되기도 한다.

McGowan과 Porter(1967)는 장애인의 심리사회적 적응에 영향을 주는 요인으로 다음의 3가지를 들었다.

① 신경손상과 같은 장애로부터 직접 기인되는 심리적 영향
② 불안과 같은 장애에 대한 사회의 태도로부터 기인되는 심리적 영향
③ 차별하는 일반 대중의 태도와 같은 장애인에 대한 다른 사람의 행동과 태도로부터 기인되는 심리적 영향

2) 장애에 대한 심리사회적 반응 단계와 재활상담

많은 재활전문가들은 장애인의 최대한의 잠재력 성취를 위해 개인의 생활양식과 기능을 판별하여 개별 욕구와 특성에 적합한 계획을 세우고 적응을 지원해야 한다고 말한다. 이 과정은 개인의 상황에 따라 수정이 가능하도록 유동적이어야 하며, 이때 개인이 현재 속한 심리사회적 반응 단계는 매우 중요한 고려점이다. 개인에게 적합한 적응계획을 수립하기 위해 고려해야 할 요소는 다음과 같다.

① 내담자의 성생활
② 사회생활
③ 건강
④ 재정 및 고용 상태
⑤ 생활환경 만족 정도의 평가
⑥ 적응수준 평가

⑦ 심리기능 · 정서상태 · 생산성 평가

각 학자들이 제시한 장애에 대한 심리사회적 반응 단계는 다음과 같다.

(1) Kerr(1961)

① 1단계. 충격: "이건 내 모습이 아니야."

② 2단계. 회복에 대한 기대감: "내가 지금 아프기는 하지만 나는 곧 나을 거야."

③ 3단계. 슬픔/비탄: "나는 모든 걸 잃어버렸어."

④ 4단계. 방어기제 A(건전형): "장애가 내 삶을 방해할 수는 없어."
방어기제 B(신경증형): 장애가 미칠 영향을 부정하기 위해 방어기제를 과도하게 사용함

⑤ 5단계. 적응: "전과 좀 다르긴 하지만 생각했던 것보다는 그렇게 나쁘지 않아."

(2) 단계 이론

① 충격 → 불안 → 승인 → 적응

② 3, 4단계는 1, 2단계에 적합한 경험을 했음을 의미하는 단계

(3) Shontz(1965)

① 충격 → 실감 → 방어적 은둔 → 승인 → 적응

② 적응 단계는 반응 시기, 강도, 순서에 따라 다양하게 나타남

③ 융합된 형태의 단계로 나타나기도 하고, 나타나지 않는 단계도 있음

(4) Krueger(1984)

충격 → 부인 → 우울증적 대응 → 자립에 대한 저항 → 적응

(5) Livneh와 Antonak(1990)

충격 → 불안 → 거부 → 우울 → 내면화된 분노 → 외면화된 적개심 → 인식 → 적응 → 장애의 수용

제6장

Foundations of Vocational Rehabilitation

재활상담

1. 재활상담의 정의
2. 재활상담의 영역
3. 재활상담사의 역할과 기능
4. 재활상담사의 직무수행에 영향을 주는 요인
5. 장애인들의 심리사회적 욕구와 상담전략

1. 재활상담의 정의

'재활'이란 "장애를 가진 사람이 환경과의 관계에서 개인적으로는 만족스럽고, 사회적으로는 의미 있으며, 기능적으로는 효과적으로 관계 맺는 것을 가능하게 하기 위한 의학적 · 신체적 · 사회적 · 직업적이고 전인적인 개입이 이루어지는 통합 프로그램"이다(Banja, 1990, p. 615). 또한 재활상담 측면에서 재활의 정의를 살펴보면, "장애인의 고용 가능성, 독립성, 통합, 직업과 지역사회에의 참여를 극대화하기 위해 소비자와 재활상담사가 함께 계획한 종합적인 서비스"(Jenkins, Patterson, & Szymanski, 1992, p. 28)를 의미하기 때문에, '재활상담'이란 "장애인이 환경에 적응하고 통합하는 것을 극대화하기 위해 지원하고, 장애인의 욕구에 적합한 환경을 조성하며, 특히 직업 등의 사회의 모든 분야에 참여할 수 있도록 지원하는 전문적인 서비스"라 정의할 수 있다.

장애인에게 직업재활서비스를 제공하는 궁극적인 목적은 '장애인의 삶의 질 향상'이며 이러한 목표 달성을 위해 양질의 사례관리, 직업평가, 재활상담, 심리상담, 직업배치서비스를 제공해야 한다. 장애인의 삶의 질이 향상되었는지 여부는 단순히 취업 여부가 아니라 그가 다음의 영역에 대해 만족하고 있는지와 상관관계가 높다.

① 고용형태(임금, 근로시간, 종사상 지위 등 완전/불완전 고용 여부)
② 여가활동 내용
③ 생활수준
④ 건강상태
⑤ 사회적 관계
⑥ 경제적 안정 수준
⑦ 가족관계

1) 재활상담의 역사

재활상담은 1920년 최초로 일반시민에 대해 재활서비스를 제공하도록 규정한 「Smith-Fess법」 제정에 그 기원을 둘 수 있다. 1920년대부터 1940년대까지는 재활상담사(초기 호

칭은 agent, case worker)의 수는 매우 적었고, 초기 재활상담사들은 공식적인 재활상담 훈련 과정이 별도로 없었기 때문에 주로 교육 분야 배경을 갖고 있는 사람들이었다(Parker, Szymanski, & Patterson, 2005). 1954년 「직업재활법 개정안」이 통과됨으로써 다양한 장애 유형과 정도에 적합한 서비스를 제공할 재활상담사의 필요성이 증대되어 인원이 증가되고 전문성이 요구되었다. 이에 따라 직업재활 프로그램에 대한 연방정부의 재정지원이 증가하였고, 대학에 재활전문요원 양성을 위한 재정지원이 이루어졌다. 1960년대 재활상담사들은 주 연방 직업재활 프로그램과 퇴역군인들을 위한 재활 프로그램, 재활기관과 재활병원에서 근무했으나, 1974년 재활상담사자격위원회(Commission on Rehabilitation Counselor Certification: CRCC)가 설립되면서 재활상담의 영역은 급속히 확대되었다. 이로 인해 내담자 유형이 다양해지고, 이에 적합한 서비스의 전문화가 이루어지며, 근무지도 다양해지고, 직업상담 이외에 '일반적인(정서적) 상담사'로서의 역할 수행을 위한 훈련도 이루어졌다(Patterson, 1967). Parker, Szymanski와 Patterson(2005)은 재활상담사의 주된 근무지가 주립 · 연방 재활기관, 상이군인 재활기관, 일반 재활기관, 재활병원, 사립 재활기관, 보험회사, 마약중독자 재활기관, 기업체/산업체(Employee Assistance Program), 대학 부설 장애학생지원센터 등이라고 하였으며, 재활상담의 대상도 발달장애, 지체장애, 시각장애, 청각장애 이외에도 정신장애, 뇌병변장애, 약물남용, AIDS, 다문화집단, 노인, 가족 등으로 확대되었다고 하였다.

2018년 현재 16,000명이 넘는 공인재활상담사(Certified Rehabilitation Counselor: CRC)들이 활동하고 있고, 개인상담, 다문화상담, 전환교육상담, 가족상담 등 매우 다양한 영역에서 근무하고 있다(Commission on Rehabilitation Counselor Certification, 2018).

2) 재활상담사의 지식 영역

재활상담사는 기본적으로 다음의 3가지 영역에 대한 지식을 갖추고 있어야 한다.

① 장애에 대한 지식
② 장애와 관련된 환경요인
③ 재활상담에 대한 지식과 기술

또한 재활상담사자격위원회(CRCC, 2018)에서 규정하고 있는 공인재활상담사(Certified Rehabilitation Counselor: CRC)가 갖추어야 하는 지식 영역은 다음과 같다.

① 상담이론과 기술
② 진단 및 평가
③ 직업세계의 이해
④ 직업배치
⑤ 장애의 의료적 측면
⑥ 장애의 심리사회적 측면
⑦ 다문화 이슈
⑧ 사례관리 및 재활 서비스
⑨ 재활상담의 기초

재활상담사자격위원회(CRCC)에서 제시한 공인재활상담사(CRC)에 대한 브로슈어(2018)에는 재활상담사의 지식 영역과 전문상담 영역을 다음과 같이 제시하고 있다.

재활상담 고유의 특별한 상담훈련은 다음의 영역에서 이루어진다.

① 다양한 장애와 장애 상황에 대한 의료적 · 심리사회적 영역에 대한 지식
② 보조공학 개발과 유지에 대한 지식
③ 사례관리를 통한 전문서비스 제공
④ 고용과 관련된 법에 대한 지식 습득 및 최신 지식 보유
⑤ 직업 복귀를 위해 개인의 능력과 강점에 대한 평가

또한 재활상담사자격위원회(CRCC, 2018)는 재활상담의 철학과 접근법을 다음과 같이 제시하고 있다.

① 상담사와 장애를 가진 개인 간의 관계의 가치 존중
② 장애를 가진 개인이 독립적 · 통합적인 생활을 할 수 있도록 권리 존중
③ 직무의 필수요소로서 교육과 자기옹호 중요성 이해
④ 전인적인 상담, 완전 통합, 내담자 역량강화를 위한 헌신

이러한 상담철학과 훈련을 기초로 재활상담사가 종사하고 있는 전문상담 영역은 다음과 같다(Commission on Rehabilitation Counselor Certification, 2018).

① 사업체와의 관계 유지
② 진로상담
③ 인지재활
④ 근로자 지원 프로그램(Employee Assistance Program)
⑤ 토론
⑥ 독립생활서비스
⑦ 직업개발 및 배치
⑧ 생애 관리 계획
⑨ 결혼 및 가족상담
⑩ 정신건강상담
⑪ 직업복귀 지원
⑫ 장애학생 지원
⑬ 약물 남용/중독 상담
⑭ 재활상담교육

[그림 6-1] CRCC 홈페이지

출처: https://www.crccertification.com/

⑮ 전환교육상담
⑯ 전쟁 상이군인 직업재활
⑰ 직업평가
⑱ 직업재활

2. 재활상담의 영역

재활상담은 직업상담과 심리상담의 두 영역으로 이루어진다.

〈표 6-1〉 재활상담의 영역

재활상담의 영역	
일반(정서)상담	재활상담
일반적 훈련	특별한 훈련

1) 직업상담

직업상담은 장애를 가진 내담자의 직업적응력 향상과 직업선택능력 향상을 목적으로 한다. 직업상담을 하는 동안 상담사는 개인의 직업 정보를 되도록 많이 획득하고, 내담자에 대한 평가를 실시하며, 평가 결과를 토대로 상담을 실시하고, 개별 내담자 욕구와 특성에 알맞은 개별재활계획서를 작성하게 된다. 또한 내담자의 강점과 한계를 일반 직무나 특정 직무에서 요구되는 사항과 관련하여 논의한다. 재활계획서에 포함할 재활 프로그램을 최종적으로 결정하기 전에 재활상담사는 장애가 직업에 미치는 영향, 직업 목표의 내담자 특성과의 적합성, 필수적으로 포함되어야 할 재활서비스를 결정해야 한다.

직업상담에서 이루어지는 재활상담의 역할은 다음과 같다.

① 직업, 의료, 심리진단 결과를 통합
② 재활계획 수립을 위해 내담자의 잔존기능 평가 자료 통합
③ 재활계획 수립을 위해 내담자와 관련된 전반적인 진단 결과 통합
④ 내담자 진단 결과 해석(검사, 직업, 교육적 기록, 의료 기록 등)

⑤ 내담자가 원하는 직업 흥미와 가치 파악
⑥ 기능적 제한점 파악을 위한 의료 정보 고찰
⑦ 검사, 인터뷰 정보를 토대로 교육적 · 직업적 상담 제공
⑧ 직업평가 결과를 내담자에게 해석, 설명
⑨ 직업, 심리, 사회적 정보에 적합한 직업 영역 제안
⑩ 장애로 인한 영향 및 직업에 미치는 영향 고찰
⑪ 내담자와 함께 현실적인 이해와 수용을 위해 직업적 장단점 고찰
⑫ 훈련 및 경력에 적합한 특정 직업 영역 논의
⑬ 상호 간 합의된 직업상담 목표 개발
⑭ 고용 가능성을 높이기 위해 적합한 직업행동에 대한 상담
⑮ 특정 직업 영역에 영향을 미치는 노동시장 조건을 내담자와 논의
⑯ 내담자의 직업 목표가 비현실적일 때 직업계획에 대한 논의
⑰ 내담자의 능력, 흥미, 재활 목표에 적합한 직업 선택을 위한 상담
⑱ 특정 직업에서 요구하는 교육/훈련 조건 판별
⑲ 다양한 직업 선택을 위한 직업적 · 교육적 자료 제안
⑳ 고용 가능성 향상을 위해 직업적응 요인에 대한 논의
㉑ 광범위한 직업 영역 및 특정 직업 분야에 대한 상담
㉒ 직업사전, 직업전망서 등 직업정보 자원을 사용하여 직무명, 임무, 조건 등을 내담자의 일반적인 직업 목표와 연관하여 설명, 제안
㉓ 결과를 해석하고 지능검사 및 특정 적성 검사에서 나타난 의문점에 대한 해답 제공
㉔ 내담자와 재활계획 수립

2) 심리상담

심리상담은 개인의 심리적인 적응 문제를 해결하기 위한 상담으로, 장애인 내담자들이 재활 프로그램에 참여하는 데 대한 우려뿐 아니라 자신의 장애에 대한 감정에 대처할 수 있도록 돕는 것을 목표로 한다. 상담사는 이 과정에서 장애인들이 자신의 장애가 가진 어려운 점을 알고 이해하고 대처할 수 있도록 돕는다. 또한 내담자가 변화될 수 있는 것과 없는 것 그리고 내담자가 어떻게 변화될 수 있는가에 대한 인식증대를 목적으로 한다. 가

족상담에서는 장애의 특성에 관한 문제들과 필수적인 재활서비스에 대해 충분히 설명해 주어야 한다. 상담사는 재활 과정에 있어서 가족 간 발생하는 문제들을 해결할 수 있도록 자주 상담해야 하고, 가족들이 내담자를 지지하도록 격려해야 하며, 재활 프로그램의 진행 과정을 알려 주어야 한다.

심리상담에서 사용되는 상담기법은 다음과 같다.

① 제한 설정
② 지지
③ 관심 집중
④ 명료화
⑤ 희망
⑥ 정화
⑦ 통찰

재활상담에서 이루어지는 심리상담의 주요 내용은 다음과 같다.

① 자신의 심리적인 문제 인식(우울증, 자살 충동 등)
② 자신에 대한 이해를 향상시키고 돕기 위해 대인관계에 대한 논의
③ 자신과 타인에 대한 감정을 이해하고 변화시킬 수 있도록 상담
④ 장애로 인한 경제적 · 사회적 측면에 대한 명료화
⑤ 장애로 인한 정서적 · 인지적 제한점에 대한 상담
⑥ 내담자의 불안감을 감소시키고 문제 영역을 현실적으로 평가
⑦ 문제행동 수정을 위해 내담자의 행동에 영향을 미치는 요인 해석
⑧ 장애에 대한 내담자의 정서적 반응 판별
⑨ 내담자가 자신을 탐색하도록 상담기법 이용(반영, 해석, 요약 등)
⑩ 긍정적 태도로 상담을 종료할 수 있고 독립적으로 기능할 수 있도록 지원
⑪ 내담자가 스트레스를 이해하고 적응 메커니즘을 사용할 수 있도록 지원
⑫ 개인적인 역동성(거부 혹은 왜곡)에 대한 통찰을 증대시키기 위해 평가 실시
⑬ 장애에 대한 타인의 질문에 답할 수 있도록 지원하고 정보 제공

⑭ 내담자의 사회적 지원체계 평가(가족, 친구, 지역사회 관계 등)
⑮ 내담자의 개별상담, 집단상담, 가족상담에 대한 욕구 판별
⑯ 독립적인 일상생활을 수행할 수 있는 능력 판별

3) 배치상담

배치상담은 직업탐색과 취업 후 적응기간 동안 제공되며 고용에 대한 적응력 향상을 목적으로 한다. 취업 후 적응기간 동안 제공하는 상담은 내담자가 가진 직업기술에 대해 사업주와 논의하고 내담자의 특성을 설명하며, 장애인 고용에 대한 사업주의 편견과 염려를 해결하는 상담을 제공하고, 추가적인 서비스에 대한 요구를 파악하기 위해 취업 후 사후지도를 통해 내담자의 적응상태를 관찰한다. 배치상담은 다음의 사항들에 초점을 두어 제공한다.

① 직업탐색(구직기술) 훈련
② 직업탐색 기간 동안 지지상담
③ 취업 정보 제공
④ 지역사회 내 취업기관에 대한 오리엔테이션
⑤ 내담자가 취업 후 적응 문제를 해결할 수 있도록 돕는 사후지도와 상담

배치상담의 주요 내용은 다음과 같다(Roessler & Rubin, 2006).

① 내담자에게 직업배치와 관련된 정보(기관의 역할, 정책과 절차, 고용제도 등) 제공
② 내담자가 직업을 탐색할 때 겪는 스트레스를 정서적으로 감당하도록 지지적인 상담 기법 사용
③ 직업을 탐색하는 여러 방법을 가르쳐 줌
④ 사업주의 질문에 대처할 수 있는 여러 방안에 대해 논의
⑤ 내담자의 욕구와 능력에 가장 적합한 현재 구인 중인 일자리에 대한 직접적인 정보 제공
⑥ 동기화되지 않은 내담자 상담을 통해 취업 동기 고취

⑦ 지지와 확신을 주기 위해 취업 이후 상담
⑧ 내담자가 입사지원서와 이력서, 자기소개서 작성을 잘 준비하도록 지원
⑨ 특정 직업이나 직업군에서 활용할 수 있는 내담자 기술 평가
⑩ 내담자가 취업면접을 준비하도록 지도
⑪ 직업을 탐색하고, 취직하고, 개발하는 데 도움이 되는 노동시장 정보 활용
⑫ 직업배치를 도울 수 있는 지역사회 자원 활용(고용주, 동료, 장애인복지관, 장애인공단 등)
⑬ 체계적인 직업탐색기술 지도

3. 재활상담사의 역할과 기능

1) 재활상담사의 역할

재활상담사는 상담을 통해 내담자 욕구를 판별하고, 판별된 욕구에 적합한 프로그램과 재활계획을 수립하며, 내담자가 필요로 하는 서비스를 제공하고, 직업배치, 사후관리 등의 서비스를 제공하는 역할을 한다. Leung(1993)은 재활상담사들이 전문가로서의 강한 정체성을 가지며, 항상 모든 정보를 갖고 있거나 이상적이지만은 않은 환경에서 적합한 결정을 내려야 하는 경우가 많기 때문에 애매모호한 상황에서 정확한 결정을 내리는 능력을 갖추어야 한다고 하였다. 또한 내담자에게 관심을 갖고 관계를 맺으며, 효과적인 지

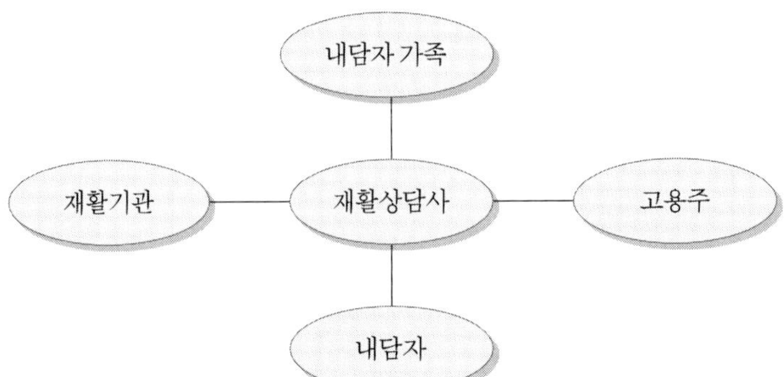

[그림 6-2] 재활상담사의 역할

지자로서 지원하는 능력도 요구된다고 하였다.

재활상담사는 [그림 6-2]와 같이 "내담자, 내담자 가족, 고용주, 재활기관 모두와 긴밀한 관계를 맺고 체계적으로 전문적인 사례관리와 상담활동을 하는 사람"이라고 할 수 있다.

재활상담사자격위원회(CRCC, 2016)는 재활상담사는 장애인이 고용과 지역사회에 있어 독립성, 통합을 촉진하는 역할을 하는 사람이라고 하면서, 인간의 존엄성과 가치에 대한 신뢰감을 지니고, 장애인도 차별 없이 모든 권리와 특권을 누릴 기회를 가질 수 있도록 노력해야 하며, 장애인들도 기본적으로 가질 수 있는 지위와 역량을 개발하는 자기옹호 활동에 참여할 수 있도록 지원해야 한다고 하였다. 또한 다학문적 전문가 지원, 전인적인 관점에서의 상담, 가족체계와 지역사회 내에서 활동하는 개인을 위해 노력하는 전문가로서의 철학을 가지고 있어야 한다고 하였다. 재활상담사는 내담자의 강점에 초점을 맞추고 내담자와 재활상담사가 함께 개발한 통합적이고 종합적인 서비스 제공 모델을 강조하여야 한다고 하였다.

이러한 상담 과정에서 사용되는 상담기술은 다음과 같으며, 제시되는 영역에만 한정되지 않고 내담자가 필요로 하는 모든 상담을 최선을 다해 제공해야 한다.

① 진단 및 평가
② 진단 및 치료 계획
③ 진로(직업)상담
④ 장애의 의학적 · 심리사회적 적응을 촉진하는 개별 혹은 집단 상담
⑤ 사례관리, 의뢰, 서비스 조정
⑥ 프로그램 평가 및 연구
⑦ 환경, 고용 및 태도적인 장벽을 제거하기 위한 중재
⑧ 관련된 다양한 집단과 기관들에 대한 컨설팅서비스
⑨ 고용과 직무조정을 포함하는 직무분석, 직업개발 및 배치서비스
⑩ 재활공학에 대한 컨설팅서비스

2) 재활상담사의 기능

Roessler와 Rubin(2006)은 재활상담사는 다양한 직업 역할이 있고, 상담이나 지도에 할

애하는 시간보다 기록, 보고, 서류작업 등에 더 많은 시간을 소모한다고 하였다. Wright 등(1987)은 전국 단위의 재활상담사들을 대상으로 한 연구에서 재활상담사들이 사례 기록을 자신의 직무 중 매우 중요한 부분으로 평가하고 있다고 하였다. 이 연구에서 재활상담사들은 사례를 적고, 요약 및 보고하여 다른 사람들이 그 사례를 이해하고 내담자의 상태를 확인할 수 있도록 하는 일, 현재의 기록을 유지하기 위해 내담자의 정보를 수집하고 해석하는 일을 자신의 직무 중 가장 중요한 기능이라고 응답하였다.

〈표 6-2〉 재활상담사가 7가지 직무 활동에 소요하는 시간에 대한 연구

활동 영역	소비시간 비율(%)	
	Zadny & James(1977)	Rubin & Emener(1979)
상담 및 지도	27.4	20.65
기록, 보고서 작성, 일반 사무	29.4	38.26
전반적인 계획 수립	4.8	9.03
특정 내담자 배치	7.2	7.52
홍보	5.4	5.84
전문적 성장	7.4	6.61
기타 (자원 개발, 출장, 직업 개발, 서비스 조정)	18.3	11.87
총합	99.9	99.78

출처: Roessler, R. T., & Rubin, S. E. (2006). *Case Management and Rehabilitation Counseling*.

재활상담사의 기능 수행을 비율별로 살펴보면 다음과 같다.

① 특정 정보수집: 내담자의 배경 정보(직업, 교육 등)에 관한 세밀하고 실제적인 정보를 도출한다(23.2%).

② 행정적 정보 제공: 내담자에게 재활기관의 정책과 재활 과정, 재활 과정에서의 내담자의 역할 등에 대한 정보를 제공한다(22.6%).

③ 의사소통-가치관, 의견, 충고: 상담사의 주관적 · 개인적 · 판단적 견해를 전달하고, 상담사 자신의 개인적인 과거 경험을 내담자의 상황에 일반화시키고, 특정 행동을 제안한다(13.1%).

④ 듣기/내담자의 표현: 내담자의 주관심사가 표현된 상담의 부분에 대해 이야기한다(9.1%).

⑤ 교육과 직업정보 제공: 교육 혹은 직업에 대한 정보를 제공한다(8.0%).

⑥ 심도 있는 정보수집: 개방적이고 탐색적인 정보를 수집하고 내담자 자신, 타인, 과거, 현재, 미래에 대한 감정과 태도에 대한 정보를 도출한다(6.0%).

⑦ 내담자에 근거한 정보 제공: 내담자의 개인적 특성에 관한 정보에 대해 의사소통한다(검사결과, 의료적 결과 등)(4.6%).

⑧ 명료화, 반영, 재언급: 내담자가 의견을 표출하는 데 있어서의 어려운 점에 대해 보다 단순화된 형태로 종합한 후에 명료화시키거나 내담자의 감정과 태도를 이해시키거나 이전의 반응 내용을 재언급한다(3.5%).

⑨ 호의적인 토론(라포 형성): 내담자가 상담에서 편안함을 갖도록 라포를 형성한다(3.1%).

⑩ 지원적 태도: 내담자가 자신의 문제에 대해 이야기할 수 있도록 도와주고자 하는 상담사의 수용적 · 확신적 의지가 담긴 태도를 전달하고 내담자의 불안감 감소에 초점을 맞춘다(3.0%).

⑪ 상담관계를 구조화하는 정보 제공: 내담자와 상담사 관계의 구조에 대해 언급한다(2.6%).

⑫ 직면: 내담자 성격, 자신에 대한 개념과 실제 행동 사이의 차이점의 현실적 측면에 내담자가 직면하도록 한다(1.4%).

장애인들은 재활상담의 소비자로서 재활상담사가 내담자를 잘 인식하고 재활서비스에 있어 의사결정의 진행자가 되기를 원하고 있었다. 이러한 의사결정 전략은 정책, 관리, 행정에 매우 중요한 요인이 되기도 하지만 소비자와 상담사간의 원활한 의사소통이 재활서비스의 성공을 결정짓는 요인이기 때문이다. Day와 Chambers(1991)는 소비자가 재활상담사들이 다음과 같은 능력을 갖고 있기를 원한다고 하였다.

① 내담자는 재활상담사가 재활에 대해 많은 지식을 가지고 있기를 원한다.

재활상담사는 전반적인 재활서비스에 대해 간략하고 직접적인 대답을 할 수 있어야 하고, 폭넓은 지식을 가지고 있어야 한다. Brown(1989)은 재활상담사는 다양한 장애 특성에 대해 알고 있어야 한다고 하였다.

② 재활상담사는 장애에 대해 다양하고 실제적인 경험을 가지고 있기를 원한다.

효율적인 상담사란 다양한 각도에서 장애를 관찰하고 이를 자연적인 환경에 적용시킬 수 있는 경험을 가진 사람이어야 한다. 보호작업장이나 특정 재활기관에서의 경험보다 지역사회, 가정환경에서의 경험을 원한다.

③ **재활상담사는 보다 다양한 일상생활 영역에 대한 지식을 가져야 한다.**

즉, 고용 이외에 일상생활기술 등을 포함한다.

④ **재활상담사는 비언어적 의사소통에도 뛰어나야 한다.**

내담자는 재활상담사의 이러한 능력을 매우 중요하게 생각하며 자신의 비언어적 행동에 대해서 상담사가 민감하게 인지하고 반응하기를 원한다. 예를 들어, 내담자가 상담의 내용이 불편하거나 관심이 없을 때 하품을 하는 행동을 하게 되면 상담사가 이를 인지하고 그에 대해 이야기해 주기를 바라는 것이다.

⑤ **재활상담사는 유머감각을 갖추어야 한다.**

유머는 재활상담사의 긍정적인 인성 특성이다(Brown, 1989). 예를 들어, 지역사회 주거시설에 근무하는 상담사의 유머는 발달장애인에게 매우 중요한 영향을 준다.

⑥ **면접에서 재활상담사와 내담자의 물리적 거리는 매우 중요하다.**

대부분의 내담자는 상담사가 한쪽 팔 정도 떨어진 거리에서 테이블 없이 이야기할 때 가장 편안하게 느낀다. 상담사는 내담자가 원하는 환경을 파악할 수 있어야 하며, 이러한 환경을 조성하는 것은 매우 중요하다.

⑦ **내담자는 충분한 상담시간을 원한다.**

많은 내담자들은 상담사들이 상담시간이 정해져 있고 충분하지 않다고 얘기하는 것에 대해 불만스러워한다. 내담자들은 상담사의 관심이 적다고 생각하면 퇴행하거나 스트레스를 받기 때문에(Brown & Hughson, 1987) 제한된 상담시간은 비용적인 면에서도 비효율적이다.

⑧ **긍정적인 자아상의 개발과 유지는 매우 중요하며 이에 대한 상담사의 영향은 매우 크다.**

내담자의 현재의 신체기능 수준과 관계없이 긍정적인 자아상의 발전과 유지는 재활의 성공 여부에 매우 큰 영향을 미친다.

⑨ **재활상담사는 의뢰 시에 제시된 장애의 특성 이외에 내담자가 인식하는 장애의 중요한 측면을 인식해야 한다.**

많은 내담자가 상담사와 논의하고자 하는 장애 문제는 기록에 제시되어 있는 장애와는 다르기 때문에 내담자가 원하는 장애의 측면에 대해 논의하는 것은 매우 중요하다.

⑩ **내담자는 주의 깊게 경청하는 상담사를 신뢰한다.**

많은 내담자들은 상담사의 경청하는 기술이 부족하다고 생각한다. 그러므로 재활상담사는 자신의 상담 과정을 계속해서 모니터하여 경청하는 기술을 향상시키도록 노력해야 한다.

⑪ **내담자는 자격 있는 다양한 상담사를 만나기를 원한다.**

내담자는 경력이 많은 상담사를 원하기 때문에 상담사는 자격시험과 세미나, 회의 등의 이론적인 측면과 실제 현장에서의 다양한 사례를 접하도록 노력해야 한다.

⑫ **내담자는 상담사가 동기를 향상시켜 주기를 희망한다.**

장애인들은 장애로 인해 낮은 자아존중감을 갖거나 부정적인 자아상을 갖게 되기 때문에 내담자의 내적 동기화는 취업과 일상생활에 있어 긍정적인 결과를 얻는 데 매우 중요한 요소라 할 수 있다.

⑬ **상담사는 적합한 목소리 크기, 높이 등을 보여야 한다.**

내담자는 상담사의 목소리 크기 혹은 높이가 적합하지 않으면 상담사가 내담자에 대해 가지고 있는 관심과 감정, 기타 행동적인 면을 제대로 전달하지 못한다고 느낀다. 그렇기 때문에 보다 효율적인 재활상담이 이루어지기 위해서는 적합한 목소리 크기와 높이를 유지해야 한다.

⑭ **재활상담사는 내담자와 상담하는 데 충분한 시간을 갖지 못한다.**

내담자와 상담사 간의 정서적 유대감은 재활상담의 성패를 좌우하는 매우 중요한 요인이지만 충분한 시간을 갖지 못할 경우 이러한 관계를 형성하는 것은 어렵다.

⑮ **재활상담사는 일반인과 함께 근로하거나 생활하는 데 있어 나타나는 문제점을 다루어야 한다.**

재활상담사가 제시하는 제안점이 비현실적일 경우 내담자는 상담에 협력하기 어렵다. 예를 들어, 상담사가 내담자의 허락 없이 가족을 만나거나 취업에만 관심을 두어 재정적인 면이나 외모 가꾸기에 대한 내담자의 관심을 무시할 경우 긍정적 상담 결과를 얻기 어렵다.

4. 재활상담사의 직무수행에 영향을 주는 요인

재활상담사가 소진(burnout)을 경험하지 않고 직무를 수행하는 것은 단순히 재활상담사의 역할을 정의하는 것보다 어려운 일이다. 재활 연구들은 재활상담사의 소진에 영향을 미치는 몇 가지 요인을 제시한 바 있다.

Payne(1990)은 재활상담사의 직무에 내재되어 있는 스트레스 유발 요인인 과도한 내담자 접촉, 사례량 책임과 성공적이지 않은 사례 결과가 재활상담사에게 소진을 유발한다고 하였다. Miller와 Roberts(1979)는 '소진 딜레마(Burnout Dilemma)'를 제시하였는데, 재활상담사는 상담 시 보이는 내담자의 심리적 반응, 재활 계획상의 직업 목표의 타당성 결정, 내담자에게 서비스를 제공할 때 얼마나 많은 접촉을 해야 적당한지에 대한 확신이 없다. 때문에 발생하는 스트레스에 지속적으로 대처할 수 있어야 하고, 모든 평가자료가 수집되었는지 여부를 결정하며, 많은 내담자 사례를 다루는 것과 모든 사례를 완료하는 것 사이의 갈등, 중증 진행성 질병을 가진 내담자의 낮은 향상도 등의 요인에 의해 겪는 허망감 증후군 등으로 인해 소진된다고 하였다.

DeLoach와 Greer(1981), Smits와 Ledbetter(1979)는 재활상담사가 '양 대 질(quantity vs. quality)'의 딜레마를 겪는다고 하였는데 이는 중증장애인 내담자에게 가능한 한 여러 가지 종합적인 서비스(양적 서비스)를 제공할 것인가 혹은 성공적인 사례 종결을 위해 최적의 고용(질적 서비스)을 제공할 것인가에 대한 딜레마라고 하였다. 또 과다한 서류작성 등으로 인해 요구되는 일과 스스로 해야 한다고 생각하는 일 사이의 불일치도 상당한 갈등과 스트레스를 초래한다고 하였다.

Bloom, Buhrke와 Scott(1988)의 연구에서도 재활상담사에게 주어진 성과에 대한 높은 기대 수준이 결국 몇 년 후 더 높은 수준의 정서적 피로와 비인격화를 가져다주는 결과를 나타냈다. 오히려 스트레스 수준을 낮추기 위해 자신의 직무 성과에 대한 기대를 낮추고 높은 전문성을 유지할 수 있다면 이 같은 상황은 긍정적인 것으로 평가되어야 한다는 것이다.

이와 같은 상황은 재활상담사의 직무선호도에 대한 Rubin과 Emener(1979)의 연구에서도 나타난다. 이 연구에서 재활상담사들은 가장 선호하는 직무로 상담과 지도(23~36%)를 들었고, 다음이 직업배치(7~14%), 마지막으로 기록과 보고 직무의 감소(38 → 16%)를 들었다.

이러한 직무에서 오는 소진과 스트레스를 줄이기 위해서 다음과 같은 적응방법이 제안되었다(Roessler & Rubin, 2006).

① 사회, 심리, 조직 환경을 변화시킬 것
② 직무 스트레스를 보다 효율적으로 처리하는 방법을 학습할 것
③ 변화가 불가능한 직무 상황에서 기분전환 방법(예: 명상, 휴식, 운동 등)을 학습할 것

5. 재활상담사의 윤리성

Webster's Ninth New Collegiate Dictionary(1985)에서는 윤리성을 "도덕적 원칙 혹은 가치의 집합" "개인 혹은 집단을 통제하는 행동원칙"이라고 정의하였다. Van Hoose과 Kottler(1985)는 "윤리성은 개인의 인생을 설계하는 데, 개인의 활동에 정당성을 부여하는 데, 책무성을 결정하는 데 중요한 역할을 하는 궁극적인 답안이 없는 질문들을 말한다." 라고 정의하였다.

윤리강령(Code of Ethics)

(1) 윤리강령 제정

1972년 전국재활상담협회(National Rehabilitation Counseling Association: NRCA)는 재활상담사의 윤리강령(Code of Ethics)을 세웠으며, 1987년 NRCA를 대표하는 위원회인 미국재활상담협회(American Rehabilitation Counseling Association: ARCA)와 재활상담사자격위원회(Commission on Rehabilitation Counseling Certification: CRCC)는 개정안인 재활상담사 전문윤리강령(Code of Professional Ethics for Rehabilitation Counselors)을 발표하였다.

윤리강령은 재활상담사가 윤리적 딜레마에 봉착했을 때 가이드라인을 제시하며, 재활상담사가 윤리적 기준에 대한 전문가적 위치를 지키도록 해 준다.

(2) 윤리강령의 목적

첫째, 상담사가 갈등 상황에서 취해야 할 행동의 결정 기준을 제공한다.

둘째, 상담사의 내담자에 대한 책무성을 명확히 해 주고, 상담사가 이러한 책무성을 이행하지 못함으로써 발생하는 문제점으로부터 내담자를 보호해 준다.

셋째, 상담사의 서비스가 지역사회의 사회적 윤리와 도덕원칙과 밀접하다는 것을 사회에 인식시킨다.

넷째, 상담사는 자신의 사생활을 보장받을 수 있어야 한다.

윤리적 문제와 법률적 문제를 구별하는 데 재활상담사는 다음을 고려해야 한다.

윤리강령은 법률을 초과할 수 없다. 일반적으로 윤리강령은 현재의 법률과 정책에 추가되거나 명확성을 제공하기 위한 것이지만 현재의 법률에 반하는 행동을 용납하지 않는다. 반대로 법률은 제한적이며 일반적인 사람들 간에, 상담사와 내담자 간에 일어나는 모든 상황을 수용할 수 없다. 윤리적 기준은 내담자와 사회의 최대한의 이익을 위해 전문가적인 행동을 할 것을 요구한다(Stude & McKelvey, 2012).

(3) 5가지 재활 윤리원칙

① 자치성

자치성(autonomy)은 이성적 판단을 내릴 수 있는 개인의 능력이 전제되어야 한다. 자치성에는 행동의 자유와 선택의 자유가 따른다. 행동의 자유란 개인이 타인의 자유를 침범하지 않는 정도에서 자신이 원하는 일을 할 자유를 말하며 선택의 자유란 개인 스스로 자신의 판단을 내릴 수 있는 자유를 말한다.

인간은 자주적인 존재로서 행동할 권리, 자신의 결정을 내릴 권리, 자신의 가치를 발전시킬 권리가 있으며, 자기 자신이 자치적인 존재로서 대우받고 싶을 때 다른 사람을 똑같은 방법으로 대우해야 한다.

상담사가 개인의 선택을 윤리적으로 존중해야 하느냐의 문제는 의사결정과정이 합리적인가의 문제다. 장애인의 재활에는 자치성을 높이기 위해 내담자가 참여하는 개별재활계획서(IWRP)와 장애인의 완전한 사회통합이라는 시민권 향상을 위한 공공정책이 필요하다.

재활상담사가 내담자의 자치성을 존중하는 예(Dougherty, 1991)

- 내담자가 요청한 구체적 재활치료와 직업훈련을 지지하는 것
- 내담자가 특별한 재활 목적을 설정하도록 돕는 것
- 내담자가 지역사회의 직업적 목적을 설정하도록 돕는 것
- 내담자가 재활치료와 직업적 선택을 잘 하도록 충분한 정보를 제공하는 일
- 내담자가 요구한 케이스 파일의 정보를 제공하는 일
- 내담자가 주거환경을 바꾸려는 선택을 지지하는 것
- 내담자가 필요한 재활서비스에 따르는 책임을 지도록 격려하는 일

그리고 자치적 결정의 필요조건들은 다음과 같다.

- 자발성: 내담자가 재활계획에 자치적 동의를 하기 위해서는 강요나 압력이 있어서는 안 된다.
- 능력: 능력이 있는 개인은 적절한 의사결정을 할 수 있고 이러한 의사결정은 자치성을 전제로 하며 재활상담사는 근거 있는 자료를 기초로 내담자의 능력을 판별해야 한다. 적절한 의사결정 능력이 없는 개인은 법률적 · 의료적 · 정신과적 · 철학적 혹은 재활에 있어 능력이 있다고 간주되지 않아야 한다.
- 내담자가 적절한 정보에 충분히 노출되는 것: 내담자가 현명한 의사결정을 위해 필요하고 적절한 정보를 제공하며 내담자의 자치성을 지원하는 것이다. 내담자의 동의와 정보노출의 문제 사이에는 다음과 같은 상관관계가 존재한다.
  - 내담자의 자치적 선택을 가능하게 한다.
  - 내담자 자신을 보호하는 능력을 증가시키고 부적절한 재활계획에 노출될 위험과 위해를 극소화시킨다.
  - 내담자와 상담사가 충분한 정보를 가지고 문제를 논의함으로써 내담자의 성공을 촉진하는 재활계획을 수립하도록 한다.

② 정당성

여기에서 정당성(justice)은 상담사의 제한된 자원의 공정한 배분을 의미하는 분배의 정

당성을 말하며 다음은 정당성을 판단하는 준거다.

- 동등분배: 조건 없이 재활상담사는 담당하고 있는 내담자 모두에게 제한된 시간과 서비스를 동등하게 분배한다.
- 욕구: 내담자의 욕구 혹은 필요에 기초한다.
- 동기/노력: 높은 동기를 지닌 내담자에게 더 많은 시간과 노력을 할당하지만, 동기가 낮은 내담자에게도 동기 강화를 위한 대안적 원조수단을 제시해야 한다.
- 기여: 재정적 상황과 관계없이 원호장애인들은 국가에 대한 봉사를 인정하여 비슷한 장애를 지닌 다른 일반시민들보다 많은 유용한 서비스를 제공받을 수 있다.
- 자유시장 원칙: 내담자가 구입하고 싶어 하고 구입할 수 있는 서비스를 내담자에게 제공하는 수요-공급의 시장법칙
- 공정한 기회: 자기의 책임과는 무관한 불이익 집단의 사람과 자기의 책임이 따르는 불이익 집단의 기회균등을 이루는 근대 민주주의 이론으로 지적장애와 같은 장애가 있는 사람들이 자신이 가진 불이익한 특성을 상쇄 받기 위해 사회적 자원과 서비스를 보다 더 많이 받아야 한다.

③ 비해성

비해성(non-maleficence)은 남을 해롭게 하지 않을 의무와 해로운 환경을 미리 방지하거나 제거하는 것으로 재활상담사는 의식적으로 내담자를 해롭게 하는 혹은 해롭게 할 가능성이 있는 행위들을 삼가고 금지한다. 재활상담사는 윤리적으로 일관성 있고 사려 깊은 태도로 내담자를 도울 의무가 있으며 내담자를 해롭게 하는 상황에 대한 민감성을 지니고 있어야 한다.

비해성의 예는 다음과 같다.

- 내담자의 자기 파괴적 생활태도에 직면하는 것
- 내담자의 구체적인 건강보호와 안전욕구를 충족시키는 것
- 내담자가 다루기 어려운 고민거리가 될 만한 정보를 유보하는 일
- 내담자가 학대적인 가정을 떠나도록 돕는 일

비해성은 수혜성과는 대조적으로 어떤 유형의 행동을 금지하는 것으로 모든 조건들이 똑같을 때 일반적으로 수혜성보다 비해성이 더 강한 윤리적 의미를 지닌다.

④ 수혜성

수혜성(beneficence)이란 타인을 위해 중요하고 법적인 이익을 촉진시키기 위해 돕는 것, 즉 남을 돕는 의무다. 상담사는 내담자의 이익을 일차적으로 보호해야 하며, 그들의 복지를 촉진시키는 방법으로 행동해야 한다. 수혜성에 대한 문제는 내담자를 해롭게 하지 않을 의무 및 자치성을 존중할 의무와 같이 다른 윤리원칙들에 의해 규정된 의무와 서로 상충되거나 갈등을 초래할 수 있다.

수혜성에 대한 재활상담사의 일반적 의무와 강도 평가요인은 다음과 같다(Beauchamp & Childress, 1989).

- 충족되어야 하는 욕구는 얼마나 중요한가? 도움을 받아야 하는 개인이 겪는 상실과 손상의 위험은 얼마나 심각한가?
- 그러한 욕구를 충족시켜 줄 자격이 나에게 있는가? 나는 타인의 이익을 위해 행동할 수 있는 기술 혹은 지식과 관련한 독특한 입장에 있는가?
- 나의 행동이 실제로 그러한 바람직한 목적을 성취할 높은 가능성을 지니는가?
- 나 자신이나 내가 도와야 할 책임이 있는 사람들에게 얼마나 많은 부담 혹은 위험이 그 행동에 따르는가? 그 개인에 대한 이익이 내 자신에 대한 부담이나 위해의 정도를 훨씬 능가하는가?

얼마만큼의 위해가 잠재적 수혜와 고려하여 정당화될 수 있나 하는 문제에 대한 결정은 최대 다수의 최대 이익이라는 공리주의적 윤리와 일치하며 개인의 자치성, 충실성 등에 대한 존중을 우선하되 사회적인 유용성을 고려한 가운데 해석되어야 된다고 본다.

⑤ 충실성

충실성(fidelity)은 흔히 내담자에 대한 약속을 지키고 헌신을 하는 상담사의 태도를 말한다. 재활상담사는 고용주, 직장상사, 동료, 내담자 그리고 지역사회에 대한 충실성을 유지할 의무가 있다. 충실성의 원칙은 충실, 약속이행, 신뢰 등과 관련되어 있기 때문에 모든 원조 전문직의 기초가 되며, 모든 건전한 인간관계의 기본이 되기 때문에 기본적인 윤리원칙이다.

상담사-내담자, 상담사-동료, 상담사-재활기관 사이의 충실성의 원칙은 다음과 같다.

- 재활기관의 내담자 사례관리 지침을 준수하는 일
- 내담자의 개별재활계획(IWRP)에 기재된 재활서비스를 충실히 제공하는 일
- 내담자가 요구할 때 사례기록표에 기재된 내담자 자신에 관한 정보를 제공하는 일
- 이전에 내담자를 담당하던 재활상담사의 약속을 이행하는 일
- 요구된 내담자 사례 기록문서를 완성하는 일
- 내담자의 서면 동의 없이 다른 기관에 내담자와 관련한 정보 제공을 거절하는 일
- 슈퍼바이저의 권고사항을 준수하는 일
- 재활기관의 정책을 준수하는 일

이외에도 상담관계에서 지켜져야 하는 다음과 같은 원칙이 있다.

- 비밀화(confidentiality): 비밀화는 상담사-내담자 관계의 결과를 알리지 않는 윤리적 결정을 의미한다. 상담사는 정직하고, 내담자의 비밀을 유지하고, 자신의 상황이나 선택 등에 대해 내담자가 적절히 알도록 하고, 내담자가 가능한 한 자신의 이익을 추구할 수 있도록 해 주는 것이다.

  상담사는 사람이 많은 곳에서 내담자와 휴식시간에 이야기를 나누는 일이나 공공장소에서 이야기를 나누는 것과 같은 행동을 하는 것을 조심해야 한다. 이는 내담자의 이름이나 다른 정보가 유출되지 않더라도 전문가답지 않은 이미지를 전달할 수 있다. 전문가가 내담자의 관계에서 획득한, 비밀이 보장되어야 하는 정보를 법정에서 증언하기 않아도 되는 법적 권리(previleged communication)가 법령으로 정해져 있는지의 여부와 관계없이 상담사는 내담자가 자신과 타인에게 위험을 초래할 때를 제외하고는 정보의 비밀성을 지킬 윤리적 책무가 있다. 다만 내담자의 행동이 자신과 타인을 명백하고 긴박한 위험에 빠뜨릴 상황에 직면하여서는 내담자나 권위 있는 사람에게 고지할 의무가 있으며 개인이나 공중에 대한 위해를 피하기 위해 비밀을 깨뜨릴 수 있는 불법적 활동과 관련된 법률적 조건의 예로는 전염성 질환, 아동학대,

마약 거래 상황 등이 있다.

- 내담자–기관, 내담자–동료 간의 이해의 갈등(conflicting loyalties): 상담사의 첫 번째 책무는 내담자의 이익을 위한 것이다. 그러나 "구두나 문서로 기록을 자성할 때 자신이 속한 기관, 조직, 회사의 권리와 명성을 중시해야 한다. 기관의 정책에 대한 비판점이 있을 때에는 건설적인 방법으로 변화를 시도해야 한다."라는 윤리규칙 조항이 있다. 윤리강령에서는 "상담사 간의 상호 존경, 정직, 협조를 강조하며 특별한 윤리적 규칙 위반이 없는 한 개인적으로는 동의하지 않더라도 팀 결정에 따라야 한다."라고 규정한다.
- 이중관계(dual relationships) 금지: 상담사가 내담자와 다른 수준으로 상호작용하는 이중역할을 하는 것이다.

  이중관계의 예로는 재활서비스를 친구에게 제공하는 것, 내담자와 친구가 되거나 사회활동에 함께 참여하는 것, 내담자와 성적 관계를 가지는 것 등이 있다.

  윤리강령은 상담사는 전문가적 판단에 부정적 영향을 미치고 착취의 가능성을 높여줄 수 있는 이중관계를 피하도록 노력해야 한다고 규정한다.

(4) 윤리적 딜레마

상담사가 상담 과정에서 겪는 윤리적 딜레마의 예는 다음과 같다.

- 내담자의 최선의 이익을 위해 행동한다는 것은 무엇인가?
- 재활 과정에 관계된 모든 사람들에 대한 충실성은 무엇인가? 이러한 모든 사람의 욕구는 어떻게 공평하게 충족될 수 있나?
- 현존하는 장애정책과 법률에 순응할 때 재활전문가는 얼마만큼의 자유재량권이 있나?
- 보호자적 행동은 어떨 때 적절한가?
- 장애인의 능력에 대한 평가 타당성에 대한 의문은 무엇인가?

다음은 상담사가 윤리적으로 건전한 의사결정을 내렸다고 볼 수 있는 예다.

- 상담사가 전문적, 개인적 정직성을 유지하고 있는 경우
- 내담자의 최대의 이익을 고려한 경우

- 상담사 개인의 이익이나 악의가 없음
- 현재의 전문적 위치에 기초해서 행해진 가장 최선의 판단이라고 상담사의 행동이 정당화될 수 있는 경우

상담 과정에서 비윤리적 행동의 예(Flowers & Parker, 1984)

- 재활상담사가 내담자에게 60년 된 자신의 배를 팔고 '재활서비스를 위한 비용'으로 처리하여 재활기관에서 지출되었지만 내담자는 현재 배를 사용하지 않고 있음
- 털실 짜기를 좋아하지만 털실이 없는 85세 할머니를 위해 털실을 사주고 '재활되었음'으로 분류하는 경우
- 기관의 전문요원으로 이루어진 소프트볼 팀의 유니폼을 공식적인 비용에서 지출함
- 지역사회의 모텔 주인이 원하지도 않고 받지도 않는 1,789달러의 작은 트랙터를 구입하고 주인이 이미 한 대를 가지고 있다고 재활원에 말하자 트랙터를 지역사회 병원에 제공함
- 상담사의 집을 청소하고 현장훈련비용에서 지출
- 내담자와 동업을 함
- 내담자와 성적 관계를 맺음
- 상담사의 판단보다 보험회사의 욕구를 반영하기 위해 내담자에 대한 보고서를 변조하는 것

비윤리적 행동과 미숙한 행동은 다르다

- 비윤리적 행동: 외부로부터의 압력, 개인적 이익 추구, 철학적 기초의 부족, 무관심, 윤리적 원칙과 상담사가 속한 기관의 규칙 사이의 갈등
- 미숙한 행동: 훈련과 기술 부족, 판단실수, 제한성 인식 부족

비윤리적 행동에 대응하는 방법

다른 재활상담사의 비윤리적 행동을 알게 된 재활상담사는 그 문제가 경미하거나 민감성, 지식, 경험의 부족에 의한 것일 때 당사자와 비공식적인 문제 해결을 시도한다. 비윤리적 행동이 비공식적 방법으로 해결되지 못하거나 보다 심각한 문제일 때 재활상담사는 전문가 윤리성을 심의하는 위원회에 회부한다. 다른 재활상담사의 비윤리적 행동을 알게 된 재활상담사는 요청이 있을 때 그 내용을 조사하도록 재활상담사자격위원회(CRCC)나 다른 위원회에 보고한다.

〈표 6-3〉 재활상담사의 전문 영역

전문 영역	수행 내용	비율
특정 정보의 수집	내담자의 배경 정보(직업, 교육 등)에 관한 세밀하고 실제적인 정보를 도출한다.	23.2%
행정적 정보 제공	내담자에게 기관의 정책과 재활 과정, 재활 과정에서의 내담자의 역할 등에 대한 정보를 제공한다.	22.6%
의사소통 (가치관, 의견, 충고)	• 상담사의 주관적 · 개인적 · 판단적 견해 전달 • 상담사 자신의 개인적인 과거 경험을 내담자의 상황에 일반화시킴 • 특정 행동을 제안함	13.1%
듣기/내담자의 표현	내담자의 주관심사가 표현된 상담 부분에 대해 이야기함	9.1%
교육과 직업정보 제공	교육 혹은 직업에 대한 정보 제공	8.0%
심도 있는 정보수집	개방적이고 탐색적인 정보수집, 내담자의 자신 · 타인 · 과거 · 현재 · 미래에 대한 감정과 태도에 대한 정보 도출	6.0%
내담자에 근거한 정보 제공	내담자의 개인적 특성에 관한 정보에 대한 의사소통(검사 결과, 의료적 결과 등)	4.6%
명료화 · 반영 · 재언급	내담자가 의견을 표출하는 데 있어서의 어려운 점에 대해 보다 단순화된 형태로 종합한 후에 명료화시킴, 혹은 내담자의 감정과 태도를 이해시키거나 이전의 반응 내용을 재언급함	3.5%
호의적인 토론 (라포 형성)	내담자가 상담에서 편안함을 갖도록 라포를 형성함	3.1%
지원적 태도	내담자가 자신의 문제에 대해 이야기할 수 있도록 도와주고자 하는 상담가의 수용적 · 확신적 의지가 담긴 태도 전달, 내담자의 불안감 감소에 초점을 맞춤	3.0%
상담관계를 구조화하는 정보 제공	내담자-상담사 관계의 구조에 대한 언급	2.6%
직면	내담자 성격, 자신에 대한 개념과 실제 행동 사이의 차이점의 현실적 측면에 내담자가 직면하도록 함	1.4%

출처: Richardon, B. K., Rubin, S. E., & Bolton, B. (1973). *Counselling interview behavior of empirically derived subgroups of rehabilitation counselors.* Fayetteville: University of Arkansas, Rehabilitation Research and Training Center. Arkansas Studies in Vocational Rehabilitation, Series 1, Monograph 7.

6. 장애인들의 심리사회적 욕구와 상담 전략

1) 장애심리학

장애인들은 일반인들과 다른 심리를 가지고 있다고 여기고 장애인의 심리를 연구하는 장애심리학이 있다고 생각하기 쉬우나 장애인들의 심리는 일반인의 심리와 다르지 않고 일반심리학 분야에서 함께 다루어져야 한다.

Shontz(1965)는 특정 유형의 신체장애가 특정 유형의 인성을 결정하는 것이 아니라 장애에 대한 대중의 반응이 특정 유형의 인성을 결정하며, 핸디캡의 정도를 결정한다고 하였다. 장애를 가진 것을 문제로 바라볼 것이 아니라 독특성, 개별성으로 인정해야 함에도 대중은 보통과 다른 생물학적 · 사회적 · 경제적 자극을 장애인에게 주며, 장애인은 이에 대처하도록 학습되어 왔다.

장애유형과 관계없이 장애인들은 공통적으로 일반인과는 다른 특수한 문제 상황에 놓이는데, 이는 장애인들은 문제 해결을 시도하는 과정에서 엄청난 좌절과 어려움을 겪고, 일반인들에 비해 배척, 편견 및 평가 등의 상황에 더 많이 직면하며, 특히 아동들은 현실적이고 건전한 자아개념을 개발시키는 데 어려움을 겪는다는 것이다

2) 자아개념

자아개념(self-concept)은 자신에 대한 지각으로, 스스로 가치를 부여하고 자신을 향상시키고자 노력하는 것은 주로 타인들과의 상호작용에 의해 이루어진다. 스트레스나 장애에 대처하는 방식은 가족이 이에 대처하는 방식에 영향받는다.

(1) Mckelvie & Friedland(1978)

Mckelvie와 Friedland는 '자아개념을 정의하는 탐색적 기술'을 제시하였다.

어린 시절(8세 이전)에 대한 회상

- 생생한 구체적 사건이며, 생생하게 마음속에 그릴 수 있는 것
- 구체적 시간 묘사
- 기억이 한 장의 사진과 같이 생생한 한 순간의 경험이 되도록 함
- 해석은 현재와 관련되어야 하며, 내담자의 감정을 추측하지 말고 직접 확인할 것

> 내담자: 나는 쉬는 시간에 학교 운동장에서 다른 아이들이 공놀이하는 것을 보고 있어요. 그러나 나는 부목과 목발 때문에 함께 놀 수가 없어요. 아무도 나에게 말을 걸어오지 않으니 나는 그저 앉아 구경만 할 수밖에 없어요.

- 초점: 다른 아이들이 공놀이하는 것을 쉬는 시간에 구경함
- 감정상태: 혼자이며, 고립되고, 소외된 느낌
- 이유: 나는 장애 때문에 함께 놀 수가 없었다.
  - 어린 시절 감정 = 현재 감정
  - 소속되기를 원하고 무시되거나 거부당하지 않기를 원함
  - 다른 사람과 거의 관계를 맺지 않는 직업

(2) 신체 이미지

사람들은 신체에 대한 지각을 통해 자아개념을 일반화하는데, 사람들과의 대인관계가 신체에 대한 태도에 영향을 미치게 된다.

장애인들은 자신의 신체를 부정하고 무성적(無性的) 태도를 갖도록 조장되는데, 이는 가족들이 장애아동으로 하여금 지적 기술이나 사회적 기술은 개발하도록 하면서 자신의 신체에 대해서는 탐구하지 못하게 함으로써 나타나는 결과다. 장애아동들은 이로 인해 신체 이미지로 인해 생겨난 감정들을 대부분 부인하게 된다. 상담사는 내담자가 자신의 신체를 탐구하고 장애를 수용할 수 있도록 하여 공포와 부인을 감소시켜 자아개념을 향상시키고, 신체 이미지와 관련하여 내담자가 경험하는 갈등을 쉽게 표면화시키는 신체적 회복과 재활의 과정이 되도록 해야 한다.

Kolb와 Woldt(1976)는 '신체 이미지(body image)를 다루는 전략'을 다음과 같이 제시하였다.

① 장애인으로 하여금 감각은 마비되었으나 그것이 지각될 수 있는 부분에 초점을 두면서 공상이나 자기탐구, 심리극, 수정된 신체 운동 양식 등을 통하여 자신의 신체와 접촉할 수 있도록 돕는다. 예를 들어, 상담사는 신체 각 부분에 초점을 둔 신체 인식 훈련을 통해 자신의 강점, 약점, 선입관, 그릇된 관념에 대해 논의하고 이러한 이미지들이 어떻게 행동을 제한하거나 증진시킬 수 있는지에 대해 상담한다.

② 감각적 의사소통을 주고받는 경험을 할 수 있도록 장애인으로 하여금 상호 신체 색이나 비언어적 표현을 통해 다른 사람과 접촉할 수 있도록 격려한다. 상담사는 신체적 접촉을 향상시키기 위해 장애인이 자신의 장애를 직면하도록 하고, 타인은 자발적으로 장애인들과 신체적 · 정서적으로 상호작용할 수 있게 한다(예: 시각장애 체험하기).

3) 좌절과 분노

정서도 장애의 영향을 받는데, 장애인이 '분노'를 느끼는 상황은 크게 다음의 두 경우로 살펴볼 수 있다.

① 적절하고 안전하다는 느낌이 위협을 받는다.

② 장애인 스스로 다른 사람의 기대에 부응하지 못한다고 느끼는 좌절 상황에서 비롯된다.

즉, 일반인의 장애인을 무기력하고, 의존적이며, 스스로를 돌볼 수 없는 사람들로 인식하는 부정적 태도 등을 지속적으로 겪으면 장애인은 적대적이고 공격적인 감정을 가지게 된다.

그런데 장애인들은 감정 표현을 하지 않는 경향이 많다.

① 강하고, 인내심이 많고, 오랫동안 고통을 받는 것이 당연하다는 생각이 장애인들의 자아개념인 경우가 많았다.

② 거부, 위축, 투사 등의 자아방어기제는 이러한 감정을 인식하지 못하도록 해 왔다.

③ 심한 운동장애, 신체적 제한성 또한 신체적인 방법으로 분노를 표현하지 못하도록 하였다.

좌절과 분노를 느끼는 그대로 표현할 수 없기 때문에 빈정거림이나 냉소적 태도로 표현하는 경향이 있다.

① 동료와의 관계를 형성하는 데 방해가 된다.
② 자신의 행동에 대해 지속적으로 부정적으로 표현한다.
③ 상담사는 냉소나 빈정거림을 다루는 것이 아니라 이러한 태도를 가져온 잠재적 좌절을 직접적으로 다루어야 한다.

4) 합리정서행동치료

합리정서행동치료(Rational Emotive Behavioral Therapy: REBT)는 더 합리적 사고를 교육시킴으로써 비합리적 행동과 정서문제를 감소시키기 위한 인지 재구조화에 목적을 두고 있다. 즉, 합리정서행동치료(REBT)의 기본 가설은 정서가 주로 우리의 신념, 평가, 해석 그리고 상황에 대한 반응에서 유발된다는 것으로, 우리의 신념, 평가, 사고가 변한다면 정서, 행동을 변화, 치료할 수 있다는 것이다.

합리정서행동치료(REBT)는 인간이 합리적이고 올바른 사고와 비합리적이고 올바르지 못한 사고를 할 수 있다는 가능성을 모두 가지고 태어난다는 가정에 기초를 한다. 인간은 아동기 동안 중요 타인으로부터 비합리적 신념을 처음으로 학습한다. 합리정서행동치료(REBT)는 인간이 실수를 할 수 있다는 것을 인정하고, 계속 비합리적인 신념을 합리적인 신념으로 수정하면서 더 평화롭게 사는 것을 배우는 창조물로서 자신을 수용하도록 돕는다.

합리정서행동치료(REBT)

Ellis의 ABC 이론

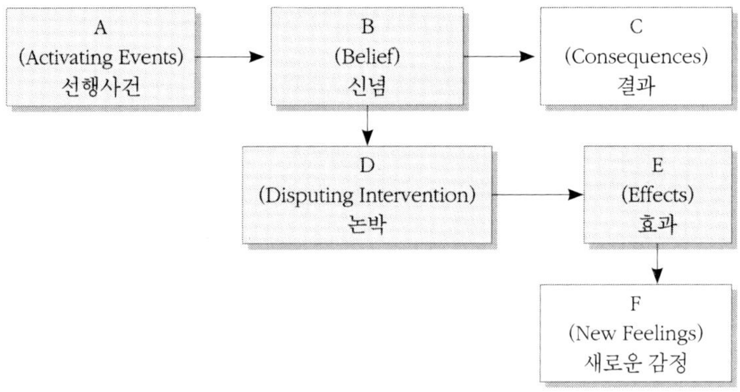

- 선행사건(Activating Event)
  - 개인에게 정서적 혼란을 야기하는 어떤 사건
  - 인간의 정서를 유발하는 원인이나 사건
- 신념(Belief System)
  - 어떤 사건이나 행위 등과 같은 환경적 자극에 대해 개인이 갖게 되는 태도 또는 사고방식
  - 합리적 신념/비합리적 신념
- 결과(Consequences)
  - 선행사건에 접했을 때 비합리적 태도 내지 사고방식을 가지고 그 사건을 해석함으로써 느끼게 되는 정서적 결과
  - 비합리적 사고 → 지나친 불안, 원망, 비판, 죄책감 등 비합리적 정서나 감정
- 논박(Disputing Intervention)
  - 자신이 가지고 있는 비합리적 신념이나 사고에 대해 도전해 보고 과연 그 신념이 사리에 맞는 것인지 다시 한번 검토해 보도록 상담사가 촉구하는 것
  - 논박은 근거나 증거를 따져 보고 결국 어떤 기존의 신념을 가지는 것이 이득이 되는지, 바꾸는 것이 도움이 되는지 판단하도록 함
- 효과(Effects)
  - 내담자가 가진 비합리적 신념을 철저하게 논박함으로써 합리적인 신념으로 대치한 다음 느끼게 되는 자기수용적인 태도와 긍정적인 감정의 결과
- 새로운 감정(New Feelings)
  - 긍정적인 감정의 결과로 새로운 감정이 생긴 것

REBT 치료의 단계

첫째, 내담자에게 많은 비합리적인 신념 '하지 않으면 안 된다', '당연히 해야 한다'를 구체화해 그동안 내담자가 이런 비합리적 신념을 가지고 생활했음을 알게 한다. 이를 통해 내담자는 자신이 가진 비합리적인 신념과 합리적 신념을 구분하는 것을 배운다.

- 적절한 정서
  - ~하기를 원한다, ~하기를 바란다, ~하기를 더 좋아한다.
  - Want to, Like to
- 부적절한 정서
  - 반드시 ~해야 한다, 반드시 ~이어야 한다, ~해서는 안 된다
  - Should, Have to, Ought to

둘째, 내담자들이 비합리적으로 생각함으로써 자신의 정서장애를 유지시키고 있다는 것을 보여준다.

셋째, 내담자들이 사고를 수정하고, 비합리적인 생각을 포기하도록 돕는 단계로 치료자들은 내담자가 자기 비난 과정의 악순환을 이해하도록 돕는다.

넷째, 합리적인 철학을 발전시키도록 격려하는 것이다. 비합리적인 사고의 핵심을 논박하고 내담자에게 비합리적 사고를 합리적인 신념과 태도로 대치라는 방법을 가르치는 것이 바람직하다고 본다.

내담자가 자신이 가지고 있는 어떤 비합리적 신념이 역기능적 정서와 행동을 만든다는 것을 이해할 때, 치료자는 내담자들에게 왜 오래되고 잘못된 생각을 버리지 않고 거기에 매달리는지를 검토하게 한다. 대개 통찰만으로는 성격 변화를 가져오지 못하지만 계속해서 자신을 파괴하는 방식을 알게 하고 그들도 변화할 수 있다는 것을 알도록 내담자를 도울 수 있다.

REBT 상담사는 열심히 일하고 행동적 과제를 열심히 이행함으로써 정서장애와 행동장애를 만드는 비합리적 사고를 최소화할 수 있음을 내담자에게 적극적으로 가르친다.

비합리적 신념

- 모든 사람으로부터 반드시 사랑받고 인정받아야 한다.
- 모든 면에서 반드시 유능하고 성공적이어야 한다.
- 해를 끼치거나 부당한 사람이 있다면, 그 행위는 반드시 비난받거나 처벌받아야 한다.
- 일이 바라는 대로 되지 않는 것은 끔찍스러운 파멸이다.
- 불행은 외부 환경 때문이며, 인간의 힘으로는 그것을 통제할 수 없다.
- 어떤 일이 위험스럽거나 두려운 것으로 보이면, 그 일에 압도당하고, 불안해해야 한다.
- 인생에 있어서 어떤 난관이나 책임을 직면하는 것보다 회피하는 것이 더 쉽다.
- 타인에게 의존해야만 하고, 자신이 의존할 만한 더 강한 누군가가 있어야 한다.
- 현재의 행동과 운명은 과거의 경험이나 사건에 의해 결정되며 여기서 벗어날 수 없다.
- 주위의 어떤 사람에게 불행이 생겼을 경우, 나도 압도당하고 당황해야 한다.
- 모든 문제에는 완벽한 해결책이 있으며 그것을 찾지 못한다면 그 결과는 파멸이다.

인지적 왜곡

- 이분법적 사고
- 과잉 일반화
- 편견
- 증거 없이 타인을 부정적으로 봄
- 긍정적인 점 평가 절하
- 의미 축소
- 불행을 확실히 일어날 사실처럼 예견
- 정서, 감정을 사실로 추론
- 파멸로 생각
- 낙인찍기
- 타인의 부정적 행동, 감정을 자기 때문이라고 주관적 해석

ABC 이론에 따른 자신의 장애에 대한 비합리적인 신념을 논박하는 과정을 살펴보자.

- 신행사선(Activating Event)
  - 내 휠체어가 넘어졌어요. 다치진 않았지만 마룻바닥에서 완전히 무기력한 채 넘어져 있었어요.
- 신념(Belief System)
  - 나는 무기력하게 보이는 걸 참을 수 없어요.
  - 나는 항상 무기력한 약한 존재예요.
- 결과(Consequences)
  - 결과로 나타난 정서적 감정: 자신이 스스로 유발한 분노와 다른 사람이 유발시킨 분노
- 논박(Disputing Intervention)
  - 비합리적 신념 논박

① 실제로는 '참고 있으면서도' 내가 바닥에 무기력하게 있는 모습을 사람들이 쳐다보는 것을 참을 수 없다고 어떻게 내 스스로에게 말할 수 있는가?

② '할 수 없다'는 것은 보통 내가 노력하기를 거부하거나 아예 시도조차 하지 않는 것을 의미합니다. 다른 사람들의 도움을 청하는 것은 불편해요. 그래서 난 그걸 싫어하지요. 하지만 참을 수는 있어요.

③ '항상'이라는 것은 확실히 무척 비합리적인 말이에요. 내가 가능성의 세계에 살고 있으니까, 변화란 늘 가능한 것이지요. 나의 능력 중 몇몇에 등급을 매기고, 그 매긴 등급이 바로 나 자신 전체라고 말하는 것은 비합리적인 일이에요. 척수손상으로 인하여 하반신마비가 되었지만, 합리적으로는 내 자신을 무기력한 약자라고 말할 수가 없습니다. 나와 똑같은 처지에 있는 다른 사람들 혹은 더 심한 사람들조차도 행복하고 생산적인 삶을 살고 있는데 말이에요.

5) 표현적 치료

내담자의 자아강도가 약한 경우 표현적 치료(expressive therapy)가 바람직한 것으로 알려져 있다. 표현적 치료에서는 치료관계에서 감정의 표현에 중점을 두고 기능적인 면에서 방어기제를 벗기는 기능을 한다(조현춘, 조현재, 문지혜, 이근배, 홍영근, 2013).

표현적 치료의 기법으로는 소리 지르기, 수건 비틀기, 발로 차기 등을 통해 감정을 행동

적으로 표현하도록 도와 감정을 표출하는 능력을 증대시키고 사회적으로 허락되는 감정 표현 방법을 학습하도록 한다. 또한 빈 의자 기법을 사용해서 내면의 두 자아 사이에 대화를 통해 자신의 감정을 표현하도록 하여 카타르시스에 이르도록 한다.

6) 의존과 동기

의존감(dependency)은 내담자의 참여와 동기 결여가 원인인데, 장애인들은 능동적 역할보다 수동적 역할을 요구하는 사회체제의 영향으로 의존감이 높아지고, 부모의 과잉보호로 인해 문제 해결 능력이 초보적 대처 수준에서 고착되기도 한다. 이러한 대상에 대한 재활상담의 목표는 신경증적 방어가 없는 정서적 성장을 이루게 하는 것이다. 즉, 많은 과제를 부여하는 사회 현실에 내담자가 대처하고 직면해 나갈 수 있도록 도와주어야 한다.

동기(motivation)가 결여된 내담자는 재활서비스에 대해 양가감정을 갖는 것으로 비친다. 이 경우 게슈탈트 훈련(Gestalt Exercise; Coven & Blackhawk, 1978)를 사용하여 자신의 양가감정을 확인하고 회피와 저항을 자각하여 원하는 목표와 일치하는 행동을 하도록 지원한다.

Gestalt Exercise

- 자신이 원하는 3가지 인생 목표를 씀
- 감정을 끌어내고 목표에 대한 애착 형성
- 정반대 목표를 씀
- 양가감정/저항 강화 → 감정상태가 분명하게 드러남
- 서로 다른 입장과의 동일시를 통해 반대되는 욕구가 존재한다는 사실 깨달음
- 현재 행동이 어느 목표와 부합하는지 평가하여 행동 불일치를 직시
- 회피와 저항 자각
- 어떻게 목표 달성을 행동이 방해하는지 의미 있는 탐구
- 행동적 저항에 책임을 지고 언어화된 목표와 부합되도록 행동함

제7장

Foundations of Vocational Rehabilitation

직업재활의 과정

1. 직업재활 과정
2. 미국 직업재활 코드시스템
3. 우리나라 직업재활 코드시스템

1. 직업재활 과정

직업재활 과정의 정의는 다음과 같이 간략하게 살펴볼 수 있다.

> 장애인의 고용을 지원할 수 있도록 계획된 목표지향적이고 개별화된 서비스의 절차

직업재활 과정의 목표는 다음과 같다.

> 내담자가 자신의 적성, 흥미, 기능, 제한점과 다양한 직업들이 요구하는 자격요건과 다양한 혜택들과의 관계를 잘 비교해서 자신에 맞는 직업에 배치될 수 있도록 그에 필요한 정보를 수집하는 것

일반적인 직업재활 과정을 간략하게 나타내어 보면 [그림 7-1]과 같다.

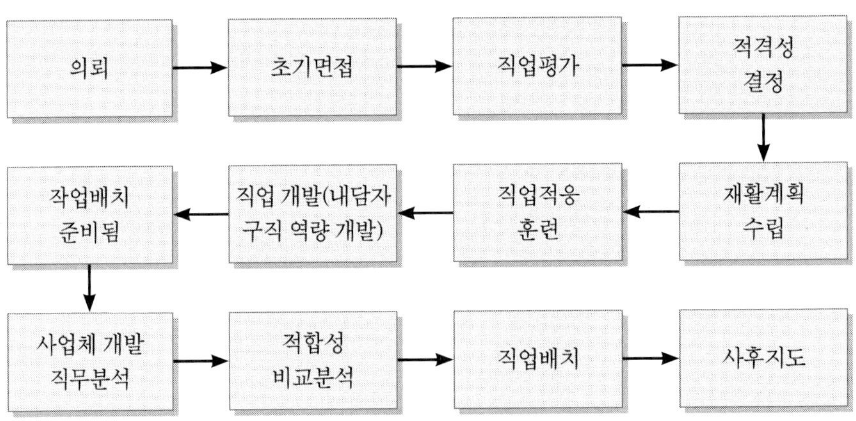

[그림 7-1] 직업재활의 과정

미국은 직업재활 과정을 관리하기 위해 직업재활 코드시스템을 사용하고 있으며, 우리나라에서는 실제로 직업재활 코드시스템을 사용하고 있지는 않으나 체계적인 직업재활 과정을 두고 있다. 한국장애인개발원(2010)에서는 사례관리의 개념으로 직업재활 과정별로 코드를 부여하여 『중증장애인직업재활지원사업 운영 매뉴얼』에 제시하였다.

2. 미국 직업재활 코드시스템

미국의 직업재활 코드시스템은 주 정부 재활기관의 효율적인 재활서비스(사례관리와 보고)를 위해 직업재활 과정을 00~32까지의 16개 체계로 나눈 것이다. 미 교육부 산하 재활서비스국(Rehabilitation Services Administration)은 재활상담사가 사례관리자로서 내담자(case)를 효율적이고 체계적으로 관리하고 평가하기 위해 미국 전역에서 동일하게 통용되는 직업재활 코드시스템을 사용하도록 하고, 이를 전산화하여 데이터베이스로 구축하여 직업재활서비스를 받는 장애인의 수, 서비스 진행 과정, 서비스 제공 실적 등을 분석할 수 있도록 하고 있다(박희찬, 2007). 직업재활 코드시스템은 내담자 중심의 역동적 과정으로 이러한 효율적인 관리는 각 사례별로 강도와 영역을 조정할 수 있게 하고, 재활 목표를 적합한 시간 내에 달성하도록 해 주는 긍정적인 의미를 가진다.

1) 직업재활 코드시스템

직업재활 코드시스템은 5개 영역(zone)으로 이루어져 있다(Cassell & Mulkey, 1985).

(1) Zone I: 시작 단계(Admission)

기관 이용을 하기 위한 최초의 단계로 기관을 방문하거나 전화 등을 이용하여 접수(의뢰)하는 코드(00)와 서비스 지원 신청을 하는 코드(02)가 이에 속한다.

(2) Zone II: 확대평가 단계(Extended Vocational Evaluation)

중증장애인 내담자의 경우 그의 정확한 잠재력과 특성을 판별하기 위해 최소 6개월에서 최대 18개월에 이르는 심층적인 확대평가(06)을 실시해야 한다. 확대평가는 필요성이 결정된 내담자에게만 실시되므로 Zone II는 확대평가 대상자에게만 해당된다.

(3) Zone III: 직업재활서비스 단계(Active Statuses)

이 영역에 속하는 것은 개별고용계획서 개발(10), 개별고용계획서 완료(12), 14(상담 및 지도), 16(신체적 · 정신적 회복), 18(훈련), 20(고용이 준비됨), 22(고용), 24(서비스 중단 및 보류) 등 내담자가 실제 직업재활서비스를 받는 과정이다. 코드 14, 16, 18은 내담자의 욕구와 필요성에 따라 모두 제공되기도 하고, 1개 서비스가 제공되거나 2개 서비스가 제공되기도 한다. 24는 종결이 아니라 중단 및 보류를 의미하기 때문에 실제 서비스가 제공되는 과정을 의미하는 Zone III에 해당한다.

(4) Zone IV: 종결 단계

Zone IV에는 의뢰, 지원, 확대평가에서의 종결(08), IPE 완료 이후 종결(28), IPE 작성 이전 종결(30), 성공적인 사례 종결(26)이 포함된다. 이 영역은 성공한 사례 종결과 실패한 사례 종결 모두를 포함한다.

(5) Zone V: 사후 서비스 단계

성공한 사례 종결(26) 이후에 고용 유지를 위해 지속적인 사후 서비스를 제공하는 단계인 사후 서비스(32)가 포함된다.

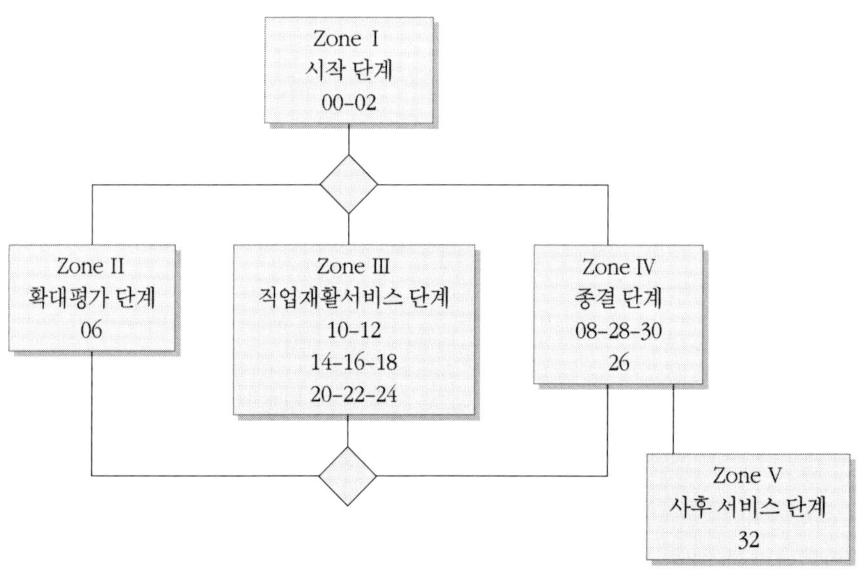

[그림 7-2] 직업재활 코드시스템의 영역

2) 직업재활 코드시스템의 내용

각 직업재활서비스 과정별 코드시스템은 〈표 7-1〉과 같다.

〈표 7-1〉 직업재활서비스 과정별 코드시스템

코드	의미
00	의뢰(접수)
02	서비스 지원 신청
06	확대평가
08	실패 종결
10	개별고용계획서(IPE) 개발
12	개별고용계획서(IPE) 완료
14	상담 및 지도
16	신체적 · 정신적 회복
18	훈련
20	고용이 준비됨
22	고용
24	서비스 중단 및 보류
26	성공한 사례 종결
28	개별고용계획서(IPE) 완료 이후 종결
30	개별고용계획서(IPE) 작성 이전 종결
32	사후 서비스

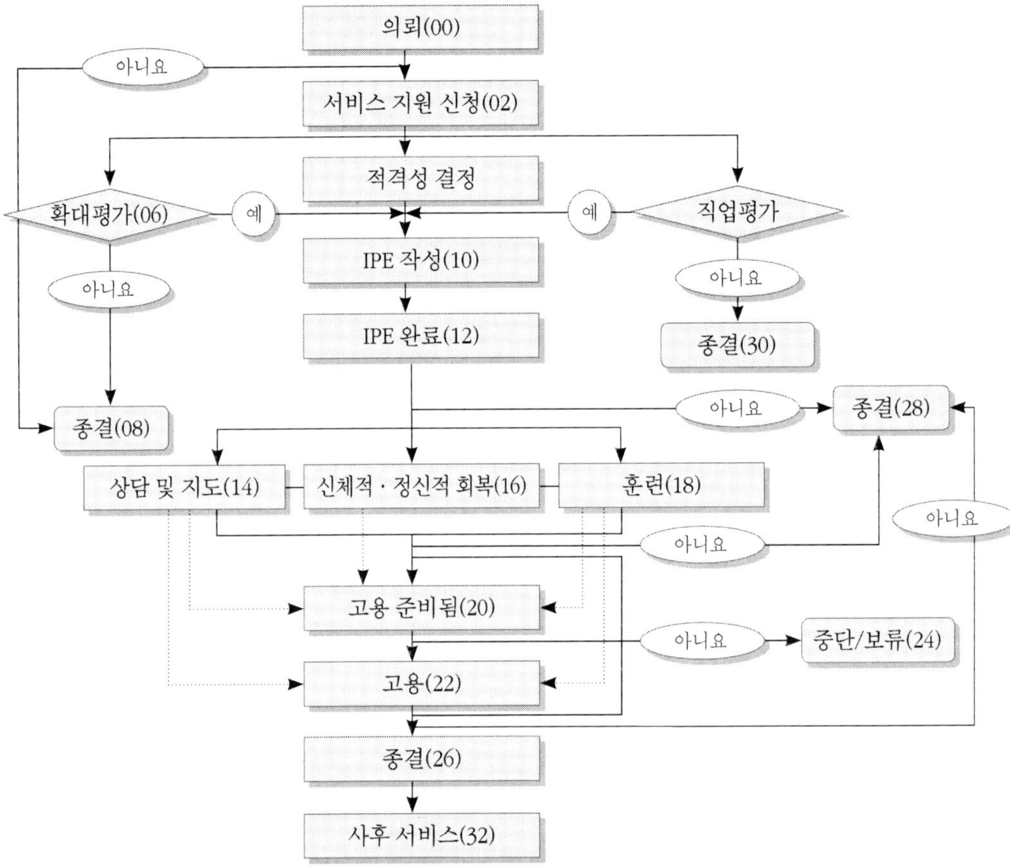

[그림 7-3] 직업재활 과정에 따른 코드시스템

(1) 의뢰/접수(00)

① 직업재활기관에 서신, 전화 혹은 본인이 직접 내방하면서 이 단계가 시작됨

② 재활상담사는 기본 정보를 획득한 후 즉시 모든 사례를 기록, 보고해야 함

③ 직업재활 가능성을 가진 내담자(직업재활서비스를 받기에 적합한 신체적 · 정신적 안정성, 직업재활서비스를 받고자 하는 욕구, 직업재활서비스를 받았을 때 성공할 가능성이 있음)만이 대상

④ 시작 단계에 머물러 있는 시간을 최소화하고 실제적인 직업재활서비스를 시작하기 위해 내담자에 관한 정보를 기록, 관리하는 과정

(2) 서비스 지원 신청(02)

- 의뢰/접수(00) 단계 이후 즉시 서비스 지원 신청(02) 단계를 시작해야 함
- 직업재활서비스를 받기 위해 필요한 관련 서류에 서명하면서 시작됨
- 내담자에 대한 중요한 정보를 얻고 적격성 판정을 위해 재활상담사에게 기록 제공
- 내담자가 직업재활서비스에 부적격하다고 판명되었을 경우 서비스 거절 이유를 서류에 기록해야 함
- 중증장애인의 경우 확대평가(06) 단계로 의뢰함
- 내담자가 확대평가(06) 대상자가 아닌 경우 서비스 신청이 완료된 후 개별재활계획서 작성(10) 단계로 넘어감

(3) 확대평가(06)

① 중증장애인 내담자의 경우 내담자의 정확한 잠재력과 특성을 판별하기 위해 최소 6개월에서 최대 18개월에 이르는 심층적인 확대평가(06)를 실시해야 함

② 확대평가는 필요성이 결정된 내담자에게만 실시됨

> ☞ 확대평가 대상자
> - 내담자의 신체적 · 정신적 장애가 고용에 현저한 장애가 될 때
> - 내담자의 적격성을 판정하기 어려워 확대평가가 필수적일 때

③ 확대평가 후 개별고용계획서(IPE) 개발(10) 혹은 실패 종결(08) 단계로 진행함

- 내담자가 직업재활서비스를 통해 향상될 가능성이 있을 때(10)
- 내담자가 직업재활서비스를 통해 향상될 가능성이 없을 때(08)

④ 이 단계에서는 중단이나 보류가 없음

⑤ 확대평가가 완료될 때까지 코드 06에 속함

(4) 개별고용계획서(IPE) 개발(10)

① 개별재활계획서(Individualized Written Rehabilitation Plan: IWRP)는 1992년 재활법 개정으로 개별고용계획서(Individual Plan for Employment: IPE)로 개정됨

② 개별고용계획서(IPE)에는 다음의 내용이 포함되어야 함

- 장기 재활 목표

- 단기 재활 목표
- 직업재활서비스
- 직업재활서비스 실시기간(시작/종료일)
- 개별고용계획서(IPE) 평가계획
- 내담자의 책임과 의무

③ 계획 수립 과정에서 재활상담사와 내담자는 초기면접, 재활상담, 직업평가 등에서 얻은 정보에 대해 함께 논의하고 내담자의 재활 목표와 서비스에 일치하는 신체적 · 심리사회적 · 교육적 · 직업적 · 기타 특수한 고려사항 등에 대한 욕구를 반영하여 계획서를 작성해야 함

④ 상담사와 내담자는 개별고용계획서 수립 완료 시점에서 고용계획서에 명시된 프로그램들이 제대로 실행되는지와 진행 정도가 목표와 일치하는지 여부를 확인하기 위한 평가(monitoring) 절차와 방법을 정해야 함

⑤ 개별고용계획서 평가는 사례회의를 통해 수정과 보완이 이루어져야 하며, 수정된 내용은 재활서비스 제공 과정에 충실히 반영되어야 함

⑥ 개별고용계획서에 내용을 작성하기 위해 다음과 같은 과정을 거치게 됨

- 초기면접, 직업평가, 재활상담 등을 통해 얻어진 정보를 토대로 실행 가능한 재활 목표 선택
- 선택된 장기 재활 목표 달성을 위해 필요한 절차와 방법 기술
- 핵심적인 단기 재활 목표 파악
- 각각의 단기 재활 목표 달성에 필요한 절차와 방법 기술
- 모든 장단기 재활 목표 달성 완료 시한 설정
- 계획에 포함된 관련 당사자(내담자, 재활상담사, 보호자 등) 각각의 책임소재 명확히 하기
- 재활목표 완수를 통해 예상되는 구체적인 성과 등과 같이 다양한 요소를 포함

⑦ 개별고용계획서를 작성한 후 내담자가 계획서 내용을 살펴보고 이해하는지, 내용에 동의하는지 여부를 묻고, 내담자가 동의를 해야 계획서 작성이 완료됨. 내담자가 계획서에 제시된 목표와 내용을 제대로 이해하는지 알기 위해 다음과 같은 질문을

하는 것도 좋은 방법임

- 내담자가 선택한 직업 목표는 평소 희망하던 일과 일치하는가?
- 내담자 스스로가 선택한 직업 목표 달성을 위해 무엇을 해야 할지 알고 있는가?
- 내담자는 자신의 직업 목표 달성에 도움이 될 행동을 실행에 옮길 준비가 되어 있는가?
- 내담자는 스스로의 목표에 충분히 몰입하고 있는가?

⑧ 개별고용계획서 작성이 완료되기 전까지 코드 10에 속함

(5) 개별고용계획서(IPE) 완료(12)

① 개별고용계획서 작성을 완료하고 계획서에 따라 필요한 서비스가 실제로 실행될 수 있을 때까지 코드 12에 속함

② 개별고용계획서에 따라 제공할 수 있는 서비스는 상담 및 지도(14), 신체적 · 정신적 회복(16), 훈련(18), 배치(20, 22) 서비스임

③ 개별고용계획서에 명시된 서비스가 타당하다고 승인될 경우 상담 및 지도(14), 신체적 · 정신적 회복(16), 훈련(18)을 진행함

④ 각 내담자의 특성과 욕구에 따라 3가지 서비스 모두 제공하거나 1~2가지 서비스를 제공할 수 있음

⑤ 서비스가 승인이 되었어도 상담사는 각 서비스가 내담자에게 적합한지 다시 확인해야 함

(6) 상담 및 지도 서비스(14)

① 상담, 지도, 배치 프로그램이 내담자에게 필요한 유일한 서비스로 승인된 경우 이 서비스에 배치함

② 전체 재활 과정, 훈련, 신체적 · 정신적 회복 단계에서의 상담은 제외

③ 상담 및 지도 서비스가 적합한 서비스가 아닐 경우 다른 서비스로 수정 가능(16, 18, 20, 22)

(7) 신체적 · 정신적 회복서비스(16)

① 의료 · 정신과적 · 치료적 서비스나 보장구와 같은 보완적 서비스

② 신체적, 정신적 회복서비스가 종료될 때까지 코드 16을 사용함

(8) 훈련(18)

① 내담자가 실제로 직업 목표를 달성하는 데 필요한 학업, 직업적응훈련, 일상생활훈련, 사회성훈련 등을 받는 단계

② 공립학교, 사립학교, 기업체, 재활기관 등이 훈련 장소가 됨

③ 학업, 직업적응훈련, 일상생활훈련, 사회성훈련 등이 종결될 때까지 코드 18단계에 속함

(9) 고용이 준비됨(20)

① 내담자가 접수 후 필요한 서비스를 받고 고용될 준비는 되었으나 실제적으로 취업할 사업체를 찾지 못한 상태

② 아직 실제적으로 고용이 되어 일을 시작하지 않은 상태

③ 상담사는 내담자가 실제로 고용될 준비가 되었는지 자주 접촉하여 확인해야 함

④ 상담사는 내담자 직업배치를 위해 취업할 사업체를 지속적으로 개발하고, 기타 필요한 추가서비스가 있는지 상담을 통해 판별해야 함

⑤ 내담자에게 적합한 사업체가 개발되어 고용계약을 체결하고 일을 실제로 시작하는 시점까지 코드 20단계에 속함

(10) 고용(22)

① 내담자가 취업할 준비가 된 후 사업체를 개발하여 직업에 배치되어 일을 실제 시작하는 단계

② 내담자는 성공한 사례 종결(26)로 종결되기 이전 최소 60일간 직업활동이 지속되어야 함

③ 상담사는 내담자의 욕구와 제한점에 알맞은 고용이 되었는지 확인해야 함

- 이 단계는 구두나 문서를 통해 내담자가 실제로 일을 시작하였다는 것을 알림으로써 시작됨

(11) 서비스 중단/보류(24)

① 코드 14, 16, 18, 20, 22단계 동안 서비스가 중단되거나 보류되는 것을 의미함

② 상담사는 계획된 서비스가 중단 혹은 보류되었다는 것을 증명하는 서류를 받는 순간 단계(24)가 시작됨

③ 어떠한 이유로 현재 참여하고 있던 서비스가 중단되거나 보류되어 이전의 단계로 돌아가거나 종결될 때까지 코드 24로 표시함

④ 코드 14, 16, 18에서 24로 중단이나 보류되는 경우는, 해당 서비스가 내담자와 맞지 않거나 질병이나 개인적인 사정으로 인해 더 이상 서비스를 받기 어려운 경우, 참여 서비스를 중단하고 새로운 서비스를 찾기 위해 이전 단계로 돌아가 상담이나 직업평가를 다시 실시해서 새로운 서비스를 찾아내거나, 참여 서비스를 보류하고 질병이 치유되거나 개인적인 일이 해결된 후 다시 서비스를 재개하게 됨

⑤ 코드 20에서 24로 중단이나 보류되는 경우는, 직업재활서비스를 받고 고용에 준비되었다고 판정되었지만 적합한 사업체가 개발되지 않거나, 취업을 목표로 했던 직무가 아닌 다른 직무에 취업하고자 하는 욕구가 생겼을 때 이전 단계로 돌아가서 상담과 직업평가 등을 다시 받아 새로운 직업 목표를 찾는 경우와 질병이나 개인적인 사유로 인해 취업을 보류하려는 경우임

(12) 의뢰, 지원, 확대평가에서의 종결(08)

① 00, 02, 06단계에서 내담자가 직업재활서비스에 적합하지 않다고 판명된 경우

② 의뢰, 지원 혹은 확대평가를 거친 내담자가 실제적인 서비스 단계(Zone III)에 적합하지 않는 경우

③ 의뢰/접수 단계에서는 기관을 이용하고자 하였으나 기관에서 제공하는 서비스 내용이나 이용시간 혹은 대상 등 기관의 정책이 내담자와 맞지 않는 경우 의뢰나 접수를 철회하는 경우

④ 지원 단계에서는 기관에서 제공하는 서비스 내용이나 기관의 정책을 이해하고 직업재활서비스에 지원하였으나 초기면접, 직업평가 등을 실시한 결과 직업재활 욕구가 낮거나 신체적·정신적으로 안정되지 못했거나 평가 결과가 기관에서 정하는 기준에 합당하지 않아 직업재활서비스가 내담자의 고용에 도움이 되지 않을 경우 혹은 내담자가 더 이상 직업재활서비스를 받기를 원하지 않는 경우

⑤ 중증장애인의 경우에도 확대평가 후에 평가 결과가 기관에서 정하는 기준에 합당하지 않거나 초기면접 등을 실시한 결과 직업재활 욕구가 낮거나 신체적 · 정신적으로 안정되지 못하여 직업재활서비스가 내담자의 고용에 도움이 되지 않을 경우 혹은 내담자가 더 이상 직업재활서비스를 받기를 원하지 않는 경우

⑥ 이 단계에서 종결하기 위해서는 내담자의 서비스에 대한 부적격성을 증명하여야 함

- 상담사는 코드 08로 종결되는 경우 사유를 증명하기 위한 관련서류를 작성하고 제출해야 함

(13) 성공적인 재활 종결(26)

① 내담자가 직업재활서비스에 적격하였고

② 적합한 진단 서비스를 받았으며

③ 필요한 서비스를 받았고

④ 진단 결과, 상담 등을 토대로 개별고용계획서를 작성하여

⑤ 적합한 직업재활서비스가 제공되었으며

⑥ 프로그램을 잘 수행했으며

⑦ 필수적인 재활서비스로서 상담을 받았고

⑧ 최소 60일간 적합하게 고용되었다는 것이 확인된 경우

⑨ 이 단계(zone IV)는 내담자가 이와 같은 기준에 적합하다는 것을 재활상담사가 결정함으로써 시작됨

⑩ 내담자가 적합하게 고용되었다는 것은 내담자와 사업주 모두 만족하고, 필요한 지원을 받으며, 60일 이상 직무를 유지한 것을 의미함

(14) IPE 시작 후 종결(28)

① 내담자가 직업재활서비스에 적격하고

② 적합한 진단 서비스를 받았으며

③ 필요한 서비스를 받았고

④ 진단결과, 상담 등을 토대로 개별고용계획서를 작성하여

⑤ 계획서에 따른 직업재활서비스가 제공되었으나

⑥ 서비스 과정 도중에 직업재활서비스가 적합하지 않다고 판정되었거나, 질병 등 개

인적인 사정으로 프로그램을 끝마치지 못했거나
⑦ 시의적절하고 적합한 재활상담이 제공되지 못하였거나
⑧ 적합한 사업체가 개발되지 않아 직업배치가 이루어지지 않았거나
⑨ 직업배치 후 최소 60일간 적합하게 고용되지 못한 경우
⑩ 서비스를 중단하거나 보류하기보다 내담자가 종결을 원하거나 기관의 논의 결과 종결하는 것이 내담자에게 유익하다고 판정될 경우

(15) IPE 작성 전 종결(30)
① 내담자가 직업재활서비스에 적격하여 개별고용계획서를 작성하고 재활서비스를 시작할 것을 사례회의를 통해 결정했으나
② 개별고용계획서 작성을 완료하기 전에 내담자가 더 이상 서비스 이용을 원하지 않거나, 개인적인 이유로 직업재활서비스를 이용할 수 없는 경우
③ 서비스를 중단하거나 보류하기보다 내담자가 종결을 원하거나 기관의 논의 결과 종결하는 것이 내담자에게 유익하다고 판정될 경우

(16) 사후 서비스(32)
① 성공적인 재활 종결(26) 이후에 모든 내담자가 자신의 욕구에 맞는 직업재활서비스를 실제적으로 받아 직업배치 후 고용을 장기간 유지하고 있음을 증명하는 단계
② 사후 서비스는 내담자가 고용을 유지하는 데 필수적인 서비스임
③ 사후 서비스는 내담자가 겪는 어려운 상황 해결이나 직무유지에 필요한 지원서비스, 고용주나 동료 근로자 지원서비스 등에 관련한 서비스이어야만 함
④ 이러한 사후 서비스에 해당하는 서비스는 내담자 현장지원, 옹호활동, 사업주를 위한 편의시설지원 안내, 고용주 지원 안내, 업무용 장비지원 안내, 직장동료의 태도 개선 노력, 보조공학도구 지원 안내, 상해 등 산업안전보건설비 안내, 기타 직무환경을 개선하고자 하는 노력 등임

3. 우리나라 직업재활 코드시스템

1) 직업재활서비스 단계와 개념

우리나라는 2010년 한국장애인개발원에서 중증장애인직업재활지원사업의 직업재활서비스 과정도를 개발하기 위해 각 기관의 전문가들을 대상으로 델파이 조사를 실시하고, 현장전문가 협의회, 자문회의, 연구진 협의회를 거쳐 최종 직업재활서비스 과정도를

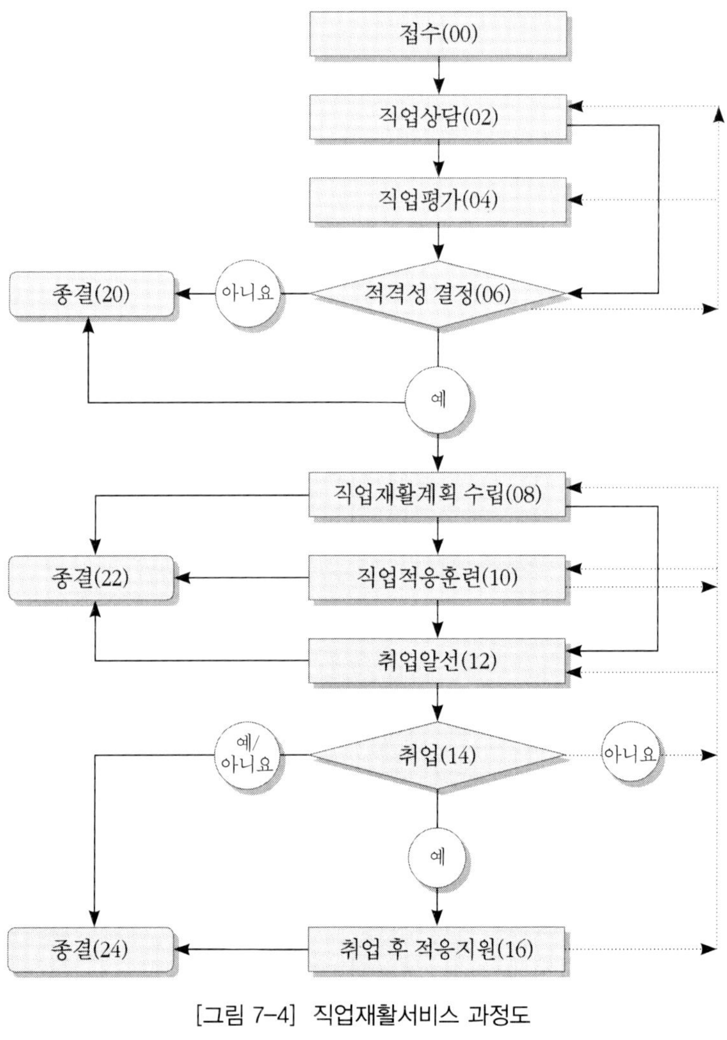

[그림 7-4] 직업재활서비스 과정도

출처: 한국장애인개발원(2010). 중증장애인직업재활지원사업 운영 매뉴얼 I권.

완성하고 각 과정에 대한 코드를 부여하였다(한국장애인개발원, 2010). 이러한 과정을 거쳐 개발된 직업재활서비스 과정도는 다음과 같다.

직업재활서비스 과정도에 언급된 숫자(00~24)는 2의 배수로 구성되어 있으며, 미국의 코드시스템과 같이 코드번호로 필요에 따라 사례관리나 행정업무처리 과정에서 활용할 수 있도록 하였다. 코드 00~08은 서비스 시작부터 계획까지의 단계로 접수, 직업상담, 직업평가, 적격성 결정, 직업재활계획 수립까지의 단계이며, 코드 10~16은 직업적응훈련, 취업알선, 취업, 취업 후 적응지원 단계가 포함된다. 코드 20, 22, 24는 종결을 나타내며, 20은 적격성 판정에서 부적격으로 판정되거나 적격하더라도 서비스를 이용하지 않는 경우, 22는 직업재활계획 수립, 직업적응훈련, 취업알선 단계에서의 종결을 의미한다. 24는 취업 이후의 종결로 안정적으로 고용상태를 유지하여 취업 후 적응지원이 필요하지 않다고 결정된 경우의 성공적 종결과 내담자와 사업주가 취업 후 적응지원을 원하지 않거나, 직무유지를 하지 못하고 퇴사 후 내담자가 직업재활서비스 이용을 원하지 않아 더 이상의 서비스 제공이 어려운 경우, 취업 이후 서비스를 이용하기 어려운 문제가 발생한 경우, 내담자의 요청에 따라 취업 후 적응지원 또는 퇴사 후 재활서비스를 타기관에 의뢰한 경우 등을 의미한다.

한국장애인개발원(2010) 『중증장애인직업재활지원사업 운영 매뉴얼』에 제시된 직업재활서비스의 단계별 개념은 다음과 같다.

〈표 7-2〉 직업재활서비스의 단계별 개념

직업재활서비스	개념
접수	접수는 직업재활서비스를 이용하기 위하여 장애인 혹은 보호자가 신청하거나 관련 기관이 의뢰하는 사항을 접수받고 처리하는 것을 의미하며, 이 과정에서 장애인의 인적사항, 장애 관련 사항, 직업재활서비스 욕구, 신청(의뢰) 일자와 의뢰기관 등의 정보를 수집한다.
직업상담	직업상담은 초기면섭에서부터 종결까지 직업재활의 과정에서 내담자의 정보수집, 재활계획 수립, 의사결정, 문제해결, 사례관리 등을 위해 실시하는 전반적인 상담활동으로서 장애인의 직업선택과 직업유지를 지원하게 된다.
직업평가	직업평가는 장애인의 직업적 흥미, 적성, 강점, 제한점 및 잠재능력을 파악 · 분석하기 위해 신체능력평가, 심리평가, 직업표본평가, 상황평가, 현장평가 등을 실시하는 직업재활서비스로서, 장애인에게 적합한 직업재활 방향을 설정하고 효과적으로 직업을 선택할 수 있도록 지원한다.

적격성 결정	적격성 결정은 직업상담 및 직업평가 결과를 바탕으로 사례 회의를 통해서 이용 신청한 장애인이 해당 기관의 직업재활서비스 대상자로 적격한지 여부를 결정하는 과정이다.
직업재활계획 수립	직업재활계획 수립은 직업재활서비스에 대한 적격성 결정을 받는 장애인을 대상으로 장애인의 욕구에 맞는 최종의 직업 목표를 달성하기 위한 장단기 목표, 프로그램 내용 및 방법, 평가기준 등을 수립하는 것이다.
직업적응훈련	직업적응훈련은 장애인이 실제적인 직업 환경에서 적절한 행동, 가치, 태도를 발전시킬 수 있도록, 개인 · 사회생활, 직업 준비 · 직업수행 · 직무능력 향상 · 직업유지 등에 대한 훈련을 통하여 도달 가능한 직업능력을 최대한 향상시킬 수 있도록 지원하는 서비스다.
취업알선	취업알선은 구직 장애인의 흥미, 직업적 욕구, 직업 능력과 사업체의 직무 등을 고려하여, 직장을 알선하여 배치함으로써 일반고용, 지원고용, 보호고용, 자영업 등이 이루어지도록 지원하는 활동이다.
취업	취업은 일반고용, 지원고용, 보호고용 등의 형태로 장애인과 사업주가 근로계약서를 작성하고 장애인이 1일 이상 출근함을 의미한다.
취업 후 적응지원	취업 후 적응지원은 장애인이 취업된 이후 장애인, 사업주나 동료, 가족 등을 대상으로 직장 내 다양한 문제들에 대해 적절히 대처할 수 있도록 지원하는 서비스로 취업 장애인의 고용안정 및 만족스러운 직장생활 유지를 도모하게 한다.
종결	종결은 직업재활서비스 이용 목표 달성, 타 기관 의뢰, 특별한 사유 등으로 인하여 기관의 서비스를 더 이상 받을 필요가 없거나 받을 수 없어 직업재활서비스가 종료됨을 의미한다.

출처: 한국장애인개발원(2010). 중증장애인직업재활지원사업 운영 매뉴얼 I권.

2) 미국과 우리나라 직업재활 코드시스템 비교

우리나라의 직업재활 코드시스템을 미국의 코드시스템과 비교해 보면, 동일한 단계에서 동일한 코드를 사용하는 경우도 있으나 동일한 단계라 하더라도 다른 코드를 쓰거나 단계 구분이 서로 다른 경우도 있다. 구체적으로 한국장애인개발원의 『중증장애인직업재활지원사업 운영 매뉴얼』(2010)에 제시된 각 단계의 정의와 코드를 미국의 단계와 코드와 비교해 보면 〈표 7-3〉과 같다.

〈표 7-3〉 미국과 우리나라 코드시스템 비교

미국		우리나라	
00	의뢰	00	접수
02	서비스 지원 신청	02	직업상담(초기면접)
06	확대평가	04	직업평가
		06	적격성 결정
08	00, 02, 06에서 종결	20	종결
10	IPE 개발	08	직업재활계획 수립
12	IPE 완료		
14	상담 및 지도	10	직업적응훈련
16	신체적 · 정신적 회복		
18	훈련		
20	고용이 준비됨	12	취업알선
22	고용	14	취업
32	사후 서비스	16	취업 후 적응지원
26	종결(성공적)	24	종결(성공적)
24	14, 16, 18, 20, 22에서 중단/보류	22	08, 10, 12에서 종결
28	12 이후 종결		
30	10 이전 종결		

3) 직업재활서비스의 구체적 단계

(1) 접수(00)

직업재활서비스를 이용하기 위하여 장애인 혹은 보호자가 신청하거나 관련 기관이 의뢰하는 사항을 접수받고 처리하는 과정으로 미국의 '의뢰(00)'와 동일한 단계이며 동일한 코드를 사용한다.

(2) 직업상담(02)

초기면접에서부터 종결까지 직업재활 과정에서 내담자의 정보수집, 재활계획 수립, 의사결정, 문제 해결, 사례관리 등을 위해 실시하는 전반적인 상담활동으로 직업재활 현장에서는 직업재활상담, 재활상담이라는 용어로 사용되기도 한다. 운영 매뉴얼의 과정도에서는 직업상담을 접수 후 하나의 단계로 정리하고 있어 '초기면접'만을 의미한다. 우리나라의 '초기면접'에 해당하는 미국의 직업재활서비스 단계는 '서비스 지원 신청(02)'으로 볼 수 있다.

그러나 진정한 의미의 직업상담은 제시된 정의와 같이 초기면접에서부터 종결까지 전반적인 직업재활과정에서 제공되는 지원상담으로서의 재활상담으로 단순히 하나의 코드로 설명하기 어렵고, 이를 반영하여 수정한 과정도는 [그림 7-5]와 같다.

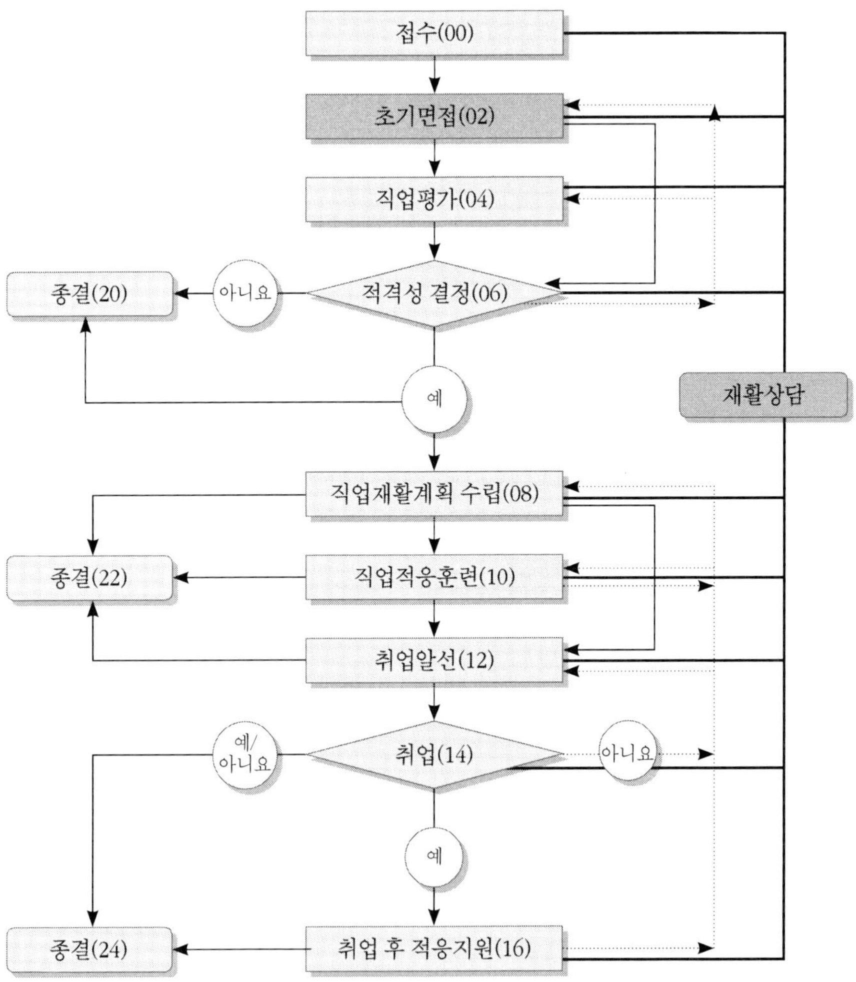

[그림 7-5] 수정된 직업재활서비스 과정도

출처: 한국장애인개발원(2010). 중증장애인직업재활지원사업 운영 매뉴얼 1권.

초기면접지

NO- • 상담일시: • 상담장소: • 상담자: (인)

<table>
<tr><td>이름</td><td></td><td>성별</td><td>남□ 여□</td><td>생년월일</td><td colspan="2"></td></tr>
<tr><td>최종학력</td><td colspan="3">무학□ 초졸□ 중졸□ 고등학교 재학□
고졸□ 대졸□ 대학원졸□</td><td>결혼상태</td><td colspan="2">미혼□ 기혼□</td></tr>
<tr><td rowspan="3">주소</td><td rowspan="2" colspan="3"></td><td>연락처</td><td colspan="2"></td></tr>
<tr><td rowspan="2">이메일</td><td colspan="2"></td></tr>
<tr><td colspan="3">우편물 수신 : yes □ no□</td><td colspan="2">메일 수신: yes□ no□
SMS 수신: yes□ no□</td></tr>
<tr><td>내관 욕구 및 기대</td><td colspan="3"></td><td>내관 경위</td><td colspan="2"></td></tr>
<tr><td colspan="7">1. 장애력</td></tr>
<tr><td rowspan="2">장애유형 및 등급</td><td colspan="2">주(등록)장애: 지적장애(급)</td><td rowspan="2">발생원인 및 시기</td><td colspan="3">원인:</td></tr>
<tr><td colspan="2">중복장애:</td><td colspan="3">시기:</td></tr>
<tr><td>장애등록일</td><td colspan="2"></td><td>기타</td><td colspan="3"></td></tr>
<tr><td colspan="7">2. 건강상태</td></tr>
<tr><td rowspan="3">복용약
(약명,
부작용 등)</td><td rowspan="3">유□ 무□</td><td rowspan="3"></td><td>주병원
(주치의)</td><td colspan="3">( )</td></tr>
<tr><td>진료내용</td><td colspan="3"></td></tr>
<tr><td>진료주기</td><td colspan="3"></td></tr>
<tr><td>시각문제</td><td>유□ 무□</td><td></td><td>언어문제</td><td>유□ 무□</td><td colspan="2"></td></tr>
<tr><td>신체질환</td><td>유□ 무□</td><td></td><td>보장구</td><td>유□ 무□</td><td colspan="2"></td></tr>
<tr><td>청각문제</td><td>유□ 무□</td><td></td><td>정신질환</td><td>유□ 무□</td><td colspan="2"></td></tr>
<tr><td>기타</td><td colspan="6"></td></tr>
<tr><td colspan="7">3. 가정환경</td></tr>
<tr><td>이름</td><td>관계</td><td>생년월일</td><td>동거 여부</td><td>장애 여부</td><td>지지 정도</td><td>비고</td></tr>
<tr><td></td><td></td><td></td><td></td><td></td><td></td><td></td></tr>
<tr><td></td><td></td><td></td><td></td><td></td><td></td><td></td></tr>
<tr><td></td><td></td><td></td><td></td><td></td><td></td><td></td></tr>
</table>

<table>
<tr><td rowspan="2">사회보장
여부</td><td rowspan="2">일반□ 수급□ 차상위□
기타□( )</td><td>수입원
(중복체크 가능)</td><td>본인□ 부□ 모□
형제□ 기타□( )</td></tr>
<tr><td>기타</td><td></td></tr>
</table>

<table>
<tr><th colspan="4">4. 훈련 및 서비스</th></tr>
<tr><th>기관명</th><th>기간</th><th>훈련 · 서비스 내용</th><th>비고</th></tr>
<tr><td></td><td></td><td></td><td></td></tr>
<tr><td></td><td></td><td></td><td></td></tr>
<tr><td></td><td></td><td></td><td></td></tr>
<tr><td></td><td></td><td></td><td></td></tr>
<tr><td></td><td></td><td></td><td></td></tr>
</table>

<table>
<tr><th colspan="7">5. 직업경력</th></tr>
<tr><th>사업체 명</th><th>기간</th><th>고용형태</th><th>담당직무</th><th>급여</th><th>퇴사사유</th><th>비고</th></tr>
<tr><td></td><td></td><td></td><td></td><td></td><td></td><td></td></tr>
<tr><td></td><td></td><td></td><td></td><td></td><td></td><td></td></tr>
<tr><td></td><td></td><td></td><td></td><td></td><td></td><td></td></tr>
<tr><td></td><td></td><td></td><td></td><td></td><td></td><td></td></tr>
</table>

<table>
<tr><th colspan="4">6. 기초직무능력</th></tr>
<tr><td rowspan="3">시간 개념</td><td>바늘시계</td><td>독립수행□ 부분도움□ 완전도움□</td><td></td></tr>
<tr><td>전자시계</td><td>독립수행□ 부분도움□ 완전도움□</td><td></td></tr>
<tr><td>약속시간 개념</td><td>독립수행□ 부분도움□ 완전도움□</td><td></td></tr>
<tr><td rowspan="3">수 개념</td><td>숫자 읽기/쓰기</td><td>독립수행□ 부분도움□ 완전도움□</td><td></td></tr>
<tr><td>숫자 세기/이해</td><td>독립수행□ 부분도움□ 완전도움□</td><td></td></tr>
<tr><td>사칙연산</td><td>독립수행□ 부분도움□ 완전도움□</td><td></td></tr>
<tr><td rowspan="3">쓰기/읽기
/이해</td><td>쓰기</td><td>독립수행□ 부분도움□ 완전도움□</td><td></td></tr>
<tr><td>읽기</td><td>독립수행□ 부분도움□ 완전도움□</td><td></td></tr>
<tr><td>문장이해</td><td>독립수행□ 부분도움□ 완전도움□</td><td></td></tr>
<tr><td rowspan="2">전산능력
(중복체크
가능)</td><td colspan="3">문서작성□ 인터넷□ 엑셀□ S/W개발□ CAD, CAM□ WEB디자인□ 기타□( )</td></tr>
<tr><td colspan="3">인터넷 검색 가능</td></tr>
<tr><td>자격면허</td><td>운전□
기타□</td><td colspan="2"></td></tr>
<tr><td colspan="2">기타</td><td colspan="2"></td></tr>
</table>

<table>
<tr><th colspan="4">7. 일상생활기능</th></tr>
<tr><td rowspan="6">ADL</td><td>이동하기</td><td>독립수행□ 부분도움□ 완전도움□</td><td></td></tr>
<tr><td>식사하기</td><td>독립수행□ 부분도움□ 완전도움□</td><td></td></tr>
<tr><td>신변자립</td><td>독립수행□ 부분도움□ 완전도움□</td><td></td></tr>
<tr><td>착탈의하기</td><td>독립수행□ 부분도움□ 완전도움□</td><td></td></tr>
<tr><td>용모
단정하게 하기</td><td>독립수행□ 부분도움□ 완전도움□</td><td></td></tr>
<tr><td>의사소통하기</td><td>독립수행□ 부분도움□ 완전도움□</td><td></td></tr>
<tr><td rowspan="6">IADL</td><td>식사준비하기</td><td>독립수행□ 부분도움□ 완전도움□</td><td></td></tr>
<tr><td>금전관리하기</td><td>독립수행□ 부분도움□ 완전도움□</td><td></td></tr>
<tr><td>약관리하기</td><td>독립수행□ 부분도움□ 완전도움□</td><td></td></tr>
<tr><td>전화
이용하기</td><td>독립수행□ 부분도움□ 완전도움□</td><td></td></tr>
<tr><td>교통수단
이용하기</td><td>독립수행□ 부분도움□ 완전도움□</td><td></td></tr>
<tr><td>지역사회시설
이용하기</td><td>독립수행□ 부분도움□ 완전도움□</td><td></td></tr>
<tr><td colspan="2">기타</td><td colspan="2"></td></tr>
</table>

<table>
<tr><th colspan="3">8. 취업욕구</th></tr>
<tr><td>직업강점과 꿈</td><td colspan="2"></td></tr>
<tr><td rowspan="2">희망직종</td><td colspan="2"></td></tr>
<tr><td colspan="2"></td></tr>
<tr><td rowspan="2">취업조건</td><td>고용 형태:
정규직□/계약직□/일용직□/시간제□
무관□/기타□(　　)</td><td>희망임금:
기숙희망: 유□ 무□</td></tr>
<tr><td>근무지역:</td><td>근무시간:</td></tr>
<tr><td>기타 희망사항</td><td colspan="2"></td></tr>
</table>

<table>
<tr><th colspan="2">9. 종합소견</th></tr>
<tr><td colspan="2"></td></tr>
<tr><td rowspan="2">직업평가
필요 여부</td><td>직업평가 필요성: 유□ 무□
장애인 직업평가 욕구: 유□ 무□</td></tr>
<tr><td>기타:</td></tr>
</table>

[그림 7-6] 초기면접지 양식

출처: 한국장애인개발원(2015). 중증장애인의 직업재활계획을 위한 직업상담과 직업능력평가 매뉴얼.

상담기록지

NO–

<table>
<tr><td>성명</td><td></td><td>상담자</td><td>(인/서명)</td></tr>
<tr><td rowspan="2">상담일시</td><td rowspan="2">년 월 일
(: ~ :)</td><td>장애인/장애인과의 관계</td><td></td></tr>
<tr><td>상담장소</td><td></td></tr>
<tr><td>상담목적</td><td colspan="3">① 정보수집 ② 재활계획수립 ③ 문제해결 ④ 의사결정
⑤ 사례관리 ⑥ 기타( )</td></tr>
<tr><td>상담방법</td><td colspan="3">① 전화상담 ② 내방상담 ③ 방문상담
④ 인터넷상담 ⑤ 문자상담 ⑥ 기타( )</td></tr>
<tr><td>상담
내용</td><td colspan="3"></td></tr>
<tr><td>상담결과
및
지원계획</td><td colspan="3"></td></tr>
<tr><td>슈퍼비전
(supervision)</td><td colspan="3"></td></tr>
<tr><td>기타</td><td colspan="3"></td></tr>
</table>

[그림 7-7] 상담기록지 양식

출처: 한국장애인개발원(2015). 중증장애인의 직업재활계획을 위한 직업상담과 직업능력평가 매뉴얼.

(3) 직업평가(04)

『중증장애인직업재활지원사업 운영 매뉴얼』(한국장애인개발원, 2010)에서는 직업평가에 대해 장애인의 직업적 흥미, 적성, 강점, 제한점 및 잠재능력을 파악하고 분석하기 위해 신체능력평가, 심리평가, 작업표본평가, 상황평가, 현장평가 등을 실시하는 직업재활 서비스로서, 장애인에게 적합한 직업재활 방향을 설정하고 효과적으로 직업을 선택할 수 있도록 지원한다고 정의하고 있다. 미국 직업재활 코드시스템에서는 일반적인 직업평가 단계를 따로 두지 않고 중증장애인을 위한 확대평가 코드 06만을 제시하고 있다.

(4) 적격성 결정(06)

직업상담 및 직업평가 결과를 바탕으로 사례회의를 통해서 이용 신청한 장애인이 해당 기관의 직업재활서비스 대상자로 적격한지 여부를 결정하는 과정(한국장애인개발원, 2010)인 적격성 결정 단계는 미국의 직업재활 코드시스템에서는 존재하지 않고, 서비스 지원 신청(02)이 이루어지고 적격성이 결정되면 개별고용계획서 수립(10)이 이루어지는 형태로 코드시스템을 부여하고 있다.

(5) 직업재활계획 수립(08)

직업재활서비스에 대한 적격성 결정을 받은 장애인을 대상으로 장애인의 욕구에 맞는 최종의 직업 목표를 달성하기 위한 장 · 단기 목표, 프로그램 내용 및 방법, 평가기준 등을 수립하는 것(한국장애인개발원, 2010)인 직업재활계획 수립 단계는 우리나라에서는 단일 단계로 코드 08로 나타내고 있다. 반면, 미국에서는 개별고용계획서 작성(10)과 완료(12)의 두 단계로 나타내고 있다.

NO.	
□초기 □수정(차)	

직업재활계획서

1. 장애인 인적사항 및 서비스 과정

성명		생년월일	
장애유형 및 등급		서비스 기간	
주소		연락처	

- 직업상담 실시 일자:
- 직업평가 실시 일자:
- 재활계획회의(사례회의) 실시 일자:

−장애인의 배경정보, 직업평가 결과는 초기면접지, 직업평가보고서, 사례회의록 등을 참조

2. 장애인 및 보호자의 의견

3. 직업 목표

4. 장기목표

5. 단기목표

장 · 단기목표		기간	담당자	수행방법	수행 달성 여부	
					예	아니요

위의 직업재활계획을 검토하였고 이를 성취하기 위한 최대한의 협력에 동의합니다.

작 성 일:
장 애 인: (인/서명)
보 호 자: (인/서명)
팀 장: (인/서명)
사례담당자: (인/서명)

[그림 7-8] 직업재활계획서 양식

출처: 한국장애인개발원(2015). 중증장애인의 직업재활계획을 위한 직업상담과 직업능력평가 매뉴얼.

(6) 직업적응훈련(10)

장애인이 실제적인 작업환경에서 적절한 행동, 가치, 태도를 발전시킬 수 있도록, 개인·사회생활, 직업준비·직업수행, 직무능력향상·직업유지 등에 대한 훈련을 통하여 도달 가능한 직업능력을 최대한 향상시킬 수 있도록 지원하는 서비스(한국장애인개발원, 2010)로 정의되는 직업적응훈련은 우리나라에서는 코드 12로 나타내는데, 미국에서는 개별재활계획서에 제시된 내담자에게 제공되는 재활서비스인 상담 및 지도(14), 신체적·정신적 회복(16), 훈련(18)과 동일한 개념이다.

(7) 취업알선(12)

취업알선은 구직장애인의 흥미, 직업적 욕구, 직업능력과 사업체의 직무 등을 고려하여, 직장을 알선하여 배치함으로써 일반고용, 지원고용, 보호고용, 자영업 등이 이어지도록 지원하는 활동이다(한국장애인개발원, 2010). 우리나라의 개념에서는 직업배치하는 과정에서 필요한 지원을 제공하여 내담자의 직업역량을 개발하는 것보다는 사업체 개발을 통해 취업알선하는 개념을 보다 많이 포함하고 있다.

미국 코드시스템에서는 '고용에 준비됨(20)' 단계에 해당하는데, 이는 단순 취업알선이 아니라 내담자가 취업할 수 있도록 취업 과정에 필요한 구인정보 탐색, 적합 사업체 선택 등의 구직활동, 입사지원서 작성, 면접, 이력서, 자기소개서 작성 이외에 구직 과정에서 지칠 수 있는 내담자를 지원하기 위한 심리상담 제공, 직업정보를 제공하는 직업상담, Job Club 등의 구직자조모임 지원, 장애인 근로자를 채용할 사업체 개발, 직무적합성 분석(Job Matching) 등 다양한 영역에 대한 지원을 의미한다.

(8) 취업(14)

취업은 일반고용, 지원고용, 보호고용 등의 형태로 장애인과 사업주가 근로계약서를 작성하고 장애인이 1일 이상 출근함을 의미한다(한국장애인개발원, 2010). 이는 미국의 고용(22)와 동일한 개념이다. 우리나라에서는 취업인정일수를 1일로 정하고 있는데 이는 ILO(국제노동기구)가 취업자를 '지난 1주간, 1일, 1시간 이상 수입을 목적으로 일한 사람'으로 정의하고 있고, 매년 실시되고 있는 통계청의 경제활동인구조사에서도 ILO의 기준을 따르고 있기 때문이다. 그러나 미국에서는 직업배치 후 최소 60일 이상 직업을 유지하고 있는 경우에만 고용으로 인정하고 있다.

(9) 취업 후 적응지원(16)

취업 후 적응지원은 장애인이 취업된 이후 장애인, 사업주나 동료, 가족 등을 대상으로 직장 내 다양한 문제들에 대해 적절히 대처할 수 있도록 지원하는 서비스로 취업장애인의 고용안정 및 만족스러운 직장생활 유지를 도모하도록 하는 서비스다(한국장애인개발원, 2010). 「장애인고용촉진 및 직업재활법」과 중증장애인직업재활지원사업 운영규정에서는 취업 후 적응지도라는 용어가 사용되고 있으며, 직업재활 현장에서는 사후지도라는 용어를 사용하고 있다.

(10) 종결(20, 22, 24)

종결은 직업재활서비스 이용 목표 달성, 타 기관 의뢰, 특별한 사유 등으로 인하여 기관의 서비스를 더 이상 받을 필요가 없거나 받을 수 없어 직업재활서비스가 종료되는 것을 의미한다(한국장애인개발원, 2010). 종결을 시기별로 살펴보면 직업재활계획 수립 이전과 이후로 나누어 볼 수 있다.

① 종결(20)−직업재활계획 수립 이전 종결

초기면접 또는 직업평가를 실시하고 그 결과를 토대로 적격성 결정을 위한 사례회의에서 기관의 직업재활서비스 대상자로 부적격하다고 결정되거나, 적격하다고 결정되었지만 장애인 본인이 거절, 포기하는 등의 문제가 발생하여 장애인과 보호자 등의 동의 과정을 거쳐 종결하게 된다. 또는 타 기관이 직업평가 서비스만 의뢰한 경우, 직업평가 실시 후 직업평가보고서를 발송하면서 종결된다.

- 성공적 종결

  20.1.1. − 직업평가서비스만을 의뢰받아 직업평가를 실시한 후 평가보고서를 발송한 경우

- 불완전한 종결

  20.2.1. − 직업상담 후 적격성 결정 사례회의 결과 기관의 직업재활서비스 대상자로 적합하지 않다고 결정된 경우

  20.2.2. − 직업상담 후 적격성 결정 사례회의 결과 장애인이 희망하는 직업재활서비스가 기관 내에 개설되어 있지 않은 경우

20.2.3. – 직업평가 후 적격성 결정 사례회의 결과 기관의 직업재활서비스 대상자로 적합하지 않다고 결정된 경우

20.2.4. – 직업평가 후 적격성 결정 사례회의 결과 장애인이 희망하는 직업재활서비스가 기관 내에 개설되어 있지 않은 경우

20.2.5. – 직업재활서비스 대상자로 적합하다고 결정되었으나 직업재활계획 수립 전 본인이 거절 또는 포기한 경우

20.2.6. – 직업재활서비스 대상자로 적합하다고 결정된 후 직업재활계획 수립 과정에서 문제가 발생한 경우(사망, 거주지 이전, 연락두절 등)

- 타 기관 의뢰 종결

20.3.1. – 직업상담 및 직업평가 결과에 따라 장애인에게 적합한 서비스를 제공할 수 있는 타 기관으로 의뢰한 경우

② 종결(22)–직업재활계획 수립 이후부터 취업알선 시 종결

직업재활 목표가 달성되었거나 장애인이 서비스 이용을 거절하거나 포기하는 경우, 기타 서비스를 이용하기 어려운 사유 등으로 인하여 사례회의를 거쳐 장애인과 보호자의 동의하에 종결되는 과정이다.

- 성공적 종결

22.1.1. – 직업적응훈련을 의뢰받아 계획된 기간의 훈련이 종료된 경우

- 불완전한 종결

22.2.1. – 직업재활계획을 수립하였지만 서비스 이용 전 장애인이 서비스 이용을 거절 또는 포기한 경우

22.2.2. – 직업적응훈련 기간 중에 장애인이 서비스 이용을 거절 또는 포기한 경우

22.2.3. – 취업알선서비스를 기다리는 동안 타 기관 알선서비스를 이용하여 취업을 한 경우

22.2.4. – 취업알선 기간 중에 장애인이 서비스 이용을 거절 또는 포기한 경우

22.2.5. – 서비스 이용 전, 서비스 이용 중에 서비스를 이용하기 어려운 문제가 발생한 경우(사망, 거주지 이전, 문제행동, 연락두절 등)

- 타 기관 의뢰 종결

22.3.1. – 직업적응훈련 및 취업알선 기간 중에 장애인의 요청에 따라 타 기관에 의뢰한 경우

③ 종결(24): **취업 이후 종결**

- 성공적 종결

  24.1.1. – 안정적으로 고용상태를 유지하여 취업 후 적응지원이 필요하지 않다고 결정된 경우

- 불완전한 종결

  24.2.1. – 장애인 근로자 및 사업체(주)가 취업 후 적응지원을 원하지 않은 경우

  24.2.2. – 퇴사한 후 장애인이 직업재활서비스 이용을 원하지 않은 경우

  24.2.3. – 취업 이후 서비스를 이용하기 어려운 문제가 발생한 경우(사망, 거주지 이전, 연락두절 등)

- 타 기관 의뢰 종결

  24.3.1. – 장애인의 요청에 따라 취업 후 적응지원 또는 퇴사 후 재활서비스를 타 기관에 의뢰한 경우

종결(20, 22, 24)는 사례회의 결과와 장애인, 보호자의 의견과 동의에 관한 사항을 종결기록지에 기록하고 필요시 그 결과를 장애인 및 보호자 등에게 통지한다.

서비스 의뢰서

NO-

<table>
<tr><td rowspan="3">의뢰받는 기관</td><td>기관명</td><td></td></tr>
<tr><td>담당자</td><td></td></tr>
<tr><td>연락처</td><td></td></tr>
</table>

<table>
<tr><td>성명</td><td colspan="2"></td><td>생년월일</td><td colspan="2"></td></tr>
<tr><td>성별</td><td colspan="2"></td><td>장애유형
및 등급</td><td colspan="2"></td></tr>
<tr><td>주소</td><td colspan="3"></td><td>연락처</td><td></td></tr>
<tr><td>재활서비스 이력</td><td colspan="5"></td></tr>
<tr><td>의뢰내용</td><td colspan="5"></td></tr>
<tr><td>의뢰사유</td><td colspan="5"></td></tr>
<tr><td>기 타
참고사항</td><td colspan="5"></td></tr>
</table>

<table>
<tr><td>의뢰요청 기관</td><td></td><td>의뢰일자</td><td></td></tr>
<tr><td>의뢰 담당자</td><td>(인/서명)</td><td>연락처</td><td></td></tr>
</table>

[그림 7-9] 서비스 의뢰서 양식

출처: 한국장애인개발원(2015). 중증장애인의 직업재활계획을 위한 직업상담과 직업능력평가 매뉴얼.

사례회의 기록지

NO–

성명		생년월일		장애유형 및 등급	(　　급)
일시	년　월　일 (　:　~　:　)		장 소		
목적					
회 의 내 용					
회 의 결 과					
기 타 사 항					

참석자 확 인	(인/서명)	(인/서명)	(인/서명)	(인/서명)	(인/서명)	(인/서명)

작성일: 20　.　.　작성자:　　(인/서명)

[그림 7-10] 사례회의 기록지 양식

출처: 한국장애인개발원(2015). 중증장애인의 직업재활계획을 위한 직업상담과 직업능력평가 매뉴얼.

제8장

Foundations of Vocational Rehabilitation

직업평가

1. 직업평가의 정의

장애인 내담자의 직업재활 과정에서 중요한 역할을 담당하고 있는 직업평가는 정의는 다음과 같다.

직업평가는 "작업을 주된 평가요소로 하여 개인의 직업 잠재성을 측정하는 개별화된 과정" 이다(강위영, 이상진, 1999).

직업평가는 장애인의 직업적 흥미, 적성, 강점, 제한점 및 잠재능력을 파악 · 분석하기 위해 신체능력평가, 심리평가, 작업표본평가, 상황평가, 현장평가 등을 실시하는 직업재활서비스로서, 장애인에게 적합한 직업재활 방향을 설정하고 효과적으로 직업을 선택할 수 있도록 지원하는 것이다(한국장애인개발원, 2015).

「장애인고용촉진 및 직업재활법」 제10조 1항에서는 고용노동부장관과 보건복지부장관은 장애인이 그 능력에 맞는 직업에 취업할 수 있도록 하기 위하여 장애인에 대한 직업상담, 직업적성 검사 및 직업능력 평가 등을 실시하고, 고용정보를 제공하는 등 직업지도를 하여야 한다고 명시하여 직업지도의 한 영역으로 제시하고 있다.

직업평가는 직업재활서비스의 방향을 설정하는 핵심적인 과정으로서 직업생활에 영향을 줄 수 있는 다양한 요인들에 대해 과학적이며 체계적으로 정보를 수집 · 분석하고 이를 종합하는 활동이다(강위영, 나운환, 박경순, 류정진, 정명현, 2009).

"직업평가는 평가와 직업탐색에 초점을 두고 개인의 직업 개발을 돕기 위한 목적으로 현직과업이나 모의과업을 사용하는 체계적이고 종합적인 과정이다. 직업평가의 목적은 의학, 심리학, 사회, 직업, 교육, 문화, 경제적 자료를 종합하여 획득된다."(제10회 재활서비스 심포지엄, 1972)

"실제 작업환경의 특성과 유사한 환경에서 실제과업이나 모의과업과 활동을 이용한 특별한 기술과 환경, 일정기간 이상의 면밀한 관찰과 판단을 요구하는 특별한 형태의 임상평가" (VEWAA Project, 1975)

"교육자에게 프로그램 계획수립의 기초를 제공하고 자신의 직업 잠재력에 대한 통찰력을 제공하는 내담자의 개인 특성, 교육, 훈련, 직업배치 욕구 판별을 위한 다학문적 팀에 의해

일정기간 이루어지는 종합적 과정”(VEWAA Glossary, 1983)

“개인의 직업 목표를 판별하기 위한 체계적이고 조직적인 기초를 제공해 주는 프로그램 혹은 서비스로 내담자의 장점, 단점, 작업환경 내 행동을 나타내며, 재활 프로그램 수립에 요구되는 특별한 조언”(Commission on Accreditation of Rehabilitation Facilities: CARF, 1987)

2. 직업평가의 개념

한국장애인개발원(2015)은 직업평가의 목적과 목표를 『중증장애인의 직업재활계획을 위한 직업상담과 직업능력평가 매뉴얼』에서 다음과 같이 제시하고 있다(p. 91).

1) 목적

직업평가는 장애인의 직업적 흥미, 적성, 강점, 제한점 및 잠재능력을 파악 · 분석하기 위해 신체능력평가, 심리평가, 작업표본평가, 상황평가, 현장평가 등을 실시하는 직업재활서비스로서, 장애인에게 적합한 직업재활 방향을 설정하고 효과적으로 직업을 선택할 수 있도록 지원한다.

직업평가는 내담자의 일반적인 취업 가능성 혹은 직업태도, 직업행동, 가치관 등의 직업인성요인을 측정하고, 직업기능, 능력, 적성과 같은 직업 기술을 결정하며(Gellman, 1968) 개인의 능력과 인내력에 대한 종합적인 정보를 제공한다(Klein, Wheaton, & Wilson, 1997). 직업재활의 성공 여부는 직업재활 과정을 촉진시키는 변인들을 적합하고, 신뢰할 만하며, 타당성 있게 평가할 수 있는 능력에 의해 결정되며, 이러한 평가는 모든 전문적 활동의 기초가 된다(Frey, 1984).

직업평가의 초점은 고용 가능성과 배치 가능성을 포함하는 내담자의 직업에 대한 준비도 측정에 있으며, 평가 결과를 통해 내담자는 직업배치와 유지에 필요한 조건들을 인식하게 된다(Power, 2013).

직업평가의 목적은 내담자의 직업선택과 고용 가능성에 대한 정보를 수집하는 것이다. 직업평가에서 얻은 정보는 ① 내담자의 직업재활서비스 적격성 판정, ② 내담자의 취업

지원에 요구되는 서비스 혹은 활동에 대한 계획 수립, ③ 내담자가 자신의 능력과 직업에 대한 통찰력을 증대하고 적합한 직업을 선택할 수 있게 해 준다.

직업에 대한 의사결정 과정은 다양한 진로 선택의 기회와 관련하여 직업평가사가 능력, 흥미, 사회성 기술, 독립생활 기술 등을 평가하여 내담자의 장단점을 판별하고, 내담자가 효율적인 의사결정을 하도록 도우며, 내담자의 직업 성숙도를 향상시켜 스스로 의사결정을 내리도록 하는 것이다(McDaniel & McClanahan, 1993; Roessler & Greenwood, 1987).

1986년 「재활법 개정안」은 적격성 판정에서 내담자의 지체장애 혹은 정신장애인의 경우 직업재활 결과에 장애가 미치는 영향, 내담자가 직업재활서비스로 얻는 이익과 확대평가의 여부를 결정하는 사전 진단연구를 필수로 규정하였다. 내담자는 직업평가 과정에 적극적으로 참여함으로써 직업 탐색의 기회를 얻고, 자신의 직업능력에 대해 이해하며 합리적인 진로를 선택하게 된다. Gwilliam(1970)은 내담자가 직업평가의 목적을 보다 잘 이해할수록 자신의 능력, 기능, 잠재력을 보다 잘 인식하게 되며, 결국 현실적인 직업 이상을 가진다고 하였다.

직업평가의 목적은 평가환경과 장애유형, 정도에 따라 변화한다. VEWAA Project(1976)는 직업평가의 목적과 목표를 다음과 같이 언급하였다.

> 첫 번째 목적은 내담자 개개인에 적합한 결과를 판별하는 것이고 이 결과는 경쟁고용에서부터 완전한 타인의존까지를 포함한다. 두 번째 목적은 내담자의 기능적 능력과 장애를 판별하는 것으로 직업평가는 종합적이고 이차적인 서비스까지 포함한다. 세 번째 목적은 최적의 결과 획득에 장애가 되는 기능적 장애를 극복하는 데 필요한 서비스를 판별하는 것이다. 네 번째 목적은 내담자의 기능적 장애를 최소화하는 것으로 이는 직업평가의 치료적 기능이며, 내담자의 태도, 행동, 수행에 긍정적인 변화를 유발시킨다.

Loftquist와 Dawis(1969)도 이러한 긍정적이고 현실적인 태도는 직업에서의 성공 가능성과 높은 상관관계를 가진다고 했으며, Pierson과 Crimando(1988)는 직업평가가 내담자의 직업인성을 치료하는 '치료적 계획'의 기초가 된다고 보았다.

이외에도 직업평가는 재활상담사와 직업평가사가 직업평가를 통해 얻은 객관적이고 현실적인 내담자의 직업능력 정보를 기초로 적격성을 판정하고, 보다 적절한 개별재활계획서를 개발하며, 비용과 시간을 절감하여 경제성을 높이며 내담자의 취업 가능성을 향상시키는 긍정적인 면을 갖는다고 하였다.

2) 목표

- 일반고용, 지원고용, 보호고용, 창업 등 향후 직업방향을 탐색하기 위하여 장애인의 직무능력, 흥미, 적성, 강점과 제한점, 잠재능력 등을 파악한다.
- 장애인의 욕구 및 능력을 기반으로 한 직업 목표를 설정하고 지원서비스를 계획하는 데 필요한 정보를 제공한다.
- 직업재활서비스 제공 중 과정평가를 통하여 개인의 향상 정도에 따른 서비스가 지원될 수 있도록 한다.
- 직업을 탐색하고 선택하는 데 있어 장애인의 직업인식과 통찰력을 증대시키고, 작업수행 및 태도 등에 있어 긍정적인 변화를 유도할 수 있게 한다.

3) 직업평가 대상과 과정

직업평가의 대상을 결정하는 것은 초기면접 단계에서부터 시작된다. 내담자의 정보를 수집하면서 직업평가의 필요성을 파악하고, 사례회의를 통해 직업평가에의 의뢰가 적절한지를 결정하며, 적합한 평가유형을 결정해야 한다.

(1) 대상

구직, 직업 유지, 진로 개발, 기타 직업재활서비스 이용 등을 위해 자신의 흥미, 적성, 강점과 제한점 등에 대한 평가를 필요로 하는 장애인이다.

- 직업경력이 전혀 없는 학교에 재학 중인 학생인 경우 자신의 흥미, 적성, 기질, 능력, 강점과 제한점 등 자신의 특성에 대해 탐색하기 위해 전반적인 영역에 대한 평가를 실시한다.
- 직업경력이 있는 내담자의 경우, 자신이 이전에 종사했던 직무영역에 복귀하기를 원한다면 재취업 가능성을 평가하는 것이 타당하며, 전직을 원한다면 이전 직업경

력을 활용하여 취업할 수 있는 직무영역에 대한 배치가능성을 평가하는 것이 타당하다.

- 직업경력이 있는 경우에도 이전과 전혀 다른 직업에 종사하기를 원하거나 중도 장애로 인해 이전 직업에의 배치가 어렵다면 전반적인 특성 영역에 대한 평가가 요구된다.

(2) 과정

직업평가는 초기 적격성 결정을 위한 직업평가뿐만 아니라 직업적응훈련, 취업알선, 취업 후 적응지원 등 직업재활서비스의 전반적인 과정에서 실시되며, 직업평가계획 수립, 직업평가 실시, 직업평가보고서 작성, 직업평가보고서 관리의 순서로 이루어진다.

① 직업평가계획 수립

직업상담 결과를 바탕으로 직업평가의 목적, 내용, 방법 등에 대한 계획을 수립하고 직업평가계획서를 작성한다. 직업재활서비스 과정의 직업평가는 직업재활계획서, 세부 프로그램 계획서에 직업평가계획이 세부적으로 수립되어 있다면 이를 대체할 수 있다.

② 직업평가 실시

직업평가계획에 따라 평가 실시 전 해당 장애인에게 참여를 위해 필요한 사항을 안내하고 신체능력평가, 심리평가, 작업표본평가, 상황 및 현장평가 등을 실시한다. 직업평가는 직무수행 능력, 흥미, 적성, 강점과 제한점 등을 파악하여 적격성 결정, 직업재활방향 설정의 근거를 제공한다. 또한 직업재활계획에 따라 목표 달성여부를 파악하여 효과적으로 직업을 선택할 수 있도록 지원한다.

③ 직업평가보고서 작성

직업평가 실시 결과를 토대로 직업평가보고서를 작성한다. 직업평가보고서는 직업평가의 목적에 알맞게 내용을 구성할 필요가 있으며, 평가 결과를 명확하고 구체적으로 기술해야 한다.

3. 직업평가사

1) 직업평가사의 역할

직업평가는 예측을 위한 일회성의 결정이 아닌 지속적·상호적 과정이다. 직업평가사(Vocational Evaluator)는 직업평가 과정의 계획을 수립하고, 진행시키며, 사후관리를 제공하는 지속적인 관리 책임자다. 직업평가사는 내담자의 직업잠재력을 평가하고, 재활서비스의 내용을 결정하며, 내담자의 선호도와 평가 결과 나타난 기능적 장단점에 기초하여 내담자가 적합한 직업선택을 하도록 돕는 역할을 한다. 즉, 직업평가사는 ① 인간행동 관찰, 분석능력과 면접 기술, 직업평가자료를 실행하고 분석하는 능력이 뛰어나고, ② 내담자의 능력에 알맞은 서비스 형태와 수준을 제시하며, ③ 훈련과 경험을 통한 전문성을 가지고 재활상담사, 직업교사 등 관련 재활전문가에게 직업재활의 방향에 대해 조언한다.

직업평가사의 대부분의 시간은 현재와 미래에 직업평가를 의뢰할 가능성이 있는 기관(학교, 직업재활시설, 정신건강증진센터 등)과의 접촉에 할애된다. 평가사는 의뢰기관에 서비스에 관한 정보를 제공하고, 평가가 종료되면 내담자, 고용주, 특수교사, 부모, 직업훈련교사, 정신보건요원 등에게 평가의 결과에 대해 정확한 해석과 설명을 제공하며, 개별재활계획서의 목적에 부응하는 실제적인 조언을 한다.

직업평가 도구는 내담자의 장애유형, 정도, 그리고 욕구에 알맞도록 직업평가사에 의해 수정, 보완될 수 있기 때문에 직업평가사의 전문성에 따라 평가 결과의 수준이 결정되며, 평가 결과의 효율성을 향상시킴으로써 직업평가와 전체 재활 과정의 성패를 결정한다(Walk, 1985). 그러므로 직업평가계획을 수립하기에 앞서 직업평가사는 내담자의 직업목표 획득에 가장 실제적이고 신뢰로운 평가도구를 선정하기 위해 직업평가도구를 면밀히 고찰해야 한다. 직업평가사가 내담자의 직업 획득과 보유를 위해 효과적인 평가도구를 선정하여 사용한다면 내담자의 불안감은 감소될 것이며, 내담자에게 적합한 작업환경이나 직무에 대해 잘 알지 못하는 관련 전문가들에게 유용한 정보를 제공하고, 중도장애인들의 직업복귀와 관련된 문제 해결에도 도움이 된다(Mason, 1983).

2) 직업평가사의 기능

Pruitt(1986)는 직업평가사의 직무를 분석하여 67가지 직무를 다음의 7개의 직무군으로 분류하였다.

① 평가(작업표본평가, 심리평가, 상황평가)
② 상담과 면접
③ 훈련
④ 행정
⑤ 직업분석
⑥ 의사소통과 협동
⑦ 연구와 개발

Egerman과 Gilbert(1969)는 또한 직업평가사의 기능에 대한 연구를 통해 다음과 같이 직업평가사의 기능과 기능 수행에 소요하는 비율을 제시했다.

① 정기적인 직원회의 참석 및 내담자에 대한 논의(73%)
② 작업을 수행하는 내담자 관찰(70%)
③ 내담자의 직업적응 지원(68%)
④ 내담자의 진행 상황에 대한 정기적인 보고서 작성(66%)
⑤ 작업표본 혹은 기타 측정도구 실행(61%)
⑥ 검사 결과에 기초한 훈련 및 배치에 대한 제안점 제시(61%)

Egerman과 Gilbert(1969)는 또한 직업평가사가 갖추어야 할 최소한의 3가지 지식 분야를 제안하였다.

① 평가 결과 해석 능력
② 평가도구 선택 능력
③ 평가도구 실행 능력

그러나 직업평가사의 역할과 기능은 재활기관의 규정과 자신의 성격, 타인의 기대수준에 따라 달라진다. 직업평가사는 직무과업의 내용, 내담자의 과업수행 수준, 사회성 기술수준, 작업환경 등에 관한 실제적인 정보를 분석 · 제공하고, 이러한 정보는 직무수행과 관련된 특정 문제를 제시하고 해결함으로써 궁극적으로 내담자가 직업적 · 사회적으로 적응할 수 있도록 도와준다(Mason, 1983).

그러므로 직업평가사는 다음의 요인들을 평가하는 책임을 진다(Rosenberg, 1973).

① 내담자의 직업적성
② 손가락 기민성과 도구와 기계를 다루는 능력
③ 서기, 앉기, 스트레스 수준과 관련된 작업 인내도
④ 직업습관(단정함, 근면성, 관리자, 동료와의 관계, 출근과 시간 지키기 등)
⑤ 서면과 구두지시의 이해도
⑥ 일과 장애에 대한 태도 및 작업환경에 대한 반응
⑦ 외모 가꾸기, 옷입기, 머리 손질하기
⑧ 직업훈련과 배치의 가능성
⑨ 독립적인 일상생활기술
⑩ 의학적 · 심리적 · 직업적 문제 해결서비스

〈표 8-1〉 직업평가사와 재활상담사의 기능

직업평가사	재활상담사
① IWEP 개발	① 사례 발견
② 평가기법들의 선택과 이용	② 적격성 판정
③ 평가도구의 개발	③ 지역사회자원 개발
④ 직업 관련 행동의 관찰 및 해석	④ 재활계획계발과 내담자 사정
⑤ 개인적 · 사회적 행동측정	⑤ 서비스의 연속성 유지
⑥ 심리측정검사들의 시행 및 해석	⑥ 필요한 진단적 활동
⑦ 직무분석	⑦ 내담자 자료분석
⑧ 직업재구조화와 재활공학 적용	⑧ 재활에 필요한 재정 확보
⑨ 평가기법들의 사정	⑨ 상담관계의 개발 및 유지
	⑩ 내담자 직업배치

출처: Sink, J. M., & Porter, T. L. (1978). Convergence and divergence in rehabilitation counseling and vocational evaluation. *The Journal of Applied Rehabilitation Counseling, 9*(1), pp. 9–10.

4. 직업평가계획 및 과정

직업재활과 특수교육 내담자의 평가는 내담자의 개인차를 기초로 한다. 내담자의 욕구, 장단점에 기초하여 수립된 개별화된 계획은 서비스 결과의 효율성을 높이고, 평가기간을 단축하여 비용을 절감하며 평가 과정을 보다 효과적이고 신뢰할 만하게 한다. 직업평가계획은 평가 과정의 방향과 중심을 결정하고 각 개인에 따라 달리 나타나는 특정 문제를 제시한다. 의뢰 시의 자료와 초기면접에서 얻은 정보는 평가계획 수립의 척도가 되며 평가 과정 이외에 평가도구도 평가계획에 포함된다. 직업재활평가를 통해 내담자는 현실적인 경험을 하고 평가사는 내담자의 욕구, 장단점에 기초하여 계획을 수립하게 된다(Pruitt, 1986). 직업평가계획 수립은 직업평가사 자격 취득에 요구되는 중요한 영역이다(Commission on Certification of Work Adjustment and Vocational Evaluation Specialists, 1984).

위스콘신 스타우트 대학교의 직업개발센터(University of Wisconsin-Stout Vocational Development Center)는 직업평가계획의 근거를 다음과 같이 들고 있다.

① 신뢰성
- 평가기간의 단축
- 비용절감
- 평가 장면에서의 통제력 증가로 인한 효율성 증대

② 내담자 동기화
- 개별화계획을 통한 내담자의 인식 증대와 태도 변화
- 내담자의 직업 분야와 직무 선택 기회부여

③ 의뢰기관과의 관계
- 의뢰 시의 의문점 해결을 위한 계획 수립
- 의뢰기관 내담자 특성에 따른 다양한 평가기간

④ 평가사의 직무
- 평가 내용 선택을 용이하게 함
- 의사결정 과정의 단순화
- 논리적이고 문제에 대한 해결 방법이 제시된 보고서 작성

평가가 진행되지 못하고 실패하는 것은 ① 평가될 직무가 너무 쉽거나 어려울 때, 혹은 내담자의 직업 목표와 맞지 않을 때, ② 개별화가 아닌 모든 내담자에게 같은 평가 직무가 주어질 때, ③ 체계적이지 못한 평가계획에 의해 평가될 때다.

1) 직업평가계획 수립 지침

① 직업탐색에 있어 하나의 직업군 내에서 단순한 작업에서부터 보다 복잡한 작업의 순서로 진행할 것
② 내담자를 평가계획 수립과 모든 의사결정 과정에 참여시킬 것
③ 평가계획의 목적과 순서를 정할 때 내담자 자신이 흥미를 가지고 있다고 느끼는 분야 혹은 검사를 통해 나타난 흥미 분야를 반영할 것
④ 모든 의뢰 시의 의문점들이 구체적이고 상세하게 해결될 수 있도록 평가계획을 수립할 것
⑤ 평가의 결과가 미래에 배치될 직업의 특성과 직접적으로 관련될 수 있도록 평가계획을 수립할 것
⑥ 내담자의 장점과 단점에 대한 의문점과 가설을 수립하는 데 직업사전(DOT)과 같은 직업 정보에 관한 자료를 사용할 것
⑦ 내담자의 장점과 단점에 대한 정보 획득에 의뢰 자료와 초기면접을 사용할 것
⑧ 평가의 경제적 측면에서 평가계획의 초기 단계에 흥미도, 성취도, 체력검사를 실시할 것
⑨ 내담자가 평가의 과정을 직업과 잘 연결시킬 수 있도록 심리평가를 다른 직업평가 도구와 함께 적절히 사용할 것
⑩ 내담자의 개인차를 존중하고 개별화된 직업평가계획을 수립할 것
⑪ 직업평가세획은 과정이 진행됨에 따라 수정이 가능할 것

재활시설인가위원회(CARF, 2001)는 직업평가 기준을 제시하였는데, 대부분의 재활시설들이 이 기준을 따르고 있다.

① 직업평가 서비스의 범위와 영역은 종합적이어야 한다.

② 내담자의 신체적 · 정서적 장애가 표준화검사의 결과 해석에 영향을 미칠 경우 내담자에게 가장 적절한 평가도구와 방법을 제시해야 한다.
③ 내담자에게 제공되는 평가시간은 내담자의 평가 목표 수립에 충분해야 한다.
④ 평가자료는 상담과 행동관찰에 의해 보충되어야 한다.
⑤ 직업평가에서 다루는 직무 영역은 내담자가 쉽게 접근할 수 있는 지역사회의 노동시장과 내담자의 흥미, 능력, 기회에 기초하여야 한다.
⑥ 직업평가에서 사용되는 작업장과 직무는 내담자의 욕구를 충족시킬 수 있을 만큼 충분해야 한다.
⑦ 평가계획은 의뢰 시의 정보, 초기면접, 평가의 목적에 기초하여 내담자의 참여하에 구체적으로 수립되어야 한다.
⑧ 평가서비스의 목적은 지역사회 내의 직업과 관련된 직업명이나 직업군과 같은 전문용어를 사용하여 취업 가능성에 대한 기술로 명시되어야 한다.
⑨ 직업평가 영역은 수행하기에 적절하게 고안되어야 하며 충분한 공간이 제공되어야 한다.
⑩ 직업평가에서 사용되는 도구는 지역사회 내의 같은 직종의 업체에서 실제로 사용하고 있는 도구와 유사해야 한다.
⑪ 직업평가서비스는 직업평가사 또는 재활전문가의 감독하에 제공되어야 한다.
⑫ 직업평가를 실시한 내담자에 대한 문서화된 평가보고서를 작성한 후 사례회의를 통해 내담자에게 평가 결과를 설명해야 하고 내담자는 결과 내용을 이해하여야 한다. 또한 직업평가사는 프로그램 담당자 혹은 사례관리자에게 평가 결과에 대한 제언을 제시해야 한다.

Power(2013)는 직업평가계획 수립에 다음과 같은 요소를 고려해야 한다고 하였다.

① 장애발생 연령
② 신체적/정서적 제한점
③ 복용하고 있는 약물
④ 내담자의 경력에 적합한 평가도구의 타당성
⑤ 교육 정도

⑥ 신체적 인내력
⑦ 신체적 제한점을 보상하기 위한 재활 과정의 범위

2) 직업평가 과정

직업평가의 과정은 모든 참여 대상이 평가 과정의 목적, 시기, 방법에 대해 명확히 인지함으로써 평가 결과에 대해 책임을 지고, 결과에 따른 재활 과정 수행에 명확성을 제시하는 과정이다.

직업평가 과정은 개별성, 유연성, 역동성, 결과지향성의 특성을 지닌다(Institute on Rehabilitation Issues, 1987). 지능검사, 적성검사, 흥미검사 등 전통적인 심리평가도구는 개인의 욕구를 이해하기 위한 것이 아닌 현재와 미래의 능력 유무를 분류하기 위한 목적을 가진다. 이러한 이유에서 심리평가의 결과가 장애인 내담자의 적격성 판정에 사용될 때에는 조심스럽고 세심하게 검사 결과 활용 여부를 고려해야 한다.

장애인을 대상으로 하는 직업평가는 전통적 심리평가보다 개인차를 인정하며, 장애인에게 차별적이지 않고, 개인의 욕구가 반영되는 개별화 과정이다. 장애인 직업평가는 내담자의 신체적 · 심리적 제한점을 발견하기 위한 과정이 아닌 기능성과 잠재성에 대한 예측이 목적이 된다.

직업평가의 두 번째 특징인 유동성은 내담자에게 영향을 주는 모든 요인을 평가사가 인지하고 상황에 맞추어 융통성 있게 계획을 수립 · 실행하는 것이다. 내담자의 가족과 친지, 지역사회, 경제 상황, 직업기술, 직업윤리, 작업환경, 자아개념, 사회성, 장애지원수단 등의 심리적 · 물리적 환경은 장애인 내담자가 일반인과는 다른 특징을 갖게 한다.

직업평가에 내담자를 의뢰하는 목적은 다음과 같다.

① 측정: 적성, 흥미, 장점, 욕구, 적응능력, 신체능력, 기능성 측정
② 예측: 특정 환경이나 직업에의 배치 가능성 예측
③ 처방: 배치, 수정, 특별 서비스, 개별화된 직업계획 등 각 내담자의 재활과정에서 요구되는 필수조건
④ 탐색: 진로 개발 정도, 진로, 능력, 흥미의 연결, 성인기 직업훈련, 사회성, 직업조건

의 이해

⑤ 중재: 성공적인 직업탐색을 통한 행동 변화와 동기화

⑥ 지원: 종합적인 직업 프로파일을 개발하여, 내담자, 가족, 친지가 현실적인 정보를 가지고 지원함(Institute on Rehabilitation Issues, 1987).

(1) 직업평가 과정 모델

직업평가 과정의 단계를 나타내는 직업평가 과정 모델에는 VEWAA 직업평가 모델, 위스콘신 대학교 스타우트 모델(University of Wisconsin-Stout Model), 나돌스키 모델(Nadolsky Triangle)이 있다.

① VEWAA 직업평가 모델

VEWAA 직업평가 모델(1971)은 선별심사(부가적인 서비스를 제공하기 위한 계획된 초기 단계 평가), 임상평가(심리평가, 직업상담 등의 중간 단계 평가), 직업평가(모의 혹은 실제적인 과업을 수행함으로써 직업발달을 촉진하는 종합적인 평가)의 3가지 수준의 평가 과정으로 구성되어 있고, 직업평가 모델 중 가장 일반적인 모델이다(강위영, 이상진, 1999).

VEWAA 직업평가 모델은 다음과 같다.

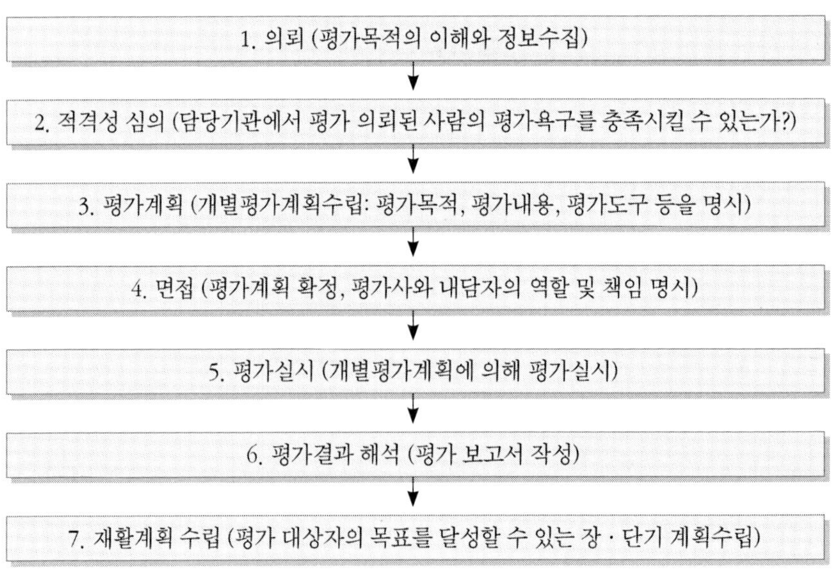

[그림 8-1] VEWAA 직업평가 모델

② **위스콘신 대학교 스타우트 모델**

위스콘신 대학교 UW-Stout 모델은 11가지 단계를 제시하고 있다(강위영, 이상진, 1999).

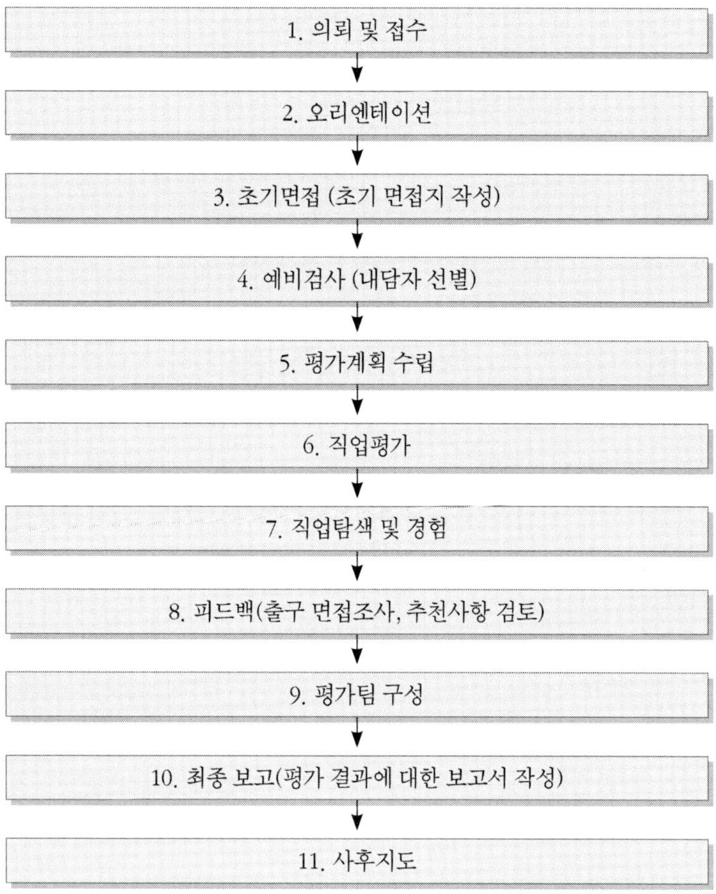

[그림 8-2] 위스콘신 대학교 스타우트 모델

③ **나돌스키 모델**

Nadolsky(1984)는 재활전문가들이 현장에서 사용하고 있는 다양한 직업평가 방법들의 장점을 반영하고 단점을 보완해서 나돌스키 모델(Nadolsky triangle)을 제시했는데, 이 모델은 직업 선택의 범위를 서서히 좁혀 나가는 방법이다(강위영, 이상진, 1999).

[그림 8-3] 나돌스키 모델

(2) 직업재활 과정에서의 직업평가

다음의 직업평가 과정은 장애인 내담자가 직업재활 과정에서 가장 바람직한 직업평가 결과를 얻기 위한 활동을 의미한다.

① 개인의 욕구 판별

평가 대상이 되는 내담자의 판별은 일반적으로 재활상담사에 의해 이루어지나 전체 직업재활 과정에서 내담자에 대한 자료를 필요로 하는 모든 재활관계자들이 참여하여 수행한다. 내담자는 직업평가를 통해 직업에 대한 의사결정을 하게 되지만 자신의 욕구에 대한 이해도가 낮거나 의사결정이 어려운 중증장애인 내담자의 직업에 대한 욕구를 평가하는 것은 어렵다.

잠재적이거나 실제적인 훈련, 고용 혹은 지역사회 통합의 문제 등은 재활상담가에 의해 재활 과정이 시작되기 전에 내담자, 부모, 교사 혹은 기타 관련 서비스 기관을 통해 인지될 수 있다. 재활 과정에서 내담자 스스로가 서비스의 필요성을 인식하는 것은 매우 중요하고, 이러한 내담자의 현재 혹은 미래의 문제를 미리 판별하는 것은 재활 과정의 성패에서 중요한 역할을 한다. 내담자에게 재활 과정에 대한 충분한 설명을 함으로써 평가와 의사결정에 있어 내담자의 적극적인 참여동기를 유발할 수 있다. 재활공학적인 측면이 고려될 때에는 직업평가 프로그램의 선정과 의뢰 이전에 재활공학전문가에 의해 평가되어야 한다.

② 직업평가 프로그램 선정

모든 재활의 과정은 내담자의 참여를 통해 내담자의 욕구를 최대한 반영하는 과정으로 직업평가서비스 필요성에 대한 결정도 내담자와 함께 이루어진다. 직업평가 프로그램은 내담자의 최대한 이익을 위해 종합적인 직업평가가 필요할 때 내담자의 특성에 대한 정보를 얻기 위해 시행을 결정한다. 이렇게 필요성이 결정되면 재활상담사는 공식적으로 내담자를 직업평가에 의뢰한다.

직업평가서비스 실시 여부에 관한 결정과 의뢰 과정은 공식적인 과정으로 내담자의 기능평가 자료 수집으로 시작된다. 이러한 사전평가 과정은 내담자의 기능 수준에 대한 정보를 바탕으로 재활 과정에 의뢰하기 이전에 선행되어야만 하는 다른 서비스나 치료의 기초가 된다. 예를 들어, 내담자의 신체적, 심리적 회복의 정도가 충분하지 않거나 직업에 대한 자아개념이 낮을 경우 재활서비스에 대한 준비가 되어 있지 않다고 판단할 수 있다. 이러한 자료는 또한 재활전문가들의 재활 프로그램 수립에 도움이 된다.

내담자의 욕구와 선정된 프로그램 사이의 일치도는 직업평가 프로그램의 성패를 결정하기 때문에 내담자를 의뢰함에 있어 재활상담사는 직업평가서비스에 대한 지식을 갖추어야 하며, 평가기관을 방문하거나 협조관계를 유지하여야 하고, 이는 또한 내담자와의 라포(rapport) 형성에 중요한 요소가 된다.

재활상담사는 내담자가 직업평가를 받기를 원한다고 추측하여 직업평가서비스를 실시해서는 안 되며, 내담자가 자신의 의사와 욕구를 표현하는 데 최대한의 자유를 부여해야 한다. 내담자가 특정 프로그램에 참여하기를 거부할 수 있는 융통성이 주어지지 않으면 그는 서비스에 대한 불만 혹은 동기상실을 표현하기 위해 부적합한 행동을 하게 되고, 이로 인해 전체 재활 과정이 직업배치로 연결되지 못한 채 종결될 수 있다. 이러한 프로그램에 대한 거부나 비협조는 때로 내담자가 서비스의 내용을 이해하지 못해서 갖게 된 불안감에 기인한다. 이 경우 직업평가사는 평가 프로그램의 목적과 내용에 대한 재교육을 실시하여 내담자의 이해를 증진시키고, 내담자가 과정에 협조하고 참여하도록 유도하여야 한다. 내담자에게 알맞은 평가서비스를 선정하고 내담자의 프로그램에 대한 욕구를 판별하는 데에는 많은 시간과 노력이 요구된다.

직업평가 서비스 선정 작업은 3가지 과정으로 나뉜다.

- 효과적이고 선택 가능한 프로그램 자료 조사
- 적합한 평가 프로그램과 내담자 연결
- 내담자가 프로그램에 적극적으로 참여하도록 준비시킴

내담자의 적극적인 참여는 프로그램에 대한 지식 정도, 즉 준비도와 비례하며 이를 위해 프로그램에 대한 오리엔테이션을 실시한다. 오리엔테이션은 의뢰기관의 초기 혹은 평가계획 과정에서 프로그램의 목적과 내용, 내담자와 평가사의 역할, 도구 등에 대한 정보 전달로 이루어진다.

③ 직업평가에의 의뢰

의뢰 과정에서 가장 중요한 부분은 의뢰의 이유와 그에 관한 질문이다. 의뢰에 관한 질문은 재활계획 수립과 내담자의 미래의 수행 정도를 예측하는 기초가 되며, 서비스 제공의 방향을 제시한다. 의뢰와 함께 제공되는 내담자에 관한 자료와 정보, 제시된 문제점을 기초로 재활 과정에서 실시될 과업, 검사, 활동의 계획을 수립한다. 내담자에 관한 정보는 내담자의 현재 기능, 흥미, 잠재력, 직업 활동에 장애가 되는 정도, 가족인구학적 특성 등이며, 정확하고 다양한 정보가 제공되어야 한다. 내담자에 대한 정보가 미흡하다면 평가사는 의뢰기관에 보충자료를 요구해야 한다.

의뢰가 이루어지기 전 내담자와 함께 초기면접, 배경정보, 상담, 이전에 실시한 검사와 평가자료에 대해 분석, 토론하고 내담자가 직업평가의 필요성에 대해 이해하고 동의함으로써 의뢰가 이루어진다. 의뢰기관과 재활상담사가 의뢰에 일차적 책임자이지만 평가사 또한 의뢰기관과 상담사에게 평가 프로그램에 대한 정보와 최적의 기능 획득을 위해 필요한 정보를 정기적으로 제공해야 한다. 직업평가 의뢰의 이유와 그에 관련된 의문점을 의뢰서에 명시하여 직업평가사가 정확한 직업평가를 실시할 수 있게 하고, 평가사와 내담자가 직업평가 과정을 계획하고 내담자 개개인의 욕구에 맞추어 개별화하는 데 중요한 역할을 한다.

④ **면접**

평가 프로그램이 시작되기 전 평가사는 직업평가실 혹은 상담실에서 내담자에 대한 면접을 실시한다. 직업평가사가 직접적인 면접을 하는 것은 내담자의 평가에 대한 태도를 이해하여 평가계획에 참고하고, 내담자가 직업평가에 대해 보다 많이 이해하게 하여 평가 과정에 참여율을 높여 주는 장점이 있다. 면접에서 평가사는 프로그램에 대해 의문점을 갖거나 소극적인 내담자에게 명확하고 직접적인 정보를 제공함으로써 참여동기를 유발시키며, 의사결정을 촉진시킨다. 만약 직업평가가 다양한 재활전문가들로 이루어진 팀에 의해 실시된다면, 평가사 이외의 다른 팀 구성원도 면접을 실시할 수 있다.

이러한 면접은 다음과 같은 장점이 있다.

- 라포 형성을 촉진한다.
- 직업평가에 관한 정보를 직접적으로 제공한다.
- 내담자의 질문에 대한 답을 제시한다.
- 의뢰에 관한 자료의 정확성을 파악한다.
- 내담자가 프로그램에 대해 보이는 초기 반응, 감정, 불안감 등을 발견한다.
- 내담자의 협조를 촉진한다.
- 내담자의 취미활동과 여가활동은 직업 흥미도를 의미한다.
- 내담자의 교육 수준을 토대로 직업준비도와 현장으로의 전이가 가능한 특별한 직업기술을 판별한다.
- 직업평가계획을 수립한다.
- 프로그램 참여에 대해 내담자에게 동의 혹은 거부의 결정권을 부여한다.

⑤ **평가 과정에 영향을 미치는 요인 판별**

평가 과정에 영향을 미치는 중요한 요인은 내담자의 장점과 제한점, 직업에서 요구하는 자격조건 등이며, 내담자의 능력, 기술, 지식에 비추어 요인을 판별한다. 예를 들어, 전기부품 조립업에는 손동작의 유연성, 눈과 손의 협응성 및 시각의 정확도가 요구된다. 작업표본 지시문에 명시된 기능은 성공적인 작업수행의 중요한 요인이 된다.

⑥ **가설 수립**

평가사는 초기면접, 의뢰 자료 등 배경 정보를 기초로 내담자에게 적합한 직업 분야에 대한 가설을 세운다.

⑦ **평가과업 및 도구 결정**

직업평가에 의뢰 시 제기된 문제점 해결을 위해 필요한 과정으로, 평가사는 직업평가의 결과로 나타난 중요한 요인들에 대해 충분한 지식을 가지고 어떤 요인을 평가할 것인지 결정한다. 직업평가는 취업 가능성에 대한 평가이며 숙련된 전문가에 의해 실시되어야 하는 인본적이며 윤리적 과정이다(Crewe, 1990). 내담자의 능력, 흥미, 적성, 장단점을 고려하여 다양한 직업 분야 중 하나의 직업과 연결시키는 것은 쉽지 않다. 그러므로 직업평가사는 적합한 직업분야의 탐색에 필요한 평가과업과 도구를 결정하고 평가계획을 수립하여야 하며 평가계획은 과정이 진행됨에 따라 수정이 가능하도록 작성되어야 한다. McDaniel과 McClanahan(1993)은 직업평가도구들이 다양하기 때문에 내담자에게 알맞은 직업평가도구를 선정하는 것은 쉽지 않다고 하였다. 그러므로 직업평가사가 내담자의 다양한 직업기능을 정확하게 평가하려면 다양한 평가도구에 대한 지식을 갖추어야 한다.

평가사가 평가계획을 수립할 때 직업적합성분석(Job Matching System)은 많은 도움이 된다. 여러 적성 · 흥미 검사와 직업사전, 직업전망서 등의 자원을 사용하는 것도 도움이 많이 된다.

(3) 개별직업평가계획서(Individualized Written Vocational Evaluation Plan)

이 단계에서는 평가 과정에 대한 계획을 개발하고 작성하는 것으로 평가계획 수립 · 작성과 내담자, 의뢰기관 등에 대한 정보수집이 이루어진다. CARF는 내담자 개인의 욕구에 맞추어 개별직업평가계획서(Individualized Written Vocational Evaluation Plan: IWEP)를 작성하도록 하고 있고, 의뢰 시 제공되는 정보, 초기면접, 평가의 목적에 따라 개별화된 평가계획서가 수립된다.

개별직업평가계획서는 ① 평가를 통해 해결되어야 하는 질문들을 판별하고, ② 이 질문들이 어떠한 방식으로 해결되어야 하는지를 명시하며, ③ 평가계획에 따라 직업평가를 실시할 사람들(재활전문가, 가족 등)을 가능하다면 명시한다. 평가 담당자들은 평가에 있어 어떠한 역할을 수행하는지를 인지하고 있다는 명백한 증거가 있어야 하며, ④ 평가계획은 정기적으로 검토되고 필요한 경우 수정되어야 한다(CARF, 1984).

직업평가계획을 수립하는 것은 내담자에게는 현실적인 경험을 제공하고 평가사에게는 내담자의 욕구, 장점, 제한점에 기초해서 정확하고 체계적인 계획을 수립할 수 있게 한다. 또한 신중하게 수립된 평가계획은 내담자의 참여 동기를 유발시켜 중도에 탈락하는 확률을 감소시킨다. 내담자의 욕구를 반영하지 않은 평가계획이나 무계획적인 평가, 즉 내담자의 기능 수준에 맞지 않거나 직업 목표와 관련 없는 과업으로 평가를 실행한다면 중도탈락 확률은 높아진다. 평가과업의 다양성도 중요한 요인으로 평가장면에서의 다양한 경험은 이후에 적절한 직업배치 가능성을 높인다.

대부분의 작업표본과 심리평가도구는 기초적인 학업성취도를 요구한다. 이러한 평가도구들은 내담자 모두가 최소한의 지능 수준을 가지고 있다는 가정하에 개발된다. 이러한 이유로 직업평가계획을 수립할 때 내담자의 성취도에 대한 정보가 의뢰서에 포함되어 있지 않다면 가장 먼저 성취도검사를 실시해야 한다. 적합한 성취도검사가 선행되지 않았을 경우 평가 과정에서 내담자가 겪는 어려움이 능력 부족 때문인지, 혹은 검사 과정에서 제시되는 지시 내용에 대한 이해 부족 때문인지 알기 어렵다. 성취도검사의 내용은 내담자의 이전의 학교 활동과 직업교육경력 등과 비교되어야 한다. 내담자의 성취도에 대한 정보와 함께 내담자의 건강상태와 장애로 인한 기능적 제한점에 대한 정보는 초기 평가 과정에서 수집되어야 한다.

개별 내담자에 대한 계획을 수립하는 것은 전체 직업평가 과정의 방향을 정하는 것이다. 평가계획 수립은 내담자가 의뢰되면 시작되며 새로운 정보가 계획 수정을 필요로 할 때 즉시 수정한다는 전제하에 계획을 수립한다. 평가 과정에 있어 직업탐색은 자아발견과 새로운 경험의 기회를 보다 많이 제공한다.

평가계획 수립에는 내담자의 참여가 중요하다. 내담자가 평가를 통해 스스로 직업을 선택하는 기회를 가지고 평가사의 조언을 참고함으로써 계획에 대한 자신의 의견을 반영하고자 하는 동기가 유발된다. 평가 과정은 역동적인 과정으로, 내담자, 평가사, 그리고 평가 상황 사이의 상호작용을 증가시키는 데 목적이 있다. 내담자에게 다양한 직업활동을 탐색할 기회가 보장되어야 하며 이를 통해 새로운 흥미와 적성을 발견하게 된다. 이러한 폭넓은 경험이 보장되면 내담자는 실패에 대한 두려움이나 성공에 대한 강박감 없이 자신의 능력, 흥미, 적성에 알맞은 직업을 선택할 수 있게 된다. 직업평가 과정에 선행되어야 하는 것은 재활공학이다. 평가기간 동안 재활공학의 개입이 요구되면 평가사는 재

직업평가계획서

NO

성명			생년월일		
장애유형 및 등급		성별		의뢰 기관	

이용자 욕구	

평가목적	

평가영역	평가방법(도구)	평가일 (소요시간)	평가장소	평가사

특이사항	

본인은 해당 직업평가의 목적을 이해하였으며, 직업평가계획 수립에 참여하였습니다.

20 . .

이용자 성명 (인/서명)

직업평가사 성명 (인/서명)

[그림 8-4] 직업평가계획서 양식

출처: 한국장애인개발원(2015). 중증장애인의 직업재활계획을 위한 직업상담과 직업능력평가 매뉴얼.

활공학을 통한 평가와 치료계획을 직업평가계획에 포함시켜야 한다.

각 평가의 단계가 종료될 때마다 전문요원은 내담자의 작업행동, 흥미, 과업 수행도, 전문요원 혹은 동료 근로자와의 관계 등 내담자의 진행 상황에 대해 평가하는 사례회의를 갖는다. 회의에서는 내담자에 관한 새로운 의문점이 제시되거나 다음 단계에 대한 계획이 논의되며 정보교환이 이루어진다. 공식적인 회의 이외에도 내담자에게 비공식적인 피드백이 지속적으로 제공된다.

직업평가계획서 양식은 [그림 8-4]에 제시하였다.

(4) 직업평가 활동

직업평가 활동은 내담자 오리엔테이션, 행동관찰과 기록, 신체능력평가, 심리평가(psychometric testing), 작업표본평가, 상황평가, 현장평가, 피드백으로 이루어진다. 각 활동의 내용을 살펴보면 다음과 같다.

① 내담자 오리엔테이션

내담자가 직업평가 프로그램에 참여하기 전 평가사는 일반적인 평가 진행과정, 평가의 목적과 의뢰의 이유를 설명한다. 내담자는 참여의 이유를 명확하게 이해하게 되며, 평가에 참여하려는 동기가 부여된다. 초기면접에서 직업평가 필요성을 결정하는 경우 초기면접에서 직업평가에 대해 설명하기도 한다.

② 행동관찰과 기록

행동관찰은 평가의 전체 과정을 통해 이루어진다. 평가사는 내담자에게 자신의 직업과 관련된 행동이나 사회성 기술이 지속적으로 관찰된다는 것을 알려야 한다. 관찰은 공정한 판단에 근거하고 기술체로 기록되어야 하며 정확하고 의미 있는 자료를 제공해야 한다. 내담자는 언제나 관찰기록의 참관을 요구할 수 있다. 장기간에 걸친 지속적인 관찰과 평가는 내담자의 직업보유 기간과 긍정적인 상관관계를 보인다. 특히 지원고용 현장의 지능과 행동상의 문제를 가진 내담자에 대한 지속적인 관찰은 직업재활 과정에서 매우 중요하다.

③ 신체능력평가

신체능력평가는 장애인의 신체적 기능, 특징, 활용능력 등을 측정하여 직무수행에 필요한 신체 기능, 직업적 강점, 제한점 등을 파악하고 기능적 제한점을 보완하기 위한 직무조정 및 직무배치, 신체운동능력 강화를 위한 직업적 권고, 보조공학 서비스 지원 등을 통해 장애인의 적합 직무 선택을 지원한다. 세부적으로 신체능력평가는 신체 발달 정도, 기민성, 근력과 지구력, 운동범위, 협응능력 및 균형, 감각기능 등을 측정하며 계측을 위한 신장계, 체중계, 악력계, 배근력계 등과 같은 일반적인 도구에서부터 운동조절 능력, 시지각 능력, 기민성, 협응력 등 신체기능 정도를 파악하는 전문 평가도구까지 다양한 평가도구들이 사용된다. 신체기능의 정도는 작업표본평가와 상황평가, 현장평가 등을 통해서도 관찰되고 평가될 수 있다(한국장애인개발원, 2010).

④ 심리평가

표준화된 심리평가(psychometric testing)는 학업성취도, 눈과 손의 유연성, 협응성, 특정 혹은 일반 직업적성, 흥미, 학습 스타일, 기질 등의 특성을 측정한다. 직업평가에 있어 심리평가는 임상심리학자에 의해 측정되는 심리평가(psychological testing)와는 다르다. 심리학자에 의한 심리평가가 필요한 경우에는 재활전문가 팀의 구성원인 심리학자의 도움을 받는다.

직업평가에 있어 심리평가는 직업에 관련된 경험을 기초로 하는 다른 여러 검사들과 균형을 맞추기 위해 신중하게 선별된다. 직업 의사결정과 관련된 정보를 제공하는 검사도구만이 선별되고 실시된다.

현재 장애인에게 적합하게 개발된 심리평가도구는 많지 않다. 시청각 요소를 사용했거나 비언어적인 검사도구 또한 모든 장애인 내담자에게 공정하다고 할 수는 없다. 이러한 편파적인 검사를 사용하여 장애인을 평가 대상으로 했을 때 실제보다 낮은 점수가 나오거나 특징이 없는 프로파일이 나타나기도 한다. 표준화된 심리평가는 비장애 집단을 대상으로 하였을 때는 매우 유용하지만, 장애인 집단에게는 의미 있는 정보 제공을 하는 데 제한점이 있다.

⑤ 작업표본평가

직업평가사는 실제 작업현장이나 훈련현장에서 사용되는 재료, 도구, 기구를 사용하여 내담자가 실제 직무를 수행하게 하거나 모의 직무인 작업표본도구를 사용하여 작업표본평가(work sample evaluation)를 실시한다. 평가 결과를 기초로 평가사는 내담자에게 가장 적합한 직무경험이나 직업배치를 제공한다.

⑥ 상황평가

상황평가(situational assessment)는 직업훈련교사, 관리자 또는 고용주는 내담자를 직업훈련실, 직업재활시설 등에 배치하고 실제 수행하는 직무에 적합한 상황평가도구를 개발하여 관찰을 통해 내담자의 직무수행 행동을 평가하는 것이다. 평가는 직업훈련교사, 고용주, 직업평가사로 이루어진 전문가 팀이 평가할 직무를 결정, 계획하고, 분석될 때 가장 의미 있는 결과를 얻을 수 있다.

VEWAA(1975)는 상황평가를 기존의 장소나 새로 구성된 장소에서 관찰법을 통해 평가하는 임상평가 방법이라고 정의하였다. 개인의 수행능력과 환경과의 상호작용을 연결시킨다는 점에서 표준화된 검사와는 뚜렷이 구별된다.

⑦ 현장평가

현장평가(on-the-job evaluation)는 지역사회 내의 실제 사업체에서 내담자가 직무를 수행하고 평가사, 관리자 혹은 동료 근로자가 이를 평가하는 방법이다. 현장평가의 장점은 작업현장에서 발생되는 직무와 관계된 기능과 사회성 기술을 동시에 평가할 수 있고, 실제와 동일한 환경에서의 직무수행 경험을 통해 내담자가 직업배치 후 실제 직무수행에 직무기술을 용이하게 전이시킬 수 있다는 것이다.

일반적으로 현장평가는 지역사회 내의 작업현장에서 이루어진다. 내담자는 단기간 실제 작업현장에 배치되어 그곳에서 실제로 일하고 있는 다른 근로자들과 같은 직무기능을 수행하고 작업행동이 평가된다. 고용주는 내담자의 작업기능 수행력을 관찰하고 이에 대한 정보를 평가사에게 제공한다. 평가가 종료되면 내담자는 복지관 등 소속 기관으로 복귀하거나 추가적인 평가를 현재의 작업현장에서 받는다.

현장평가의 장점은 내담자가 현장평가를 통해 훈련을 받거나 평가사에게 지도 받을 수 있다는 것이다. 훈련 내용은 같은 직장 내의 근로자들의 직무와 동일하며 고용주에 의해 제공된다. 이러한 과정을 통해 내담자는 자신의 능력에 대해 현실적으로 이해하고, 평가사는 내담자의 특정 직업과 관련된 직무능력을 효과적으로 평가한다. 여러 가지 직무에 대한 현장평가는 평가사와 내담자가 다양한 직업을 탐색하고 적합한 직업을 발견할 수 있게 한다.

직업재활에 있어 중증장애인을 위한 지원고용과 전환고용의 기회가 증가함에 따라 현장평가 기회도 점차 증가하는 추세다. 특히, 중증 지적장애인에 대한 현장평가는 내담자의 학습능력, 적성과 흥미를 정확하게 평가하고, 내담자의 직업탐색을 돕는다. 그러나 한편 중증 지적장애인에 대한 현장평가의 경우 내담자의 기능이 부족하고, 일반적인 현장평가에서는 제공되지 않는 특별한 훈련이 요구되기 때문에 강화된 훈련이 필요하다. 직업 경험이 부족한 중증 지적장애인에게 현장평가를 반복해서 실시하는 것은 직업탐색능력을 향상시키는 가장 효과적인 방법 중 하나다.

⑧ 직업평가 후 피드백

직업평가가 종료된 후 평가사와 내담자는 평가 과정의 내용과 평가 후의 일들에 대해 토론한다. 내담자는 전체적인 평가 결과에 대한 정보를 얻고, 최종 보고서, 제안점, 추후 계획에 대해 자신의 의견을 제시하고 논의한다.

(5) 직업평가보고서

내담자의 직업평가 결과에 대한 보고서는 직업 의사결정과 관련된 내담자 자료와 제안점을 담아야 한다. 보고서는 관찰기록, 평가 결과, 의뢰 정보, 그리고 기타 정보와 같은 직업과 관련된 자료를 수집, 정리, 분석, 종합, 해석하여 그 결과를 정리한 것이다. 보고서는 의뢰기관, 관련 전문가, 재활팀, 내담자, 부모 등에게 제공되며, 내담자는 보고서를 구직 시에 추천서로 사용하기도 한다.

어떤 재활 프로그램에서는 재활팀이 내담자에 대한 제안점을 논의하고 허가하기 전에는 평가 결과를 최종 보고서에 포함시키지 않는다. 직업평가사의 제안점이 현실성 있고 비용면에서 효율적이며 지역사회의 상황과 밀접히 연관되어야 하지만, 현재 실시되지 않는 보다 창의적이고 효과적인 프로그램이 내담자에게 필요하다고 판단되면 프로그램 개발에 대한 제안점을 제시할 수 있다.

보고서는 전체 직업평가 과정을 평가하는 기준이 되며, 내담자가 보다 나은 직장을 구하기 위한 마케팅의 수단으로 사용하기도 한다. 신뢰도가 높은 보고서를 완성하기 위해서는 평가사가 충분한 시간을 두고 작성하여야 한다.

보고서의 내용은 종합적인 내담자 개인정보, 의뢰의 필요성, 직업경력, 직업과 관련된 장점과 단점에 대한 정보, 근로자 특성, 직업적성, 흥미, 잠재력, 기능 수준과 제한점, 학습 형태와 선호도, 직업 프로파일에 대한 요약, 장·단기 직업 목표, 평가 결과를 토대로 한 제안점을 포함한다. 모든 내용은 긍정적 어휘로 내담자의 장점을 강조하고 직업발달과 성공적인 배치의 토대가 될 수 있는 평가 결과를 기술해야 한다. 보고서의 내용은 비밀이 보장되어야 하며, 내담자의 동의하에 공개될 수 있다.

(6) 사례회의

직업평가가 종료된 후 공식적인 사례회의를 개최하고, 직업평가사는 사례회의에서 내담자의 직업평가 결과를 보고한다. 회의 형태와 참가자는 평가사, 직업재활팀원, 의뢰기관 담당자, 내담자, 보호자 등이고, 평가 결과와 제안점을 정확하게 전달하고 내담자의 욕구를 청취하여 적합한 직업재활계획을 수립할 수 있게 지원한다. 즉, 직업평가 결과는 초기면접, 상담, 의뢰서류에서 수집한 정보, 내담자 욕구와 종합하여 적격성을 결정하는 데 사용하는데, 적격성 결정은 사례회의를 통해 직업재활서비스 대상자로 적합한지 여부를 결정하는 것이다. 직업재활서비스 적격 여부에 따라 다음 단계인 직업재활계획이 수립되거나 종결될 수 있다. 또한 직업재활서비스 과정 중에 정기적으로 실시되는 직업평가는 서비스를 이용하고 있는 장애인의 현재 수준과 향상 정도 등을 파악하여 직업재활계획을 수정하거나 평가 결과를 서비스 과정에 반영할 수 있다. 취업장애인의 경우 직업생활의 적응수준을 평가하여 필요한 지원방안을 모색할 수 있다.

(7) 직업재활계획 수립

개별재활계획서 작성 시 사례회의를 개최하여 평가자료와 결과, 내담자의 욕구를 기초로 재활상담사, 직업평가사, 내담자, 부모, 계획 실행과 관계된 전문가의 의견을 반영해야 한다. 개별재활계획서에는 장·단기 재활 목표, 제공할 재활서비스 내용, 서비스 기간, 서비스 제공 책임자, 계획의 실행 정도를 평가하고 수정하기 위한 정기적인 검토 조항도 포함되어야 한다.

(8) 직업재활계획 실행

직업재활팀은 내담자의 평가 과정에 참여하여 제안점을 제시하고, 내담자는 제안점을 수행하고, 계획의 진행을 확인하고, 재활계획서를 평가하며 필요한 경우 수정을 요구할 수 있다. 제안점이 계획에 포함되지 않거나 실행되지 않을 경우 그 이유와 함께 대안적인 계획이나 제안점이 제시되어야 한다.

성공적인 내담자 훈련과 배치를 위해 내담자에 대한 재평가가 필요하게 되면 직업평가사는 내담자에 대한 재평가 필요성을 사례관리자에게 즉시 알려야 한다. 사례관리자인 재활상담사는 사례회의를 개최하여 필요성이 결정되면 직업평가사에게 재평가를 의뢰한다.

(9) 사후지도

이 단계에서 직업재활팀은 사후지도의 기준을 세우고 정기적인 전화, 우편, 작업현장 방문을 통하여 계획의 실행과 배치 결과가 긍정적인지 확인한다. 이 단계에서 재활상담사는 계획의 실행 정도를 관찰하고 수정하는 책임자인 사례관리자의 역할을 수행하며, 직업평가사는 필요한 경우 평가 프로그램과 활동, 과정을 내담자 평가 결과를 바탕으로 보완한다. 긍정적인 사후지도 정보는 평가사에게 내적 보상과 만족을 제공한다. 평가사는 일반적으로 내담자의 변화와 장기적인 직업재활의 결과를 관찰할 수 있는 기회가 없기 때문에 사후지도는 이와 같은 기회를 제공한다.

앞에서 살펴본 것과 같이 직업재활 과정에서 이루어지는 직업평가서비스를 통해 직업평가사는 내담자에게 효과적이고 종합적인 서비스를 제공하게 된다. 평가사가 양질의 서비스를 제공하고 적극적으로 직업평가를 실시하기 위해서는 일관성 있고 영구적인 행정지원이 제공되어야 하며, 내담자의 성공적인 배치와 장기간의 직업보유를 지원하기 위한 적응훈련이 이루어져야 한다. 즉, 내담자에게 제공된 서비스의 질은 평가사의 능력과 동기 수준과 일치한다. 평가사의 능력과 동기 수준은 행정지원 정도와 비례하기 때문에 안정적인 행정지원이 제공될수록 내담자에게 제공하는 직업평가의 수준도 높아지는 것이다. 결국 최상의 서비스는 자격을 갖추고 동기 수준이 높은 평가사에 의해서만 제공될 수 있다.

3) 직업평가 결과에 기초한 제안점

내담자에게 직업평가를 실시한 후 획득된 평가 결과는 일반적으로 다음의 사항을 제시한다(Rosenberg, 1973).

① 특정 직무의 숙련, 준숙련, 비숙련직으로의 배치 가능성 혹은 직업훈련 가능성
② 직업훈련, 직업강화, 직업 인내도 향상훈련, 작업속도 향상을 위한 프로그램을 실시하기 위해 보호작업장 혹은 실제 산업체에 의뢰 여부
③ 내담사의 식업력과 관련된 직종 혹은 현재 직업기능에 적합한 분야에의 직업배치
④ 손의 협응력, 직업 인내도, 이동성 향상을 위한 의료서비스에의 의뢰 여부
⑤ 내담자의 잠재적 학업능력과 관련된 상위의 대학교육 혹은 기술 훈련 제공
⑥ 취업에 장애가 되는 기본적인 제한점을 감소시키기 위한 인지 · 언어치료와 훈련에의 의뢰 여부
⑦ 취업에 장애가 되는 개인과 가족의 문제를 감소시키기 위한 사회심리적 서비스에의 의뢰 여부
⑧ 직업 목표 수립에 장애가 되는 무관심, 동기결여, 중증의 의료 혹은 정서적 문제로 인한 사례의 종결 결정

5. 직업평가 유형

평가의 목적은 평가 목표와 의뢰기관에 적합한 특정 평가 방법을 선택하여 내담자를 정확하게 평가하는 것이다. 이러한 평가 방법의 선정은 평가사의 전문성과 판단력에 따른다. 직업평가의 유형에는 신체능력평가, 심리평가(psychometric testing), 작업표본평가(work sample evaluation), 상황평가(situational assessment), 현장평가(on-the-job evaluation)가 있다.

1) 신체능력평가

개인의 신체능력은 직업생활에 매우 중요한 요소인데, 이는 신체능력의 수준이 충족되어야 적절한 직무 수행이 가능하기 때문이다. 특히 장애인의 경우에는 신체능력이 직업재활의 가능성에 크게 영향을 미치기 때문에 직업재활 전 과정에서 무엇보다 중요하게 고려해야 하는 부분이다. 특정 신체 부위에 장애가 있는 경우, 기능이 정상적인 부위를 많이 사용하거나 혹은 잘못 사용하게 되어 그에 따른 신체적 문제가 흔히 발생하게 되며,

신체적 기능은 더욱 저하된다. 또한 제한된 신체기능을 지닌 장애인들이 장기간에 걸쳐 일을 하게 될 경우 많은 에너지 소모로 인해 과로나 피로가 오기 쉽다. 또한 근육과 관절의 부적절한 사용 또는 무리한 사용으로 통증이 유발되며, 고정된 자세로 지속해서 일할 경우 자세 결함의 문제도 나타날 수 있다. 아울러 피로해진 상태에서 일을 하게 될 경우에는 손상의 위험성도 높아지게 된다(남용현, 김혜화, 최재호, 2012).

건강상태는 신체능력에 중요한 영향을 미치는데 2016년 장애인고용패널조사 2차 웨이브 패널자료에 따르면 장애인의 52.7%가 전반적인 건강상태가 '좋지 않다'고 하여 절반 이상이 건강상태가 좋지 않은 것으로 나타났다. 또한 건강상태가 좋지 않은 경우 일을 하는 데 있어 '지장이 있다'라고 응답한 비율은 무려 80.6%였고 지난 조사 대비 건강상태가 나빠진 편이라고 응답한 비율도 29.1%나 되어(한국장애인고용공단 고용개발원, 2016), 장애인의 신체상태를 평가하여 신체기능을 회복시키는 것은 직업재활에 매우 중요한 요소라 할 수 있다. 미취업 장애인들이 일자리를 그만두는 데 장애가 영향을 준 비율은 69.3%였고, 향후 취업을 희망하는 비율은 52.5%나 되어(한국장애인고용공단 고용개발원, 2016), 장애인의 건강문제가 지속적인 직업생활을 위해 무엇보다 중요한 요소임을 알 수 있다. 이렇게 장애인의 신체적 문제는 직업생활에 직접적인 영향을 미치기 때문에 내담자들이 일상 활동뿐만 아니라 직업생활을 잘 유지할 수 있도록 내담자 개인 및 고용환경 특성을 고려한 신체능력향상 프로그램의 개발과 제공, 보조공학 서비스 제공, 운동 및 건강증진 프로그램 지원 등의 정책적 지원 노력이 요구된다(전영환, 남용현, 류정진, 2010).

신체능력평가는 장애인의 신체적 기능, 특징, 활용능력 등을 측정하여 직무수행에 필요한 신체 기능, 직업적 강점, 제한점 등을 파악하는 것이다. 신체능력평가가 측정하는 영역은 신체 발달 정도, 기초체력, 신체적 안정성, 기민성, 근력, 지구력, 운동범위, 협응능력 및 균형성, 감각기능, 자세 등이며, 계측을 위한 신장계, 체중계, 악력계, 배근력계 등과 같은 일반적인 도구에서부터 운동조절 능력, 시지각 능력, 기민성, 협응력 등 신체기능 정도를 파악하는 전문 평가도구까지 다양한 평가도구들이 사용된다.

신체능력평가를 수행할 때 다양한 평가도구 중 평가 대상자의 평가목적에 맞는 평가도구를 선정하는 것이 중요하며, 직업생활을 유지하는 중요한 능력인 기초적인 신체능력을 평가하고 평가 결과는 실제 근무조건을 수정하거나 필요한 부분을 지원하는 데 활용한다(한국장애인고용공단, 2009). 즉, 신체능력평가를 통해 신체적 강점을 활용할 수 있는 직업적 권고를 제시하고, 적합한 직업을 탐색하도록 하며, 장애인 내담자가 원하는 직업이 신체적으로 가능한지, 근속 가능성이 있는지 확인한다. 또한 직업 선택 시 신체적 · 기능적 제한점을 최소화하고, 적절한 환경수정과 직무조정을 통해 장애상태를 경감 · 완화 · 제거하는 데 필요한 보조공학 서비스 지원 등에 대한 평가를 실시해야 한다. 직업평가시는 내담자의 작업수행과 여러 가지 요인들이 참여를 촉진시키는 물리적 · 사회적 환경이 뒷받침되면 긍정적 변화를 보일 수 있음을 항상 기억해야 한다(박지혁, 김협, 박민수, 우희순, 이종훈, 2017). 도구 측정 이외에 내담자 행동이나 기능 등을 관찰하여 도구 평가 결과를 보완한다. 신체기능의 정도는 작업표본평가와 상황평가, 현장평가 등을 통해서도 관찰되고 평가될 수 있다(한국장애인개발원, 2010). 결국 신체능력평가는 직업재활서비스와 직업재활 프로그램의 활용가치를 높여주고, 이에 필요한 자료를 수집하는 데 기초자료를 제공하는 일차적 단계이며, 체계적인 직업재활 계획을 가능하게 하는 역할을 한다(남용현, 김혜화, 최재호, 2012).

〈표 8-2〉 주요 신체능력평가 도구

평가영역		평가도구
신체기능	신체 구성비	신장 · 체중계, 좌고계, 체성분분석기, 혈압계, 혈당계, 최대산소섭취량 측정기
	운동가동 범위	좌전굴측정기, 체전굴측정기, 관절운동범위(Range of Motion) 측정 각도계(Goniometer), VCWS 09
신경근육 운동 발달	전신 근력	Valpar# 17 발달수준검사(신체근력), 배근력계
	상지 근력	악력계, 핀치게이지(pinch gauge)
	운동 발달	매캐런 신경근육운동발달검사(McCarron Neuromuscular Development System: MAND) 한국형 매캐런 신경근육운동발달검사(Korean McCarron Neuromuscular Development System: K-MAND)
운동조절능력		버그균형척도(Berg Balance Scale) 보행분석(gait analysis) 도수근력검사(Manual Muscle Test) 근긴장도평가(Modified Ashworth Scale) 심부건반사검사(deep tendon reflex test) 협응성 검사(coordination test) 평형성 측정기(balance test) 점프메타(Jump Meter)

감각기능	시력계, 색각검사, 청력계, 진전검사(tremor test) 한국판 아동 시지각발달검사 3판(Korean Developmental Test of Visual Perception 3rd ed: K-DTVP-3) 시지각 인지능력 검사(Motor-Free Visual Perception Test, 4rd Edition, MVPT-4) 벤더 게슈탈트검사(Bender Visual Motor Gestalt Test: BGT) 촉각-시지각변별검사(Haptic Visual Discrimination Test: HVDT)
상지기능 (기민성, 협응력)	젭슨-테일러 상지기능검사(Jebsen-Taylor Hand Function Test) 뇌졸중 상지기능검사(Manual Function Test: MFT) 퍼듀 손가락 기민성 검사(Purdue Pegboard) 라파예트 손가락 기민성 검사(Lafayette Pegboard) 오코너 손가락 기민성 검사(O'Connor Finger Dexterity Test) 그루브드 손가락 기민성 검사(Grooved Pegboard) 미네소타 손 기민성 검사(Minnesota Manual Dexterit Test) KEAD 손기능작업표본검사 KEAD 다차원 양손협응작업표본검사

(1) 신체능력평가도구

① 운동가동범위 평가도구

관절운동범위 측정

■ 목적

관절운동범위(Range of Motion) 측정은 근육, 관절, 신경의 장애가 있는 대상자의 기능평가를 의미한다. 이 평가를 위해 평가사는 신체의 해부학적 구조에 대한 지식과 숙련된 기술을 갖추어야 하며, 능동적/수동적 신체 움직임 범위(관절운동범위)를 평가하여 일상생활동작 수준을 파악한다.

■ 관절가동범위 측정 원칙

- 수동운동은 관절 구조의 제한을 평가하는 데 적용하며, 각도계로 측정하기 전에 움직일 수 있는 운동범위를 평가한다.
- 수동적인 운동범위 측정이 원칙이지만 제한인자를 명확히 하기 위해 능동 운동범위

와 비교한다.

- 초기 자세: 회전이나 요, 척골의 회운동을 제외하고는 해부학적인 자세를 0°로 하고, 인접 관절 과 연부조직 근/건의 긴장을 제거하는 자세를 취한다.
- 축: 관절의 축은 관절운동 시 이동이 되므로 축의 조절은 중요하다. 운동팔이 움직이는 신체의 장축 에 평행하게 놓고, 고정팔을 관절의 고정부 장축에 평행하게 놓을 때 움직이는 축은 두 교차점에서 미끄러지는 경우가 있으므로 운동하는 동안 각도계를 제거한 후 운동이 끝난 다음 다시 정렬시킨다.
  - 평가사는 운동팔을 정렬시키기 전에 뼈의 경계 부위를 촉지한다.
  - 근육의 약화, 단축, 구축 등을 확인해 기록한다.
  - 통증이 있는 관절의 측정은 부드럽게 실시하며 통증의 정도(pain +, ++)를 표시한다.

■ 상지측정

- 검사 부위의 옷을 제거하고 제한요인을 없앤다.
- 대상자의 신체를 정확하게 정렬시킨다.
- 대상자에게 움직이는 방향을 설명하고 시범을 보인다.
- 대상 작용과 강직을 제거하기 위해 2~3회 정도 수동적으로 운동을 시행한다.
- 신체 근위부를 고정한다.
- 뼈의 돌출 부위를 찾아 축으로 설정한다.
- 고정팔은 고정되어 있는 신체의 장축에 평행으로 놓는다.
- 운동팔은 움직이는 신체에 평행으로 놓는다.
- 연부조직에 압력을 주지 말고 부드럽게 대상자를 다룬다.

〈표 8-3〉 상지 관절운동범위 측정 부위 및 운동범위

부위	운동범위	각도	좌	우	비고
어깨	굴곡(flexion)	0~180			
	신전(extension)	0~60			
	외전(adduction)	0~180			
	내회전(internal rotation)	0~70			
	외회전(external rotation)	0~90			

팔꿈치 /전완	굴곡~신전(flexion~extension)	0~180			
	회외(supination)	0~80			
	회내(pronation)	0~80			
손목	굴곡(flexion)	0~80			
	신전(extension)	0~70			
	척골 편향(ulnar deviation)	0~30			
	요골 편향(radial deviation)	0~20			

① 운동조절능력 평가도구

도수근력검사(Manual Muscle Test)

■ 평가 목적

- 도수 검사를 통해 근육의 힘의 정도를 알아내는 과정
- 사용 가능한 근력을 파악하여 치료의 기초적인 정보를 얻음
- 근력 약화로 인해 일상생활동작 수행에 대해 미치는 영향을 알기 위함
- 힘의 불균형에서 오는 신체적 변형을 예방하고 치료하기 위함
- 보장구의 사용 여부를 결정하기 위함
- 내담자의 근력 능력 범위 내에서 어떠한 운동 및 작업을 선택할지 판단하기 위함
- 치료의 효과성 평가를 위함

■ 주의점

- 저항을 줄 때에는 근육의 기시 부분을 고정하고 원위부에 대하여 수직적인 저항을 주는 방법으로 실시하는 것이 일반적인 방법임
- 도수근력검사를 효과적으로 시행하기 위해서는 근육이 어디서 어디까지 붙어 있고 어떤 역할을 하며 주동근, 협력근, 길항근 등의 관계를 이해해야 하고, 검사를 실시할 때는 어떠한 보상작용(compensation)이 나타나는지 살펴볼 줄 알아야 함

〈표 8-4〉 도수근력검사(Manual Muscle Test) 등급

등급	질적 등급	척도	운동
5	Normal(N)	정상(100%)	최대저항과 중력에 대한 완전한 관절운동
4	Good(G)	좋음(75%)	약간의 저항과 중력에 대한 완전한 관절운동
3+	Fair(F+)	양호+	최소한의 저항과 중력에 대한 완전한 관절운동
3	Fair(F)	양호(50%)	중력에 완전한 관절운동
3−	Fair(F−)	양호−	중력에 대한 약간의 관절운동
2+	Poor(P+)	나쁨+	중력에 대한 동작의 초기 상태
2	Poor(P)	나쁨(25%)	중력을 제거한 상태의 완전한 관절 가동
2−	Poor(P−)	나쁨−	중력이 제거될 때 동작의 초기 상태
1	Trace(T)	흔적	관절의 운동은 없으나 약간의 수축 흔적이 있음
0	Zero(Z)	없음	수축이 촉진되지 않음

[그림 8-5] 도수근력검사

③ 감각기능 평가도구

한국판 아동 시지각발달검사 3판
(Korean Developmental Test of Visual Perception 3rd ed: K-DTVP-3)

■ 목적

- K−DTVP−3는 Frostig(1961, 1964, 1966)의 최신판을 바탕으로 새롭게 개발된 DTVP−3를 한국 아동들의 시지각 능력을 측정하기 위해 전국에서 표집된 만 4~12세 1,800명의 아동으로 구성된 집단을 대상으로 표준화함
- K−DTVP−3의 결과는 아동의 시지각 결함의 유무와 정도를 객관적으로 확인하고

자 할 때 유용하게 사용

- 문제를 가진 것으로 확인된 아동들은 심층적인 진단을 위해 다른 전문가나 기관에 의뢰할 수 있으며 필요할 경우 교정 프로그램에 등록시켜 교정치료를 받게 할 수 있음
- K-DTVP-3의 결과는 시지각과 시각-운동 문제를 교정하도록 설계된 특별 훈련 프로그램의 효과를 검증하는 데 사용
- K-DTVP-3는 아동의 시지각 상태에 관심을 가진 직업평가사, 심리학자, 작업치료사, 교사, 임상가, 기타 관련 분야에 있는 사람들이 실시할 수 있음

■ 검사 대상

- 만 4~12세 아동

■ 구성

- K-DTVP-3는 이론적으로 서로 다르지만 실제로는 서로 아주 높은 상관이 있는 시지각 능력과 시각-운동 능력을 측정하기 위해 개발된 5개의 하위검사로 구성

〈표 8-5〉 K-DTVP-3의 구성

종합척도		하위검사	내용
일반시지각(GVP)	시지각통합 지수(VMI)	눈-손협응(Eye-Hand Coordination)	시각적 경계에 따라 정밀한 직선이나 곡선을 그리는 능력을 측정한다.
		따라 그리기(Copying)	그림의 특성을 재인하는 능력과 모델을 따라 그리는 능력을 측정한다.
	운동축소화-시지각지수(MRVP)	도형-배경(Figure-Ground)	혼란스럽고 복잡한 배경 속에 숨겨진 특정 그림을 찾는 능력을 측정한다.
		시각 통합(Visual Closure)	불완전하게 그려진 자극 그림을 완전하게 재인하는 능력을 측정한다.
		형태 항상성(Form Constancy)	하나 이상의 변별적 특징(크기, 위치, 음영 등)에 따라 변이된 두 개의 그림을 짝짓는 능력을 측정한다.

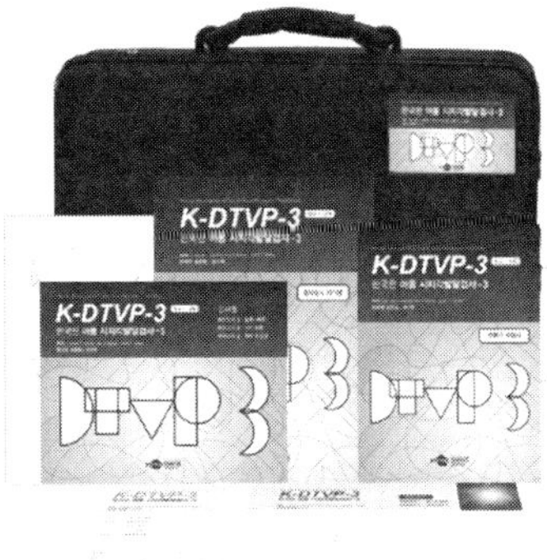

[그림 8-6] 한국판 아동 시지각발달검사 3판

④ 상지기능 평가도구

젭슨-테일러 상지기능검사(Jebsen-Taylor Hand Function Test)

1969년 Jebson 등이 손기능을 평가하기 위해 개발하였으며, 1973년 Taylor가 6~19세의 일반아동을 대상으로 손기능 표준치를 산출함

■ 평가 대상

- 아동: 6~19세
- 성인: 20~59세

■ 목적

- 일상생활에서 사용되는 손기능을 단계별로 간편하게 평가하기 위한 도구
- 장애 수준의 측정과 수술 후 및 의수의 착용, 각종 보조기의 사용효과를 판정하기 위하여 사용
- 7개의 하위검사는 매일 사용하는 손의 광범위한 기능 평가

■ 하위검사

- 짧은 문장 쓰기(Writing)
- 카드 뒤집기(Simulated Page Turning)
- 작은 물건 깡통에 넣기(Lifting Small Objects)

- 먹는 흉내 내기(Simulated Feeding)
- 장기 말 쌓기(Stacking)
- 크고 가벼운 물건 옮기기(Lifting Large, Light Objects)
- 크고 무거운 물건 옮기기(Lifting Large, Heavy Objects)

■ 검사실시 방법

- 각 하위검사는 초시계를 사용해서 객관적으로 평가함
- 지시 사항을 이해했는지 질문 후 대답 확인
- 하위검사는 항상 같은 순서로 비우세 손부터 먼저 실시
- 클립, 깡통, 동전, 연필 등과 같은 일반적인 물건들을 사용하여 수행
- 조명이 환한 방에서 30인치 높이의 책상에서 18인치 높이의 의자에 앉아 시행

〈표 8-6〉 젭슨-테일러 상지기능검사(Jebsen-Taylor Hand Function Test) 도구 구성

볼펜	초시계	병뚜껑 2개
클립보드	7.6×12.7cm 카드 5장	동전 2개
클립 2개	티스푼	clamp board
1.6cm 크기의 강낭콩 5개	0.45kg 무게의 빈 깡통	20.3×27.9cm의 선이 없는 흰 종이
문장이 적힌 12.7×20.3cm 카드 4장	3.2cm 직경의 붉은색 장기 말 4개	평가지
직경 8cm, 높이 17cm의 0.45kg 깡통 5개	직경 8cm, 높이 17cm의 속이 빈 빈 깡통(#303) 5개	

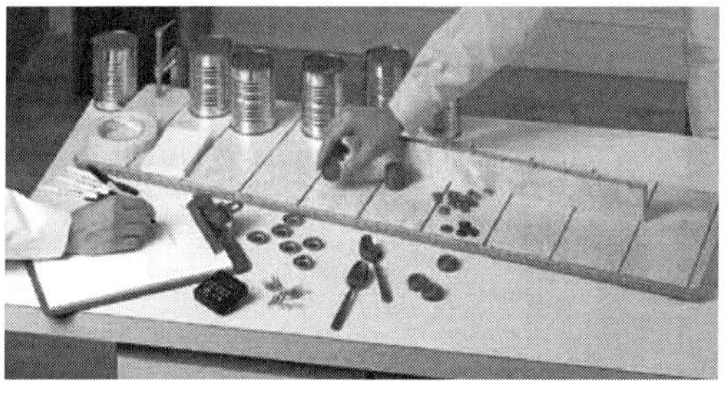

[그림 8-7] 젭슨-테일러 상지기능검사

(2) 보조공학

① 보조공학의 개념

보조공학은(Assistive Technology)은 1980년대 후반부터 미국에서 사용되기 시작했는데, 그 이전에는 재활공학(Rehabilitation Technology), 재활엔지니어링(Rehabilitation Engineering), 특수교육공학(Special Education Technology), 테크니컬 에이드(Technical Aid)란 용어로도 불렸다. 미국 「보조공학법(Assistive Technology Act: Public Law 105-394, 1998)」은 '보조공학'의 정의를 "장애를 가진 개인의 기능적 능력을 증진, 유지, 향상시키기 위해 사용되는, 시중에서 구할 수 있는 기성품이나, 개조 또는 주문 제작된 장치나 제작 도구"라 명시하고 있다(US Congress, 1998).

장애인의 보조공학은 장애인이 겪는 사회적 불리(핸디캡)를 완화시키는 재활서비스의 한 부분이며 과학과 공학(technology)을 적용하여 지원하는 것이다. 사회적 불리의 원인을 개인의 장애가 아닌 사회의 차별과 지원 부족으로 보는 생태학적 접근(ecological approach)은 장애인 내담자의 한계점보다는 잠재력에 초점을 맞추어 심리적 · 기능적 향상을 도모하고자 한다. 그러므로 보조공학의 광의의 정의는 심리적 · 기능적 향상을 지원하며, 보조공학 지원을 받은 장애인이 기능적으로 비장애인과 동등한 능력을 가져 사회참여를 할 수 있게 하는 것이다. 장애인들이 가정, 직장, 학교 또는 지역사회 어디에서나 적절한 보조공학서비스를 받음으로써 잔존기능을 계발하고 환경 변화를 통해 보다 편리한 생활을 영위할 수 있게 된다(김백수, 이근민, 육주혜, 장문영, 오현정, 박경옥, 이진현, 유성문, 김소영, 손병창, 송병섭, 이석민, 권대규, 김성남, 전영환, 김경명, 김유환, 성기창, 2016). 보조공학의 협의의 정의는 장애인에게 적합한 지원적 도구를 선택, 디자인, 제작하는 것으로, 이러한 도구는 장애 특성, 지원 혹은 회복될 기능, 사용자의 욕구, 재활전문가의 선호도, 비용, 도구가 사용될 환경에 기초하여 선택하게 된다. 장애인 내담자가 다양한 기능을 수행하거나 특정 감각기능을 보완할 수 있도록 대체수단을 제공하거나 다양한 기구, 서비스, 보상방법 등을 통해 현재 기능을 강화시키는 것이다. 보조공학은 내담자에게 최적의 서비스를 제공하기 위해 다학문적인 접근을 사용하기 때문에 보조공학을 올바로 이해하기 위해서는 재활학 이외의 관련 학문을 이해할 필요가 있다.

재활공학자는 물리 · 작업치료사, 정형외과 의사, 내과의사, 신경학자 등과 함께 팀을 이루어 재활서비스를 제공하기 때문에 내담자의 다양한 영역에 대하여 충분한 지식을 가지고 있어야 한다. 어떤 재활공학자들은 일상활동(Activities of Daily Living)이라 정의되어지는 일상에서 일어나는 활동에 관심을 둔다. 이는 먹기, 화장실가기, 머리 빗기, 이 닦기, 읽기 등을 의미한다. 다른 재활공학자는 이동성과 이동에 제한점을 두는 것에 관심을 둔다. 이동성은 개인적인 것(가정 혹은 사무실 내)이거나 공공적인 것(자동차운전, 공공교통수단 이용, 건축물에의 접근성) 모두를 포함할 수 있다. 이동성은 환경 내에서 기능적으로 활동할 수 있는 것을 의미한다. 이동성은 장소의 이동에 국한되는 것이 아니라 특정 장소에 있는 물건을 잡을 수 있는가, 마비된 방광이 다시 기능적으로 움직일 수 있는가 하는 것도 포함한다. 이동성을 제한하는 장벽에 관한 연구를 보면 잘못 제작된 휠체어 쿠션 혹은 지지 시스템은 욕창을 피하기 위해 휠체어에 오랫동안 앉아 있지 못하게 하기 때문에 휠체어에 앉아 있는 시간이 감소되어 이동성을 제한할 수밖에 없다. 다른 재활공학자들은 시각이나 청각, 의사소통, 이해와 표현에 있어 장애를 갖는 감각장애에 관심을 갖기도 한다.

신체 혹은 감각장애에 대한 재활의 초점은 잔존기능 혹은 잔존능력이다. 이것은 기능이나 감각이 수량화될 수 있고 비장애인의 기능이나 감각 수준을 평가하여 이에 비추어 장애인의 잔존능력의 사용이 지원될 수 있다는 개념에 기초한다. 이러한 인간행동은 재활전문가들에 의해 주관적으로 측정될 수도 있고 컴퓨터화된 도구에 의해 객관적으로 측정될 수도 있다.

재활공학자들은 주로 다음의 세 가지 문제를 해결할 수 있는 보조공학을 지원하고자 한다.

- 감소된 기능이나 감각이 성공적으로 지원될 수 있는가?
- 기능이나 감각을 회복시킬 보완 방법은 있는가?
- 해결방법은 적합하며 비용효율적인가?

우리나라에서도 점차 보조공학기기에 대한 인식과 욕구가 높아져 사용이 증가되고 있다. 재활공학서비스를 제공하는 전문 센터가 설립되어 장애 특성과 사용 목적에 따라 다양한 기기들이 개발 · 제공하고 있으며, 종합적이고 공식적인 서비스 연계를 위해 「장애인 · 노인 등을 위한 보조기기 지원 및 활용촉진에 관한 법률」이 2015년 12월에 제정되어 2016년부터 시행되었다. 이 법은 장애인 · 노인 등을 위한 보조기기의 지원과 활용촉진에 관한 사항을 규정함으로써 보조기기 서비스를 효율적으로 제공하여 장애인 · 노인 등의 활동 제약을 최소화하고, 삶의 질 향상에 이바지하는 것을 목적으로 하며, 장애인 · 노인 등의 필요와 요구에 따라 보조기기를 편리하고 자유롭게 활용할 수 있도록 보장함으로써 이들이 자아를 실현하고, 완전한 사회참여와 삶의 질 향상을 통하여 사회통합을 이루는 것을 기본 이념으로 하고 있다. 또한 '보조기기'란 장애인 등의 신체적 · 정신적 기능을 향상 · 보완하고 일상 활동의 편의를 돕기 위하여 사용하는 각종 기계 · 기구 · 장비로, "보조기기 서비스"란 장애인 등이 보조기기를 확보하고 효율적으로 활용할 수 있도록 제공되는 일련의 지원으로 정의하고 있다(법제처, 2018).

① 보조공학기기 적응훈련

보조공학기기 적응훈련은 신체적인 기능제한을 보완해 주고, 기기의 적용과 효과적인 수행을 위해 일회적인 평가와 적용의 개념을 넘어 지속적으로 관리하는 시스템을 의미하며, 적응훈련을 통해 장애로 인한 불편을 해소하여 장애인의 작업수행 능력을 강화하는 데 목적을 둔다.

보조공학기기 적응훈련은 장애인과 관련된 보조기구를 선정, 구입, 사용할 때 직접적으로 보조하는 모든 서비스를 말하며 다음과 같은 서비스를 포함한다(US Congress, 1998).

- 장애인의 기능 평가
- 보조공학기기 구입에 필요한 서비스: 구매 또는 임대
- 보조공학기기의 선택, 디자인, 맞춤, 개조, 대체, 응용, 유지, 수리 및 교체
- 현재의 교육, 재활계획, 프로그램과 관련해 보조공학기기를 활용한 치료 및 중재서비스를 조정하고 적용하는 것
- 장애인 및 가족을 대상으로 하는 기술적인 훈련 및 지원
- 사업주, 전문가, 사용자(user)를 위한 기술적인 훈련 및 지원

「보조공학법(Assistive Technology Act, 1998)」에서 제시한 보조공학기기 적응훈련 구성모듈은 다음과 같다.

㉮ 보조공학기기 요구평가

- 시각, 청각, 언어기능, 손기능 등 제한된 기능적 요소를 측정하여 보조공학기기 분야

선별

- 측정된 기능수준과 개인의 욕구를 파악하여 일상생활수행(식사, 신변처리 등), 사무작업, 작업활동, 여가 · 레저 등을 위한 보조공학기기 선별

㉯ 보조공학기기 적합성 평가

- 선별된 보조공학기기가 개인에게 적합하고 효과적인지 평가. 실제 적용평가를 진행하고 기기의 변경 필요성도 점검

㉰ 보조공학기기 개발

- 맞춤식 보조공학기기가 필요한 경우, 근로지원부(전문팀)와 협력하여 보조공학기기 개발

㉱ 보조공학기기 적응훈련

- 보조공학기기를 효율적으로 활용하도록 훈련하고, 제공된 보조공학기기의 활용을 수시로 점검
- 다른 보조공학기기의 필요성을 수시로 검토

㉲ 보조공학기기 적응훈련 성과측정

- 만족도 조사(훈련생) 및 양성과정 수행능력 향상 정도(자세유지, 지구력 등 훈련교사 평정) 등

「국가정보화기본법」은 제32조 제5항에 「장애인 · 고령자 등의 정보접근 및 이용편의 증진을 위한 지침」을 두어 각 장애유형별로 적합한 정보통신 보조기기를 제공하도록 하고 있다.

〈표 8-7〉 장애인 · 고령자 등의 정보접근 및 이용편의 증진을 위한 지침

분류기준	장애유형	정보통신 보조기기(예)
손 또는 팔 동작의 보완	지체장애, 뇌병변장애	특수마우스, 특수키보드, 스위치, 터치스크린, 키보드 입력 보조기기, 자세정렬 및 유지
반응시간의 보완	지체장애, 뇌병변장애, 지적장애	접근성 지원
시력의 보완 및 대체	시각장애	화면낭독 프로그램, 점자정보 단말기, 점자프린터, 인쇄물 화면확대 프로그램, 모니터 화면확대 프로그램, 인쇄물 음성변환 출력기, 점자 디스플레이, 점자라벨기, 스마트 점자기기
색상 식별능력의 보완	시각장애	접근성 지원
청력의 보완 및 대체	청각장애, 언어장애	보청기, 영상전화기, 골도 헤드셋, 골도전화기, 보완대체 의사소통 보조기기(AAC), 음성증폭기, 신호알림장치
음성입력의 대체	청각장애, 언어장애, 지적장애	접근성 지원
인지능력의 보완	지적장애	보완대체 의사소통 보조기기(AAC), 접근성 지원
사지 및 체간의 비전형적 움직임, 구어기능 손상 보완	지체장애, 뇌병변장애	터치스크린, 킹 키보드, 손바닥 마우스, 헤드 마우스, 스위치
깜박거림의 사용 제한	뇌병변장애, 시각장애	접근성 지원

출처: 김백수 외(2016). 보조공학총론(2판). 서울: 학지사.

① 장애인 보조공학기기 지원사업

한국장애인고용공단은 장애인의 고용촉진과 직업생활 안정을 도모하기 위하여 직업생활에 필요한 각종 보조공학기기를 고용유지조건이나 무상으로 지원하는 장애인 보조공학기기 지원사업을 실시하고 있다.

㉮ 신청 대상

- 장애인을 고용한 사업주 또는 고용하려는 사업주
- 국가 및 지방자치단체의 장(공무원이 아닌 장애인근로자 대상)

- 지원신청 당시 근로자를 고용하고 있지 않거나 4명 이하의 근로자를 고용하고 있는 장애인사업주(장애인 근로자를 고용하고 있거나 고용하려는 사업주에 한함)
- 장애인근로자(출퇴근을 위한 자동차 개조 및 차량용 보조공학기기 지원에 한함)

보조공학기기를 신청할 때에는 사용자를 지정하여 신청하도록 하고 있다.

㉯ 지원내용

<table>
<tr><th>구분</th><th colspan="3">지원한도</th></tr>
<tr><td rowspan="2">보조공학기기 지원</td><td>고용유지조건 지원</td><td colspan="2">장애인 1인당 1,000만 원(중증 1,500만 원) 한도 지원</td></tr>
<tr><td>무상지원</td><td colspan="2">장애인 1인당 300만 원(중증 500만 원) 한도 지원</td></tr>
<tr><td rowspan="2">자동차 개조 및 차량용 보조공학기기 지원</td><td rowspan="2">고용유지조건 지원</td><td>장애인근로자 신청</td><td>장애인 1인당 1,500만 원 한도 지원</td></tr>
<tr><td>사업주 신청</td><td>장애인 1인당 1,000만 원 (중증 1,500만 원) 한도 지원</td></tr>
</table>

㉰ 지원방식

- 취득가액 및 잔존가액이 1백만 원 미만인 기기는 무상으로 지원(1년 사용 후 사업장에 귀속)
- 취득가액 및 잔존가액이 1백만 원 이상인 기기는 고용유지조건으로 지원(500만 원 이상 3년, 100만 원 이상 500만 원 미만 2년 사용 후 사업장에 귀속)

㉱ 신청절차

- 신청서류: 보조공학기기 지원신청서, 사업자등록증 사본, 장애인임을 입증하는 서류, 장애인 근로자 또는 장애인 사업주임을 확인할 수 있는 서류
- 신청기간: 연중수시 접수

㉲ 보조공학기기 지원 서비스 종류

- 보조공학기기 고용유지조건 지원: 취득가액 및 잔존가액 1백만 원 이상인 보조공학기기를 고용유지조건으로 지원하며, 사업주는 고용유지조건 담보를 위한 이행보증보험증권 제출

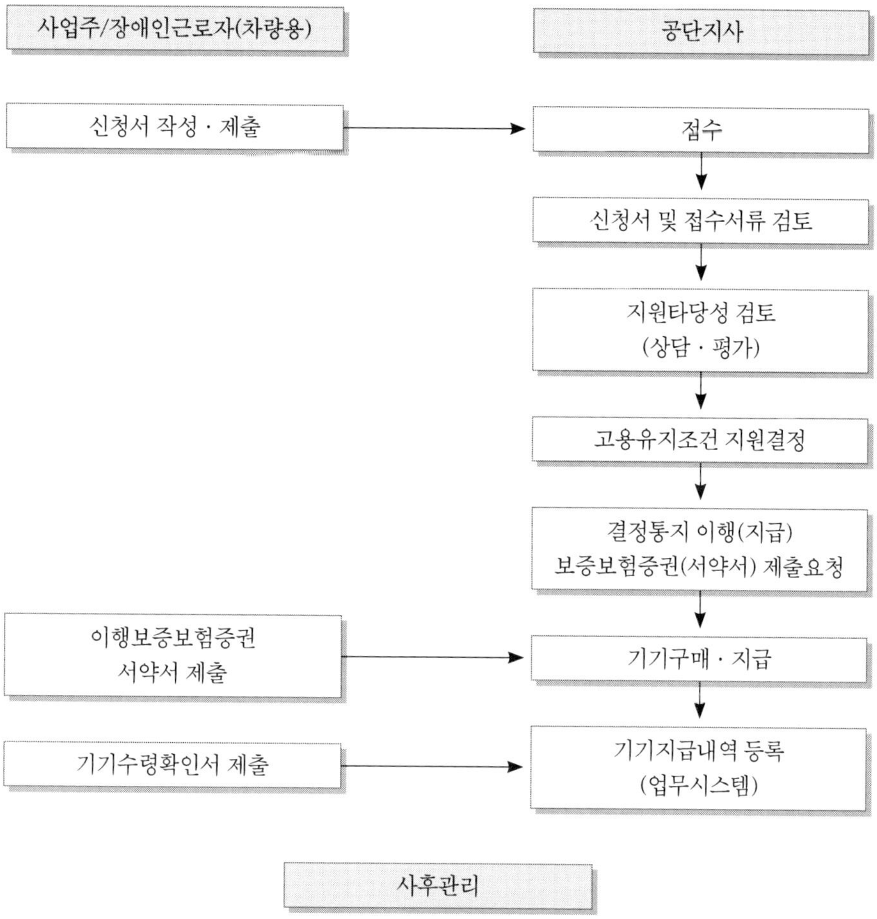

[그림 8-8] 보조공학기기 신청절차

출처: 한국장애인고용공단(2018). 2018년 장애인보조공학기기 지원안내서.

- 보조공학기기 무상지원: 취득가액 및 잔존가액 1백만 원 미만인 보조공학기기 및 개별 장애유형과 직무환경에 적합한 기기를 개조 또는 제작하여 지원하는 맞춤기기를 무상으로 지원
- 차량용 보조공학기기 지원: 장애인 근로자의 출퇴근을 용이하게 하기 위하여 차량 개조 지원 및 운전보조장치를 고용유지조건으로 지원하며, 장애인 근로자는 고용유지조건 담보를 위한 이행보증보험증권 제출
- 보조공학기기 한시 지원: 지원고용, 직업훈련 등의 훈련 장애인의 직업적응력을 높이기 위하여 훈련기간 동안 보조공학기기를 한시적으로 사용할 수 있도록 지원

㉶ 보조공학기기 지원품목

보조공학기기 지원품목과 품목별 지원 제품 정보는 한국장애인고용공단 홈페이지에 탑재되어 있는 장애인보조공학기기 지원안내서를 참고하면 된다.

〈표 8-8〉 한국장애인고용공단 장애인보조공학기기 품목

분류	번호	품목	장애유형
정보접근	1	점자정보 단말기	시각장애
	2	점자프린터	시각장애
	3	화면확대 S/W 및 H/W	시각장애
	4	음성출력 S/W 및 H/W	시각장애
	5	확대독서기	시각장애
	6	문서인식 S/W 및 H/W	시각장애
	7	대형모니터	시각장애
	8	특수키보드	지체/뇌병변장애
	9	특수마우스	지체/뇌병변장애
	10	입력보조장치	지체/뇌병변장애
	11	자세보조장치	지체/뇌병변장애
	12	특수 S/W	시각장애
작업기구	13	높낮이 조절 작업테이블	지체/뇌병변장애
	14	경사가작업테이블	지체/뇌병변장애
	15	특수작업기구 및 장비	지체/뇌병변장애
	16	특수작업의자	지체/뇌병변장애
	17	작업물 운송운반 장치	지체/뇌병변장애
의사소통	18	신호장치	청각장애
	19	화상전화기	청각장애
	20	소리증폭 장치	청각장애
	21	보완대체의사소통 장치	언어/청각장애

사무보조	22	수화기 홀더	지체/뇌병변장애
	23	팔 지지대	지체/뇌병변장애
	24	물건 집게	지체/뇌병변장애
	25	필기보조도구	지체/뇌병변장애
	26	원고 홀더	지체/뇌병변장애
차량용	27	경련방지 플레이트	지체/뇌병변장애
	28	경사로	지체/뇌병변장애
	29	고정장치	지체/뇌병변장애
	30	도넛형 연료통	지체/뇌병변장애
	31	리프트	지체/뇌병변장애
	32	벨트류	지체/뇌병변장애
	33	사이드서포트	지체/뇌병변장애
	34	세컨더리 컨트롤	지체/뇌병변장애
	35	우측 방향 지시기	지체/뇌병변장애
	36	이동시트	지체/뇌병변장애
	37	자동문	지체/뇌병변장애
	38	자동변속기	지체/뇌병변장애
	39	조작력 저감 장치	지체/뇌병변장애
	40	좌측 액셀 페달	지체/뇌병변장애
	41	주차브레이크	지체/뇌병변장애
	42	크레인	지체/뇌병변장애
	43	페달 확장	지체/뇌병변장애
	44	핸드컨트롤러	지체/뇌병변장애
	45	핸들봉	지체/뇌병변장애
	46	확장스티어링	지체/뇌병변장애

출처: 한국장애인고용공단(2018). 2018년 장애인보조공학기기 지원안내서.

㈓ 보조공학기기 지원 사례

지체장애, 사무 및 조립 직무

- 직무: 차량용 핸즈프리 생산(조립, 검사)
- 장애인 근로자 장애 유형: 소아마비, 척수장애로 인한 하지마비 장애, 절단장애
- 업무 수행 시 주 불편사항: 작업대, 휠체어, 의자 높이가 서로 맞지 않음, 한 손으로 컴퓨터 작업할 때 속도가 느리거나 오타가 많음
- 보조공학기기 지원:
  - –대상자들의 장애 상태에 맞춘 높이 조절 가능한 특수작업의자
  - –하퇴 부분 길이에 맞춘 높낮이 조절 발 받침대
  - –대상자가 원하는 특수키를 누를 수 있는 특수키 발 누름장치

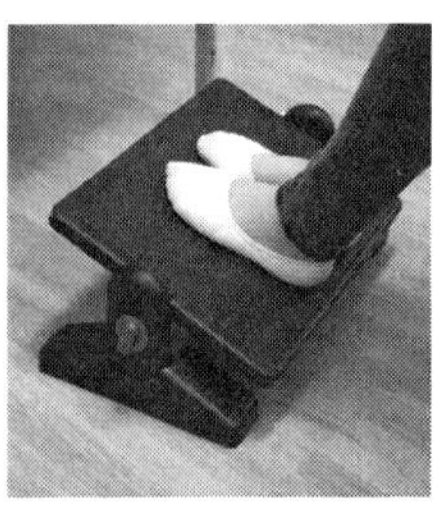

높낮이 조절 발 받침대

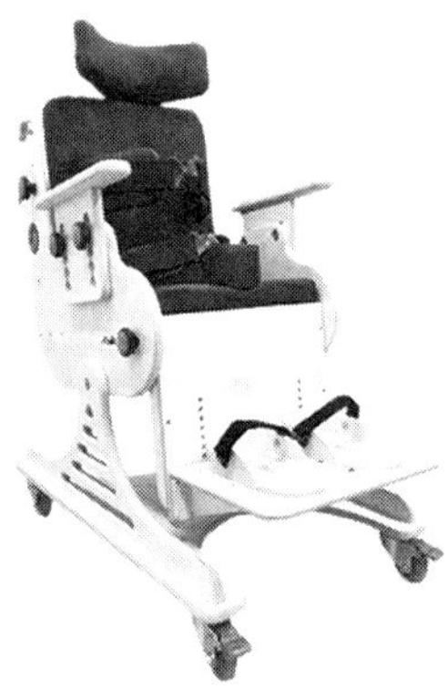

특수작업의자

한손 장애인용 키보드

뇌병변장애, 사무 직무

- 직무: 홈페이지 관리, 서류 작성
- 장애인 근로자 장애 유형: 뇌병변장애
- 업무 수행 시 주 불편사항: 상지 사용이 어려워 모든 작업을 발가락으로 수행하여 의자와 책상 높이가 맞지 않고, 일반 마우스 사용으로 업무 처리 능력이 낮고 발에 통증 느낌
- 보조공학기기 지원:
  - –버튼이 커서 엄지발가락으로 조작 가능한 킹 키보드
  - –발바닥으로 사용이 용이한 빅트랙 마우스
  - –신체 높이에 맞춘 키보드 받침대

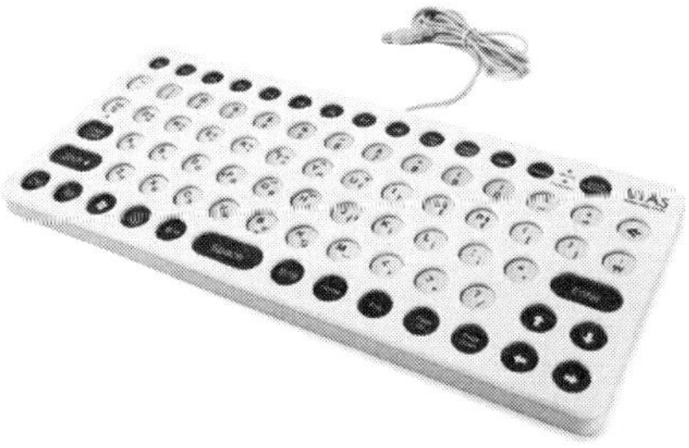

킹 키보드

빅트랙 마우스

청각장애, 기술 직무

- 직무: 제과, 제빵
- 장애인 근로자 장애 유형: 청각장애
- 업무 수행 시 주 불편사항: 오븐 타이머 알람이 울려도 주의집중이 잘되지 않아 불량품 생산
- 보조공학기기 지원:
  - 오븐 타이머 단계에 따른 색깔이 다른 등 부착

출처: 김백수 외(2016). 보조공학총론.

시각장애, 사무 직무

- 직무: 문서 입력 등 서류 작업
- 장애인 근로자 장애 유형: 시각장애
- 업무 수행 시 주 불편사항: 시각장애로 인해 문서 작업을 할 수 있는 소프트웨어나 기기가 있어야 함
- 보조공학기기 지원:
  - 한소네 등 점자정보단말기(입력기)
  - 점자프린터

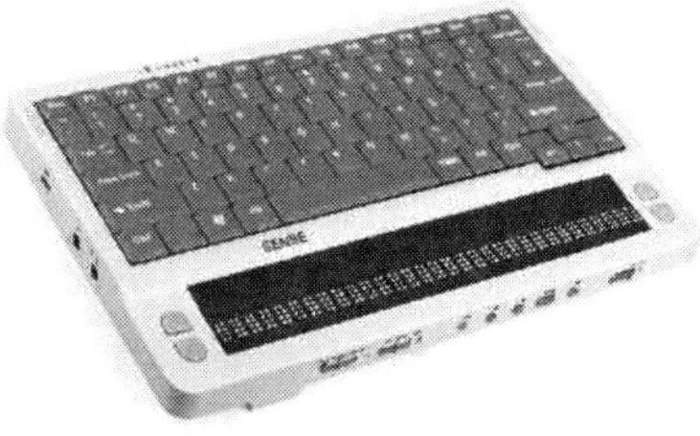

점자정보단말기

점자프린터

2) 심리평가

(1) 심리평가의 장점

① 경제성

대부분의 다른 평가도구와 비교해 볼 때 심리평가는 가장 적은 비용으로 내담자에 대한 정보를 수집할 수 있다. 현장평가는 도구 개발과 실행에 많은 시간을 요구하며, 상황평가는 평가 장면 확보에 어려움이 있고, 이 2가지 평가는 노동시간에 비례하는 임금이 요구되기도 한다. 또한 상업적으로 개발된 작업표본의 가격은 25,000달러 이상인 것도 있으며 모든 작업표본은 구형이거나 분실된 부속품을 주기적으로 대체하여야 한다. 이와 반대로 심리평가는 판매가격이 상대적으로 저렴하고, 집단을 대상으로 할 수 있으며, 별도의 응답지가 사용되므로 검사지를 매번 구입할 필요가 없으며, 저렴한 가격으로 컴퓨터 채점이 가능하므로 시간절약이 되는 장점이 있다.

② 용이성

대부분의 심리평가는 짧은 시간 내에 몇 가지 행동표본을 측정하도록 개발되었지만 다른 유형의 평가도구들은 보다 많은 측정시간을 필요로 한다. 예를 들어, 4명의 내담자에 대한 기계에 관한 이해도 측정 심리평가의 소요시간은 30분이지만 작업표본평가에 소요되는 시간은 내담자 1인당 2시간이다.

또한 평가 결과는 직업에 관한 의사결정에 있어 매우 중요한 요소이므로 의사결정이 잘못되었을 때 내담자에 대한 재평가를 실시하게 되는데, 평가 실시가 용이한 심리평가는 재평가하기에도 용이하다는 장점이 있다.

③ 현실성

심리평가는 읽기, 쓰기, 철자법, 산수 능력과 상위의 인지능력과 해독력을 가장 잘 평가한다. 이러한 영역의 평가는 내담자 행동의 숨겨진 부분을 밝혀 내는 가장 효과적인 방법이기도 하다.

④ 시간

심리평가는 단시간에 정보를 획득할 수 있는 평가도구이기 때문에, 평가기간이 몇 시간 혹은 며칠로 제한되어 있을 때 기초 능력의 초기평가를 위해 사용되거나 장기간이 요구되는 작업표본평가로는 측정이 어려운 기능과 적성평가를 실시한다.

⑤ 법적 규정

장애 진단을 하기 위해 심리평가가 법적으로 실시되어야 하는 경우들이 있다. 예를 들어, 특수교육 대상자로 선별하기 위한 검사로 '지적장애'의 경우 지능검사, 사회성숙도검사, 적응행동검사, 기초학습검사, 운동능력검사를 지정하고 있다(법제처, 2017a).

(2) 심리평가의 단점

직업평가에서 심리평가가 많은 장점을 가지고 있지만, 다음과 같은 단점도 있다.

① 심리평가가 정확한 자료를 제공해 주지 못함

- 잘못된 검사도구의 선택
- 검사도구의 부적합한 사용
- 평가사의 의도와는 다른 영역에 대한 측정

② 심리평가의 과잉 사용

직업평가 과정에서 모든 내담자에게 심리평가를 실시하는 것을 말한다. 심리평가는 다음과 같은 이유로 과잉 사용된다.

- 개별화된 계획의 결여
- 안이한 내담자 평가계획 수립
- 모든 내담자에게 하나, 혹은 그 이상의 심리평가를 실시하는 것이 좋을 것이라는 믿음
- 검사 결과에 대한 과도한 의존(한 번의 검사 결과가 좋으면, 여러 검사를 실시하면 결과가 더 좋아질 것이라는 신념)
- 행동관찰과 내담자의 경력보다 심리평가 결과가 보다 신뢰로울 것이라는 신념

심리평가를 실시할 때에는 타당한 이유가 뒷받침되어야 하고, 검사 실시의 목적이 평가계획에 명시되어야 한다. 예를 들어, 문맹인 내담자에게 성취도검사를 실시하는 것은 시간과 재정의 낭비이며 비윤리적인 일이다. 내담자를 평가하기 전에 평가를 통해 획득하고자 하는 정보의 내용을 결정해야 한다. 최근에 지능검사를 실시한 내담자에게 또 다른 지능검사를 실시하는 것은 같은 일이 반복에 지나지 않는다. 현장에서 보다 널리 쓰이는 검사들이 있지만 모든 내담자에게 알맞는 특별한 검사는 존재하지 않는다. 과잉 사용을 억제하는 최선의 방법은 개별평가계획서를 수립하여 각 내담자에 알맞은 평가 프로그램을 계획하는 것이다.

③ 심리평가의 남용

심리평가를 내담자의 능력과 관계없이 모두에게 실행하는 것은 의미가 없다. 예를 들어, 컴퓨터에 대해 공포심을 가지고 있고 흥미가 전혀 없는 내담자에게 여러 가지의 컴퓨터 적성검사를 실시한다면 평가사는 심리평가를 남용하는 것이다.

같은 특성을 측정하는 검사를 반복해서 시행하는 경우도 있다. 첫 번째 검사 결과 문제점이 제기되어 같은 특성을 측정하는 두 번째 검사를 실시할 필요성이 입증되면 같은 특성을 반복해서 측정하는 것이 타당하지만 그렇지 않은 경우 유사한 검사를 반복하는 것은 경제적인 낭비다. 예를 들어, 오른손에 장애를 입은 오른손잡이 자동차 정비공의 직업복귀 가능성을 측정하는 검사에 의뢰하는 것이다. 평가의 첫 번째 단계는 "내담자의 신체능력이 전직으로 복귀하기에 적합한가?"라는 질문에 답하기 위한 신체능력평가와 현장평가 혹은 모의 작업평가를 실시하는 것이다. 평가 결과 내담자의 복귀 가능성이 확인되고 주치의가 동의할 경우 추가적인 평가는 이루어지지 않는다. 반대로 복귀 가능성이 없으며, 신체능력의 범위 내에 있는 다른 직종으로 전이할 수 있는 기능이 없는 경우에는 다른 직무에 대한 흥미와 적성검사가 실시된다. 만약 내담자의 전직으로의 복귀 가능성이 결정되기 전 평가의 초기 단계에 다른 직무에 대한 흥미와 적성검사를 실시한다면 평가를 남용하는 것이다.

심리평가 남용의 또 다른 예는 직업평가를 실시하기 이전에 직업평가사와 논의 없이 지능검사나 인성평가를 실시하는 것이다. 심리학자와 직업평가사는 종종 유사한 특성을 측정하기 때문에 직업평가에서 유사한 평가를 실시할 계획인지 함께 논의해야 하며, 직업평가사는 심리평가를 실시하기 전에 내담자에게 이미 실시한 심리평가 정보를 신중히 살펴보아야 한다. 심리평가 남용은 내담자 의뢰 정보와 의뢰 시의 문제점을 기초로 하여 평가계획을 수립함으로써 막을 수 있다.

④ 심리평가에서 나타난 수행능력과 학습능력 간의 차이점

심리평가에서의 수행능력과 학습능력을 구분하는 것은 문제가 된다(McCray, 1979). 실제로 학습능력은 직접 평가하기 어렵기 때문에 수행능력을 측정하여 예측한다. 학습은 내담자가 검사의 목적과 과정에 대한 지식이 있을 때 일어나며, 수행은 각 검사문항에 대한 내담자의 반응을 의미한다.

내담자가 검사의 목적과 과정에 대한 사전지식 없이 평가되고, 문항을 인지하지 못하거나 문항의 형태를 인지하지 못하여 낮은 점수를 얻었다면 이 검사의 결과는 신뢰하기 어렵다. 심리평가는 평가의 목적, 과정, 문항에 대한 내담자의 이해도 측정이 아니라 문항의 내용에 대한 이해도 측정이다. 검사의 목적은 내담자에 대한 정확한 정보를 획득하는 것이기 때문에 평가사는 내담자가 평가의 방향을 이해하고 문항에 반응하는 방법을 이해하고 있는가를 다음과 같은 방법으로 판단해야 한다.

- 내담자에게 적합한 읽기 수준과 내용 수준을 갖춘 검사를 선정한다.
- 실제 검사 이전에 여러 번의 모의검사를 실시하여 내담자가 평가의 목적을 알게 한다.
- 다양한 장애 영역에 알맞게 고안된 검사를 실시한다.
- 내담자의 모국어가 사용된 검사를 실시한다(한국어 혹은 수화).
- 다양한 장애집단의 욕구에 알맞도록 검사를 수정한다. 수정본은 검사의 신뢰도가 유지되어야 하며 표준화된 검사 과정에 가까울수록 신뢰도는 높아진다.

⑤ 타당도의 문제

1973년 「재활법」 504조는 직업평가의 타당도 문제를 제시하였다. 504조는 직업평가 결과가 장애인의 손상된 감각, 언어, 기능 수준을 반영하는 것이 아니라 장애인의 적성과 성취도 수준 혹은 검사가 측정하고자 하는 요인을 반영해야 한다고 하였다(Power, 2013). 즉, 검사도구는 내담자의 장애와 직접적으로 관련된 능력 측정을 목적으로 하지 않는 한 내담자의 장애가 검사 결과에 영향을 주어서는 안 된다는 것이다. 국립연구위원회(National Research Council)에 의해 1979년 설립된 장애인평가위원회(A Panel on Testing of

Handicapped People)는 내담자의 장애에 영향 받지 않는 심리평가도구의 개발은 아직 어렵다고 보고하였다.

표준화검사의 경우 규준집단의 문제로 인해 예측 타당도가 낮다는 문제점이 있다. Marini(1991)는 단일 특성 검사와 직무숙련도 사이에 .19의 낮은 예측 타당도를 제시하였다. Neff(1970, 1985)는 심리평가가 각 직업이 요구하는 신체적 · 정신적 · 사회적 특성의 다양성으로 인해 내담자의 특정 작업환경에서의 적응정도를 예측할 수 있는 정보를 제공하지 못하며, 만일 예측 타당도가 증가될 수 있다면 실제 작업현장에서 심리평가가 널리 사용될 수 있을 것이라고 하였다. 그러나 이러한 단점에도 불구하고 평가 결과를 단기간에 얻기 위해 평가사들은 보다 많은 시간이 소요되며 비용이 드는 작업표본보다 심리평가도구를 선호하기도 한다(Early, Thomas, & Azzam, 1989; Edgcomb, 1986; McClanahan, 1984; McDaniel, 1986, 1987).

⑥ 심리평가에 대한 부정적 견해

많은 내담자와 평가사는 심리평가의 내용 신뢰도, 예측 타당도, 장애인을 포함한 소수집단에 대한 공평성에 대해 의문을 제기한다.

평가사가 검사를 오용하여 부정적인 결과를 획득하면 검사의 역할에 대해 의문이 제기될 수밖에 없고, 결국 검사의 사용에 부정적인 태도를 갖게 된다. 검사를 실시하기 이전 평가사는 검사의 장단점에 대해 인지하고 내담자에게 긍정적인 면을 소개해야 한다. 평가사는 검사에 대한 부정적 견해를 다음과 같은 방법으로 극복할 수 있다.

- 특정 집단에 대한 개별검사와 유용성을 인지한다.
- 검사가 요구되는 경우에만 실시하고 검사 실시를 평가계획에 명시한다.
- 적합한 검사 사용에 대해 인지한다.
- 특정 내담자를 규준집단과 비교하는 방법을 인지한다.

평가사는 내담자가 이해할 수 있는 수준에서 검사 시행의 이유, 평가 결과와 관련된 직업군에 대한 정보를 설명하고, 검사가 내담자에게 타당해 보이지 않을 경우 검사의 내용이 어떻게 직업 의사결정과 관계있는지에 대해 설명한다. 평가사는 또한 검사 결과와 결과의 적용에 대해 설명한다. 대부분의 내담자는 긍정적이고 실제적인 정보를 제공받기를 원한다.

⑦ 잘못된 검사의 선택

평가사는 내담자에게 얻고자 하는 정보를 정확히 판별하고 가장 적합한 정보를 제공해 줄 검사를 선택해야 한다. 평가사는 특정 특성에 대한 평가에 있어 가장 유용한 검사를 선택해야 하며 검사도구를 실행하기 전 내담자에게 편견을 줄 수 있는 내용이 포함되어 있는가를 살펴보아야 한다. 예를 들어, 그림흥미검사는 일반적인 검사도구에서 사용되는 언어와 다른 차원의 언어를 사용하기 때문에 검사도구를 문자언어적으로 해독하지 못하는 내담자에게 적합하다.

직업평가사가 다양한 특성을 가진 장애인의 직업 흥미도를 측정하고자 한다면 문맹인 내담자와 모국어가 다른 내담자, 숙련된 기술을 가진 내담자와 직업기술이 없는 내담자, 전문직 종사자부터 비전문직 종사자까지 다양한 내담자에게 적용을 측정할 수 있는 검사를 준비하여야 한다. 그러므로 평가사는 검사를 실시하기 전에 신중하게 검사를 선택해야한다.

평가하고자 하는 특성과 평가의 이유를 결정한 후 평가사는 평가계획에서 제시된 문제에 해답을 줄 수 있는 최적의 검사를 찾는다. 예를 들어, 평가사는 직업군, 문항형태, 채점의 용이성, 규준, 신뢰도, 타당도에 따라 검사를 결정한다.

검사의 선택 이외에 검사의 난이도도 고려되어야 한다(Mauser, 1981). 특히 문장해독력이 문제가 될 때 이러한 요소는 매우 중요하다.

(3) 직업평가에 있어 심리평가의 사용

심리평가는 진로탐색능력을 향상시키는 도구이며 내담자의 인지적 영역과 사회적 영역에 기초한 각 개인에게 종합적이고 독특한 의사결정을 도와주는 도구다(Zunker, 1994). 심리평가는 또한 직업평가계획 수립에 유용하다. 의뢰 시 문제점이 발견되지 않았거나 모호할 때 평가의 첫 번째 단계로 내담자의 흥미, 적성, 문장해독력에 대한 사정을 실시한다. 평가사는 예비평가의 결과를 내담자와 함께 논의하고 평가계획에 반영한다. 즉, 초기 심리평가에서 나타난 내담자의 기능 수준이 평가계획 수립의 기초가 된다.

직업평가에 있어 심리평가는 다음과 같은 기능을 가지고 있다.

① **심리평가는 다른 직업평가의 결과 보완 기능**

예를 들어, 내담자가 계산력에 대한 작업표본에서 매번 낮은 점수를 보였다면 평가사는 성취도검사를 실시하고 그 결과를 같은 직종에 근무하는 근로자 규준과 비교함으로써 내담자의 실제적인 능력을 예측할 수 있다. 내담자가 청사진의 3차원 물체를 인지하는 능력을 요구하는 여러 직종에 대한 작업표본평가에서 낮은 점수를 보일 때 평가사는 공간지각능력검사를 실시하여 신뢰할 만한 평가 결과를 얻을 수 있다. 이 2가지 예는 내담자가 여러 작업표본에서 낮은 점수를 획득한 실제 이유를 알게 해 주는 유용한 도구가 심리평가라는 것을 보여 준다. 심리평가의 결과는 규준집단과 내담자의 평가 결과를 비교하기 때문에 매우 신뢰할 수 있다. 심리평가는 작업표본평가가 다양한 기능에 대한 평가인 것과 달리 특정 적성을 측정하기도 한다.

② **심리평가는 직업 선택 시 유용한 준거 마련**

예를 들어, 작업표본평가 결과 내담자가 워드프로세싱과 경리업무 둘 다 적성에 알맞고, 내담자 스스로도 두 분야 모두에 흥미가 있다고 말하며, 또 다른 평가에서 두 분야 모두 내담자가 능력이 있다는 결과가 나왔을 때 내담자는 노동시장 정보와 승진기회 등의 추가 정보를 통해 2가지 직업 중 1가지를 선택하게 된다. 이때 흥미검사는 2가지 직업에 관한 내담자의 흥미도 정보를 제공해 선택하는 과정에 도움을 줄 수 있다.

여러 가지 직업 중 하나를 선택하는 것은 일반적으로 같은 직업위계에 속한 다른 수준의 직업들 중 하나를 선택하는 것이다. 예를 들어, A 내담자는 기계 판매업에 관심이 있지만 이 영역에 대한 자신의 능력을 알지 못할 때 그 직업위계에 속한 직업에서 요구하는 기술과 적성 수준을 살펴봄으로써 직업 선택을 할 수 있다. 하나의 직업위계에 속한 직업의 종류는 매우 다양하다. 그러므로 A 내담자에게 기계에 대한 이해도 검사, 판매직에서 요구되는 수학에 대한 검사, 정밀 기계를 다루는 능력에 대한 검사를 실시하여 내담자가 기계 판매업 직업위계 중 펀치프레스 기계공과 같은 하위기술 영역, 드릴프레스 기계공과 같은 준숙련직 영역, 기계도구 제조자와 같은 상위기술직 영역 중 하나의 직업 영역을 선택하도록 도움을 줄 수 있다.

③ **평가 결과 나타난 의문점에 대한 해답 제시와 가설을 수립하는 데 도움**

예를 들어, 직업을 자주 바꾸었던 내담자에 대한 작업표본과 행동을 관찰한 결과 기능에 있어 문제점이 없고, 실업의 이유도 드러나지 않으며 내담자가 실업의 이유를 정확히 알지 못할 때 심리평가가 실행된다. 이 경우 심리평가는 직무수행을 방해하는 정신적 문제 유무 여부를 알아보기 위한 인성검사, 불완전고용에서 오는 직무에 대한 불만족의 문제 유무 여부를 알아보기 위한 지능검사, 이전 직업에 대한 흥미도의 문제 유무 여부를 알아보기 위한 흥미검사가 실시된다. 심리평가는 단일 평가로 직업평가에서 의사결정을 위해 사용되는 경우보다는 작업표본평가 등 다른 평가도구와 함께 직업 의사결정을 하는 데에 사용된다.

(4) 심리평가 검사 환경과 검사의 실시

검사의 실행에는 검사의 내용과 관계없는 일반적인 규칙이 있다.

① 물리적 환경

검사장소는 주의집중이 잘 이루어질 수 있도록 조성되어야 한다. 온도가 너무 높거나 낮아서는 안 되며 환기가 잘 되어야 한다. 주의집중을 방해하는 소음은 제한되어야 하며 전화벨이 울리거나 큰 소리로 대화가 이루어지는 장소 가까이에 배치해서도 안 된다. 특히, 시각장애인이나 안경을 착용하는 노인에게는 조명도 매우 중요하다. 검사지의 표면이 빛에 반사되어서는 안 되며, 평가사는 검사를 실시하기 전 검사 장소의 여러 곳에 앉아서 반사되는 정도를 알아보아야 한다. 시각장애인이 필요로 하는 조명의 정도는 개인차가 크기 때문에 공정한 평가를 위해 다양한 조도의 조명을 실험해 보는 것이 중요하다. 최근에 장애를 입은 장애인들은 발달장애인이나 정신장애인과 함께 검사를 받는 것을 불편해할 수도 있다. 이 경우 서로 다른 평가 장소를 배정하는 것이 도움이 될 수 있다 (Olson, 1992).

② 검사자료의 검토

만약 검사를 처음 실시하는 평가사라면 검사를 실시하기 전 모든 검사 자료를 세밀히 검토해 보는 일이 필요하다. 스스로 검사를 실시해 보고 채점해서 평가 도중 발생할 수 있는 문제점에 대해 대처할 수 있다. 검사도구 실시 경험이 많은 평가사라 할지라도 모든 필요한 자료가 준비되었는지 확인해야 한다. 지필검사의 경우 여분의 필기도구와 답안지도 준비한다.

③ 연습(검사와 재검사의 실시)

검사에 익숙하지 않은 내담자에게 공정한 검사를 실행하기 위해서는 다양한 사전 오리엔테이션과 연습이 필요하다. 이 방법은 특히 장애인과 검사에 참가한 경험이 없는 내담자에게 도움이 된다. 사전 오리엔테이션을 통해 내담자가 검사의 목적을 인식하게 하고 내담자의 욕구에 따라 다양한 오리엔테이션 자료를 제공한다.

사전 오리엔테이션은 검사의 목적에 대한 논의로 시작된다. 평가사는 내담자의 질문에 답하고 검사에 대한 불안감을 해소해 주는 역할을 한다. 오리엔테이션 동안 혹은 오리엔테이션이 끝난 이후에 내담자는 검사 과정에 대해 질문할 수 있다. 오리엔테이션은 내담자가 검사의 지시문과 과정에 익숙해지도록 모의 검사지를 이용하여 연습한다. 실제 검사지에 충분한 연습문제가 포함되지 않았다면 연습을 위해서 유사한 형태의 검사지를 사용하며 유사한 형태의 검사지가 없을 때에는 실제 검사지와 같은 지시문과 실제 검사지와 유사한 내용, 형태, 난이도를 가진 연습문항을 가진 모의검사지를 개발한다.

④ 검사에 대한 설명

검사에 참가하기 전 내담자는 자신이 피험자가 됨을 알아야 하고, 검사의 목적과 타당성에 대해 설명을 들어야 한다. 예를 들어, 의뢰 시 의문점이 자판을 다루는 능력과 사무직을 수행하는 능력을 요구하는 직업에 대한 것이라면 내담자의 워드프로세싱 능력을 평가한다. 미네소타 사무능력 검사(Minnesota Clerical Test)는 내담자의 사무능력을 평가하고, 퍼듀 손가락 기민성 검사(Purdue Pegboard)는 자판을 다루는 데 요구되는 소근육 협응능력을 평가한다. 내담자는 평가 과정 동안 워드프로세싱에 요구되는 능력을 측정하는 평가방법과 미네소타 사무능력 검사의 점수가 사무직에 종사하는 규준집단과 비교되리라는 설명을 들어야 한다. 설명은 전문적 용어를 사용하지 않고 구체적인 예를 들어 제시되어야 한다.

⑤ 행동관찰

평가과정에서 체계적으로 내담자를 행동관찰한다. 검사 결과가 매우 낮거나 답안지에 빈칸이 많으면 관찰법이 매우 유용하다. 피로함, 지루함, 혼란, 불안, 낮은 시력 등은 검사 결과에 영향을 주기도 한다.

⑥ **채점과 해석**

평가 결과를 채점하는 과정에서 종종 오류가 일어나기도 하는데, 이 모든 경우에 기록을 재검토함으로써 오류를 줄일 수 있다.

- 검사 결과 보고에 있어서의 오류는 대개 점수를 옮겨 적으면서 발생한다.
  - 부적절한 규준을 선택하거나 피험자의 점수를 혼동하거나 다른 검사의 점수와 혼동하거나 표에 나타난 자료를 잘못 읽은 경우 나타나는 오류가 있다.
- 사람에 의한 오류를 피하는 방법은 다음과 같다.
  - 컴퓨터 채점법을 사용할 것
  - 다른 사람에게 재채점을 부탁할 것
  - 시간을 두고 채점지를 다시 검토해 볼 것

⑦ **내담자에게 검사결과를 설명**

내담자는 평가 과정에서 가장 중요한 참여자이므로 평가 결과에 대해 알 권리가 있다. 평가 종료 후 결과를 내담자에게 알려 줌으로써 내담자는 검사에 대한 불안감을 줄일 수 있고 결과는 내담자가 이해할 수 있는 용어로 의뢰 시의 의문점과 관련지어 설명되어야 한다. 부정적인 검사 결과는 직접적이고 솔직하게 제시되어야 하며 이에 대한 내담자의 반응은 상담을 통해 해결될 수 있다.

(5) 심리평가 검사의 선택

검사의 선택은 여러 가지 요인을 고려해야 하기 때문에 매우 어려운 문제다. 평가사는 심리평가의 기술적인 측면과 장애인 내담자에 알맞은 계획을 수립하고 실시하는 실제적인 측면의 2가지 영역 모두에 대한 지식을 갖추어야 한다. 검사 선택에 있어 고려되어야 할 일반적인 요소는 다음과 같다.

① **검사 실시의 타당성**

검사를 선택함에 있어 가장 처음 고려되어야 할 요소는 검사의 유형이 아니라 검사 실시의 타당성이다. 중증장애인에게 특정 검사를 실시할 때 검사와 장애의 본질에 따라 적합하지 않은 경우가 발생하기도 한다. 중증장애인에 대한 평가에서 평가사는 평가 결과에 부정적인 영향을 미치는 요인들을 찾아내야 한다.

예를 들어, 내담자가 검사에서 과도한 긴장감으로 인해 자신의 능력보다 낮은 점수를 획득하거나, 문화적으로 결핍된 환경을 가진 내담자가 한 검사에서는 낮은 점수를 보이지만 같은 특성을 보다 정확하게 측정하는 검사에서 높은 점수를 보이는 경우 등은 내담자의 불안 정도나 환경이 평가 결과에 영향을 미치는 중요한 요소들이란 것을 증명한다. 이는 청각장애인의 경우도 마찬가지다. 언어장애를 가진 장애인의 흥미를 평가하는 것은 흥미평가의 결과 이외에 그와 관련된 취미, 여가활동, 직업 가치관 등의 다른 성격검사의 결과가 함께 분석될 때 보다 정확하며 유용하다.

그러므로 검사 선택의 첫 번째 단계는 특정 내담자를 가장 정확하게 측정할 수 있는 도구를 찾는 것이다. 만일 어떤 심리검사도 내담자 특성을 신뢰할 만하게 측정할 수 없다고 판단되면 작업표본평가나 상황평가와 같은 다른 유형의 평가 방법을 선택해야 한다.

② 검사도구의 신뢰성

평가사는 검사도구를 선택할 때에 검사지, 매뉴얼, 답안지를 신중히 살펴보고 각 검사도구의 특징을 파악해야 한다. 새로운 검사도구를 소개할 때에는 사전에 견본 검사도구를 주문해서 살펴보고 실행해 보아야 한다. 모든 검사도구는 상황에 따라 각기 다른 장단점을 가진다(Olson, 1992).

㉮ 읽기 수준

검사도구의 읽기 수준은 읽기나 언어 이해도를 측정하는 검사가 아닌 평가도구 중 언어적 내용을 포함하고 있는 검사도구에 있어 매우 중요한 요소다. 평가도구의 읽기 수준 정도는 적성, 흥미와 같은 내담자의 비언어적 측면의 특성에 대한 평가의 결과에 영향을 미치기 때문이다. 읽기 수준의 난이도가 높은 적성검사를 언어 이해력이 부족한 발달장애인에게 실시할 경우 검사는 적성평가가 아닌 읽기능력의 평가이며 수행능력 평가가 아닌 학습능력 평가가 되는 오류가 발생한다. 대부분의 검사 매뉴얼에는 검사에서 요구되는 최소한의 피험자의 읽기 수준이 명시되어 있거나 읽기 수준을 계산하는 공식이 제시되어 있다.

읽기 수준을 계산하는 공식은 각 단어의 음절의 수 계산하기, 각 문장의 단어의 수 계산하기로 이루어진다. 계산된 숫자는 회귀법을 사용하여 학년수준으로 도출된다. 이제는 이러한 복잡한 과정을 거치지 않고 컴퓨터를 이용하여 간단하게 학년 수준으로 계산할 수 있게 되었다.

평가사는 피험자의 읽기수준과 검사에서 요구하는 읽기 수준을 비교하여 검사의 실시 여부를 결정해야 한다. 내담자의 읽기 수준은 직업경력과 교육수준에 기초하여 예측할 수도 있고 사전에 읽기 성취도검사를 실시하여 측정할 수도 있다. 내담자가 숙련된 계산 능력과 전문적인 기술에 관한 지식 혹은 고등학교 졸업 이상의 학력을 가지지 않은 경우에는 읽기검사를 실시하는 것이 필요하다.

㉯ 규준

일반적인 심리평가도구는 한 내담자의 검사 결과인 단일 점수를 동일한 검사에 참가한 집단의 점수, 즉 규준집단의 점수분포곡선과 비교한다. 정확한 예측을 위해서는 검사 매뉴얼에 명시된 규준집단을 세밀히 살펴보아야 한다. 규준집단에 대한 정보는 거주지역, 검사일자, 연령, 성별, 취업 여부, 교육 수준, 장애 정도와 유형 등의 가족인구학적 정보를 제시하여야 한다.

가장 일반적으로 사용되는 규준집단은 중등학교, 대학교, 전체 인구, 특정 훈련 프로그램에 참가하고 있는 사람, 특정 직업에 종사하고 있는 사람 등이다. 장애인에 대한 규준집단에 대해 많은 논쟁이 있었지만(Potiron, 1967), 내담자의 검사 결과를 현직 근로자 집단 혹은 일반집단의 기능 수준과 비교하는 것이 타당하다(Siefker, 1996). 보호작업장 혹은 장애집단을 규준으로 삼는 것은 경쟁고용을 위한 직업 의사결정에는 별로 도움이 되지 못하며, 경쟁고용을 위해서는 취업 중인 근로자 집단 규준을 직업적성과 기능검사에 사용하는 것이 유용하다. 학생집단 규준은 비슷한 연령의 장애인들이 교육과 관련된 훈련 프로그램에 참여하고자 할 때 도움이 되며, 일반인구집단 규준은 취업 중인 근로자집단 규준이나 학생집단 규준의 사용이 불가능할 때 필요하다.

대부분의 심리평가는 통계적 규준을 사용해 왔지만 현재는 준거참조 채점 방법(criterion-referenced scoring)을 점차 많이 이용하는 추세다. 준거참조검사는 학습자의 특정 영역에 대한 기술이나 과업을 완수하는 능력을 평가하는 것으로 정의된다(Hupp & Donofrio, 1983). 준거참조검사에서는 하나의 직업에서 중요한 요소들을 분석하여 그 직업에서 요구하는 수행 정도를 결정한다(Owings & Siefker, 1991). 준거참조검사와 규준참조검사(norm-referenced test)의 차이점은 내담자의 수행능력이 특정 집단의 수행능력과 비교되지 않고 미리 정해진 기준과 비교된다는 것이다. 준거참조검사는 사전에 정해진 수행능력 기준에 기초하여 내담자가 얼마나 그 기준에 가까이 도달하였는가를 결정하는 것이다. 이 경우 평가 결과는 백분위 점수(percentile rank), 9분 점수(stanine), 학년점수(grade equivalents) 등의 척도로 숙련도를 측정하는 것이 아니라 획득된 기능 수준으로 나타나게 된다(Mauser, 1981).

준거참조검사는 작업표본과 유사한 과정을 통해 개발된다. 측정할 기능의 과업에 대한 분석과 획득되어야 할 목표 수준을 나타내는 숙련 정도를 측정할 수 있는 기준을 개발하는 과정을 거치기 때문에 준거참조검사는 높은 내용 타당도를 가진다.

좋은 준거참조검사란 다음의 특성을 갖추어야 한다(Siefker, 1996).

- 평가하고자 하는 특정 내용이 있어야 한다.
- 평가점수의 변산성은 의미가 없다. 많은 수의 만점 혹은 만점에 가까운 점수가 예상된다.
- 고정된 기준에 의해 개인의 수행 정도를 평가한다. 내담자는 자신과 경쟁하는 것이다.
- 과업분석에 기초한다.
- 강의계획에 이용할 정보를 제공하는 데 요구된다.

(6) 심리평가도구

① 성취도검사

성취도검사의 주된 목적은 교육과 직업경력에서 획득한 학업능력 수준을 평가하는 것이다. 일반적으로 읽기, 쓰기, 수학의 3가지 학업능력이 평가되며 그 이외의 분야에 대한 성취도검사도 실시된다.

㉮ 읽기

대부분의 심리평가가 질문의 내용을 이해하는 데 요구되는 읽기 수준을 규정하고 있기 때문에 심리평가의 첫 번째 단계는 개인의 읽기 수준을 평가하는 것이며, 이는 학년 수준으로 나타난다.

읽기, 음성학, 내용 이해에는 2가지 기본적인 측면이 있다. 평가사는 모든 성취도검사가 이 2가지 특성을 측정할 수 없다는 것을 알아야 한다. 음성학 혹은 단어 인식능력만을 측정하는 성취도검사는 읽기 수준에 대해서는 정확한 결과를 제시할 수 없다. 예를 들어, 난독증이 있는 내담자는 문맥을 통해 내용을 이해하므로 내용이해도검사에서 보다 나은 점수를 획득하기도 한다. 문맥을 통해서 내용을 이해하는 사람은 한 문장 내의 단어 전체를 내용을 이해하는 데 사용한다. 그러므로 단어의 의미를 측정하는 내용이해도검사는 학습장애나 청각장애인의 실제 읽기 수준을 나타내는 좋은 지표가 될 수 있다.

읽기 수준에 대한 해석에 있어 가장 빈번하게 일어나는 오해는 개인의 읽기능력과 지능 사이에 높은 상관관계가 있다고 가정하는 것이다. 내담자가 매우 낮은 읽기 수준을 보였을 때 해석에 있어 평가사는 그 이유를 고려해야만 한다. 학습장애, 청각장애, 뇌손상, 지적장애, 높은 결석률 등 여러 가지 원인이 있을 수 있다. 내담자의 읽기 수준이 낮을 경우 지능 수준에 기초하여 기대되는 읽기 수준과 실제 읽기 수준 사이의 차이점을 알아보기 위해 지능검사를 실시하는 것도 좋은 방법이다.

㈏ 쓰기

쓰기검사는 내담자의 쓰기능력에 관한 것이다. 두 내담자의 쓰기검사 결과가 같을 경우에도 쓰기능력에는 차이가 있을 수 있다. 평가사는 문항 분석을 실시하여 한 내담자는 약간의 기술적 문제를 가지고 있는 반면 다른 내담자는 이해할 수 없는 수준의 쓰기능력을 가지고 있다는 것을 알 수 있다. 이 두 내담자의 차이점은 첫 번째의 경우 쓰기를 통해 의사소통이 가능하지만 두 번째의 경우 쓰기를 통해 의사소통이 불가능하다는 것이다. 그러나 컴퓨터의 철자법 프로그램을 사용하여 쓰기 문제는 보완될 수 있다.

㈐ 수학

수학능력은 내담자가 수학을 공부한 기간에 영향을 받기 때문에 수학 성취도는 교정학습을 통해 향상될 수 있다.

㈑ 어휘력

어휘 발달은 의미론적 능력의 발달뿐만 아니라 구문, 읽기 등 다른 언어 발달과도 밀접한 관련이 있다. 어휘 발달과 언어능력과의 관계를 고찰한 배소영(1991)은 아동이 언어를 습득하는 것을 어휘습득의 과정으로 생각할 수 있다고 하였다. 즉, 어휘가 모여 구문구조를 이루고, 내용이 담긴 어휘에 의미와 문법적 요소가 부가되는 문법 형태소를 붙여 어휘는 점차 세련화되어 간다. 알고 사용하는 어휘의 수가 많아질수록 아동의 언어능력도 발달한다. 한정된 어휘지식은 학습자로 하여금 말하기나 쓰기와 같은 기능을 통해 자신의 생각을 명료하게 표현하지 못하게 하고 듣기나 읽기와 같은 수용적인 기능을 통해 적절하게 정보를 받아들이지 못하게 한다(Nation & Coady, 1988).

Anderson과 Freebody(1982)는 독해능력 및 읽기 수월성의 측정, 지능 측정을 하는 데 있어 많은 어휘들이 기본적인 역할을 담당하고 있다고 보고하면서 많은 어휘의 의미를 잘 알지 못하는 학생들이 대부분 읽기 이해를 잘하지 못한다고 하였다.

미국에서는 발달장애인, 지체장애인을 대상으로 하는 광역 성취도검사(Wide Range Achievement Test-Revised: WRAT-R) 등 다양한 검사가 사용되고 있지만, 현재 우리나라 직업재활 현장에서 가장 널리 사용하고 있는 어휘력 검사도구는 수용-표현어휘력검사가 있다.

수용-표현 어휘력검사(Receptive & Expressive Vocabulary Test: REVT)

■ 목적

- 검사 대상자의 어휘능력에 대한 전반적인 정보 제공(어휘능력 지체 여부)
- 검사 대상자의 어휘발달연령을 제공하여 생활연령과의 차이에 대한 정보 제공
- 검사 대상자의 어휘발달 수준을 백분위 점수로 제공하여 같은 생활연령대의 대상자들에 대한 상대적인 어휘발달 수준 제시
- 품사별, 의미 범주별 수행 분석을 통하여 치료 진행 시 목표어휘의 선정과 치료 효과를 점검하는 데 활용
- 특정 집단 간 어휘능력 비교 등의 연구에 활용

■ 검사 대상

- 만 2세 6개월부터 만 16세 이상 성인
- 어휘 발달 정도를 측정하고자 하는 일반 아동 및 성인
  - 환경적 요인(예: 다문화가정, 저소득가정 등)으로 인해 수용어휘력과 표현어휘력 발달에 지체가 예상되는 자
  - 유전적 요인이나 발달적 요인(예: 미숙아, 저체중아, 말 늦은 아동 등)으로 인해 수용

어휘력과 표현어휘력 발달에 지체가 예상되는 자

-단순언어장애, 지적장애, 청각장애, 뇌손상, 자폐성장애, 전반적 발달장애, 뇌성마비 등으로 인해 수용어휘력과 표현어휘력 발달에 지체가 예상되는 자

■ 검사 내용

내용	수용어휘검사(REVT-R)	표현어휘검사(REVT-E)
총 문항 수	185개	185개
명사	98개(53%)	106개(57.30%)
동사	68개(37%)	58개(31.35%)
형용사/부사	19개(10%)	21개(11.35%)

■ 채점 규준

정상성과 이탈 정도를 해석할 수 있는 평균 및 표준편차 규준, 등가연령 규준, 백분위 규준 제공

㉤ 성취도검사의 결과 해석

학년점수, 백분위 점수, 9분 점수, 표준점수를 사용하여 결과를 해석한다.

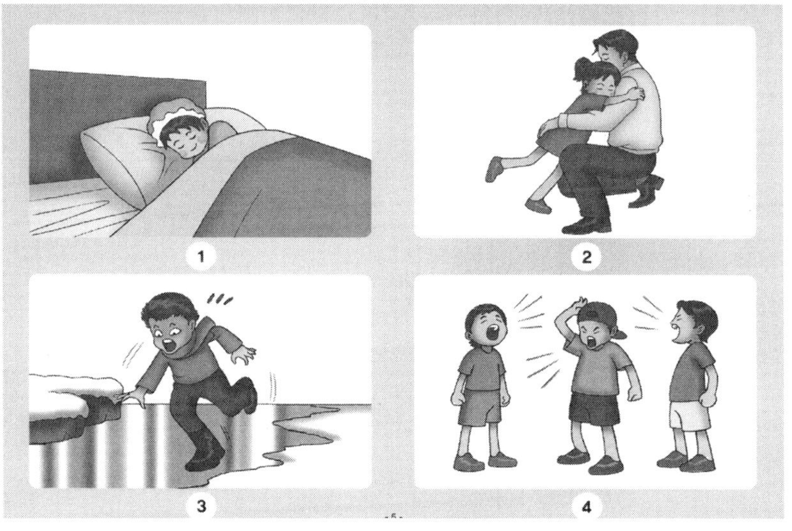

[그림 8-9] 수용어휘력 검사문항

학년점수는 개인의 점수를 학교의 학년 수준과 비교한 것이다. 학년점수로 나타난 결과를 보다 깊이 이해하기 위해서는 문항 분석을 통해 내담자의 장점을 판별해 보아야 한다. 예를 들어, A 내담자가 2학년의 학년점수를 획득했을 때 문항 분석을 실시하면 내담자의 숫자 세기, 더하기, 빼기의 기본적인 수학문제 해결능력을 알 수 있다. 이러한 정보는 학년점수에 보다 기능적인 의미를 부여한다.

백분위 점수와 9분 점수는 개인의 평가 결과를 하나의 기준이나 집단과 비교할 때 유용하다. 평가사는 규준집단에 대한 설명을 하고 내담자에게 백분위 점수 혹은 9분 점수의 의미를 설명해야 한다.

심리평가에 사용되는 표준점수에는 T 점수와 Z 점수 등 여러 가지가 있다. 표준점수를 계산하는 목적은 다른 검사의 결과와 비교하기 위해 검사들의 출발점과 그 단위를 같게 함으로써 여러 다른 집단의 점수를 비교하거나 통합하는 데 있다.

② 적성검사

Cronbach(1990)는 적성검사의 목적을 미래의 성공도 예측을 위한 것이라 하였다. 즉, 앞으로 수행될 학업, 훈련, 직종 등에 관한 예측이다. 적성검사와 성취도검사 사이에는 차이점이 있다. 두 검사 모두 이미 획득한 학습에 기초한 측정이라는 점은 같지만, 적성검사는 미래지향적인 반면 성취도검사는 과거지향적이라는 점에서 다르다. 대부분의 적성검사는 현재까지 성취된 능력(성취도검사)이 아닌 미래의 학습잠재력을 측정한다.

적성검사에는 다중 적성검사와 특정 적성검사 2가지가 있다. 다중 적성검사는 수, 공간, 형태인지 등의 여러 특성 분야를 측정하는 여러 개의 서로 다른 하위검사로 이루어지며, 특정 적성검사는 회계사, 정비사와 같은 직종에서 실제로 요구하는 직무와 관계된 하나의 특성을 측정하는 검사다.

현재 우리나라에서 사용되고 있는 장애인용 직업적성검사도 청각장애학생을 위한 직업적성검사인 KEAD 청소년 직업적성검사가 유일하다.

KEAD 청소년 직업적성검사

■ 검사 개요

• KEAD 청소년 직업적성검사는 청각장애학생을 위한 직업적성검사로 직업생활에서 필요한

중요한 능력을 알아보기 위한 검사

• 청각장애학생이 청소년 시기에 자신의 소질과 적성 영역을 보다 정확히 이해하고 객관적인 직업정보를 탐색하는 데 도움을 줌

■ 검사 구성

적성 영역	설명
신체운동능력	기초 체력을 바탕으로 효율적으로 몸을 움직이고 학습할 수 있는 능력
손재능	손으로 정교한 작업을 할 수 있는 능력
음악능력	노래 부르고, 악기를 연주하며, 감상할 수 있는 능력
언어능력	말과 글로써 자신의 생각과 감정을 표현하며, 다른 사람의 말과 글을 잘 이해할 수 있는 능력
수어능력	수화로 자신의 생각과 감정을 잘 표현하여 다른 사람의 수화를 이해할 수 있는 능력
수리논리력	논리적으로 사고하여 문제를 해결하는 능력
대인관계능력	다른 사람들과 더불어 살아가는 능력
자연친화력	인간과 자연이 서로 연관되어 있음을 이해하며, 자연에 대하여 관심을 갖고 탐구, 보호할 수 있는 능력

■ 적성 영역별 설명 및 대표 직업

영역	백분위 점수	수준 ★	설명	대표 직업
신체운동능력	29.2	★★	기본적인 체력으로 몸을 잘 움직이고 동작을 잘 배울 수 있는 능력	운동선수, 경찰관, 무용가, 버스운전기사, 곡식작물재배자
손재능	3.09	★	손으로 세밀하게 물건을 만들 수 있는 능력	미용사, 제과제빵사, 시각디자이너, 패션디자이너, 용접원, 웹디자이너, 웹프로듀서, 웹프레너, 웹프로그래머, 웹컨텐츠기획자, 컴퓨터그래픽스운영기능사, 시각디자인기능사, 제품디자인 기능사, 화가, 공예가, 우편분류, 체육시설 및 공원 관리, 환경미화원, 원예업, 청사관리직
음악능력	74.23	★★★★	노래 부르고, 악기를 연주하며, 감상할 수 있는 능력	악기제조원, 음악가, 악기연주자

언어능력	63.92	★★★★	말(또는 수화)과 글로 자신의 생각과 감정을 표 표현하며, 다른 사람의 말(또는 수화)과 글을 잘 이해할 수 있는 능력	청각장애인 통역사, 수화강사, 도서관 사서, 소설가, 변호사, 보육교사, 특수교사(교사), 역사학연구원, 기자, 공무원, 신부, 목사
수어능력	71.13	★★★★		
수리 논리력	63.4	★★★★	논리적으로 사고하여 문제를 해결하는 능력	메카트로닉스 관련 전문가(기계설비 산업기사, 전산응용가공 산업기사, 전산응용기계제도 기능사, 메카트로닉스 기능사, CNC 선반기능사, MCT 기능사), 전문의사, IT 교육강사, 생물학연구원, 컴퓨터 프로그래머, 항공우주공학기술자, 심리학연구원, 증권분석사, 회계사
대인관계 능력	65.98	★★★★	다른 사람들과 함께 살아가는 능력	특수학교 교사, 간호사, 유치원 교사, 상담전문가, 자동차 , 영업원, 경영컨설턴트, 정치가
자연 친화력	67.26	★★★★	인간과 자연이 서로 관계가 있음을 이해하며, 자연에 대하여 관심을 가지고 연구 · 보호할 수 있는 능력	동물조련사, 농업기술자, 채소 및 특용작물 재배자, 체육시설 및 공원 관리, 환경미화원, 원예업, 청사관리직

③ 지능검사

웩슬러 지능검사의 저자인 웩슬러(David Wechsler)는 지능에 대한 정의를 "개인이 목적을 갖고 행동하고, 합리적으로 사고하며, 환경과 효율적으로 상호작용하는 능력의 집합체"라고 하였다(Pyle, 1979).

지능검사는 정의와 목적에 있어 많은 논쟁이 이루어지고 있다. 평가사는 각 지능검사마다 독특한 정의를 바탕으로 구성되어 있다는 것을 인지해야 하며 검사의 목적에 합당한 정의에 기초한 지능검사를 선택해야 한다. 대부분의 지능검사는 하나 혹은 2가지 특성, 즉 언어적 사고 혹은 비언어적 사고를 측정하는 것이다. 언어검사의 문항은 학업성취도에 관한 것이며 일정 수준 이상의 읽기능력의 수준을 요구하며, 비언어성 검사는 비학업 분야의 성취도에 관한 것으로 그림으로 구성된다.

지능검사는 직업평가 분야에서 널리 사용되는 검사다. 검사자는 내담자의 성취도검사 결과에 따라 지능검사의 시행 여부를 결정해야 한다. 내담자의 성취도검사 결과가 6학년 이하일 경우, 내담자의 실제 학업성취도와 비교하기 위해 지능검사를 실시해야 한다. 내담자의 지능검사 결과가 6학년 이상일 경우 특정 혹은 다중 적성검사의 시행을 신중히 고려해야 한다.

현재 우리나라에서 가장 널리 사용되는 성인용 지능검사는 한국 웩슬러 성인용 지능검사 4판(K-WAIS-IV)이다.

한국 웩슬러 성인용 지능검사 4판(Korean Wechsler Adult Intelligence Scale–IV; K–WAIS–IV)

■ 개요

16세 0개월~69세 11개월까지의 청소년과 성인의 인지능력을 개인적으로 평가할 수 있도록 만들어진 임상도구

■ 목적

여러 영역의 지적 능력을 측정하여, 언어성 지능(VIQ), 동작성 지능(PIQ), 전체 지능(FIQ) 등 3개의 지수 산출

■ 검사의 구조

전체 척도(Full Scale IQ)		
척도	핵심 소검사	보충 소검사
언어이해 지수 (Verbal Comprehension Index	공통성, 어휘, 상식	이해
지각추론 지수(Perceptual Reasoning Index)	토막 짜기, 행렬추론, 퍼즐	무게 비교, 빠진 곳 찾기
작업기억 지수(Working Memory Index)	숫자, 산수	순서화
처리속도 지수(Processing Speed Index)	동형 찾기, 기호 쓰기	지우기
전체 척도(Full Scale IQ)	전반적인 인지능력을 가장 잘 측정해 주는 평가치	

■ 채점

• 과정점수

수검자가 소검사를 수행할 때 사용하는 인지능력에 대해 좀 더 세부적인 정보 제공

–토막 짜기 ⇒ 1개 과정점수

–숫자 ⇒ 6개의 과정점수

–순서화 ⇒ 1개의 과정점수

■ 소검사

• K-WAIS-IV는 총 15개의 소검사로 구성

• WAIS-Ⅲ에 포함되었던 12개의 소검사

소검사	설명
토막 짜기 (Block Design)	수검자는 제한시간 내에 작업해야 하고 제시된 그림(Picture)과 모형(model) 또는 그림만 보고 빨간색과 흰색으로 이루어진 토막을 사용하여 똑같은 모양(design)을 만들기
공통성 (Similarity)	공통적인 사물이나 개념을 나타내는 2개의 단어가 제시되면 수검자는 그 둘이 어떠한 유사점이 있는지를 기술하기
숫자 (Digit Span)	숫자 바로 따라 하기: 수검자는 검사자가 읽어 준 일련의 숫자를 동일한 숫자로 기억해 내기 숫자 거꾸로 따라 하기: 검사자가 읽어 준 일련의 숫자를 역순으로 기억해 내기 숫자 순서대로 따라 하기: 검사자가 읽어 준 일련의 숫자를 작은 숫자부터 차례로 기억해 내기
행렬추론 (Matrix Reasoning)	수검자는 일부가 빠져 있는 행렬 매트릭스를 보고 행렬 매트릭스를 완성할 수 있는 반응 선택지 고르기
어휘 (Vocabulary)	그림 문항의 경우: 수검자는 시각적으로 제시되는 물체의 이름 말하기 언어적 문항의 경우: 인쇄된 글자와 동시에 구두로 제시되는 단어의 뜻을 말하기
산수 (Arithmetic)	수검자는 제한시간 내에 일련의 산수 문제를 암산으로 풀기
동형 찾기 (Symbol Search)	수검자는 제한시간 내에 탐색 집단에서 표적기호와 동일한 것 찾기
상식 (Information)	수검자는 폭넓은 영역의 상식에 관한 질문에 대답하기

기호 쓰기 (Coding)	수검자는 제한 시간 내에 숫자와 짝지어진 기호를 옮겨 쓰기
순서화 (Letter-Number Sequencing)	검사자가 수검자에게 일련의 숫자와 글자를 읽어 주면 수검자는 숫자와 글자를 순서대로 회상하기
이해 (Comprehension)	수검자는 사회적 상황에 대한 일반적 원리와 이해에 근거해서 질문에 답하기
빠진 곳 찾기 (Picture Completion)	수검자는 제한시간 내에 중요한 부분이 빠져 있는 그림을 보고 빠진 부분을 찾아내기

• WISC-IV에서 차용해 온 새로운 3개의 소검사

소검사	설명
퍼즐 (Visual Puzzles)	수검자는 제한시간 내에 완성된 퍼즐을 보고 그 퍼즐을 만들 수 있는 3개의 반응 찾기
무게비교 (Figure Weights)	수검자는 제한시간 내에 양쪽 무게가 달라 균형이 맞지 않는 저울 그림을 보고 균형을 맞추는 데 필요한 반응 찾기
지우기 (Cancellation)	수검자는 제한시간 내에 조직적으로 배열되어 있는 도형들 속에서 표적 모양을 찾아 표시하기

[그림 8-10] 한국 웩슬러 성인용 지능검사 4판

④ 홍미검사

직업평가의 주된 목적은 직업 목표를 결정하는 것이기 때문에 직업 홍미도를 판별하는 것은 매우 중요하다. 직업 목표와 직업 홍미도를 판별하는 과정은 단순히 홍미검사를 시행하는 것보다 복잡한 과정이다. Pruitt(1986)는 홍미도를 판별하는 3가지 방법을 제시하였다.

㉮ 표현된 홍미도

표현된 홍미도란 초기면접에서 내담자에게 홍미가 무엇인지를 질문함으로써 판별되는 홍미도를 말한다. 표현된 홍미도는 내담자의 경험, 사회, 문화, 가족환경, 매스컴의 영향, 자아개념, 경제력, 직업세계의 경향과 변화에 따라 영향을 받는다.

초기면접에서 내담자가 특정 직업 목표를 선택한 이유와 그 직업에 대한 정보를 가지고 있는지를 알아내는 것이 중요하다. 때로는 내담자가 직업 목표는 세웠으나 그 직업에서 요구하는 직무에 대해 알지 못하는 경우도 있다. 혹은 부모나 가족의 영향을 받아 부모의 직업을 따르거나 부모의 기대에 부응하기 위해 직업 목표를 결정하기도 한다.

㉯ 측정된 홍미도

측정된 홍미도는 표현된 홍미도와 같은 경우가 많은데 이는 대부분의 홍미검사가 자기보고 형식으로 구성되기 때문이다. 검사자는 내담자가 가장 높은 점수를 획득한 홍미 영역에 관심을 기울여야 하지만 내담자가 다른 영역에 대한 탐색을 할 수 있도록 도와주어 내담자가 스스로 자신의 직업 목표를 바꾸거나 다른 홍미 영역에 대한 인식을 높일 수 있도록 하여야 한다.

㉰ 증명된 홍미도

이 영역의 측정은 많은 시간을 요구하지만 가장 정확한 방법이다. 증명된 홍미도는 표현된 홍미도 혹은 측정된 홍미도에서 높은 점수를 얻은 영역에 알맞은 작업표본평가 혹은 현장평가를 사용하여 측정된다. 평가 과정에서 내담자의 긍정적/부정적 행동이 관찰되는데 부정적 행동은 내담자의 태도나 동기의 문제 혹은 평가되는 작업에 대한 홍미의 결여에 기인할 수 있다. 평가사는 내담자의 읽기 수준에 알맞은 홍미검사를 선택해야 하며 규준은 내담자의 교육 수준, 현재 혹은 과거의 직업경력에 가장 근접하는 규준을 선택해야 한다.

현재 직업재활 현장에서 사용되는 직업 흥미검사로는 지적장애인용 그림직업 흥미검사(개정판)과 비언어성 직업 흥미검사(2판), Holland 진로탐색검사, STRONG 흥미검사 등이 있다.

비언어성 직업 흥미검사 2판(Reading Free Vocational Interest Inventory: 2)

■ 목적

- 각 직종에 따라 하는 일을 그림으로 간략하게 나타내고 있어 읽기능력에 제한이 있는 사람에게 선택을 용이하게 함
- 읽기능력에 제한이 있는 사람의 흥미 유형에 대한 정보 제공
- 직업 배치 전 내담자의 흥미를 알아보기 위해 실시

■ 대상

만 12~61세의 지적장애인, 학습장애인, 교육적 혜택을 받지 못하여 읽기능력이 현저히 제한된 개인(부적응자) 등

■ 구성

- 55개의 문제로 구성된 지필검사
- 11가지의 직업 흥미 영역을 검사
- 총 165가지의 그림 항목으로 11개의 직업 흥미 영역, 5개의 집단으로 분류함

■ 11가지 흥미 영역과 직업

흥미 영역	선호도	관련 직업
 자동차	주차, 청소, 광내기, 윤활유 바르기, 주유, 정비와 유지하는 활동을 처리하는 직업에 대한 선호도	주유직원, 주차장 경비, 정비공, 세차장 직원, 차 수리공, 타이어 재생 직원 등
 건축	조립, 수리, 건설, 공구와 기계, 장비를 다루는 설치활동 직업에 대한 선호도	장난감 조립 기술자, 건설업자, 재봉사, 조명기구 조립원, 유리 부착원, 도장공, 목수 등
 사무	인쇄소, 도서관, 사무실의 일상적인 업무 담당자 등	인쇄소, 도서관, 사무실의 일상적인 업무 담당자 등
 동물사육	동물들의 털 손질, 운동시키기, 보호하기, 물주기, 먹이주기에 관련 있는 활동에 대한 선호도	수의사, 마필관리사, 반려동물용품 판매원, 조련사, 사육사 등
 식당 서비스	클럽 · 모텔 · 호텔 · 레스토랑의 홀과 주방 청소, 음식 준비 · 서빙 활동에 대한 선호도	웨이터, 버스보이, 설거지 담당자, 즉석요리 전문 요리사, 카운터 직원, 음료수 판매원, 주방도우미 등

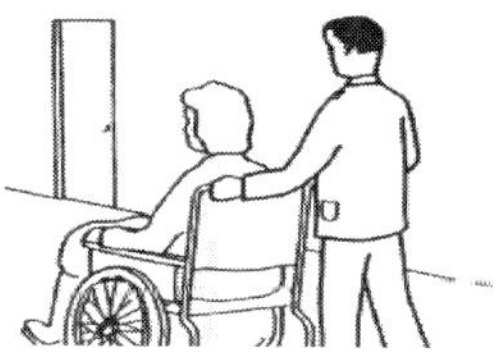 간병	환자의 육체적 편안과 안전을 돕고, 병원 · 클리닉 · 영안실 · 건강 관련 시설 활동들에 대한 선호도	병원 잡역부, 간호보좌관, 장례지도자, 물리치료 보좌관, 구급대원, 간호조무사 등
 원예	심기, 경작, 모든 식물과 생산품을 수확, 공원 · 부지 · 묘지 · 정원을 관리하는 활동들에 대한 선호도	농장일꾼, 과일채집자, 묘목장 직원, 정원사, 묘지관리원, 원예용품 점원, 꽃집 주인, 조경기술자 등
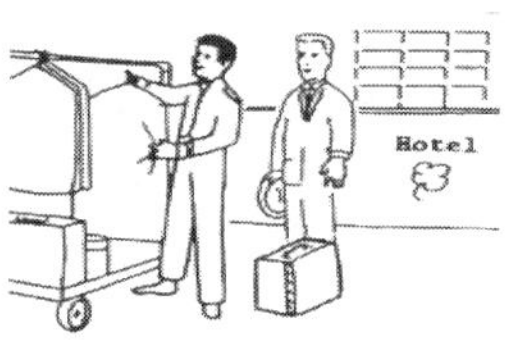 개인 서비스	도움과 관련 있는 일, 즉 광범위의 서비스에서 사람을 돕는 것에 대한 선호도	보모, 이발사, 미용사, 남자승무원, 목욕관리사, 보관소 직원, 머리 감겨 주는 사람, 벨 보이, 매표원, 호스트, 가정도우미, 수위 등
 자재관리	창고업, 적하, 분류, 묶음(boxing), 물품의 운반 또는 상하차와 관련 있는 활동에 대한 선호도	운송업자, 창고작업자, 선적사무원 등
 가사	호텔, 모텔, 매장, 다른 시설의 장비 · 가구 · 실내의 유지와 청소하는 업무 관련 활동에 대한 선호도	관리인, 가정부, 수위, 가사도우미, 금융관리자, 작은 카펫 청소부, 가정도우미, 해충 퇴치원, 창문청소원
 세탁서비스	상업적 빨래방에서 실내장식 장신구 · 드라이클리닝 · 세탁 · 다림질 · 염색업 · 옷 수선을 포함한 활동에 대한 선호도	세탁원, 드라이클리닝원, 염색업자, 셔츠 압착기조작원, 다리미 조작원, 빨래방 직원 등

■ 5가지 집단 영역

집단 영역	흥미활동 분야	관련 직업
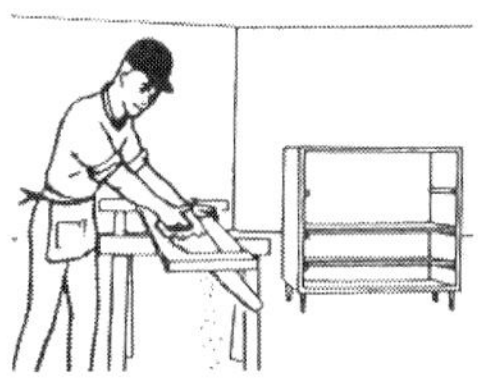 기계적 관심	도구를 사용하여, 기계적인 물체를 건축하고 보수하는 일을 하는 것을 선호	가전제품과 수동/전동 모터 등의 전기 기구, 기타 기계 장비의 설계 · 조립 · 유지 · 수리 등의 기계와 관련된 활동이나 직업 → 공구 제작자, 기계기술자, 배관공, 자동차 정비공, TV 수리공, 통신선반 기술자, 전기기사, 목수, 인쇄업자, 시계 수리공, 실내 장식업자, 카펫 설치자
 야외적 관심	야외나 야외 환경에서 기계와 도구를 사용하여 일하는 것을 선호	자연과 생물 기르기, 식물과 생물, 가축 또는 야생동물 등의 야외 활동이나 직업 → 낙농가, 과일 채집자, 꽃 재배업자, 버스 및 택시 운전기사, 수목 관리원, 동식물 연구가, 어부, 운동 코치 및 운동 강사, 보육교사, 사냥꾼, 수렵 감시관, 주차장 안내원
 기계-야외적 관심	대부분의 근로 시간에 개별적으로 외부로 나가서 일을 하거나 활동하는 것을 선호	야외나 야외 환경에서 기계와 도구를 사용하는 직업 → 전화교환원, 엔지니어, 용접공, 측량사, 나무 치료 전문가, 정원사, 목재제재업 근로자, 집의 뼈대를 짜는 노동자, 박판공, 건설 노동자, 지붕 수리공, 벽돌공, 석공, 간판 설치자, 도로 정비 노동자, 울타리 설치자
 식료품-조작 관리	신체 접촉이 거의 없거나 전혀 없는 물리적 작업과 이용인에게 개별 서비스를 제공하는 업무를 선호	음식과 음료의 준비 및 제공과 관련된 활동들에 관한 직업 → 하역업자, 식료품 포장 점원, 자루에 담는 점원, 지게차 운전기능사, 유제품 운전기사, 슈퍼마켓 재고품 관리 점원, 유리 세척기와 운반대, 뜨거운 식품 포장 점원, 주방 도우미, 이동식당 운전기사, 고기 절단공, 자동판매기 종업원, 포도주 및 맥주 트럭 운전기사, 간이 식품 요리사, 웨이터/웨이트리스
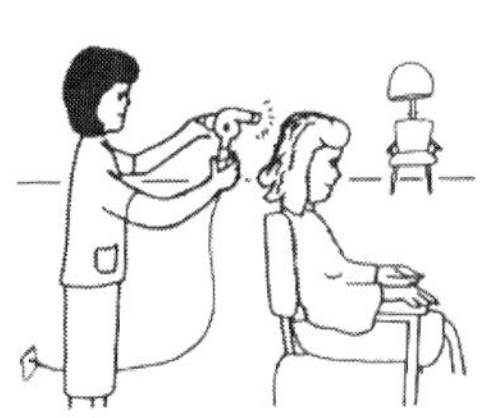 사무-사회적 서비스	사무실의 사무 업무, 세탁 작업 등과 관련된 활동, 사람들에게 지원과 개별 서비스를 제공해주는 업무를 선호	서비스 제공자와 이용인 사이에 상당히 가까운 신체적 접촉이 빈번히 이루어지는 직업 → 이발사, 병원 서비스 코디네이터, 접객원, 프로그램 진행자, 미용사, 간호사, 작업치료사, 우체국 사무원, 속기사, 사무원, 세탁업자, 문서 정리원, 컴퓨터 기사

출처: Becker, R. L. (2000). *Reading-Free Vocational Interest Inventory* (2nd ed.) (RFVII-2). Austin, TX: Pro Ed.

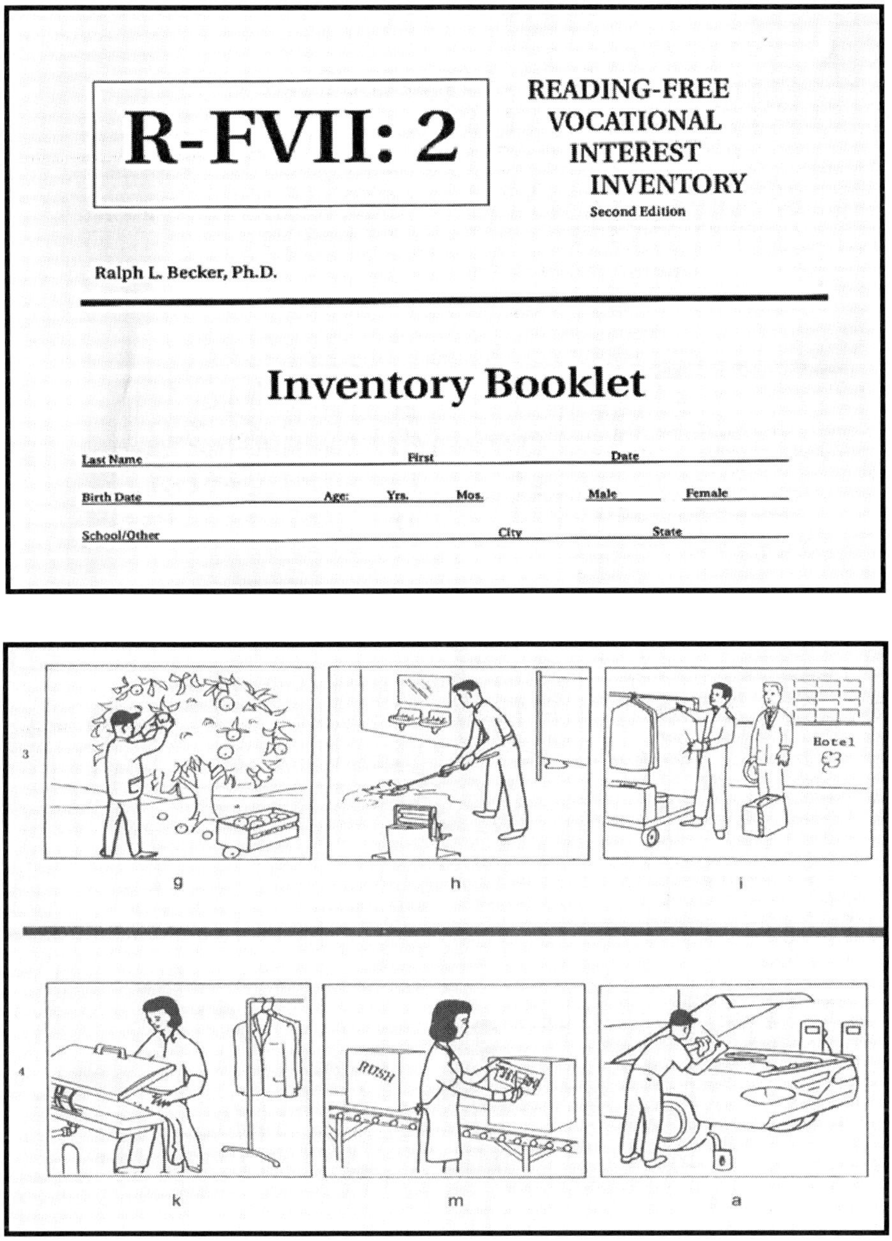

[그림 8-11] 비언어성 직업흥미검사 2판

출처: Becker, R. L. (2000). *Reading-Free Vocational Interest Inventory* (2nd ed.) (RFVII-2). Austin, TX: Pro Ed, Inc.

PVIT 그림직업 흥미검사

■ 목적

- PVIT 그림직업흥미검사는 언어성 직업 흥미검사에 필요한 지적 능력이나 문장이해력 또는 의사소통능력에 제한이 있는 사람의 직업 흥미를 측정하기 위한 검사
- 직업교육 및 진로지도를 위한 기초 자료 제공
- 직업 선택 및 취업 알선을 위한 직업평가 자료의 일환으로 활용

■ 검사의 구성

- 직업 영역

직업 영역	조작적 정의
1. 서비스	• 타인이나 대중의 편의를 위하여 다양한 서비스를 제공하는 직업영역 • 사람들이 필요로 하는 일을 대신 처리해 주거나, 사람을 직접 도와주는 활동 등 포함
2. 제조	• 제품의 생산 과정과 관련된 다양한 활동(제작, 조립, 포장, 운반 등)을 수행하는 직업 영역 • 도구와 자재를 이용하여 제품을 조립하거나, 손을 이용해 물건을 만들고, 제품을 포장하거나 운반하는 활동 등 포함
3. 음식	• 음식 제공에 필요한 다양한 활동(준비, 조리)을 수행하는 직업 영역 • 식자재를 운반 및 손질하거나, 음식을 조리하고 식기를 정리, 운반하는 활동 등 포함
4. 세탁	• 의류나 침구류 등의 세탁과정과 관련된 다양한 활동을 수행하는 작업 영역 • 세탁물을 분류 및 운반하는 활동, 세탁기나 세탁도구를 이용하는 활동, 세탁물을 건조시키고 다림질하는 활동 등 포함
5. 청소	• 손이나 도구를 이용하여 청소나 청결유지와 관련된 다양한 활동을 수행하는 직업 영역 • 건물 내외부의 청소, 자동차 세차, 청소도구의 조작 및 관리 활동 등 포함
6. 임농	• 농작물을 기르고 수확하거나, 가축을 관리하는 것과 관련된 활동을 수행하는 직업 영역 • 땅을 고르는 활동, 곡식이나 과일을 기르고 수확하는 활동, 농기구를 다루는 활동 등 포함

• 활동 영역

활동	조작적 정의
1. 운반	• 몸이나 힘을 이용하여 대상(물건, 음식)을 옮기거나 나르는 활동 • 운반의 주요 내용은 대상의 위치가 바뀌는 것
2. 정리	• 직접적인 손 조작을 통해 대상을 정리하거나 제작하는 활동 • 정리의 주요 내용은 손조작을 통해 작업이 이루어지는 것
3. 조작	• 장비(기계, 도구)를 이용하여 작업하는 활동 • 조작의 주요 내용은 도구의 사용과 다소 정교한 조작

• 개인–집단, 실내–실외영역

영역	영역 구분	삽화 내 동일한 직무활동을~
개인–집단	개인	개인이 수행
	집단	다수가 수행
실내–실외	실내	실내에서 수행
	실외	실외에서 수행

■ 구성

• 그림 이해도 검사 문항 5개

본 검사를 진행하기에 앞서 참가자의 검사 진행 가능성을 판단하기 위한 검사로 본 검사에서는 사용되지 않는 문항이며 이해도가 높은 삽화 5개를 한 쪽에 1개씩 제시하였다.

• 예비문항 2개

검사 진행 방법을 연습시키기 위한 문항으로 본 검사 문항과 동일하게 한 쪽에 2개의 삽화를 제시하였다.

• 본 검사 63문항

–6개의 직업 영역(서비스, 제조, 음식, 세탁, 청소, 임농)별 5문항 → 총 30문항

–3개의 활동 영역(운반, 정리, 조작) 별 6문항 → 총 18문항

–개인–집단 영역 → 5문항

–실내–실외 영역 → 5문항

－일관성 문항 → 5문항

■ 결과 해석

- 검사에서 개인의 점수는 동일한 검사를 실시한 타인의 점수들과 서로 비교함으로써 해석
- 그림 이해도 점수
- 일관성 점수
- 원점수
- 분위(Percentile)
- T점수

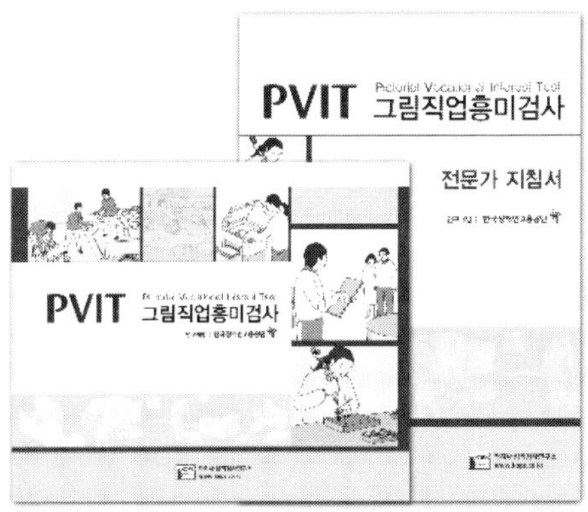

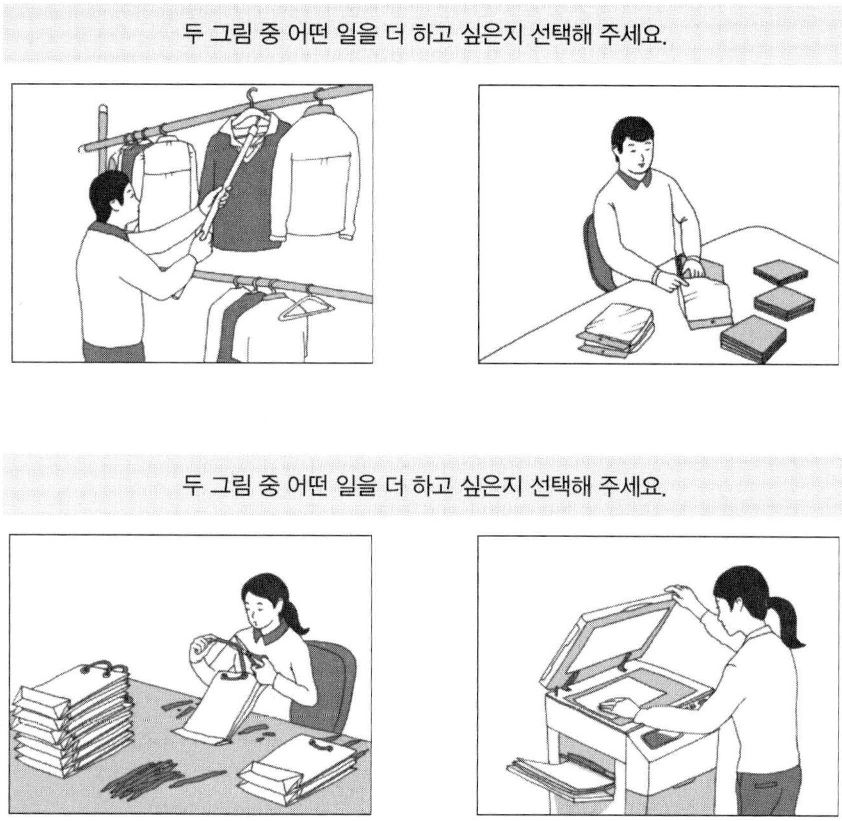

[그림 8-12] PVIT 그림직업흥미검사

출처: 한국장애인고용공단(2016). https://www.kead.or.kr/view/service/service03_09_04.jsp

⑤ 직업태도와 행동검사(인성검사)

직업태도와 행동은 직업 혹은 사람에 대한 학습된 반응이다. 직업태도와 행동검사의 목적은 직업 선택과 관련된 자기인식의 정도를 측정하는 것으로 가치관, 욕구, 기질, 행동 특성 등이 판별된다. 직업태도와 행동검사는 내담자 자신에 대한 인식 정도의 측정이기 때문에 검사 결과가 타인이 내담자를 인식하는 정도와는 차이가 있을 수 있으며 내담자가 정상인지 알아보기 위한 목적은 아니다.

검사자는 내담자가 직업 선택에 있어 어려움을 겪거나 혹은 관찰된 행동이 직업 목표나 선택과 다를 때 직업태도와 행동검사를 실시해야 한다. 예를 들어, 내담자가 일에 대한 욕구를 표현했지만 직업행동에 대한 관찰의 결과 동기가 결여되어 있을 때 직업태도와 행동검사는 매우 유용한 측정도구다. 검사 결과는 내담자와 재활상담사, 평가사가 직업 선택과 관련된 가치관, 욕구, 기질에 대해 논의할 때 도움이 된다. 자기보고형식의 직업태도와 행동검사는 질문에 대한 이해력과 읽기능력의 결여, 부정확한 자아인식도를 가지고 있을 수 있는 중증 인지장애인에게는 적합하지 않다.

현재 장애인을 대상으로 개발된 직업태도검사는 장애인용 구직욕구진단검사, 장애청소년 진로성숙도검사, 직업기능탐색검사, 직업기능스크리닝검사 등이 있고, 직업행동검사로 자기개념검사, 취업준비체크리스트 등이 있다.

특별히 만 13세 이상 지적 및 자폐성장애인을 대상으로는 직업준비행동을 측정하는 ERS 직업준비검사가 개발되어 있다.

ERS 직업준비검사(Employment Readiness Scale)

■ 검사 대상 연령: 만 13세 이상

- 직업준비검사(ERS)는 만 13세 이상의 지적 및 자폐성장애인이 직업을 획득하고 유지하는 데 필요한 직업준비행동이 어느 정도 준비되어 있는가를 평가하는 목적으로 개발
- 결과를 통해 피검자의 직업준비행동 수준을 체계적으로 진단하고 직업성공의 예측, 피검자의 강점과 약점의 파악, 고용을 위한 중재 프로그램을 개발하는 데 활용
- 직업준비행동으로 직업적응을 하는 데 요구되는 인지적 행동, 사회정서적 행동, 고용유지행동을 측정한다. 세부 영역으로는 일상생활기술, 인지기술, 자존감, 직업의식, 사회기술, 직업 관련 기술, 작업 기술로 구분되어 있음

■ 검사의 특징

- 지적장애인의 이직과 직장 부적응의 원인은 대인관계 문제, 작업 기술의 부족, 독립생활 부족 등과 같은 직업준비행동의 지체에 기인한 것으로 조사되어 직업준비 상태를 체계적으로 평가할 수 있는 과학적 접근이 필요
- 피검자의 직업준비행동 수준을 체계적으로 진단하고 직업성공 예측, 피검자의 강점과 약점의 파악, 고용을 위한 중재 프로그램을 개발하는 데 중요한 정보 제공

■ 검사의 구성

요인	요인 내용
일상생활기술	개인위생, 세탁하기, 식사 예절, 집안일 돕기, 건강관리
인지기술	수용언어, 표현언어, 읽기, 시간 개념, 수 개념, 덧셈과 뺄셈, 금전 개념, 의사소통, 전화 사용, 정보 전달력, 대중교통 이용능력, 물건 구매, 인터넷 활용능력
자존감	자아상, 자기옹호, 자신감, 자존감, 자기이해, 자기표현, 자기반성
직업의식	직업욕구, 직업의식, 직업에 대한 자기이해, 구직 활동
사회기술	일반 사회기술, 직업 관련 사회기술
직업 관련 기술	근무태도, 안전수칙 준수, 작업태도, 도움 요청, 체력
작업기술	양손 민첩성, 작업 정확성, 작업수행, 작업숙련성, 작업도구 사용능력, 작업응용, 작업적응, 관리감독양

■ 검사의 활용

- ERS 직업준비검사는 다음과 같은 측면에서 사용될 수 있다.
  - 직업준비행동 수준을 체계적으로 진단하여 직업성공 예측
  - 직업성공을 위해 필요한 교육훈련 프로그램을 기획하는 목적
  - 직업 진로교육과 직업 전환을 계획하고 평가하는 목적
  - 만 13세 이상의 지적 및 자폐성 장애인을 대상으로 표준화한 검사이기 때문에, 취업 준비와 직업 경험을 본격적으로 시작하는 중등교육 시기부터 사용 가능하여 중

채점기준	① 고용이 어려울 정도로 **수행이 안 됨** ② 고용 시 문제가 될 정도로 일관성이 없는 **수행을 보임** ③ 강점은 아니더라도 적절하게 **수행함** ④ 고용이 가능할 정도로 **수행이 잘됨**	①	②	③	④
	1. 옷차림이 단정하고 깔끔하다.	①	②	③	④
	2. 간단한 문장을 읽고 이해할 수 있다.	①	②	③	④
	3. 긍정적인 자아상을 갖는다.	①	②	③	④
	4. 돈을 벌기 위해 일을 하고 싶어 한다.	①	②	③	④
	5. 사소한 일, 중요하지 않은 일에 쉽게 화를 내지 않는다.	①	②	③	④
	6. 허락 없이 작업장을 함부로 벗어나지 않는다.	①	②	③	④
	7. 양손의 민첩성이 좋고 빠른 작업수행을 보인다.	①	②	③	④
	8. 몸을 청결히 하고 위생을 지킨다.	①	②	③	④
	9. 시(時), 분(分) 단위로 시간을 말할 수 있다.	①	②	③	④
	10. 자기 자신을 격려하고 지지한다.	①	②	③	④
	11. 자신이 성인이기 때문에 직업을 가져야 한다고 생각한다.	①	②	③	④
	12. 다른 사람에게 피해를 주는 행동을 하지 않는다.	①	②	③	④
	13. 결근, 지각, 조퇴를 하지 않는다.	①	②	③	④
	14. 불량품을 만들지 않도록 정확하게 작업한다.	①	②	③	④
	15. 면도 또는 생리처리를 할 수 있다.	①	②	③	④
	16. 10까지 사물을 정확하게 셀 수 있다.	①	②	③	④
	17. 오해나 문제가 발생하면 적절히 자신을 변호하고 옹호한다.	①	②	③	④
	18. 생계비를 버는 것을 중요하게 생각한다.	①	②	③	④
	19. 부적절한 말이나 행동을 하지 않는다.	①	②	③	④
	20. 작업시간과 휴식시간을 구별하여 행동한다.	①	②	③	④
	21. 지시한 방법에 따라 정확하게 과제를 수행한다.	①	②	③	④
	22. 옷이 더러워지면 세탁 시기를 알 수 있다.	①	②	③	④
	23. 100까지 사물을 정확하게 셀 수 있다.	①	②	③	④
	24. 매사에 자신감을 보이고 적극적으로 어떤 활동에 참여한다.	①	②	③	④
	25. 자기의 능력을 알고 희망하는 직업이 현실적이다.	①	②	③	④
	26. 충고를 하거나 잘못을 지적해도 화를 내거나 의기소침해하지 않는다.	①	②	③	④
	27. 정해진 안전수칙을 지킨다.	①	②	③	④
	28. 정교하고 복잡한 작업과제를 꼼꼼하고 정확하게 잘 수행한다.	①	②	③	④
	29. 식습관이나 식사예절이 올바르다.	①	②	③	④
	30. 두 자릿수의 덧셈과 뺄셈이 가능하다.	①	②	③	④
	31. 자신을 존중하고 가치 있는 존재라고 생각한다.	①	②	③	④
	32. 자신이 희망하는 직업흥미나 업무를 말할 수 있다.	①	②	③	④

[그림 8-13] ERS 직업준비검사

학생을 대상으로 검사를 실시하는 것도 의미 있는 결과를 도출할 수 있지만, 직업적 경험이 부족하기 때문에 직업 관련 기술 요인이나 작업기술 요인이 상대적으로 낮게 평가될 수 있음

〈표 8-9〉 직업평가에서 사용되는 주요 심리평가도구

평가영역	평가도구
인지	한국 웩슬러성인지능검사(K-WAIS-IV), 한국 웩슬러아동지능검사(K-WISC-IV), 한국 비언어지능검사(K-CTONI-2), 한국형 간이정신상태검사(MMSE-K), 뇌손상인지평가도구(LOTCA), 한국판 기억평가검사(KMAS), BASA 기초학습기능 수행평가체제
언어	수용표현어휘력검사(REVT)
정서 및 성격	자기개념검사, 로르샤흐검사(Rorschach), 성격유형검사(MBTI), 다면적 인성검사(MMPI-2/A, MMPI-2-RF), 간이정신진단검사(SCL-95), 문장완성검사(SCT), 한국판 집-나무-사람검사(K-HTP), 동적 가족화(KFD), 벤더 게슈탈트검사(BGT), 자기개념검사, 자아인식검사, 자아수용검사, 정서관찰척도(OEI-R), 정서행동검사(EBC), 에니어그램
사회적응도	사회성숙도검사(SMS), 지역사회적응검사(CISA-2), 적응행동검사(K-ABS), 기능적 적응행동검사(SFAB), 행동평가척도(BRS)
직업적성	홀랜드적성탐색검사(Holland Aptitude Test), 일반적성검사(GATB), 일반직업적성검사(GVAT), KEAD 청소년 직업적성검사, 고등학생 적성검사, 성인용 직업적성검사
직업흥미	비언어성 직업흥미검사, PVIT 그림직업흥미검사(지적장애인용), 자기탐색검사(SDS), 직업선호도검사, STRONG 진로탐색검사 II, 청소년 직업흥미검사, 직업선호도검사, 준고령자 직업선호도검사
기타	ERS 직업준비도검사, 장애인용구직욕구진단검사, 직업기능탐색검사, 취업준비체크리스트, 직업기능스크리닝검사, 장애청소년진로성숙도검사, 직업적응도평가척도(VARS), 추상논리검사(SPM), ABC 행동능력평가, 직업가치관검사, 구직준비도검사, 창업적성검사, 직업전환검사, 직업가치관검사, 대학생 진로준비도검사, 청소년 진로발달검사, 청소년 직업인성검사, 고교계열흥미검사, 대학 전공(학과) 흥미검사, 영업직무 기본역량검사, IT직무 기본역량검사, 이주민 취업준비도 검사, 중장년 직업역량검사

3) 작업표본평가

작업표본은 실제 산업현장의 작업활동과 매우 유사한 모의 직업활동 혹은 축소된 형태의 직업활동이며(Rosenberg, 1973), 실제 직업이나 직업군에서 사용되는 것과 유사하거

나 동일한 과제, 재료, 도구를 포함한 한계가 분명한 직업활동이다(강위영, 이상진, 1999). 작업표본은 개개인의 직업 적성, 근로자 특성, 직업 흥미 등을 평가하기 위해 작업현장에서 일하고 있는 사람들이 사용하고 있거나 혹은 유사한 재료, 도구, 기구 등을 사용하여 내담자의 직업 적성, 흥미, 특성을 평가하며(VEWAA, 1976; Nadolsky, 1984; Roessler & Greenwood, 1987; Power, 2013), 내담자가 수행하는 작업활동을 평가하는 것으로 작업 환경과 개인의 성취수준을 연결시키는 지필검사와 대조적인 것이다.

작업표본의 규준은 산업현장에서 실제 작업을 수행하는 근로자를 기준으로 개발되었으며 여러 단계의 직업과업을 각 단계마다 약 10~15분의 소요시간 동안 수행하여 3~4시간 혹은 며칠간에 걸쳐 전체 과업을 수행하도록 고안되었다(Uthe, 1980).

내담자는 실제 작업과업과 유사한 과업을 수행하여 실제 작업현장을 간접적으로 체험하고, 언어적 · 교육적 · 문화적 제한성을 가진 적성검사보다 신뢰할 만한 평가 결과를 얻는다. 작업표본은 적성검사나 성취도검사가 실시되기 어려운 장애인 혹은 추상적 사고능력이 지체된 사람들에게도 유용하게 사용된다.

Rosenberg(1973)는 작업표본평가를 실시하여 내담자의 손 기민성, 선 자세와 앉은 자세에서의 지구력, 작업습관, 서면과 구두지시 이해력 등을 알 수 있으며, Gice(1985)는 내담자의 특정 직업에 대한 기능과 흥미, 신체능력, 직업행동, 학습형태 등을 평가할 수 있다고 하였다.

작업표본은 대부분의 경우 다른 직업적성평가도구와 함께 사용되어야 한다. 평가사는 작업표본을 수행하는 내담자를 관찰하기 때문에 정서적 성숙도, 직업습관, 스트레스 수준을 알게 되며, 직업 목표 수립에 이러한 정보를 사용한다(Uthe, 1980).

(1) 작업표본의 선택

작업표본은 실제 과업활동과 유사하지만 실제 작업환경과 동일한 환경은 제공할 수 없기 때문에 현직 활동과는 차이가 있다. 하지만 작업표본평가에서 내담자는 산업현장에서 실제로 과업을 수행하는 것처럼 느끼기 때문에 표면 타당도가 높으며, 규준이 실제 작업현장 규준과 매우 유사하고 평가와 직무에 대한 교육과 훈련이 동시에 제공되는 장점을 가진다. 작업표본은 과업지향적이며 직업과 밀접한 연관성이 있으므로 지필검사보다 평가에 대한 불안과 긴장감이 덜 나타난다(Abrams, 1979; Uthe, 1980; Power, 2013; Rubin, Roessler, & Rumrill, 2016).

작업표본을 선택하는 데 중요한 요소 중 하나는 타당도다. 표면 타당도는 작업표본과 실제 직무를 분석함으로써 성립되며, 작업표본에 포함된 작업과업의 정도를 퍼센트로 나타내고 70%의 과업 수준이 일반적으로 수용된다. 표면 타당도 이외에 예측 타당도를 통하여 성공적인 직업배치를 예상할 수 있으며 작업표본에서 보다 중요한 부분은 과업 수행 과정에 대한 내용 타당도다. 내용 타당도는 과업수행 과정을 관찰함으로써 평가될 수 있다.

작업표본의 신뢰도 또한 직업평가도구 선택의 중요한 요소다. 작업표본의 과업, 학습 경험, 물리적 조건은 신뢰도에 영향을 준다(McDaniel & McClanahan, 1993). 오차의 변산성이 높고 진점수가 충분히 나타나지 못하는 작업표본을 사용하는 경우에도 수용될 수 있는 정도의 신뢰도는 확보되어야 한다. 작업표본의 신뢰도는 검사-재검사 신뢰도, 반분 신뢰도 등이 제공되는데 적어도 0.50 이상의 신뢰도 계수가 수용된다.

작업표본의 기본 가정은 직업훈련과 직업배치를 예측하기 위한 기능, 적성, 잠재력을 평가하는 것이므로 내담자에 대한 정보가 기초가 된다. 내담자에 관한 정보는 ① 연령, ② 지능수준, ③ 신체적 제한점, ④ 읽기와 셈하기 수준 등이다. 그러므로 재활기관의 직업평가사의 주된 임무는 내담자의 직업평가에 적합한 작업표본을 결정하는 것이며, 이를 위해 재활기관은 ① 내담자, ② 내담자에 적합한 직업, ③ 직업배치와 직업기회의 3가지 요인에 근거하여 작업표본을 결정해야 한다(Rosenberg, 1973).

내담자의 욕구에 알맞은 직업을 결정하는 데 선행되어야 할 조건은 지역사회의 산업현장을 조사하는 것이다. 지역사회 시장조사는 직무분석을 통해 직무특성에 대한 자료를 획득하고 직업훈련자원을 파악하며 현재와 미래의 직업배치 가능성을 예측하는 것이다. 산업현장과 직업에 관한 종합적인 정보는 직업사전, 산업현장의 관리자, 근로자와의 면접 등을 통해 얻을 수 있다. 배치에 관한 정보는 복지관 등 재활기관, 구인정보가 실린 지역신문, 워크넷 등 인터넷 구인정보 사이트, 지역 고용센터 등을 통해 얻을 수 있다. 이 외에도 직업전망사전, 복지관 등의 취업자 모임 등이 직업배치에 관한 정보를 제공하는 좋은 자원이다. 내담자에게 적합하다고 예측되는 직업 분야와 작업표본, 작업수행에 요구되는 도구와 자료, 장소, 장비와의 관련성이 직업 목표 선정의 기초가 된다. 또한 작업표본은 직업세계의 변화에 부응하기 위해 정기적으로 개정되어야 한다.

Power(2013)는 재활상담사는 평가에 대한 흥미가 낮은 내담자와 장애로 인한 기능적 제한 때문에 과업을 완수하지 못한 내담자를 구별할 수 있어야 한다고 하였다.

(2) 작업표본의 기본 가정

① 내담자가 심리평가에서 낮은 점수를 획득한 경우에도 작업표본평가에서는 효과적으로 평가될 수 있다(Pruitt, 1986).

- 대부분의 심리평가는 언어성 검사이기 때문에 낮은 언어능력을 가진 사람은 낮은 점수를 획득할 수밖에 없다.
- 대부분의 심리평가는 읽기, 쓰기, 셈하기와 같은 학문적 성취능력을 요구하기 때문에 교육 수준이 낮은 사람은 심리평가에서 정확한 점수를 획득할 수 없다.
- 대부분의 심리평가는 적어도 평균 정도의 지능수준을 요구하기 때문에 내담자가 검사 지시문을 이해하고 따를 수 있다는 가정하에 검사가 진행되며 지능이 낮은 사람의 경우 낮은 점수를 얻을 수밖에 없다.
- 심리평가의 외적 요소(조명, 환기, 소음)는 일반적으로 통제가 가능하지만, 내적 요소(동기, 불안정도, 인지 · 감각기능, 주의집중력) 또한 통제가 가능하다는 잘못된 신념을 가지고 있다. 성취동기가 낮고, 불안의 정도가 높으며, 주의집중력이 낮은 사람은 이러한 문제를 보이지 않은 같은 능력을 가진 사람의 검사 결과보다 낮은 점수를 획득할 수 있다.
- 표준화검사의 규준집단에서 계속 낮은 점수를 획득하는 사람의 분포는 매우 적기 때문에 이들 집단에 속하는 사람은 지체장애인, 지적장애인, 정서장애인 혹은 문화적 결핍상태에 있는 사람일 가능성이 높다.

② 작업표본은 심리평가와는 달리 직업행동과 직무수행능력이 평가기준이 된다. 직업흥미 혹은 적성평가 지필검사는 특정 직무와는 많은 연관성이 없지만 작업표본평가는 실제 작업 혹은 모의 작업을 이용한 평가이기 때문에 직업 흥미, 적성, 작업수행능력 평가에 있어 표면 타당도와 구성 타당도를 가진다.

③ 작업표본평가에서 내담자는 검사에 참가한다고 느끼기보다 실제 작업을 수행한다고 생각한다.

④ 내담자는 심리평가와는 달리 직접 과업을 수행해 봄으로써 직업에 보다 많은 흥미를 갖게 된다.

⑤ 내담자는 '검사'라는 용어에 부정적 태도를 보이지만 '작업'이라는 단어에는 강한 긍정적 태도를 보인다.

⑥ 내담자는 작업표본과업을 수행하는 데 보다 많은 노력을 기울인다.

⑦ 작업표본평가에서는 심리평가보다 실제적인 직업 잠재력을 평가할 수 있다.
⑧ 작업표본평가의 결과는 직업선택에 있어 보다 유용한 정보를 제공한다.
⑨ 내담자의 행동은 특정 검사문항에 대한 반응이 아닌 전체 상황에 대한 반응이다.
⑩ 작업표본평가는 내담자가 자신의 수행능력이 아닌 과업에 집중할 수 있도록 한다.
⑪ 긍정적인 직업행동 이외에 부정적인 직업행동도 평가될 수 있다.
⑫ 작업표본평가의 결과는 지역사회의 노동시장과 밀접한 관련이 있다.
⑬ 심리평가보다 유동적이다.
⑭ 심리평가에 비해 검사 시간이 길기 때문에 내담자의 동기 수준을 파악할 수 있다.
⑮ 지속적인 과업수행이 수행 속도보다 중요시된다.
⑯ 작업표본평가는 조립직, 사무직과 같은 직업 분야의 기능을 평가하기 때문에 직업 선택의 범위를 넓혔을 뿐 아니라 내담자에게 가장 적합한 직업 분야를 선택하는 데 도움이 된다.
⑰ 작업표본은 내담자의 문제 해결능력과 직업 분야에 따라 평가되기 때문에 내담자에게 적합한 직업 분야와 수준을 예측하는 데 도움이 된다. 전통적인 심리적성검사는 직업 분야의 예측에 있어 타당도를 갖지만 직업 배치에 적합한 직종의 수준을 결정하는 데에는 유용하지 않다.
⑱ 작업표본은 내담자의 작업수행에 있어 질적인 부분도 평가하지만 내담자의 동기, 직업과 관련된 자아개념, 인간관계, 독창성, 비판을 수용하는 자세, 주의집중력, 신체적 인내도, 정서적 성숙도 등도 평가한다. 또한 심리평가에서 측정된 흥미도와는 달리 직무수행에서 나타난 흥미도의 평가도 이루어진다.
⑲ 작업표본평가 보고서는 심리평가 보고서보다 내담자와 재활전문가에게 즉각적이고 의미 있는 결과를 제공한다.
⑳ 작업표본평가는 직업 의사결정에 필요한 정보를 제공한다. 내담자는 자신의 실제 능력과 잠재력에 기초하여 직업을 선택하고 이는 배치에 있어 성공 확률을 높인다. 다음은 작업표본평가가 직업 의사결정에 긍정적 영향을 미치는 측면이다.
- 작업표본은 심리평가보다 다양한 직업 목표를 제시한다.
- 내담자가 심리평가에 기초하여 직업을 선택했을 때보다 작업표본검사에 기초하여 직업을 선택했을 때 직업 배치, 직업적응, 직업유지에 있어 성공률이 높다.
- 내담자가 직업에 대한 보다 현실적인 이해를 할 수 있다.

- 내담자가 직업에 대해 현실적으로 이해함으로써 미래에 배치될 직업에서 요구하는 특성에 알맞은 능력을 갖추기 위해 노력한다.

(3) 작업표본의 실행

직업평가에서 작업표본평가를 사용하는 목적은 내담자의 장점과 단점에 대한 정보를 획득하는 것이다. 작업표본평가는 내담자의 기능 수준, 능력, 잠재력을 반영하는 이외에 직업 흥미, 작업태도와 기타 사회심리적 자료를 관찰을 통해 제공해 준다. 작업표본은 직업 목표 수립, 목표성취를 위한 계획을 수립할 때 심리평가, 기타 평가자료와 함께 사용하는 것이 유용하다.

작업표본은 현재 내담자의 기능 수준 이외에 잠재적 기능 수준에 대한 예측을 가능하게 함으로써 직업재활서비스에 대한 적격성 판정에 중요한 역할을 한다. 작업표본에서 평가된 직업기능, 직업적성, 직업 흥미는 잠재적 직업 분야를 제시하지만 내담자의 학습능력과 훈련능력은 내담자의 일반적인 흥미, 적성 분야를 제시한다.

작업표본의 결과로 내담자의 직업수행에 대한 예후를 진단하는 것은 단순히 직업 잠재력을 예측하는 것보다 중요하다. 장애인 근로자의 실직의 대부분은 직무기술 부족과 같은 문제가 아닌 인간관계 형성과 같은 사회성기술의 부족에 원인이 있으므로 이러한 문제에 대한 판별과 평가가 직무능력에 대한 평가보다 우선되어야 한다. 직업평가사는 내담자의 사회성기술 향상을 위해 상담, 직업적응훈련, 행동수정과 같은 서비스를 계획하여야 하며 훈련 가능성, 고용 가능성, 직업배치 가능성, 직업준비도에 대한 예측이 직업 잠재력 측정과 함께 고려되어야 한다. 그러나 산업재해 장애인의 경우 내담자의 신체적 능력과 인내력에 관한 예측에 초점을 맞추어야 한다.

Ditty와 Reynolds(1980)는 단일 검사도구를 사용한 경우보다 표준화검사와 작업표본을 함께 사용하는 것이 특히 중증장애인의 학습능력과 제한점을 평가하는 데 유용하다고 하였다. 과업에 대한 사전검사를 실시하고 내담자의 장점과 단점을 평가하며, 개별화된 훈련 프로그램에 참여시키는 과정을 통해 내담자의 배치 가능성이 있는 지역사회의 직업환경과 유사한 작업표본을 개발할 때 내담자는 직업재활에서 성공할 수 있다(Roessler & Greenwood, 1987).

(4) 작업표본의 장점

① 문화, 교육, 의사소통 장벽을 감소시켜 동등한 취업기회를 제공한다.
② 재활전문가 팀에게 직접적이고 즉각적인 피드백을 제공한다.
③ 과업지향적이며 직업과 연관되어 있으므로 전통적 심리평가에 비해 불안감을 덜 유발시킨다.
④ 3~4일간에 걸쳐 모의 작업장에서 평가하기 때문에 지필검사에 비해 내담자의 여러 가지 특성에 대한 종합적인 평가를 할 수 있다.
⑤ 내담자가 적극적으로 참여하므로 자신의 능력에 대한 이해가 증가한다.
⑥ 직업적응훈련실과 같은 재활시설 내 실제적인 작업현장과 비슷한 장소에서 평가하므로 내담자의 흥미를 유발한다.
⑦ 실제적인 작업행동을 관찰할 수 있다.
⑧ 심리평가에서 측정된 흥미도와 달리 직무를 수행하면서 나타나는 흥미도를 측정할 수 있다.
⑨ 추가적인 의료 정보를 발견할 수 있다(과업을 수행하는 데 있어 보장구 사용의 필요성).
⑩ 대부분의 미래의 고용주들은 다른 평가 결과보다 작업표본 평가 결과를 신뢰한다.

(5) 작업표본의 단점

① 예측 타당도가 현장평가보다는 낮으므로 실제 작업현장에서의 성취도와 차이가 있을 수 있다.
② 산업현장의 작업 기준을 모두 만족시키기 어려워 실제 배치하고자 하는 직무의 평가기준과 비교가 어려울 수 있다.
③ 상위의 직업력을 갖춘 내담자의 경우 단순과업을 수행함으로써 적합하지 않을 수 있다.
④ 전통적 심리평가보다는 덜 하지만 내담자에게 불안감을 줄 수 있다.
⑤ 표준화의 결여는 신뢰도와 타당도에 영향을 미칠 수 있다.
⑥ 적성과 능력의 구분이 어렵다.
⑦ 기술의 급격한 발전에 따라 도구의 낙후성이 문제될 수 있다.
⑧ 지필검사에 비해 많은 시간이 소요된다.
⑨ 개발과 구입비용이 많이 든다.

⑩ 중증 지적장애인의 평가에는 의문점이 제기된다.

⑪ 다양성은 도구 구성을 어렵게 한다.

⑫ 실행 방법이 쉽기 때문에 직업평가에 대한 지식이 부족한 사람에 의해 실행될 수 있다.

⑬ 장시간을 소요하는 작업표본은 주의집중력 문제를 가진 정서장애인에게는 부적합하다.

(6) 작업표본평가도구

직업재활현장에서 가장 널리 사용되는 작업표본평가도구는 McCarron-Dial Evaluation System(MDS), Work Activities, CISA-2, Valpar Series, KEAD 손기능 작업표본검사, KEAD 다차원 양손협응 작업표본검사, Talent Assessment Program(TAP) 등이 있다.

McCarron-Dial Evaluation System(MDS)

■ 목적

- 뇌 기능이 제한된 사람에게 적절한 치료, 훈련, 교육전략 선택 및 개선
- 직업 잠재력 평가(지역사회, 지원고용, 보호고용 배치)
- 5가지의 신경심리학적 요인 발견
  -언어 · 공간 · 인지, 감각, 운동, 정서, 통합 · 대응 요인
- 학교에서 성인으로의 전환능력 평가
- 직업흥미평가

■ 대상

- 지적장애인, 정신장애인, 학습장애인, 신경심리학적 장애를 가진 내담자
- 시각장애인 내담자(CVES)
- 면접을 통해 대상 선별

■ 내용

- 5가지 신경심리학적 요인을 측정하는 표준화된 8개 작업표본

- 직업잠재력 예측 및 중추신경계 장애인에 관한 재활 전략 제시
- 2주 동안 평가

■ 검사 환경

복지관 직업평가실, 학교 · 직업훈련실 등 직업재활시설, 지원고용 현장, 산재장애인 재활병원

■ 시간

규정된 시간제한이 있음

■ 채점

시간 규준과 질적 요인을 비교하여 전체 점수를 계산함

■ 신뢰도

검사-재검사 신뢰도 0.67~0.99(MAND), 0.90~0.93(HVDT)

■ 타당도

예측 타당도 0.53~0.86(HVDT), 0.70(MAND)

■ 장점

- 내담자의 작업 속도와 질을 측정할 수 있다.
- 내담자의 소근육과 대근육 운동능력을 평가한다(MAND).
- 내담자의 촉각과 시각적 정보를 통합하는 능력을 평가한다(HVDT).
- 신경심리학적 진단과 교육적 평가에 유용하다.
- 내담자의 정서적인 면을 측정할 수 있다.

■ 단점

- 1 : 1 평가장면에서만 측정이 가능하여 비효율적이다.
- 직업사전(DOT)의 근로자 특성요인과의 연관성이 결여되어 평가 결과를 토대로 구

체적인 직업이나 직무를 제안하기 어렵다.

■ 하위검사

신경심리학적 요인	평가 내용	평가도구
언어(Verbal)– 공간(Spatial)– 인지 (Cognitive)	언어, 학습능력, 기억력, 성취도 측정	• 웩슬러 성인지능검사(WAIS) • 피바디 그림어휘검사(PPVT) • 수용표현어휘력검사(REVT)* • 광역 성취검사(WRAT) • 피바디 성취검사(PIAT)
감각(Sensory)	주위 환경 지각 및 경험	• 벤더 시각운동형태검사(BVMGT) • 촉각 및 시각 변별력검사(HVDT)
운동(Motor)	근력 이동 속도 및 정확성, 균형과 조화	• 매캐런 신경근육 발달검사(MAND)
정서(Emotional)	대인관계 및 환경으로부터의 스트레스에 대한 책임	• 정서관찰검사(OEI–R) • 정서행동검사(EBC) • 미네소타 다중 인성검사(MMPI) • 집–나무–사람검사(HTPT)
통합–대응 (Integration–Coping)	적응행동	• 다이알 행동척도(BRS) • 노변생존기능검사(SSSQ) • 일상생활 및 직업적응검사(SFAB)

*수용표현어휘력검사(REVT)는 우리나라에서만 MDS 평가의 하위검사로 사용 가능.

[그림 8-14] MDS 시각장애인용 검사

출처: http://isorimall.com/catalog/ProdDetail.asp?cate1=1000&cate2=&pid=eia0479&page=4&pagenum=50

MDS 시각장애인용 검사(Comprehensive Vocational Evaluation System: CVES)

■ 목적

- 잔존시력에 상관없이 시각장애인의 신경심리학적 기능에 대한 종합적 평가를 위해 실시한다.
- 학습능력 · 문제해결능력 · 성취도, 신경 · 운동기능, 정서 · 대응 · 적응행동 영역에 있어 강점과 제한점을 평가한다.

■ 평가 영역

<table>
<tr><th>신경심리학적 요인</th><th>평가 내용</th><th>평가도구</th></tr>
<tr><td rowspan="3">언어–공간–인지</td><td>• 학습 잠재력 · 성취도
• 인지, 지능, 정보처리 능력
• 추상적 이해, 청각 언어 기능, 학습능력, 기억력, 공간지각력에 대한 언어 및 수행능력 평가
• 기존 지능검사와 달리 문제해결능력, 학습능력, 기억력 이외에 이미 획득한 지식과 경험(성취도) 평가
• 시각장애인의 뇌손상/뇌기능 이상을 보다 잘 감지해 낼 수 있음
• 언어 지수/비시각적 수행지수 산출</td><td>• Cognitive Test for the Blind(CTB)
–하위 평가요인: 개념, 학습, 언어성 기억, 비언어성 기억, 언어, 공간</td></tr>
<tr><td>• 발병 전 지식과 언어기능 측정
–언어와 수행영역에서의 실제 잔존능력, 강점/제한점 파악
• 감각장애로 인해 경험이 제한되고 실제 언어능력과 상관없이 WAIS에서 낮은 언어기능을 보일 가능성이 높음</td><td>• WAIS–IV 언어성 검사</td></tr>
<tr><td>• CTB/WAIS–IV 사용이 어려울 때</td><td>• Woodcock–Johnson III Tests of Achievement 시각장애인용
• WRAT–R 시각장애인용</td></tr>
<tr><td>감각</td><td>• 촉각–매칭 기능
• 단기 촉각기억
• 공간 위치 기능
–촉지각 변별, 공간기억력은 측두엽–측두두정엽 영역에서 처리함
• 점자 읽기, 환경 지남력, 이미지 인식에 필요한 기능
• 지남력과 이동력의 문제는 우반구가 손상을 받았을 때 나타남</td><td>• Haptic Sensory Discrimination Test (HSDT)</td></tr>
</table>

	• HSDT 사용이 어려울 때	• Haptic Memory Matching Test(HMMT) • Seashore Rhythm Test (SRT) • Speech Sounds Perception Test(SSPT)
운동	• 비시각장애인용과 동일한 검사 사용 • 시각장애인용 채점 규준 사용	• MAND-IV
정서	• 비시각장애인용과 동일한 검사 사용	• EBC, OEI-R
	• EBC, OEI-R 사용이 어려울 때	• Minnesota Multiphasic Personality Inventory-Revised (MMPI-2) • Sixteen Personality Factors (16 PF)
통합-대응	• 비시각장애인용과 동일한 검사 사용	• SFAB

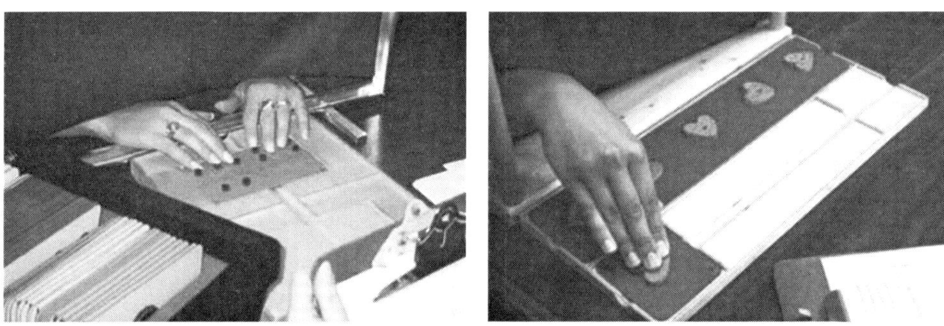

[그림 8-15] HSDT

출처: http://www.jackdial.com/clinic/cves/indexcvesdescrpt3.htm

지역사회적응검사(Community Integration Skills Assessment-2)

■ 목적

• 지역사회적응검사(Community Integration Skills Assessment-2: CISA-2)는 지적장애인과 자폐성장애인을 포함한 발달장애인이 지역사회에 통합하는 데 필수적인 기술들을 포괄적으로 검사하고, 이 검사 결과를 통하여 교육훈련계획을 수립 · 실행하는

데 목적이 있다.

- 체계는 검사 부문인 『지역사회적응검사(Community Integration Skills Assessment-2: CISA-2)』와 교육과정 부문인 『지역사회적응교육과정(Community Integration Skills Curriculum-2: CISC-2)』으로 분류된다. 검사 부문은 지역사회적응검사, 전문가 지침서, 기록지로 구성되어 있으며, 교육과정 부문은 지역사회적응교육과정, 교육훈련 계획서로 구성되어 있다. 따라서 이 체계는 CISA-2를 실시하여 피검자의 지역사회 적응행동 수준을 진단하고 적응행동에 관한 강점과 약점을 평가하며, CISC-2를 활용하여 개별화 교육훈련 프로그램을 개발할 수 있다.

■ 검사 대상 연령: 만 5세 이상

■ 검사의 특징

- 발달장애인이 지역사회에 통합하는 데 필수적인 적응기술들을 포괄적으로 검사한다.
  - 지역사회적응검사(CISA-2)는 발달장애인이 지역사회에 통합하는 데 필수적인 적응기술들을 포괄적으로 검사하여 적응행동지수를 산출하고, 교육훈련 수립에 필요한 정보를 제공한다.

- 그림을 이용하여 지역사회적응기술을 평가
  - 이 검사도구는 표본집단을 바탕으로 표준화되어 우리나라에서는 처음으로 그림을 이용하여 지역사회적응기술을 평가하도록 제작됨. 검사 문항은 그림으로 구성되어 언어적 표현이 제한되어 있거나 읽기에 능숙하지 못한 발달장애인도 비교적 쉽게 평가를 실시할 수 있다.

- 결과를 활용할 수 있는 일련의 교육과정 제공
  - CIS-2에서는 검사를 실시한 결과를 활용할 수 있도록 일련의 교육과정(CISC-2) 체계를 갖추고 있다.
  - 평가 결과를 바탕으로 대상 장애인이 지역사회적응을 위해 필요한 프로그램을 계획하고 수행하는 데 있어 체계적인 정보를 제공한다.
  - 교수 자료는 특수학교나 특수학급에서 장애학생들에게 적응행동 프로그램을 지도

하거나 장애인복지관의 직업 전 훈련이나 적응훈련 프로그램을 실시할 때 좋은 자료가 되며 융통성 있게 활용할 수 있도록 개발되었다.

• 지역사회적응기술과 관련된 내용을 구체적이고 실제적으로 제시
  – 지역사회적응교육과정에서는 지역사회적응기술과 관련된 내용을 구체적이고 실제적으로 제시한다.
  – 교육과정에서는 교수학습을 위한 방법으로 지역사회적응기술에 대한 인식, 지역사회적응기술을 실제로 적용하고 실천할 수 있도록 하는 구체적인 방안을 포함하고 있다.

[그림 8-16] CISA-2

Work Activities

■ 목적

• 실제 작업환경과 흡사한 작업활동으로 피검자의 변별, 조립, 포장작업과 같은 기술과 행동 등 2차 산업현장에서 필요한 직무능력을 평가하고 훈련하기 위해 실시한다.
• 특수한 욕구 학생 전환교육에 있어 실제와 유사한 작업훈련 활동을 통한 직업 목표(가사일/산업제조)를 설정할 수 있다.

■ 구성

• 변별력 100번대, 조립 200번대, 포장 300번대로 구성되어 있으며, 제조업 직무수행

능력을 측정하는 데 활용한다.

변별력(Discrimination) 검사
1) #100B 빗괴 솔 분류(Brush and Comb Sort and Assembly)
2) #101 스푼 분류(Spoon Sort)
3) #103 기본 크기 분류(Basic Size Sort)
4) #105 다양한 단서 분류(Cue Variable Sort)
5) #108 6개 물품 분류(Six Item Sort)
6) #109 고무부품 분류(Rubber Parts Sort)
7) #110 24개 물품 분류(Twenty-Four Sort)

조립(Assembly) 검사
1) #200 빗 세트 조립(Comb Set Assembly)
2) #202 색색깔 너트와 볼트 조립(Colorful Nuts and Bolts Assembly)
3) #203 플라스틱 파이프 조립(Plastic Pipe Assembly)
4) #205 커플링 조립(Coupling Assembly)
5) #205A 열쇠 링 조립(Key Ring Assembly)
6) #206 호스 노즐 조립(Hose Nozzle Assembly)
7) #207 커넥터 조립(Connector Assembly)
8) #209 손전등 조립(Flashlight Assembly)
9) #210 스프링클러 조립(Sprinkler Assembly)
10) #210A 클립과 링 조립(Clip and Ring Assembly)
11) #211 수도꼭지 조립(Faucet Assembly)

포장(Packaging) 검사
1) #300 칫솔 통 포장(Toothbrush Tube Packaging)
2) #301 형광펜 포장(Highlight Pen Packaging)
3) #302 색상 대조(Color Match Collating)
4) #303 4칸 포장(Four Compartment Packaging)
5) #303A 연필 포장(Pencil Packaging)
6) #304 스냅 박스 포장(Snap Box Packaging)

7) #305 용기 포장(Container Packaging)
8) #305A 주사위 포장(Dice Packaging)
9) #306A PVC 커넥터 포장(PVC Connector Packaging)
10) #307 무게 재기와 자루에 넣는 작업(Weighing and Bagging)
11) #308 자루 넣기와 봉인 작업(Bagging and Heatsealing)
12) #309 사무 도구 포장(Office Supply Packaging)

■ 도구 설치 및 평가

- 기본과제+응용과제
  - 평가자는 단계별로 응용과제를 지도하고 피검자의 수준에 맞게 난이도를 조정하여 알맞은 과제단계를 지시해 줄 수 있다.
  - 피검자가 분류할 수량의 선택은 평가자가 결정한다.
- 기본과제+응용과제+분해과제
  - 평가자는 난이도에 따라 작업을 다양화시킬 수 있다.
  - 변별과제에서 색상, 모양, 길이, 무게, 치수의 차이를 조정하면서 점차 복잡한 과제를 만들 수 있다.

■ 채점

- 변별과제
  - 수행도는 속도가 아니라 정확성으로 평가한다.
  - 수행 정확도가 95% 이상 되어야 기준을 통과한 것이고, 만일 95% 미만일 경우 훈련이 요구된다.
- 조립과 포장과제
  - 제한된 시간 내 수행하는 작업속도와 정확도로 평가한다.
  - 수행 정확도가 90% 이상 되어야 기준을 통과한 것이고, 만약 90% 미만일 경우 훈련이 요구된다.

[그림 8-17] Work Activities

출처: https://www.attainmentcompany.com/transition/pre-voc-activities/pre-voc-one

Talent Assessment Program(TAP)

■ 목적

- 구조적 · 기계적 시각화, 크기/모양 변별, 색변별, 촉각변별, 작은 물건 조립, 큰 물건 조립, 작은 도구를 사용한 조립, 큰 도구를 사용한 조립, 흐르는 패턴에 의한 시각화, 세부적 도구 및 구조 유지(기억)하는 능력 등의 기능적 직업적성을 측정하는 비언어성 검사도구다.
- 최적의 진로 적합성을 찾는 데 유용하며, 수기와 컴퓨터 매칭방법을 사용한다.

■ 대상

장애유형이나 장애 여부와 관계없이 모든 내담자에게 실시 가능하다.

■ 실시방법

- TAP은 교실이나 교실과 유사한 환경에서 실시한다.
- TAP은 일반적으로 2시간 반 동안 실시하는 일회성 평가이며, 평가 1회기 당 1~8명까지 집단평가 가능하고, 내담자 개인 특성 혹은 장애 여부에 따라 1일 최대 20명까지 가능하다.

■ 하위검사

내담자의 기능적 적성과 강점을 찾기 위해 실제 도구와 과업으로 구성된 10개 하위검사로 이루어져 있다.

하위검사	검사도구	평가 내용
#1 시각 및 기억 (Visual and Retention)	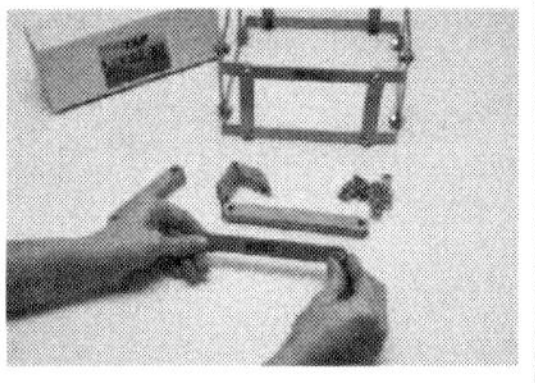	기계, 산업, 건축 등의 직종에 필수적인 적성인 형태와 공간인식 기능
#2 세밀한 변별 (Fine Discrimination)		전자, 작은 부품 조립 등의 직종에 필수적인 적성인 유사한 물체를 세밀하게 변별하는 기능
#3 색 변별 (Color Discrimination)		미술, 도배, 미용, 자동차 정비, 실험실 연구 등의 직종에 필수적인 적성인 색 변별 기능
#4 촉지각 변별 (Tactile Discrimination)	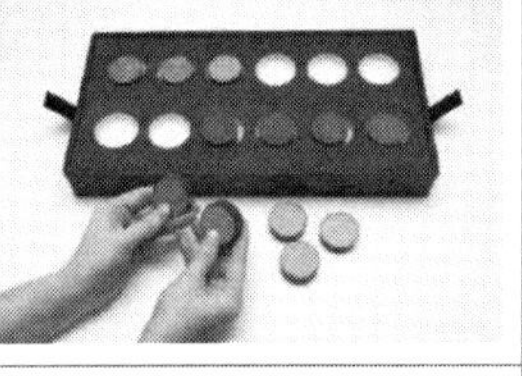	업홀스터링, 자동차 정비, 목공, 물리치료, 치기공 등의 직종에 필수적인 적성인 촉지각 변별 기능
#5 소근육 기민성 (Fine Motor Dexterity)	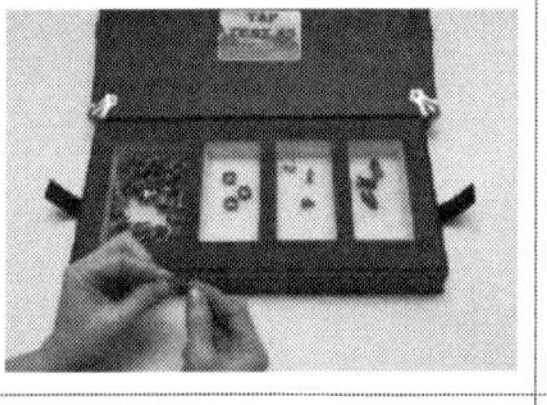	조립 라인, 치과, 수술 코디네이터, 보석 전시 주선자 등의 직종에 필수적인 적성인 소근육 통제 기능
#6 손 기민성 (Manual Dexterity)	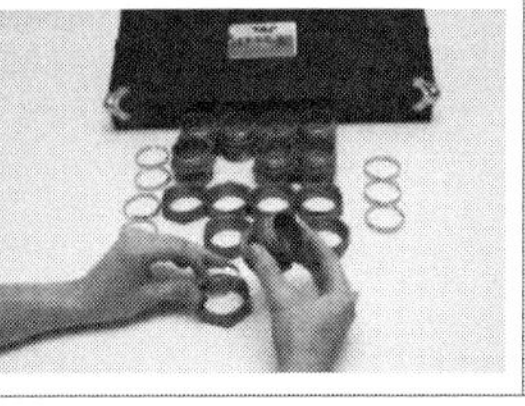	건축업, 자재 운반 등의 직종에 필수적인 적성인 손 기민성

#7 작은 도구를 다루는 기민성 (Dexterity with Small Tools)	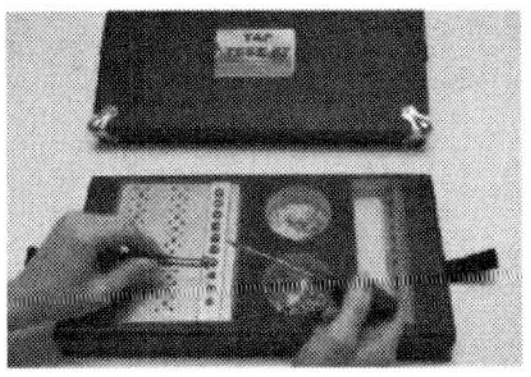	기계, 전자, 의료 등의 직종에 필수적인 적성인 작은 도구를 효율적으로 다루는 수행 기능
#8 큰 도구를 다루는 기민성 (Dexterity with Large Tools)		산업, 기계 등의 직종에 필수적인 적성인 큰 도구를 효율적으로 다루는 수행 기능
#9 시각 및 기억 (Visual and Retention)	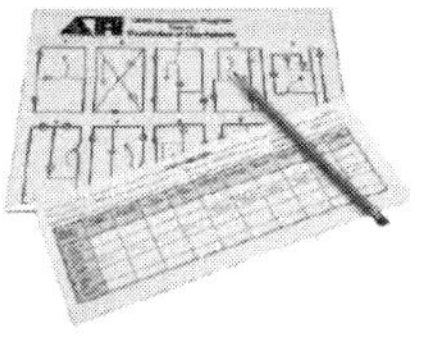	전자, 컴퓨터 프로그래밍 등의 직종에 필수적인 적성인 체계도를 따라 수행하는 기능
#10 시각 및 기억 (Visual and Retention)	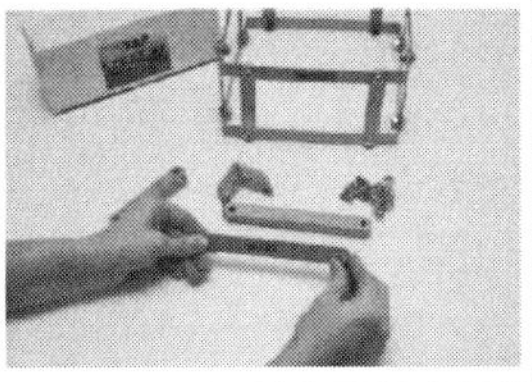	복원 도구를 사용하거나 슈퍼비전 없이 과제를 반복하는 능력을 필요로 하는 형태와 매우 세부적인 내용을 기억하는 기능 *#10 하위검사 도구는 #1 하위검사 도구와 동일하나, #1과 달리 모델 없이 제시함

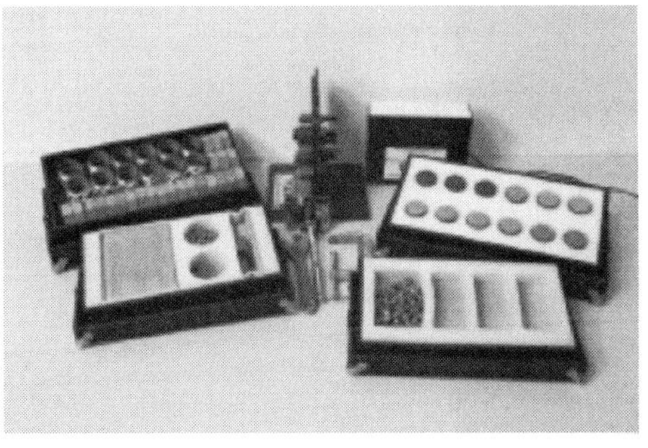

[그림 8-18] TAP

출처: http://www.talentassessment.com/tap.html

KEAD 다차원 양손협응 작업표본검사

■ 목적

- 기억력, 문제해결능력 등 인지적 요소를 가능한 배제하고, 양손과 양팔을 동시에 사용하는 대근육 작업에 중점을 둔다.
- 양손과 양팔을 동시에 사용하여 제시된 모형 사진을 바탕으로 다양한 형태의 부품을 조립하여 입체구조물을 완성하는 능력을 평가하는 검사로 잡기, 꽂기, 조립으로 구성되어 있다.
- 검사결과를 통해 15~55세까지 비장애인, 전체 장애인, 장애유형별 양손 협응과 관련된 손기능 수준을 알 수 있다.
- 작업 유형 손기능(큰 물품 조립 및 사물취급, 작은 부품 조립작업, 정밀작업) 수준을 알 수 있다.

■ 평가요소

조립 단계		손기능 평가요소
1	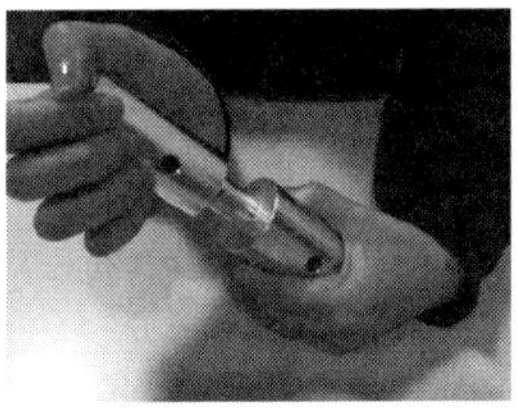	• 양손작업 비교적 큰 물품 취급을 위한 손기능 요소를 평가하는 단계 • 원통 잡기(cylindrical grasp) • 눈 · 손협응(eye-hand coordination) • 양손협응(bilateral hand coordination)
2		• 한손 보조작업 비교적 작은 물품의 취급을 위한 손재능 요소를 평가하는 단계 • 세 손가락 집기(3 jaw pinch) • 손끝 잡기(pincer grasp) • 눈 · 손협응(eye-hand coordination)) • 양손협응(bilateral hand coordination) • 사물 조작능력(in-hand manipulation) • 단순 회전(simple rotation)
3	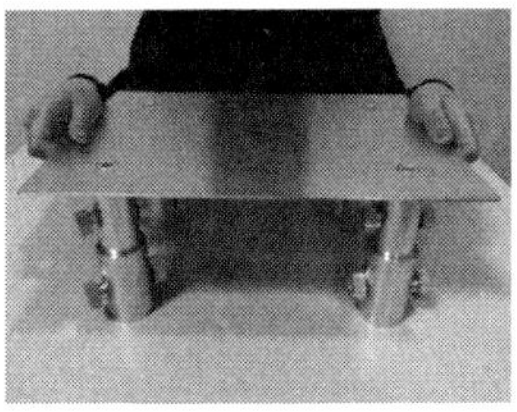	• 양손 작업 비교적 큰 물품 취급을 위한 손기능 요소를 평가하는 단계 • 어깨의 협응된 움직임(shoulder movenmnet) • 주먹 잡기(power grasp) • 눈 · 손협응(eye-hand coordination) • 양손협응(bilateral hand coordination)

4	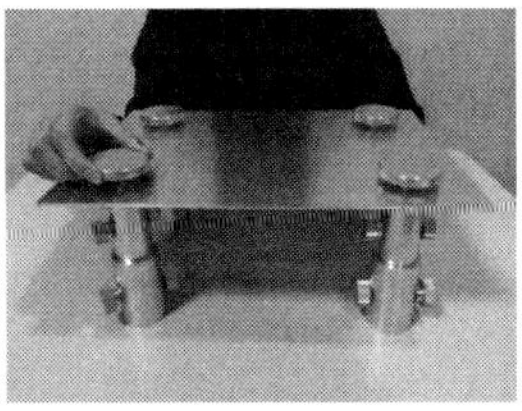	• 한손 보조작업 비교적 작은 물품의 취급을 위한 손재능 요소를 평가하는 단계 • 원통 잡기(cylindrical grasp) • 원판 잡기(plate grasp) • 사물 조작능력(in-hand manipulation) • 단순 회전(simple rotation) • 눈 · 손협응(eye-hand coordination) • 양손협응(bilateral hand coordination)

■ 채점 방법 및 해석 방법

채점 기준
제한된 시간(1분 30초) 내에 완성된 부품의 개수를 점수로 환산하여 완성도 점수를 기록한다.
고려사항
① 정확한 평가를 위해 검사실시요강을 숙지하여 동일한 방법으로 수행해야 한다. ② 시각단서는 피검자가 보기 편한 방향에 두도록 한다. 기본 위치는 오른쪽으로 한다. ③ 각각의 테스트를 수행하기 전에 피검자가 지시사항에 대해 완전히 이해했는지 확인한다. ④ 검사 시작 전 간단하게 조립 방법에 대한 시범을 보인다. 검사 수행 시 제시된 것 이외의 힌트를 제공할 수 없다.

[그림 8-19] KEAD 다차원 양손협응 작업표본검사

출처: 한국장애인고용공단(2018). https://www.kead.or.kr/view/service/service01_04.jsp?sub2=4

발파(Valpar Component Work Samples)

■ 대상

산업재해 장애인, 지적장애인

■ 내용

- DOT를 기초로 개발되었다.
- 5개 직업군으로 구성된 18개의 표준화된 작업표본을 5시간 30분 동안 시행한다.
- 근로자 특성을 측정한다.

■ 시간

각 작업표본 수행 정도를 1회에 한하여 측정한다.

■ 채점

정확한 반응횟수를 3척도 점수로 계산한다.

■ 훈련

현장 훈련이 가능하다.

■ 장점

- 내담자의 작업의 질을 측정한다.
- 시각장애 및 청각장애인을 위한 보조도구가 제공된다.

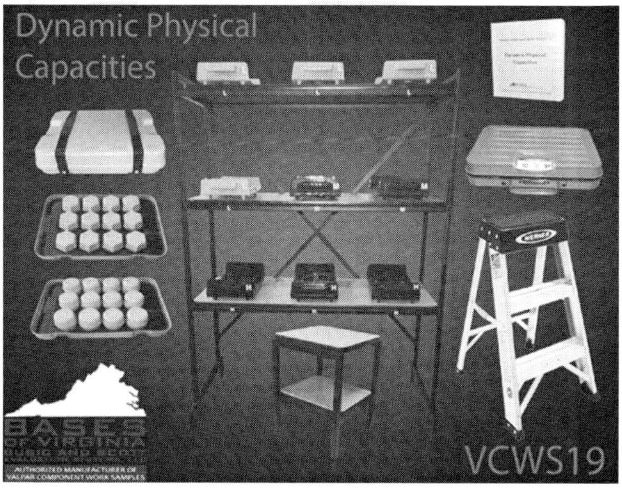

[그림 8-20] Valpar Series

출처: http://www.basesofva.com/work_samples/ws19.php

Valpar #17(Pre-Vocational Readiness Battery)

■ 목적

- 단순 직무에서의 적용가능성을 파악하기 위해 활용한다.
- 작업장 하위평가의 경우 시각장애인의 경우에도 활용할 수 있도록 특별히 고안되었다(손의 촉감으로 부품들을 식별할 수 있도록 플라스틱, 고무, 금속 등 다양한 재료로 구성됨)

■ 대상

- 지적장애인, 특정 학습장애인
- 의사소통 문제, 읽기에 어려움이 있는 내담자
- 시각장애인(작업장 평가)
- 중증장애인도 평가 가능

■ 구성

- 4가지의 상호독립적인 소검사
  - 소검사 1: 발달평가(Developmental Assessment)
  - 소검사 2: 작업장평가(Workshop Evaluation)

–소검사 3: 대인적/사회적 기술(Interpersonal/Social skills)

–소검사 4: 금전관리기술(Money handing skills)

- Valpar 표본작업의 소검사들은 독립적으로 표준화 되어 있어 피평가자에 따라 필요하고 적절한 영역을 선별하여 실시가 가능하다. 피평가자의 작업지시 이해 수준을 파악하는 것이 중요하다.

■ 채점

- 정확도 점수: 피평가자가 올바르게 반응한 수
- 시간 점수: 피평가자가 주어진 작업을 완수하는 데 소요된 시간
- 행동관찰: 과제를 수행하는 동안에 나타나는 피평가자의 행동에 대한 평가자의 기록
- 규준집단
- 피평가자가 얻은 원점수는 규준집단이나 MTM 표준에 비교됨 → 특정 기능영역에 대한 상대적인 수행수준 해석 및 개별평가표 작성의 근거

■ 평가 이후의 훈련

- 평가 결과에 따라 피평가자에게 적절한 훈련 프로그램을 제공할 수 있도록 개발됨 → 평가결과를 규준집단과 비교한 백분위등급으로 환산하여 개별평가표 작성
- Valpar 표본작업들은 모두 특성–요인 접근법을 활용하고 있다.

[그림 8–21] Valpar #17

출처: http://www.basesofva.com/work_samples/ws17.php

(7) 손 기민성 검사

Flershman(1984)은 손 기민성 검사에 의해 측정될 수 있는 여덟 가지 요인을 제시하였다.

- 손과 팔의 안정도
- 손가락 기민성
- 사지협응력
- 속도 통제력
- 반응시간
- 반응경향
- 팔동작의 속도
- 손목과 손가락의 움직임 속도

손 기민성 검사는 일정 수준의 손재능을 요구하는 직무에 배치하고자 할 때 시행한다. 조립직과 같은 직종은 최소한의 손재능을 요구하는 대표적인 직업으로 손가락 기민성 검사가 필요하다. 상지 지체장애인에게는 손 기민성 검사를 실시함에 있어 도움을 줄 수 있는 재활공학도구를 판별하기 위해 이 검사를 시행한다. 지원된 재활공학도구에 대한 정보는 손 기민성을 요구하는 직무수행능력을 예측하는 데 도움이 된다.

손 기민성에 대한 정보는 작업표본과 현장평가로도 측정될 수 있다. 작업표본과 현장평가는 실제 직무에서 요구되는 손재능을 측정하기 때문에 높은 내용 타당도를 가지며 작업속도를 예측하는 데 유용하고 훈련 전략을 수립하고 과업분석적인 작업표본을 통해 직업능력을 평가하는 가장 안정적인 예측요인으로 예측 타당도 또한 높다(Cobb, 1972; Presnall, 1979).

현재 장애인의 손 기민성을 측정하기 위해 널리 사용되는 평가도구는 오코너 손가락 기민성 검사(O'Connor Finger Dexterity Test), 퍼듀 손가락 기민성 검사(Purdue Pegboard), 라파예트 손가락 기민성 검사(Lafayette Pegboard), 그루브드 손가락 기민성 검사(Grooved Pegboard), 미네소타 손 기민성 검사(Minnesota Manual Dexterity Test) 등이 있다.

퍼듀 손가락 기민성 검사(Purdue Pegboard)

■ 목적

- 1948년 퍼듀대학교 Joseph Tiffin이 산업현장의 근로자를 선발하기 위해 개발되었다.
- 2가지 유형의 손재능을 측정하여, 다양한 손기능을 필요로 하는 직무의 근로자를 선발하고 손기능 재활훈련에 도움을 준다.
  - 첫 번째 유형: 손가락, 손 그리고 팔의 전반적인 움직임을 측정.
  - 두 번째 유형: 조립과제에서 필요한 미세한 손가락 끝 기민성을 측정하고 숙련도를 평가.
- 뇌손상 영역과 존재 여부의 파악한다.
- 학습장애인을 판별한다.
- 난독증 대상자의 수행능력을 평가한다.
- 내담자의 능력이나 적성이 손재능이 필요한 직무를 수행할 수 있는지, 간단한 작업지시를 내담자가 이해할 수 있는지를 판별하기 위해 평가한다.

■ 시행 방법: 오른손, 왼손, 양손, 조립을 각 3회씩 수행하여 평균 개수를 계산한다.

■ 신뢰도

- 퍼듀 손가락 기민성 검사-재검사의 신뢰도: 0.60~0.76
- 3회 시도할 때 각각 0.82~0.91

■ 검사 실행

우세손 (30초) → 열세손 (30초) → 양손 (30초) → 우+열+양손 (검사의 합) → 조립(1분) (핀-워셔-칼라-워셔)

■ 채점

• 미국 규준

하위검사	점수/시행 1회	원점수
우세손	30초 동안 꽂은 핀의 개수	1~3회 평균 개수
열세손	30초 동안 꽂은 핀의 개수	1~3회 평균 개수
양손	30초 동안 꽂은 한 쌍의 핀의 수 〔한 쌍이 1개임〕	1~3회 평균 개수
우세+열세+양손	우세손, 비우세손, 양손 개수의 합	우세손, 비우세손, 양손 합의 평균 개수
조립	60초 동안 꽂은 핀, 워셔, 칼라의 총 개수 〔조립 8개를 완성했다면 조립개수는 32개〕	1~3회 평균 개수

• 미국 척도

백분위 척도(Percentile Scale), 표준 척도(Standard Scale), 언어 척도(Verbal Scale)

• 부천장애인종합복지관 규준

하위검사	점수/시행 1회	원점수
우세손	30초 동안 꽂은 핀의 개수	1~3회 평균 개수
열세손	30초 동안 꽂은 핀의 개수	1~3회 평균 개수
양손	30초 동안 꽂은 한 쌍의 핀의 수 〔한 쌍이 1개임〕	1~3회 평균 개수
우세+열세+양손	우세손, 비우세손, 양손 개수의 합	우세손, 비우세손, 양손 합의 평균 개수
조립	60초 동안 꽂은 핀, 워셔, 칼라의 총 개수 〔조립 8개를 완성했다면 조립 개수는 32개〕	1~3회 평균 개수

• 부천장애인종합복지관 척도

<table>
<tr><th>직업 목표</th><th>대상</th><th>척도</th></tr>
<tr><td rowspan="6">제조업 생산직 근로자</td><td rowspan="4">비장애인</td><td>정규분포</td></tr>
<tr><td>백분위(전체)</td></tr>
<tr><td>백분위(남성)</td></tr>
<tr><td>백분위(여성)</td></tr>
<tr><td rowspan="2">지적장애인</td><td>정규분포</td></tr>
<tr><td>백분위</td></tr>
<tr><td rowspan="4">직업적응훈련 과정</td><td rowspan="2">지원고용</td><td>정규분포</td></tr>
<tr><td>백분위</td></tr>
<tr><td rowspan="2">보호고용</td><td>정규분포</td></tr>
<tr><td>백분위</td></tr>
</table>

• 한국장애인고용공단 규준

하위검사	점수/시행 1회	원점수
우세손	30초 동안 꽂은 핀의 개수	1~3회 합계 개수
열세손	30초 동안 꽂은 핀의 개수	1~3회 합계 개수
양손	30초 동안 꽂은 한 쌍의 핀의 수 〔한 쌍이 1개임〕	1~3회 합계 개수
우세+열세+양손	우세손, 비우세손, 양손 개수의 합	우세손, 비우세손, 양손 합의 합계 개수
조립	60초 동안 꽂은 핀, 워셔, 칼라의 총 수 〔조립 8개를 완성했다면 조립 개수는 32개〕	1~3회 합계 개수

• 한국장애인고용공단 척도

<table>
<tr><th>장애유형</th><th>성별</th></tr>
<tr><td rowspan="2">정신장애</td><td>남성</td></tr>
<tr><td>여성</td></tr>
<tr><td rowspan="2">지적장애</td><td>남성</td></tr>
<tr><td>여성</td></tr>
<tr><td rowspan="2">청각장애</td><td>남성</td></tr>
<tr><td>여성</td></tr>
</table>

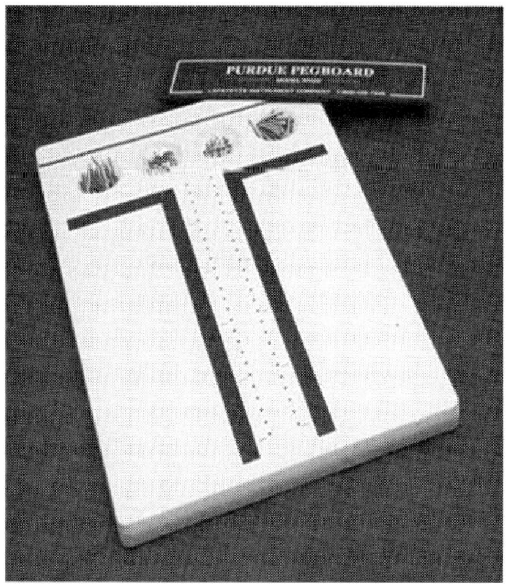

[그림 8-22] 퍼듀 손가락 기민성 검사

출처: http://lafayetteevaluation.com/products/purdue-pegboard

미네소타 손 기민성 검사(Minnesota Manual Dexterity Test)

■ 도구 목적

- 숙련되고 빠르게 조작하는 능력을 평가한다.
- 손 기민성을 알아보기 위한 검사다.
- 손 기민성을 요하는 직무로의 취업가능성 및 직무 적합성을 파악한다.

■ 도구 특성

- 장애인, 일반인 모두 사용 가능하다(한국평가지에는 시각장애인용 평가지가 있어 시각장애인 평가가 가능).
- 각 검사마다 최대 4회까지 평가가 가능하여 신뢰도가 높다(연습평가 포함 총 5회 실시 가능).
- 직업평가, 물리치료, 작업치료에서 사용한다.
- 간단하여 비교적 빠른 시간 내에 평가가 가능하다(각 검사 1회당 3~4분 정도 소요).

■ 도구 구성

- 윗면은 붉은색, 아랫면은 검정색으로 구성된 디스크 60개

■ 검사판

- 1개의 검사판당 20개 씩 총 60개의 구멍이 뚫려 있음
- 탈부착 형태의 3개의 판으로 이루어져 있으며 3개가 한 세트

■ 하위검사

- 옮기기 평가
- 뒤집기 평가

■ 채점 방법 및 해석 방법

- 미국 매뉴얼
  - 비장애인 규준
  - 1~4회 평가실시(연습평가 1회 추가실시 가능)
  - 1~4회 총 소요시간의 합이 원점수
  - 언어척도, 9분 척도, 백분위, 표준점수

- 한국 매뉴얼
  - 2회 평가실시
  - 2회 총 소요시간의 합이 원점수
  - 언어척도, 9분 척도, 백분위

하위검사	대상	척도
옮겨 놓기 평가	비장애인	경쟁고용
	지적장애인 근로자 지적장애인 근로자	지원고용 목표 직업적응훈련생
		보호고용 목표 직업적응훈련생
뒤집기 평가	비장애인	경쟁고용
	지적장애인 근로자 지적장애인 근로자	지원고용 목표 직업적응훈련생
		보호고용 목표 직업적응훈련생

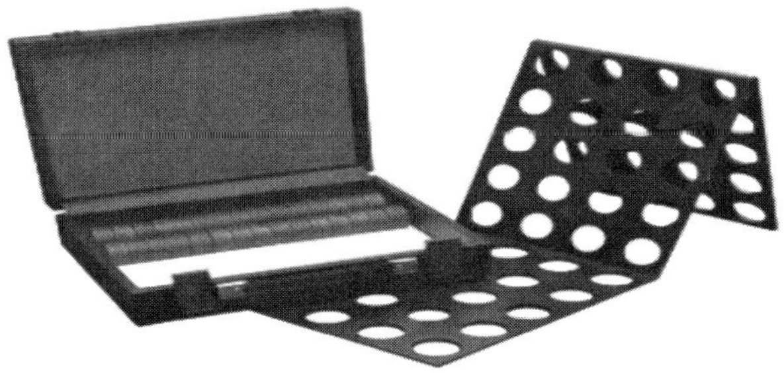

[그림 8-23] 미네소타 손 기민성 검사

출처: http://lafayetteevaluation.com/products/minnesota-manual-dexterity

4) 상황평가

중증장애인 재활계획 수립에는 전통적인 심리평가가 신뢰할 만한 정보를 제공하지 못하기 때문에 상황평가가 유용한 평가도구가 될 수 있다(Power, 1984).

상황평가(Situational Assessment)는 장애인복지관의 직업훈련실과 같은 실제 작업환경과 유사한 모의 작업장이나 보호작업장과 같은 직업재활시설에서 내담자의 직무수행과 행동을 체계화된 관찰기법을 통해 평가하는 것으로(Power, 1984; Pruitt, 1986) 치료적 재활워크숍의 개념에 기초하여 개발되었다(Roessler & Greenwood, 1987). 상황평가는 작업활동, 감독, 임금, 근로시간과 같은 전체 작업환경과 유사한 모의환경에서 이루어지며, 사전에 관찰스케줄과 방법이 계획된 체계적인 관찰 방법을 통해 내담자의 직업 잠재력을 다양한 작업환경에서 평가할 수 있고, 직업 스트레스 등의 문제 상황을 해결하는 능력을 관찰할 수 있다. 내담자는 보호작업장, 근로사업장, 지원고용, 전환 프로그램 등에서 관리자, 고용주, 직업훈련교사에 의해 직무에 대한 지시를 받고 직무를 수행하고 평가된다.

상황평가의 목적은 다른 평가 방법을 적용할 수 없는 내담사에 내한 정보 획득이며 작업표본과 심리평가 결과를 검증하는 의미를 갖는다. 평가의 결과는 내담자의 과업 수행능력에 대한 정보를 제공하기도 하지만 잠재적 수행능력에 대한 단서를 제공하기도 한다. 상황평가는 직무능력과 직업적응력을 측정하는 종합적 평가의 기능을 하거나 특정 평가질문에 답하기 위해 정해진 몇 가지 행동 유형에 초점을 맞추기도 한다.

미국 재활기관의 78%(특히 소규모 재활기관)가 상황평가를 이용하고 있으며, 수행되는 작업은 하청의 형태다(Rubin, Roessler, & Rumrill, 2016). 우리나라도 주로 직업재활시설에서 상황평가를 실시하며, 수행되는 작업은 하청이나 자체생산품이다.

상황평가는 일반적으로 내담자의 고용 가능성과 관계된 행동을 측정하는 것으로 ① 감독의 수용, ② 동료와의 관계, ③ 정규 노동시간 근로에 적합한 인내력과 생산성, ④ 스트레스의 수용 등을 평가한다.

이 평가방법에서는 다음과 같은 질문이 제기된다.

① 어떠한 감독상황에서 가장 효율적으로 근로하는가? ② 생산성 향상의 요구에 어떻게 반응하는가? ③ 근로자로서의 장점과 단점은 무엇인가? ④ 근로자로의 역할에 대하여 알고 있는가? ⑤ 생산성이 낮은 경우 생산성을 높이려는 노력을 하는가?

Neff(1985)는 상황평가가 널리 사용되고 있지만 실제 작업현장과는 다른 격리된 환경에서 대부분 비숙련직 과업에 대한 평가가 이루어지기 때문에 일반적인 고용 가능성에 대한 평가에만 국한되어 있다고 비판하였다. 그러므로 발달장애인, 교육 수준이 매우 낮은 인지장애인에게는 적합하지만 상위의 정신 수준을 가진 내담자 평가로는 부적합하다. 상황평가가 효과적으로 이루어지기 위해서는 풍부한 경험과 지식을 갖춘 직업평가사가 적합한 평가장소를 선정하고, 적합한 행동척도가 개발되어 있으며, 적당한 감독이 이루어져야 한다.

(1) 기본 가정

① 모든 행동에는 반드시 원인과 목적이 있다.

② 행동의 유의미성은 관찰자의 민감성과 기술 수준에 의해 결정된다. 이러한 민감성은 행동 발생을 관찰해 내는 능력 이외에 평가 결과를 해석하고 평가질문에 대한 대답을 도출해 내는 능력이며 지속적인 훈련과 경험을 통해 향상될 수 있다. 경험이 많은 평가사는 객관적으로 관찰하고 평가하며 주관적인 편견이 결과에 영향을 주지 않도록 노력한다.

③ 행동은 개인과 상황의 상호작용에 의해 결정되며 2가지 요인을 분리하여 해석하는 것은 불가능하다. 개인의 행동은 환경에 의해 영향을 받고 수정된다. 예를 들어, 자연스러운 환경에서 나타나는 행동이 그 사람의 실제 특성을 가장 잘 반영하는 것처럼 사람, 작업환경, 과업, 과업수행에 대한 보상과 같은 물리적 · 심리적 요인이 작업환경에 영향을 주게 되면 내담자는 그 상황으로 인해 자연스럽지 못한 행동을 보

이게 된다. 그러므로 평가사의 행동과 환경 사이의 상호관계에 대한 지식이 내담자 행동관찰 결과의 주된 영향을 미친다.

④ 행동은 인간행동에 관한 연구에 비추어 체계적이고 일관적으로 해석되어야 한다. 인간행동에 대해 많은 이론이 있지만 가장 유용한 정보는 직업행동에 대한 연구다.

⑤ 행동의 해석은 관찰자의 관찰능력, 주관적 편견, 태도, 가치의 영향을 보상하는 능력에 따라 달라진다. 사회성을 중요하게 여기는 관찰자는 수줍음이 많고 내성적인 내담자를 과소평가할 수 있지만 자신의 편견을 인지하고 있다면 결과 해석에 있어 객관성을 유지할 수 있다.

(2) 상황평가의 평가 영역

① 직업성취와 직업행동

작업표본평가의 목적이 직업기능과 적성에 대한 평가라면 상황평가는 직업에서의 성취도와 직무수행과 관련된 직업행동을 평가해야 한다. 내담자가 새로운 과업에 접근하는 방법, 새로운 과업을 학습하는 방법, 작업 속도, 작업을 체계적으로 조직하고 도구를 사용하는 방법, 직업탐색기술 등이 관찰된다. 특정 직업기능은 내담자의 생산량과 질을 규준에 비교하여 결정한다.

② 직업환경

특정 작업이 요구하는 신체적 · 정신적 환경조건을 의미한다.

③ 직업태도와 가치

직업태도와 가치는 과업이나 일반적인 직업에 대한 긍정적이거나 부정적인 언급과 같은 내담자의 행동으로부터 추론될 수밖에 없다. 혹은 얼굴표정, 자세, 작업속도, 과업을 완수하려는 의지와 같은 내담자의 비언어적 행동에서 단서를 얻는다. 과업완수에 대한 확신감과 같은 과업에 접근하는 행동은 내담자의 직업과 관련된 자아상을 반영한다.

직업은 자아표현, 자아실현과 사회적 통합의 의미를 가지며 원하는 물건을 구매할 수 있는 경제력을 제공해 주는 수단이기도 하다. 내담자가 직업의 가치를 인지할수록 자아존중감과 자아개념은 향상되며 직업행동에 다양하게 나타난다. 그러므로 평가사는 내담자의 근로자로서의 자신에 대한 평가와 그러한 평가의 현실성에 대한 지식을 갖추어야 한다.

④ **직업인성**

직업인성은 작업환경에서 나타난 전형적인 형태의 직업활동이며 직업태도, 직업행동, 가치관, 능력을 의미한다. 직업인성은 실제 작업환경에서 관찰되지 않는 한 측정되기 어려우며 다양한 행동의 관찰을 통해서 추론되기도 한다. 실제 작업현장과 유사한 직업환경에서 평가한 결과는 직업인성평가에 유용하다. 직업인성의 측정은 Roessler, Bolton과 Hinman(1985)이 개발한 직업인성 프로파일(Work Personality Profile)을 주로 사용한다.

⑤ **직업에 관련된 지적 능력**

일반 지능검사를 통해 획득된 지능점수는 내담자의 지적 기능 수준을 나타내지만, 직업에서 더욱 중요한 것은 지적 능력을 작업 상황에 적용하는 능력이다. 작업 상황에서 요구되는 지적 기능은 지시 이해력, 지시 이해에 소요되는 시간, 새로운 과업 학습 방법, 과업수행 수준, 과업수행능력, 다양한 과업을 완수할 수 있는 능력, 직무수행 과정을 향상시킬 수 있는 능력, 지시를 기억하고 적정 수준을 유지할 수 있는 능력이다.

⑥ **직업 인내력**

의료적 평가기록으로는 불충분한 내담자의 신체적 능력과 직업 인내력에 대한 정보는 상황평가를 통해 획득될 수 있다. 신체적 능력과 직업 인내력은 물건 들어올리기, 굽히기, 계단 오르기, 서기, 걷기, 뻗기, 민첩성, 스태미나 등의 행동에서 측정이 가능하다. 또한 내담자의 손 기민성, 눈과 손의 협응력과 같은 요인에 대한 관찰을 통해 측정이 가능하다. 특히 내담자의 직업 목표와 관련한 질문에 대해 유용한 정보를 제공한다.

직업인성 프로파일

직업인성 프로파일(Work Personality Profile)은 직업재활 현장에서 사용되는 가장 일반적인 상황평가도구이고, 각 직무나 작업현장에 알맞게 상황평가척도를 개발하여 사용하기도 한다.

◈ 직업인성 프로파일 ◈

(Work Personality Profile)

검사일:

성명: (남/여) 연령: 장애 명: 검사자:

58개의 문항을 완성하기 위해 다음에 작성된 5개의 선택사항을 사용하여 내담자의 작업수행도를 관찰하세요.

④ 고용의 자산이 될 정도로 명확한 강점
③ 명확한 강점은 아니더라도 적절하게 수행함
② 잠재적으로 고용에 문제를 일으킬 정도로 일관성이 없는 수행도
① 고용기회를 명확히 제한할 정도로 문제가 됨
⊗ 행동을 관찰할 기회가 없음

④ ③ ② ① ⊗ 1. 작업을 충분히 이해하고 주의를 기울인다.
④ ③ ② ① ⊗ 2. 새롭게 할당된 과제를 빠르게 배운다.
④ ③ ② ① ⊗ 3. 전체 작업 시간 동안 착실하게 일한다.
④ ③ ② ① ⊗ 4. 작업과제의 변화를 수용한다.
④ ③ ② ① ⊗ 5. 사실상 직접적인 관리가 필요하지 않다.
④ ③ ② ① ⊗ 3. 전체 작업 시간 동안 착실하게 일한다.
④ ③ ② ① ⊗ 4. 작업 과제의 변화를 수용한다.
④ ③ ② ① ⊗ 5. 사실상 직접적인 관리가 필요하지 않다.
④ ③ ② ① ⊗ 6. 적절한 방법으로 도움을 요청한다.
④ ③ ② ① ⊗ 7. 신뢰를 가지고 관리직원을 대한다.
④ ③ ② ① ⊗ 8. 관리자와 적절히 친하게 지낸다.
④ ③ ② ① ⊗ 9. 집단 노력의 결과에 긍지를 보인다.
④ ③ ② ① ⊗ 10. 다른 사람들이 하고 있는 일에 관심을 보인다.
④ ③ ② ① ⊗ 11. 좋아하는 것과 싫어하는 것을 적절하게 표현한다.
④ ③ ② ① ⊗ 12. 시간에 맞게 관련된 작업활동을 시작한다.
④ ③ ② ① ⊗ 13. 불평 없이 관리자의 지시와 작업 할당을 받아들인다.
④ ③ ② ① ⊗ 14. 어느 정도 방법을 보여 주면 수행도가 향상된다.
④ ③ ② ① ⊗ 15. 반복적인 일을 저항 없이 수행한다.
④ ③ ② ① ⊗ 16. 새로운 과제를 시도할 때 기꺼이 받아들인다.
④ ③ ② ① ⊗ 17. 격려하지 않아도 할당된 과제를 수행한다.
④ ③ ② ① ⊗ 18. 과제를 정확히 알지 못하는 경우 보다 더 자세한 설명을 요청한다.
④ ③ ② ① ⊗ 19. 당황하지 않고 교정을 받아들인다.
④ ③ ② ① ⊗ 20. 만약 작업과 관련된 일이면 관리자와 개인적인 문제를 의논한다.

④ ③ ② ① ⓧ 21. 집단과제에서 할당된 일을 받아들인다.
④ ③ ② ① ⓧ 22. 동료 작업자들과 친해지기 위해 노력한다.
④ ③ ② ① ⓧ 23. 다른 사람들이 말을 걸어올 때 반응한다.
④ ③ ② ① ⓧ 24. 규칙과 규정을 따른다.
④ ③ ② ① ⓧ 25. 개인 건강을 충분히 유지한다.
④ ③ ② ① ⓧ 26. 작업 방법을 바꾸도록 지시할 때 변경한다.
④ ③ ② ① ⓧ 27. 작업을 하는 동안 상세한 설명에 유의한다.
④ ③ ② ① ⓧ 28. 정해진 일이 바뀌더라도 생산량을 유지한다.
④ ③ ② ① ⓧ 29. 자신의 실수를 인정한다.
④ ③ ② ① ⓧ 30. 과제수행이 어려울 때 도움을 요청한다.
④ ③ ② ① ⓧ 31. 관리자를 편안하게 대한다.
④ ③ ② ① ⓧ 32. 직원들과 사이좋게 지낸다.
④ ③ ② ① ⓧ 33. 집단과제에서 기분 좋게 일한다.
④ ③ ② ① ⓧ 34. 사교적인 대화에 쉽게 적응한다.
④ ③ ② ① ⓧ 35. 다른 사람들과 대화를 시작한다.
④ ③ ② ① ⓧ 36. 외설이나 무례한 말을 사용하지 않는다.
④ ③ ② ① ⓧ 37. 작업에 적절한 옷을 입고 온다.
④ ③ ② ① ⓧ 38. 교정 후 향상된 작업 진행을 계속 유지한다.
④ ③ ② ① ⓧ 39. 주위가 산만한 경우에도 작업 속도를 유지한다.
④ ③ ② ① ⓧ 40. 다양하고 변화를 요구하는 과제에서 만족스럽게 수행한다.
④ ③ ② ① ⓧ 41. 자신의 실수를 교정한다.
④ ③ ② ① ⓧ 42. 감독자가 지켜보는 경우에도 안정감 있는 수행도를 보인다.
④ ③ ② ① ⓧ 43. 집단 과제에서 다른 사람들에게 협조적이다.
④ ③ ② ① ⓧ 44. 이용할 수 있는 사회단체에 참가한다.
④ ③ ② ① ⓧ 45. 다른 사람이 말하는 동안 방해하지 않고 귀를 기울인다.
④ ③ ② ① ⓧ 46. 성취의 기쁨을 표현한다.
④ ③ ② ① ⓧ 47. 지시 또는 교정사항을 주의하여 듣는다.
④ ③ ② ① ⓧ 48. 변경된 작업에 쉽게 적응한다.
④ ③ ② ① ⓧ 49. 감독의 양이 평균보다 적게 요구된다.
④ ③ ② ① ⓧ 50. 적절한 때에 동료 작업자에게 도움을 제공한다.
④ ③ ② ① ⓧ 51. 동료 근로자들이 즐겨 찾는다(인기가 있다).
④ ③ ② ① ⓧ 52. 긍정적인 감정(예: 칭찬, 다른 사람을 좋아함)을 표현한다.
④ ③ ② ① ⓧ 53. 농담이나 잡담에 재치 있게 대응한다.
④ ③ ② ① ⓧ 54. 이전에 배운 기술을 새로운 과제에 이용한다.
④ ③ ② ① ⓧ 55. 가끔씩 도움을 제공하면 문제를 처리한다.
④ ③ ② ① ⓧ 56. 집단과제에서 할당된 역할을 수행한다.
④ ③ ② ① ⓧ 57. 부정적인 감정(예: 화, 두려움, 슬픔 등)을 표현한다.
④ ③ ② ① ⓧ 58. 기분을 통제한다.

소견

◈ 직업인성 프로파일 채점지 ◈

척도	항목번호							총점	평균
S1	1	12	13	24	25	36	S1		
	37	46	53	58					
S2	2	14	26	38	47	54	S2		
S3	3	15	27	39			S3		
S4	4	16	28	40	48		S4		
S5	5	17	29	41	49	55	S5		
S6	6	18	30				S6		
S7	7	19	31	42			S7		
S8	8	20	32				S8		
S9	9	21	33	43	50	56	S9		
S10	10	22	34	44	51		S10		
S11	11	23	35	45	52	57	S11		
F1	2	3	5	14	17	18	F1		
	26	27	28	29	30	38			
	39	40	41	42	47	48			
	49	54	55						
F2	9	10	22	23	34	35	F2		
	43	44	46	50	51	52			
F3	4	12	13	15	16	21	F3		
	33	56							
F4	11	19	20	24	36	45	F4		
	53	57	58						
F5	1	6	7	8	25	31	F5		
	32	37							

◈ 직업인성 프로파일 보고서 ◈

성명: 성별: 연령: 경력:

교육: 상애:

강점(고용 가능성)	고용이 어려움	평점	등가 백분율(%)		

4 3 2 1

0 9 8 7 6 5 4 3 2 1 0 9 8 7 6 5 4 3 2 1 0 9 8 7 6 5 4 3 2 1 0

평점	등가 백분율(%)		
3.80	90	S1	작업역할의 수용
4.00	99	S2	지시 또는 교정으로부터 도움을 얻는 능력
3.75	93	S3	작업 지속성
3.60	86	S4	작업 포용력
3.67	91	S5	필요한 감독의 양
4.00	99	S6	훈련생이 관리자로부터 원조를 요구하는 범위
3.75	93	S7	감독에 대한 편안함이나 불안 정도
3.33	73	S8	감독과 적절한 대인관계
3.83	96	S9	팀워크(협동작업)
3.40	90	S10	동료 작업자와의 사교능력
3.50	90	S11	사회적 의사소통기술

0 9 8 7 6 5 4 3 2 1 0 9 8 7 6 5 4 3 2 1 0 9 8 7 6 5 4 3 2 1 0

평점	등가 백분율(%)		
3.76	92	F1	과제 적응
3.58	92	F2	사회적 기술
3.75	88	F3	작업 동기
3.78	92	F4	작업 적합
3.63	88	F5	개인적 표상

● 결정적인 고용 결함, '1'이나 '2'로 평가된 행동

문제 1영역	
문제 2영역	

[그림 8-24] 직업인성 프로파일

다음은 『중증장애인의 직업재활계획을 위한 직업상담과 직업능력평가 매뉴얼』(한국장애인개발원, 2015)에 실려 있는 상황평가지 양식이다.

상황평가지

성명		생년월일		장애유형 및 등급	(급)
평가일시	년 월 일 (: ~ :)		평가사		(인/서명)

* 평가기준 : 1-매우 부족, 2-부족, 3-보통, 4-우수, 5-매우 우수

1. 일상생활기능

점수					항목	비고
1	2	3	4	5	개인위생을 청결히 유지한다.	
1	2	3	4	5	날씨와 상황에 맞게 옷을 입고 단정한 복장을 유지한다.	
1	2	3	4	5	혼자 식사량을 조절하여 먹는다.	
1	2	3	4	5	지정된 대중교통을 이용하여 출·퇴근을 한다.	

총점 [   ]

2. 직업기능

점수					항목	비고
1	2	3	4	5	출·퇴근 시간을 지킨다.	
1	2	3	4	5	출근을 못할 경우 사전에 담당자에게 연락을 한다.	
1	2	3	4	5	지각이나 결근, 조퇴 없이 근태를 유지한다.	
1	2	3	4	5	작업복을 자발적으로 갈아입는다.	
1	2	3	4	5	새로운 작업에 관심을 보인다.	
1	2	3	4	5	주위 환경에 신경 쓰지 않고 작업에 집중한다.	
1	2	3	4	5	필요시 동료에게 도움을 제공하고 협조적이다.	
1	2	3	4	5	그룹작업 시 맡겨진 임무를 수행한다.	
1	2	3	4	5	작업 중 관리자의 지시 및 요구를 수용하고 따른다.	
1	2	3	4	5	휴식시간 후 작업장에 즉시 복귀하여 작업을 수행한다.	
1	2	3	4	5	관리자가 없는 경우에도 지속적으로 작업을 한다.	
1	2	3	4	5	작업시간과 휴식시간을 지킨다.	
1	2	3	4	5	특별한 격려가 없어도 작업을 수행한다.	
1	2	3	4	5	작업에 대한 의문사항이 있으면 질문을 한다.	
1	2	3	4	5	작업종료 시 재료 및 부품을 정리정돈한다.	
1	2	3	4	5	자기가 맡은 구역을 자발적으로 청소한다.	

총점 [   ]

3. 직무관련 기능

점수					항목	비고
1	2	3	4	5	지시할 경우 스스로 도구나 재료를 찾아서 준비한다.	
1	2	3	4	5	스스로 도구나 재료를 갖추고 작업을 준비한다.	
1	2	3	4	5	공구를 기능에 적절하게 사용한다(전동드릴, 기계조작 등).	
1	2	3	4	5	작업 내용을 명확히 알지 못할 경우 자세한 설명을 요구하거나 질문한다.	
1	2	3	4	5	말로 지시한 방법대로 일을 수행한다.	
1	2	3	4	5	문서로 지시한 방법대로 일을 수행한다.	
1	2	3	4	5	전에 배웠던 기술을 새로운 작업에 활용한다.	
1	2	3	4	5	부품 조립 시 형태나 크기를 구분하여 작업을 수행한다.	
1	2	3	4	5	부품 조립 시 색을 구분하여 작업을 수행한다.	
1	2	3	4	5	50 미만의 물건 수량을 셀 수 있다.	
1	2	3	4	5	앉아서 하는 작업을 1시간 이상 수행한다.	
1	2	3	4	5	서서 하는 작업을 1시간 이상 수행한다.	
1	2	3	4	5	작업 지시에 따라 정확한 위치로 물건을 이동시킨다.	
1	2	3	4	5	가벼운 물건(10kg 미만)을 들고 옮긴다.	
1	2	3	4	5	보통 무게의 물건(10 이상~20kg 미만)을 들고 옮긴다.	
1	2	3	4	5	무거운 물건(20kg 이상)을 안정적으로 옮긴다.	
1	2	3	4	5	불량품 없이 작업을 정확하게 수행한다.	
1	2	3	4	5	라인 작업대의 속도에 맞춰 작업을 수행한다.	

총점 ☐

4. 직업관련 사회행동

점수					항목	비고
1	2	3	4	5	출·퇴근 시 동료 및 관리자와 인사를 나눈다.	
1	2	3	4	5	작업장에서 동료들과 적절한 관계를 유지한다.	
1	2	3	4	5	작업장에서 관리자와 적절한 관계를 유지한다.	
1	2	3	4	5	동료가 하는 일에 관심을 보인다.	
1	2	3	4	5	기본적인 욕구를 적절한 말이나 행동으로 표현한다.	
1	2	3	4	5	작업장의 정해진 규율을 지킨다.	
1	2	3	4	5	상황에 대한 정보를 언어로 전달한다.	
1	2	3	4	5	저속한 말이나 행동을 함부로 사용하지 않는다.	
1	2	3	4	5	동료에게 또는 작업장에서 어려운 일이 발생했을 경우 적절히 대처한다.	
1	2	3	4	5	필요한 경우 동료나 관리자에게 도움을 요청한다.	
1	2	3	4	5	거짓말을 하지 않는다.	
1	2	3	4	5	방문 손님에게 친절하게 인사를 한다.	

총점 ☐

■ 평가 결과

평가 영역	문항 수	획득 점수	수행률(%)
일상생활 기능	4		%
직업 기능	16		%
직무 관련 기능	18		%
직업 관련 사회행동	12		%
계	50		%

■ 종합평가

[그림 8-25] 한국장애인개발원 상황평가지 양식

(3) 상황평가 과정

① 관찰계획과 일정 수립

직업평가사는 의뢰자료와 의뢰에 관한 질문을 검토한다. 추가 자료는 초기면접에서 획득할 수 있다. 관찰일정은 상황평가가 실시되기 전에 수립되어야 한다. 다양한 관찰법을 시행하는 것이 관찰의 신뢰도를 높이는 데 도움이 되므로 다양한 과업수행 장면과 다양한 직무시간 내에 무작위적으로 혹은 체계적으로 관찰할 수 있도록 일정을 수립하는 것이 바람직하다.

② 관찰과 기록

직업평가사는 특정 의문사항에 중점을 두고 관찰한다. 관찰과 기록은 의뢰기관, 초기면접, 이전 고용주, 재활전문가, 혹은 이전의 관찰에서부터 도출된 의문점에 대한 해답을 얻기 위한 과정이다. 평가사는 관찰이 진행됨에 따라 내담자의 행동 경향과 일관된 행동 유형을 판별해야 한다.

평가사는 내담자의 행동에 관해 행동 유형, 행동이 발생한 상황, 날짜, 시간 등을 구체적이고 명확하고 간결하게 기술한다. 행동의 기록에는 조작적 정의가 선행되어야 하며, 내담자 행동에 영향을 주는 선행사건이 있을 경우를 위하여 시간을 기록한다. 행동척도를 사용할 경우 비정상적인 결과가 나타난다면 참고란에 기재한다.

③ 평가 결과 조직, 분석, 해석

평가사는 특정 주제나 영역에 관련된 모든 정보를 수집하고 조직해야 한다. 다양한 자료 중 같은 영역에 속하는 자료, 즉 내담자의 직업 인내력과 신체적 능력에 대한 자료를 분류하여 조직한다. 이러한 분류는 의뢰질문이나 재활기관의 평가보고서 양식을 따른다.

평가 결과가 불일치할 경우 이유를 규명하고 중요도에 따라 자료를 순서대로 정리하는 것은 분석 과정에서 이루어진다. 불일치하는 자료는 일반적으로 당시 상황이나 행동의 전형성이 그 원인이다. 의뢰질문 그리고 내담자의 직업문제와의 연관성에 따라 자료의 순위를 정한다. 내담자가 직무에서 보다 효율적으로 기능할 수 있도록 지원해 주는 자료로서 평가 결과를 이용하는 것이 중요하다. 전형적 행동 유형에 대한 자료가 비전형적 행동 유형 자료보다 가치가 있지만 자료의 분석이 이루어지기 이전까지는 전형적 행동과 비전형적 행동을 판별할 수 없다.

④ 자료의 종합

분석된 자료는 관리자의 내담자 직무수행에 관한 기록, 작업표본과 심리평가 결과, 다른 재활전문가로부터의 피드백과 같은 다른 자료와 종합적으로 사용되어야 한다. 모든 평가 결과에 대한 평가보고서를 작성하고 회의를 주재한다.

(4) 상황평가의 장점

① 작업표본에 비해 평가환경이 실제 산업현장과 유사하다. 생산성이 기준에 합당한 내담자에게 임금이 지급되고, 정규 근로시간을 지키며, 실제 작업현장에서 나타나는 것과 유사한 대인관계를 경험할 수 있다.

② 내담자가 인간관계나 과업에 적응해 나가는 방식을 관찰함으로써 직업과 사회성 기술 문제를 발견하고 수정할 수 있다.

③ 내담자가 근로자로서의 역할을 학습할 수 있다.

④ 전통적인 심리평가에서 나타나는 시험에 대한 불안감이 일어나지 않는다.
⑤ 표준화된 심리평가나 작업표본평가에서 보다 다양한 직업행동을 평가할 수 있다.
⑥ 현장평가에 비해 비용이 적게 들며 많은 장비가 필요하지 않다.

(5) 상황평가의 단점
① 평가 장소를 찾기 어려운데다, 조립 · 포장과 같은 직업재활시설이나 훈련실의 단순한 비숙련 직무는 실제 산업현장 직무와 차이가 있을 수 있다.
② 보호작업장 내 관리자의 관대한 평가로 인해 내담자에게 실제 산업기준을 적용시키지 않음으로써 개인차를 판별하기 어려울 수도 있다.
③ 평가 결과가 객관화된 수치로 표현되기 어려운 행동에 대한 관찰에 기초하기 때문에 평가사의 주관과 편견이 개입되어 신뢰도의 문제가 제기될 수 있다.
④ 평가할 특성에 대한 조작적 정의를 내리지 않는 한 평가 특성이 불분명하고 애매모호하다.
⑤ 높은 기능 수준의 내담자는 단순 과업에 동기화되기 어렵다.
⑥ 평가사의 관찰에만 의존하기 때문에 고도의 훈련과 경험을 가진 평가사가 필요하다.
⑦ 많은 시간이 소요된다.

5) 현장평가

현장평가(On-the-Job Evaluation)는 직업 목표에 적합한 실제 작업환경에서 내담자의 직무기능을 평가하는 것이다. 현장평가는 내담자의 인성, 태도, 적성, 직업 특성, 직업 기술, 신체능력의 측정에 목적이 있으며 실제 산업현장이 평가 장소가 된다. 내담자는 정규 근로자와 같은 감독과 지시를 받지만 반드시 고용으로 연결되는 것은 아니다. 평가기간은 일반적으로 3~7주가량 소요되나 내담자의 특성에 따라 하루에서 한 달 이상 소요될 경우도 있다.

우리나라에서는 한국장애인고용공단에서 실시하는 '중증장애인지원고용' 제도에서 내담자를 일반 사업체에 배치하여 현장평가를 실시하는 경우가 대부분이다.

중증장애인지원고용제도

개요

3~7주간 사업체 현장훈련을 거쳐 취업으로 연계하는 프로그램입니다. 훈련기간 동안에는 일하는 방법을 알려주고 사업체 적응을 돕기 위하여 직무지도원을 배치함

근거

「장애인고용촉진 및 직업재활법」 제13조, 제43조

신청자격 및 요건

- 장애인: 15세 이상 중증장애인
  - 상담 및 직업능력평가를 통해 현장훈련을 필요로 하는 장애인이 훈련에 참여하실 수 있습니다.
- 사업주: 중증장애인 구인계획이 있는 사업체
  - 현장훈련을 실시할 수 있는 여건 및 환경을 갖춘 사업체
  - 4대 보험(국민연금, 건강보험, 산재보험, 고용보험) 가입 사업체
  - 노동관계 법령에서 규정하는 산업안전보건 등 작업조건이 정비되어 있는 사업체
- 제외사업체
  - 정부에서 예산으로 시행하는 재정에 따른 일자리 중 인건비를 지원받는 경우
  - 「장애인복지법」 제58조 제1항 제3호에 따른 장애인 직업재활시설

절차

중증장애인지원고용 절차: 모집 및 선정[공단] → 사전훈련(6일 이내)[공단] → 현장훈련(3~7주)[공단] → 훈련평가 후 고용[사업주] → 적응지도[공단 · 사업주]

지원내용

- 장애인: 훈련준비금(40,000원) 및 훈련수당(1일 17,000원) 지급, 재해보험가입
- 사업주: 훈련보조금 1인당 1일 19,340원, 훈련기간 동안 직무지도원 배치

현장평가는 이전의 평가 결과를 토대로 평가의 마지막 단계에서 실행되는 것이 적합하며 현장평가만을 계획하는 것은 내담자, 고용주, 평가사 모두에게 시간의 낭비이며 부정적 경험을 제공할 가능성이 있다. 내담자는 낯선 작업환경 때문에 흥미와 적성과는 관계없이 조기에 평가를 포기하기도 하기 때문에 마지막 평가 단계에서 실시해야 하며(Genskow, 1973) 일정 기간 이상 평가에 참여하려는 의지를 갖게 하는 것이 중요하다.

평가사는 내담자를 현장평가에 배치하기 전 직무분석을 실시하여 보다 많은 유용한 정보를 획득할 수 있다(Roessler & Rubin, 2006). 예를 들어, 하나의 직업이 여러 가지 직무를 포함할 경우 직무분석을 통하여 각 직무에 대한 측정과 전체 직무에 대한 측정 모두를 할 수 있다. 특정 직업에 대하여 내담자가 상위의 수행능력을 보였다면 유사한 직업적성을 가진 직업에서의 성공을 예측할 수 있으며, 반대로 특정 직업에 대한 수행능력의 결핍은 특정 직업적성의 결여를 의미한다. 현장평가의 장소는 재활기관 평가 프로그램의 목적과 일치하며 평가사와 고용주 사이에 라포가 형성되어 있는 곳이 적합하다.

(1) 현장평가의 의의

① 실제 고용주 및 산업 현장에서 평가하기 때문에 내담자에게 보다 현실적이고 실제적인 직업경험과 기회를 제공한다.

② 실제 직무를 수행하는 능력이 지역사회 내의 고용주, 관리자, 평가사에 의해 관찰된다.

③ 내담자의 직업적 장점을 개발하고 직업 경험을 수정하도록 돕는 훈련 과정이다.

④ 훈련과 평가가 동시에 이루어짐으로 지적장애인과 같은 기능 일반화가 어려운 내담자에게 적절하다. 내담자는 일반 사업체라는 완전한 직무조건 속에서 연속적 반복 수행을 통해 기능을 향상시킬 수 있다.

⑤ 직무과업과 작업환경이 강조되며 생체공학, 재활공학, 직무조정의 개념이 적용된다.

⑥ 평가 과정 종결 후 내담자는 재활시설로 되돌아가 직업배치와 관련된 종합적인 평가를 받게 된다.

(2) 현장평가의 목표

① 내담자의 고용 목표와 직업 흥미 및 선호도 발견

② 실제 직업에서 요구하는 내담자의 행동 관찰

③ 내담자가 직업환경에 적응할 수 있도록 지원해 주는 장소, 사람, 사물, 활동과 같은 자원 발견

④ 내담자의 직업행동, 직업적응과 생산성 성취를 저해하는 문제를 발견하고 수정

⑤ 특정 직업에 대한 내담자의 만족도 탐구

(3) 현장평가의 단계

① 1단계

내담자의 흥미 이해, 주된 직업 흥미, 추구되어야 할 직업환경의 구체화, 학습 유형, 학습능력, 사회성 기술, 출 · 퇴근 기술, 기능적 학습능력, 직업적 기대에 대한 이해력 증진을 목적으로 현장평가를 시작한다.

② 2단계

가능한 작업현장의 과업분석, 내담자의 장애유형과 정도, 내담자에 대한 고용주의 태도, 동료의 태도, 요구되는 사회적 능력, 주의집중력, 안전도, 직무강화제, 근로시간, 사회적 환경 등에 대한 평가로 이루어진다.

③ 3단계

작업장에서 성공을 거둘 수 있도록 돕는 유용한 자원과 활동의 발견 및 개별 훈련계획을 수립한다.

④ 4단계

평가는 일반적으로 행동분석을 통해 이루어지기 때문에 직업 환경에 요구되는 내담자의 행동기술 등을 체계적인 행동관찰 수행을 통해 평가한다. 행동 체크리스트, 평가척도, 휴식시간 준수 여부, 외모 가꾸기, 동료와의 상호관계, 주의집중력, 직무를 독립적이고 지속적으로 수행하는 능력, 스트레스 조절능력, 직업에 대한 동기화, 지시순응, 안전규칙 준수능력 등 평가사는 내담자의 행동을 직업 배치에 필요한 조건과 연결할 수 있어야 한다.

⑤ 5단계

수정되어야 할 내담자의 행동문제들과 비일상적인 문제행동을 발견하고 기초선 및 강화제를 결정한다.

⑥ 6단계

내담자의 직무만족에 대한 정기적인 평가가 이루어진다. 평가의 내용은 내담자의 인내력, 직무수행 시 겪는 어려움, 직업에서부터 얻는 자아존중감, 직무 선호도, 향상 정도, 진단적 피드백의 제공, 기술수준에 대한 이해, 동기유지, 적절한 직업계획 성취에 있어 내담자의 참여 정도에 관한 것이다.

다음은 『중증장애인의 직업재활계획을 위한 직업상담과 직업능력평가 매뉴얼』(한국장애인개발원, 2015)에 실려 있는 현장평가 기록지 양식이다.

현장평가 기록지

<table>
<tr><td>성명</td><td></td><td>생년월일</td><td></td><td>장애유형
및 등급</td><td>(급)</td></tr>
<tr><td>사업체 명</td><td colspan="2"></td><td>담당직무(과제)</td><td colspan="2"></td></tr>
<tr><td>평가일시</td><td colspan="2">년 월 일
(: ~ :)</td><td>평가사</td><td colspan="2">(인/서명)</td></tr>
</table>

평가영역	평가(관찰) 내용
일상생활 기능	
직업 기능	
직무 관련 기능	
직업 관련 사회행동	
담당직무 수행도	
소견 및 권고사항	

[그림 8-26] 현장평가 기록지

(4) 현장평가의 장점

① 정규 근로자와 비교할 수 있는 실제 작업환경에서 평가한다.

② 정규 근로시간, 정규 근로자, 자신의 흥미 분야의 직무과업이 제공되는 경쟁고용 형태의 작업장에서의 직무수행을 통해 자신을 평가할 기회를 가진다.

③ 현장평가의 고용주는 자신의 직업 분야에서 전문적인 평가사다.

④ 현장평가의 장소는 직무과업이 항상 수행될 수 있는 시설이기 때문에 설비비용이 적게 든다.

⑤ 내담자의 실제 작업능력에 대한 감독자의 긍정적 평가는 유사한 직무에의 직업배치 가능성을 제시한다.

⑥ 해당 직종이 요구하는 능력의 정확한 평가와 관찰이 가능하다.

⑦ 일의 숙련도, 직업의 순서 등 일련의 과정을 일정한 기준을 두고 평가할 수 있다.

⑧ 훈련과 평가가 동시에 이루어지므로 기능 일반화가 어려운 중증 인지장애인도 평가를 통해 훈련될 수 있다.

(5) 현장평가의 단점

① 몇몇 현장평가 장소의 경우 임금이 지불되지 않기 때문에 실제 작업환경과 차이가 있다.

② 감독자가 현장평가 내담자 관리에 대하여 부담스러워하거나 동정의 의미로 생각할 경우 협조를 구하기 힘들다.

③ 실제 사업체를 현장평가 장소로 이용하기 때문에 장소 선정이 어렵다.

④ 작업 상황이 복잡할 경우 능력과 적성에 대한 효과적인 구분이 어렵다.

⑤ 평가할 수 있는 인원이 제한적이며 평가에 많은 시간이 소요되어 경제적 측면에서 비효율적이다.

6. 직업평가 결과 해석

1) 직업평가 결과 해석 원칙

원칙 1 재활전문가는 내담자가 이해할 수 있는 범위 내에서 평가 결과를 설명해야 한다.

- 재활전문가는 내담자의 인지능력이나 지적장애와 같은 인지장애의 유무를 파악하고 있어야 한다.
- 불안증을 가진 내담자 혹은 생의 변화를 두려워하는 내담자가 직업 목표를 바꾸어야 할 때 그 이유와 새로운 목표를 설정해야 하는 이유를 직업평가 결과에서 나타난 장점과 제한점에 근거하여 설명하고 이해시켜야 한다.

원칙 2 직업 목표 수립에 대한 제안점은 내담자가 선택할 수 있는 여러 가지 대안을 포함해야 한다.

- 재활전문가는 직업사전과 같은 직업평가 자원을 이용하여 다양한 직업에 대한 정보를 획득한다.
- 재활전문가는 내담자에게 알맞은 여러 가지 직업을 제시할 수 있도록 풍부한 정보를 수집해야 한다.

원칙 3 내담자는 평가 결과 해석 단계에 가능한 많이 참석해야 한다.

- 내담자는 결과 해석에 적극적으로 참여함으로써 직업평가 결과를 정확히 이해하고, 직업평가 이외의 다른 자원을 통해 자신에 대한 정보를 얻으며 새로운 자아통찰을 할 수 있다.

원칙 4 직업평가 결과 이외에 재활전문가와 내담자가 평가 결과의 중요성에 대해 인식하는 것이 필요하다.

- 내담자는 자신의 자아상에 비추어 직업평가 결과를 이해한다.
- 재활전문가는 내담자의 자아상, 재활 과정에 대한 관점, 평가 결과에 대한 기대, 미래의 직업성공 가능성을 인지해야 한다.

원칙 5 재활전문가는 결과 해석에 있어 냉정하거나 공격적인 태도로 설득해서는 안 된다.

- 평가사는 내담자에게 결과를 해석할 때 내담자가 받아들이도록 강요하지 말고 내담자가 자신의 경험과 미래에 대한 예측에 비추어 평가 결과를 받아들이고 결정하도록 동기를 부여해야 한다.
- 평가 결과는 최대한 객관화해야 한다.

원칙 6 재활전문가는 다양한 검사도구와 내담자 평가에서 사용되는 접근법에 대해 충분한 지식을 가지고 있어야 한다.

- 재활전문가는 검사 결과를 해석하기 전 검사도구의 신뢰도와 타당도, 검사 결과의 의미에 대한 정보를 가지고 있어야 한다.
- 이러한 정보는 검사 매뉴얼 혹은 심리학자와 같은 다른 검사자의 검사 실행 시 얻을 수 있다.

원칙 7 재활전문가는 내담자가 검증되지 않았거나 부정적인 정보로 인해 자신에 대해 부정적인 견해를 갖지 않도록 해야 한다.

- 재활전문가는 내담자에게 평가 결과를 제시할 때 부정적인 평가 결과는 긍정적인 결과와 균형을 맞추어 제시하여야 한다. 예를 들어, 결과 해석 단계에서 직업평가사는 내담자에게 다음과 같이 결과를 제시할 수 있다. "기계 분야에 대한 적성은 그리 높지 않게 나타났지만, 사무직에 대한 적성은 매우 높게 나타났고, 미래의 직업 분야로 고려한다면 성공 가능성이 매우 높습니다."
- 결과 해석 단계는 재활전문가에게는 교육과 상담의 기회이며, 내담자에게는 학습의 기회가 된다. 내담자는 객관적인 평가 결과를 통해 자신에 대해 정확히 관찰할 수 있기 때문이다. 재활전문가 또한 내담자와의 의사소통함으로써 내담자에 대해 새롭게 인식하게 된다.

2) 평가 결과 해석 단계

직업평가사는 평가 결과 해석 단계에서 획득해야 하는 목표를 명확히 인식하기 위해 평가 결과 해석 단계를 구조화해야 한다. 예를 들어, 내담자의 재활계획 수립이 해석 단계의 목표라면 직업평가사는 다음의 요인을 중심으로 단계를 구성해야 한다.

① 앞으로 배치할 직업에서 요구되는 능력
② 평가자료 제시 순서
③ 직업평가사가 내담자에게 부정적인 평가 결과를 설명하는 능력
④ 직업계획에 필요한 특정 자료

〈표 8-10〉 평가 결과 해석 단계

단계	과업
1단계 (도입)	• 직업평가사는 내담자에게 사용된 평가도구를 평가 결과 해석에서 설명할 수 있는 충분한 지식을 갖추어야 한다. • 내담자와 라포를 형성한다. • 내담자와 함께 평가 목표를 다시 고찰한다.
2단계	• 내담자가 평가 과정에서 경험한 것을 이야기할 기회를 제공한다. • 긍정적인 검사 결과를 강조하면서 전체 평가 결과를 요약해서 설명한다. • 내담자로부터 피드백을 듣는다.
3단계	• 사용된 평가도구들을 분석하고, 규준 등의 지침을 참고한다. • 특정 흥미 분야, 원하는 직업 분야, 신체적 · 정서적 · 지적 능력을 설명한다. • 평가 결과에 대한 내담자의 느낌을 듣는다. • 각 평가도구에 따라 상반되는 결과, 평가 결과에 대한 내담자의 부정, 비현실적인 직업 목표와 같은 문제를 다룬다.
4단계	• 내담자에게 평가 결과를 요약해서 설명하고 재활계획 수립과의 관련성을 논의한다. • 내담자에게 추가적인 피드백을 요청한다. • 재활계획을 수립한다.

3) 평가 결과 해석의 문제점

(1) 평가도구에 따라 상반되는 검사 결과가 나타날 경우

내담자의 같은 특성을 측정한 2가지 평가도구가 상반되는 평가 결과를 나타낼 경우가 있다. Goldman(1961)은 이에 대해 ① 검사도구 간의 차이점, ② 개인 내 차이점, ③ 검사 실행과 채점의 차이점이 원인이라고 하였다.

① 검사도구 간의 차이점

- 지필검사의 경우 검사문형에 차이점이 있을 수 있다(주관식과 객관식). 객관식의 경우 내담자는 이미 정해진 예제 중 하나의 답을 선택해야 하기 때문에 주관식의 경우보다 더 많은 차이가 나타날 수 있다.
- 같은 하위 영역을 포함하는 검사라도 연령과 지능 수준 등의 규준에 차이가 있을 수 있다.

② 개인 내 차이점

- 신체적 혹은 심리적 상태에 따라 내담자의 반응이 다를 수 있다(피곤함, 주의산만함, 검사에 대한 불안감, 스트레스, 낮은 동기 등).
- 이러한 요인이 검사 결과 차이의 원인이라면 내담자와 그에 대해 논의한다.

③ 검사 실행과 채점의 차이점

- 평가 장소나 주위 환경, 검사 실행자 등이 내담자를 산만하게 하거나 불편함을 주거나 불안감을 증가시킬 수 있다.
- 이러한 요인이 검사 결과 차이의 원인이라면 내담자와 그에 대해 논의한다.

(2) 내담자가 검사 결과를 신뢰하지 않거나 평가사의 제안점을 거부할 경우

내담자가 검사 결과를 신뢰하지 않거나 수용하지 않는 경우 적합한 재활 목표 수립이 어려워진다. 이 문제를 해결하기 위해 다음과 같은 방법을 사용할 수 있다.

① 불신과 거부의 원인을 규명한다.

예를 들어, 내담자가 평가사와 같은 권위적인 대상에 대해 적대감을 가지고 있거나, 자신의 자아개념과 반대되는 평가 결과를 듣거나, 평가 결과와는 상관없이 자신이 이미 설정한 방향을 고집하는 것, 혹은 과거에 경험한 실패감 때문에 새로운 것을 시도하기를 두려워하는 것 등이다.

② 평가사는 내담자의 감정을 이해해야 한다.

내담자는 평가사가 자신의 이야기를 경청하고, 진실성과 관심을 보이면 자신의 문제를

이야기하게 된다.

③ 원인이 규명되면, 평가사는 내담자가 보다 적극적으로 제안점을 수용하도록 다양한 방법을 사용한다.

예를 들어, 훈련과 직업 대안점의 장점을 설명하여 내담자의 관심을 유발하거나, 평가 결과가 자신에게 도움이 된다고 내담자가 느낄 수 있도록 전략을 세우거나, 내담자의 장점을 강조하여 심리적으로 지원하는 것이다. 또한 평가사가 신뢰감을 주거나 내담자가 자신감을 갖고 스스로 문제를 해결하도록 한다.

(3) 내담자가 비현실적인 직업 목표를 가지고 있는 경우

① 내담자가 자신의 능력에 대해 정확하게 알지 못하거나, 직업 경험이 적거나, 훈련을 받는 것에 대해 두려움을 가지는 경우 실제 검사 결과와 내담자의 직업 목표 간에 차이점이 있을 수 있다.

② 평가사는 평가에서 제시된 내담자의 교육 수준, 직업력, 훈련 경력, 기능 수준과 훈련 혹은 배치 가능성을 참고로 급여와 승진 가능성을 포함하는 다양한 직업 분야의 정보를 제시한다.

③ 내담자가 대안적 직업 분야에 흥미를 갖고 현실적인 결정을 하도록 그 분야의 종사자를 만나거나 견학의 기회를 제공한다.

7. 직업평가보고서

직업평가보고서는 내담자의 평가 결과와 관련 자료를 기초로 의뢰기관 혹은 재활상담사와 같은 다른 재활전문가들과 함께 직업 선택의 대안들을 발견하는 체계적인 의사소통 방법이다. 보고서는 명확하고 간결하며 읽기 쉬워야 한다.

1) 직업평가보고서의 내용

직업평가를 실시한 후 각 평가도구의 평가 결과에 대한 채점 및 해석을 실시하고 직업

평가보고서를 작성한다. 직업평가보고서의 핵심 내용은 평가 결과를 토대로 내담자의 직업적 강점과 제한점을 파악하고, 내담자의 능력을 고려하여 구체적인 지원 프로그램을 마련하며, 직업재활 방향을 설정하는 것이다. 직업평가보고서는 정해진 양식은 없지만 일빈

〈표 8-11〉 직업평가보고서 구성 내용 및 작성 방법

<table>
<tr><th colspan="2">구성 내용</th><th>작성 방법</th></tr>
<tr><td colspan="2">인적사항
(평가일, 의뢰기관, 평가유형 등)</td><td>• 평가를 실시한 일자를 작성한다.
• 직업평가를 의뢰받은 경우 의뢰 기관 명을 작성한다.
• 해당되는 평가 유형(내관, 이동)에 체크한다.
• 평가를 받는 장애인의 기본 정보를 작성한다.</td></tr>
<tr><td colspan="2">평가목적</td><td>• 직업평가 실시 사유, 평가 결과를 어떻게 활용할 것인지를 중심으로 작성한다.</td></tr>
<tr><td colspan="2">평가 방법</td><td>• 평가에 사용된 평가도구 등을 작성한다.</td></tr>
<tr><td colspan="2">평가 담당자</td><td>• 평가를 실시하는 담당자 이름을 기재한다.</td></tr>
<tr><td rowspan="3">종합 소견 및
직업재활 방향</td><td>직업적
강점 · 제한점</td><td>• 직업평가 각 하위검사에서 분석된 평가 결과에 근거하여 강점과 제한점을 작성한다.</td></tr>
<tr><td>직업 수준
및 목표</td><td>• 직업 수준: 현재의 직업능력을 반영하여 취업 가능성을 작성한다.
• 직업훈련 방향: 향후 예측되는 취업 목표를 이루기 위해 필요한 직업재활 훈련 방향을 제시한다.
• 추천 직무: 향후 취업이 가능할 것으로 예측되는 직종이나 직무 등을 작성한다.
시스템 보고 확인
• 취업지원 형태: 향후 취업 진입이 가능한 고용 유형을 작성한다.</td></tr>
<tr><td>직업권고</td><td>• 장기적 권고: 취업 목표 및 유형을 작성한다.
• 단기적 권고: 장기적 권고 사항을 이루기 위한 단계적 서비스를 작성한다.
• 권고 프로그램: 장기적 권고사항을 달성하기 위한 세부 직업재활 프로그램을 기록하며, 일반적으로 직업적 제한점을 강화할 수 있는 직업재활 프로그램을 권고한다.</td></tr>
<tr><td colspan="2">평가사 서명</td><td>• 작성자인 직업평가사가 직업평가보고서에 서명을 함으로써 직업 평가 결과에 대한 책임을 제시한다.</td></tr>
<tr><td colspan="2">배경정보</td><td>• 장애, 가정환경, 교육 및 훈련, 직업력, 기초학습능력, 생활적응능력 등 직업상담(초기면접) 결과를 작성한다.</td></tr>
<tr><td colspan="2">직업평가 내용 및 결과</td><td>• 각 평가도구의 구체적인 평가 결과를 작성한다.</td></tr>
</table>

적인 직업평가보고서의 구성 내용과 작성 방법은 〈표 8-11〉에 제시되어 있다.

[그림 8-27]은 『중증장애인의 직업재활계획을 위한 직업상담과 직업능력평가 매뉴얼』(한국장애인개발원, 2015)의 직업평가보고서 양식을 토대로 수정한 양식이며, 직업평가보고서의 예는 [그림 8-28]에 제시하였다.

<table>
<tr><td>NO.</td><td></td><td colspan="2" rowspan="2">직업평가보고서</td><td>의뢰
기관</td><td></td></tr>
<tr><td>평가일</td><td></td><td>평가
유형</td><td>□내관 □이동</td></tr>
<tr><td>성명</td><td></td><td>생년월일</td><td></td><td>성별</td><td></td></tr>
<tr><td>장애유형
및 등급</td><td></td><td>주소</td><td></td><td>연락처</td><td></td></tr>
<tr><td>평가
목적</td><td colspan="5"></td></tr>
<tr><td>평가
방법</td><td colspan="5"></td></tr>
<tr><td colspan="6">종합소견 및 직업재활 방향</td></tr>
<tr><td colspan="6">□ 직업적 강점 · 제한점

□ 직업수준 및 목표

□ 직업지원 권고

□ 종합소견</td></tr>
</table>

년 월 일 직업평가사 (인/서명)

배경 정보
□ 행동관찰
□ 장애 관련
□ 가정환경 관련
□ 교육 및 훈련 관련
□ 기초학습능력 관련
□ 직업경력 관련
□ 생활적응능력 관련
직업평가 내용 및 결과
신체능력평가
심리평가
작업표본평가
상황평가
현장평가

[그림 8-27] 직업평가보고서 양식

출처: 한국장애인개발원(2015). 중증장애인의 직업재활계획을 위한 직업상담과 직업능력평가 매뉴얼.

<table>
<tr><td>NO.</td><td>2018-001</td><td rowspan="2">직업평가보고서</td><td>의뢰 기관</td><td>한국고등학교 특수학급</td></tr>
<tr><td>평가일</td><td>2018. 2. 11.</td><td>평가 유형</td><td>☑ 내관 □ 이동</td></tr>
<tr><td>성명</td><td>김경호</td><td>생년월일</td><td>2001. 2. 21.</td><td>성별</td><td>남</td></tr>
<tr><td>장애 유형 및 등급</td><td>지적장애 3급</td><td>주소</td><td>서울특별시 ○○구
○○대로</td><td>연락처</td><td>자택) 02-123-1234
HP) 010-123-1234</td></tr>
<tr><td>평가 목적</td><td colspan="5">한국고등학교 홍길동 선생님의 안내로 고등학교 졸업 후 복지관 직업적응훈련 서비스 이용 신청과 진로계획 수립을 위해 전반적인 직업능력과 적합 직종을 파악하고자 보호자(父)께서 의뢰하여 내관평가 실시함.</td></tr>
<tr><td>평가 방법</td><td colspan="5">
<table>
<tr><th>평가 영역</th><th>평가도구</th></tr>
<tr><td>사회적응력</td><td>사회성숙도검사(SMS), 지역사회적응검사(CISA-2)</td></tr>
<tr><td>직업 흥미</td><td>PVIT 그림직업흥미검사(지적장애인용)</td></tr>
<tr><td>직업잠재력</td><td>MDS(REVT, BVMGT, HVDT, MAND, OEI-R, BRS, SFAB)</td></tr>
<tr><td>작업수행능력</td><td>Work Activities #206
TAP 하위검사 3번(도구 사용 기민성-소형)</td></tr>
<tr><td>상지 기민성</td><td>퍼듀 손가락 기민성 검사(Purdue Pegboard)
미네소타 손 기민성 검사(Minesota Manual Dexterity test)</td></tr>
<tr><td>신체기능</td><td>VALPAR #17 발달수준검사(신체근력)</td></tr>
</table>
</td></tr>
<tr><td colspan="6">종합소견 및 직업재활 방향</td></tr>
<tr><td colspan="6">□ 직업적 강점 · 제한점
<table>
<tr><th>직업적 강점</th><th>직업적 제한점</th></tr>
<tr><td>• 일상적인 대화가 원활하며, 자발적 표현 가능함
• 예의 바르며 순응적인 태도
• 주의집중력 높음
• 3~4공정의 과제 이해 가능
• 취업 욕구가 높고, 뚜렷한 취업 목적이 있음
• 기초학습능력 좋음
• 1~2번 연습을 통해 대중교통 이용 가능
• 손 기민성이 지적장애인 근로자 평균 수준임
• 양손협응이 원활함
• 작업공정 및 규칙 준수 잘함
• 정적 균형감 비장애인 평균수준</td><td>• 지역사회 이용 경험 부족으로 독립이용에 부족함을 보임
• 중학교 시절 괴롭힘으로 교우관계에 소극적임
• 가정환경(생계, 어머님 증상, 여동생들 학업 등)상 원활한 가족지원에 어려움을 보임
• 상지 근력과 체력이 약한 편임
• 손가락 기민성 및 미세 조작 능력이 보호고용 목표 직업적응훈련생 평균 수준으로 타 기능에 비해 상대적으로 부족함을 보임
• 다양한 작업 경험 필요
• 지속적인 약물관리 필요</td></tr>
</table>
</td></tr>
</table>

□ 직업수준 및 목표

직업 수준	일반고용 고려
직업 목표	일반고용
추천 직무	2121 제빵원 및 제과원 1319 기타주방장 및 조리사(차조리사) 1321 패스트푸드원 1322 웨이터(음식점접객원, 제과점종업원, 찻집서비스원) 1323 주방 보조원(조리사보조원) 1329 기타 음식서비스 종사원(병원배선배식원) 1970 전기 · 전자 부품 및 제품 조립원

□ 직업지원 권고

지원 과정 권고	직업적응훈련 후 일반고용에 배치
세부 프로그램 권고	■ 사회생활 적응훈련 1. 지역사회 이용: 지역사회 내 다양한 시설 이용하기 2. 대인관계기술: 적극적 대인관계 형성, 상황별 대처 요령 3. 여가활동: 여가시설 이용, 동아리 활동 ■ 직업준비 적응훈련 1. 직업탐색: 흥미직종 및 적합직무 탐색 2. 현장체험 및 현장실습 ■ 직무능력 향상 · 직업유지 적응훈련 1. 신체능력 향상: 상지근력 및 체력 강화, 상지 기민성 강화 2. 직무능력 향상: 다양한 작업활동 참여를 통한 작업기능 강화

□ 종합소견

김경호 님의 직업평가 결과에 기초한 종합적인 소견은 다음과 같다.

• 사회적응적 측면

김경호 님의 사회적응력은 약 10~11세 수준으로, 생활연령 17세에 비해 약간의 지체를 보이는 것으로 나타났다. 신변처리 및 개인위생 관리가 가능하고, 일상적인 대화가 원활하여 본인의 의사 및 감정표현에 큰 어려움이 없는 편이다. 1~2회의 연습을 통해 지정된 노선의 대중교통(버스, 지하철) 이용이 가능하며, 길눈이 밝아 지역사회 지리이해에 강점을 보인다. 다만, 지역사회를 독립적으로 이용해본 경험이 적어 직업적응훈련 참여를 통해 사회생활적응력 향상에 노력하는 것이 필요하다.

----------- 중략 -----------

이상을 종합하여 보면, 김경호 님은 일반고용을 목표로 한 직업적응훈련 참여가 필요한 수준으로, 직업적응훈련 참여 후 직업개발을 통한 일반고용에 배치가 가능할 것으로 기대된다.

2018년 2월 13일 직업평가사 이상진 (인/서명)

배경 정보

□ 행동관찰

– 깔끔한 복장에 계절에 적절한 의복을 착용하였으며, 이미지가 좋은 편임. 일상적인 상황에 대한 질문에 적절하게 대답하였으며, 상황보고, 감정표현이 적절하게 표현되지만 초기 관계에서 적극적이지 않음. 예의 바르고 순응적인 태도로 평가에 임하였으며, 평가가 진행되는 동안 지속적인 주의 집중이 가능하였음. 3~4공정의 조립 과제 이해가 가능하였으며, 언어를 통한 지시이해 및 모방 등이 원활하였음.

□ 장애 관련

– 지적장애 3급 등록(2005. 3. 2.)

– 병력: 2013년부터 집중력 향상 및 충동성 억제를 위해, 1일 1회 3알 정도의 신경안정제를 복용함. 약복용 후 특별한 증상 보이지 않음.

– 기타: 중학교 시절 비장애학생들에게 괴롭힘을 당한 경험으로, 과격한 신체적 접촉과 비속어가 섞인 장난에 거부 반응을 보임.

□ 가정환경 관련

– 가족은 부, 모, 여동생으로(1남 1녀 중 첫째) 가족 모두 함께 거주하고 있음. 어머님께서는 40대 초반 조현병(망상, 환청) 발병으로 정기적인 병원진료와 약물치료를 받고 있음. 간단한 가사활동에 참여하시나 대부분의 집안일은 아버님께서 담당하고 있음.

– 여동생은 비장애인이며, 고등학교 1학년 재학 중임. 내담자를 챙기고 잘 어울려 지내는 등 지지적이며, 관계가 원만한 편임.

– 주 수입원은 아버님(아파트 경비) 월급이며, 월 110만 원 정도의 수입으로 생활을 유지하고 있음. 20년 된 15평 자가(빌라) 보유로 사회보장 및 지원 없음.

– 대한장애인복지관에서 주 1회 밑반찬 지원서비스가 지원 중이며, 한국정신보건센터에서 어머니에 대한 정기적 상담서비스를 제공받고 있음.

□ 교육 및 훈련 관련

– 초등학교 일반학급 졸업, 중학교 일반학급에서 교육 참여하였으나 수업 참여제한 및 이해의 어려움으로 중학교 2학년부터 특수학급에서 특수교육에 참여함. 현재, 한국고등학교 특수학급 3학년 재학 중.

□ 기초학습능력 관련
-읽기/쓰기/이해: 일상적인 대화를 간단한 문장으로 쓰고, 읽고, 이해할 수 있음. 학습적 능력을 요하는 전문용어나 외래어 이해에는 약간의 부족함을 보임.
-시간개념: 달력으로 날짜, 요일을 알 수 있고, 계절 인지가 가능함. 아날로그시계 읽기에는 어려움을 보이나, 디지털시계 읽기가 가능함.
-수개념: 수를 읽고 셀 수 있으며 물건의 개수를 파악할 수 있음. 두 자리 덧셈과 뺄셈 가능함.
-색개념: 기본적인 7가지 색인지가 가능함.
-크기 · 형태변별/분리: 크기, 길이, 양 비교 가능하며, 단순한 도형의 형태변별, 분리, 유형화 가능함.

□ 직업경력 관련
-고등학교 3학년 학생으로 취업 경험은 없으나, 고등학교 2학년~현재까지, 제일보호작업장 쇼핑백 제조, 교내 제빵, 사서보조원, 바리스타 실습 참여함. 실습 시 무난하였고, 수행에 큰 어려움이 없었다고 함.
-취업에 대한 욕구가 높으며, 일반사업체에 취업하여 월급을 많이 받아 가정에 도움이 되고 싶다는 의지를 보임.
-희망 직업으로는 재학기간 동안 경험해 본 조립, 제빵, 사서, 바리스타 등으로 취업하기를 희망함.

□ 생활적응능력 관련
-기본적인 신변처리는 스스로 하며 외모, 옷차림, 청결상태가 양호함.
-일상적인 대화가 원활하고, 상황보고, 감정표현이 적절하며, 필요한 질문을 자발적으로 표현함. 대화 시 판단을 요하는 질문 시 망설이고 결정에 어려워하는 모습을 보임.
-지정된 노선의 대중교통(버스, 지하철)은 1~2번의 연습을 통해 이용이 가능하며, 길눈이 밝은 편으로 쉽게 지역사회의 중심건물, 공공기관, 편의시설 등을 파악함. 다만, 지역사회 이용경험이 부족하여, 해당 시설을 독립적으로 이용하는 것에는 어려움을 보임.

직업평가 내용 및 결과

심리평가

□ 사회성숙도검사(SMS)

• 사회연령(SA) 10세 5개월, 사회지수(SQ) 75.
-자조 영역(일상생활/식사/용의): 약 10세 수준으로 몸치장을 단정히 함.
-이동 영역: 약 11세 수준으로 좀 먼 이웃 동네라도 혼자서 다녀올 수 있음.
-작업 영역: 약 7세 수준으로 일상적인 간단한 집안일을 할 수 있음.
-의사소통 영역: 언어를 매개로 의사표현이 가능하며 간단한 문장 작성이 가능함.
-사회화 영역: 약 7세 수준으로 산타, 귀신, 도깨비가 존재하지 않음을 인식할 수 있음.
-자기관리 영역: 약 9세 수준으로 한 시간 이상 혼자서 집을 볼 수 있음.

□ 지역사회적응검사(CISA-2)

영역별 적응지수	적응행동지체	경계선	평균 하	평균	평균 상	우수
	4점 이하	5~6점	7~8점	9~11점	12~13점	14점 이상
지역사회 적응지수	적응행동지체	경계선	평균 하	평균	평균 상	우수
	69점 이하	70~79점	80~89점	90~109점	110~119점	120점 이상

기초 개념	기능적 기호와 상징	가정 관리	건강 과 안전	공공 서비스	시간과 측정	금전 관리	직업 기능	대인 관계 및 여가	기본 생활 영역	사회 자립 영역	직업 생활 영역	지역 사회 적응
17	16	14	12	17	16	15	20	17	125	120	120	125
지역사회 적응수준: 우수												

• 검사 결과를 일반집단(초등학교 3학년) 규준을 적용하면 지역사회적응지수가 125점으로 '우수'함.
  - 모든 영역에서 전체적으로 우수한 수준이며, 방향변별(왼쪽, 오른쪽, 위쪽, 아래쪽), 색변별, 모양변별 등이 가능함. 시간과 측정 영역에서는 디지털시계 보기 및 간단한 시간 계산이 가능함. 금전관리 영역의 경우 동전 및 지폐의 판별 및 같은 금액 알기가 가능하나 복잡한 돈 계산은 어려워함. 이 부분에 있어서 약간의 훈련이나 지원이 제공된다면 독립적인 지역사회적응이 가능할 것으로 보임.

□ PVIT 그림직업흥미검사(지적장애인용)

직업 영역							
영역	서비스	제조	음식	세탁	청소	임농	일관성
원점수	6	4	7	5	5	3	60%
T점수	54	46	59	53	48	41	
%ile	64	36	79	60	61	19	
흥미 순위	2	5	1	3	3	6	
활동 영역							
영역	운반	정리	조작	개인	집단	실내	실외
순위	3	1	2	0	5	5	0

• '음식' 직업군의 '운반' 활동을 가장 좋아하며, '집단' 활동과 '실내' 활동을 선호하는 편임.

작업표본평가

□ 매캐런-다이얼시스템(MDS)

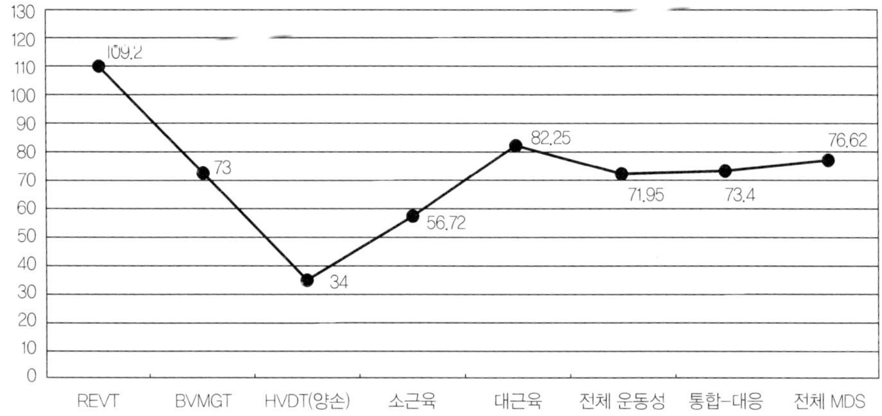

▶ 직업수준

전체 직업수준 점수는 76.62점으로 전환훈련 수준에 해당함. 전환훈련 수준은 지역사회 고용을 위한 직업 전 훈련으로서 지역사회 고용에 필요한 직업행동 및 직업준비 기능이 강조되며 직업탐색, 직업훈련 활동, 지원고용 등이 선호되는 수준임

▶ 요인별 우선 발달순위: 감각 ☞ 통합-대응 ☞ 운동성 ☞ 언어-인지요인

▶ 언어-공간-인지(REVT)

학습을 통해 습득되는 전문용어, 외래어 등에 대한 이해가 다소 부족한 편이나, 평가에서 제시되는 기본적인 단어에 대한 이해력이 좋은 편으로 일상생활 및 직업생활 시 원활한 의사소통이 가능할 것으로 예상됨.

▶ 감각요인(HVDT, BVMGT)

- 촉각-시·지각 변별검사(HVDT): 촉각-시각 변별능력이 장애인 평균 하위 수준으로 매우 낮게 산출됨. 하위 요인으로 보면 상대적으로 모양 변별력은 가능한 수준이나 촉감, 크기, 형태 변별력은 취약한 수준임. 오른손에 비해 왼손 수행력이 더 낮게 산출됨. 작은 공구의 적절한 사용, 작은 부속들에 대한 변별과 맞추기 작업과 같은 기본적인 직업 전 기술에 부족함이 있을 것으로 예상됨.
- 벤더 시각운동형태검사(BVMGT): 불통합, 왜곡 등의 오류를 보여, 시각-운동협응력이 비장애인 대비 지체를 보이는 것으로 나타났음. 작업활동 참여 시 언어적 설명과 시범, 연습을 통한 과제 이해가 보다 적합할 것으로 예상됨.

▶ 운동성(MAND)

- 전체운동지수: 전체운동성이 비장애인에 비해 지체를 보이나, 장애인 대비 평균 상위 수준으로 산출됨. 대근육운동성(82점)이 소근육운동성(57점)에 비해 뚜렷한 차이의 발달을 보이고 있음.
- 하위 운동요인지수: 지속적인 조절능력은 장애인 평균 상위수준으로 높게 산출되어 눈-손협응, 주의집중, 시각적 추적에 강점을 가짐. 균형과 평형감각이 장애인 평균 상위수준으로 높게

산출됨. 특히, 한 발로 서서 유지하기 검사 시 일반인 평균 수준으로 매우 높게 산출됨. 운동감각 연합의 높은 점수는 높은 곳의 물건 내리기, 기기, 높은 곳으로 올라가기와 같은 작업에 어려움이 없을 것으로 예상됨. 하지 근력은 장애인 평균 이상의 수준인 데 반해, 상지근력이 장애인 평균 하위수준으로 발달이 지체된 상태로, 무거운 물건 들기, 옮기기 등의 상지근력을 이용한 움직임에 어려움이 예상됨. 양손 민첩성이 장애인 평균 상위수준으로 높게 산출되어 작업수행에 어려움이 없을 것으로 보임.

▶ 통합-대응(BRS)

직업적응과 관련된 개인적 · 사회적 · 직업적 적응 정도에 약간의 지체를 보이고 있어 적응을 위한 훈련이 필요한 수준으로 나타남.

□ 작업활동검사(Work Activities)

#206 조립		
	정확도	95
	수행성	70
비장애인근로자(%)		10 20 30 40 50 60 70 80 90 100

단순 2~3공정의 과제이해가 원활하였으며 1~2회의 연습을 통해 과제를 습득함. 작업수행성은 비장애인근로자 대비 약 70% 수준으로 훈련을 통해 외부 일반사업체 취업이 가능한 수준임.

□ 작업재능검사(TAP) 하위검사 3번

검사 결과			평가도구	소요시간(TAP 시계)
규준	표준점수	%ile	도구사용 기민성(소형)	19.1
대학생	–	–		
일반고용	81	11		
작업활동	88	22		
			20 40 60 80 100	

핀셋과 같이 미세 조작능력을 요하는 외부 일반사업체로의 취업에는 고려가 필요한 수준임. 3~4회의 설명과 연습을 통해 4~5공정의 과제 이해와 소도구(핀셋) 사용이 가능하나, 미세 조작 능력, 기민성 부족으로 생산성 있는 작업활동 참여에는 부족함이 있음.

□ 퍼듀 손가락 기민성 검사(Purdue Pegboard)

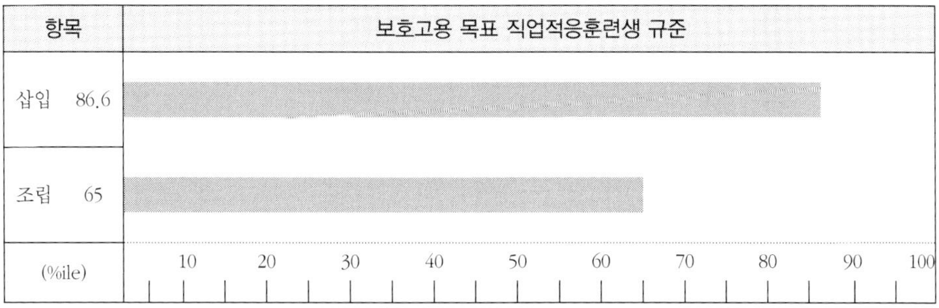

손가락 기민성은 보호고용 목표 직업적응훈련생 평균 수준으로 나타남. 손가락의 미세한 집기, 조작 기능에서 부족함을 보여, 반복적인 연습과 훈련을 통한 기능 향상이 필요할 것으로 예상됨.

□ 미네소타 손 기민성 검사(Minnesota Manual Dextreity Test)

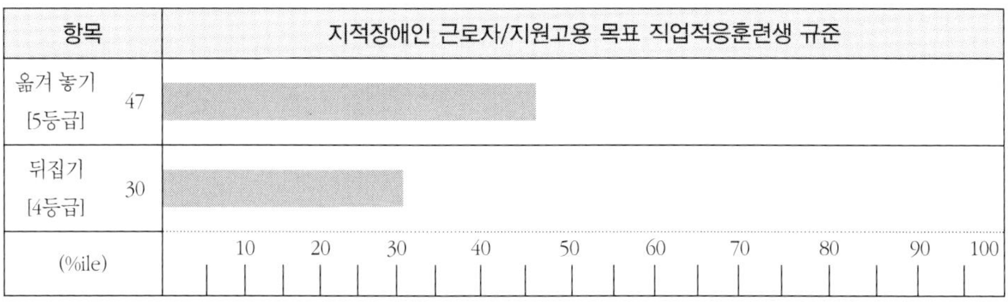

손 기민성은 지적장애인 근로자 평균수준으로, 중간 크기(500원 동전) 정도의 부품을 활용한 제조업 생산직 참여에 큰 어려움이 없을 것으로 예상됨. 3~4공정의 과제 이해가 가능하며, 양손을 활용한 규칙적인 협응에 강점을 보이고 있음.

□ VALPAR #17 발달수준검사(신체근력)

단위	드는 힘(%)	쥐는 힘(%)	누르는 힘(%)	수평 미는 힘(%)	수직 미는 힘(%)
파운드	47.3(29)	40(27)	15(32)	40(53)	55(17)

전반적인 신체근력이 보호작업장 근로자 수준으로 하역과 관련된 지무 수행성이 낮아 외부사업체로의 취업이 어려운 수준임. 신체근력이 낮은 편으로 장시간 직무수행이나 다소 무거운 물건을 다루는 직무는 제한이 될 수 있어 기초체력 강화, 신체근력 강화를 위한 훈련 참여가 필요함.

☞ 종합소견은 지금까지의 평가 결과와 직업재활 방향 등을 간략히 다시 한번 정리하여 제시하며, 평가를 받은 장애인과 가족 등이 쉽게 이해할 수 있도록 작성함.

[그림 8-28] 직업평가보고서 예

2) 직업평가보고서의 장점

① 직업평가의 방향을 제시한다.
② 객관적이고 정확한 직업평가가 가능하다.
③ 의뢰 시 문제에 대한 해결 방법을 제시한다.
④ 사후연구의 기초가 된다.
⑥ 내담자와 평가사 간의 계약이 이루어질 경우 책임 영역을 명확히 하며 직업평가 문제 해결이 용이하다.

3) 직업평가보고서 작성 시 고려점

평가보고서 작성 시 고려해야 할 사항은 다음과 같다(Pruitt, 1986).

① 평가 결과에 관한 정보는 논리적으로 제시되어야 한다.
② 평가보고서는 보고서 사용자가 이해하기 쉽도록 구체적이고 명확해야 한다.
③ 평가보고서의 문장은 가능한 짧게 한다.
④ 평가보고서의 문장은 전문용어가 아닌 일상적이고 친숙한 용어를 사용하여야 한다.
⑤ 불필요한 표현을 피하고 가능한 능동태를 사용한다.
⑥ 보고서는 내담자의 제한점보다는 장점을 강조하는 긍정적 용어로 작성되어야 한다.
⑦ 평가보고서는 내담자의 일반적 기능과 직업 기능에 관한 문제점에 대한 해답을 제공해야 한다.
⑧ 평가보고서는 영구적인 기록이므로 정확히 작성되어야 한다. 오자 등의 실수가 실제와는 다른 평가 결과를 전달할 수 있다.
⑨ 평가보고서는 평가사의 가치관이나 편견이 반영되어서는 안 되며 객관적이어야

한다.

⑩ 평가 결과에 대해 의뢰기관 담당자들과 회의를 하여 피드백을 얻는다.

⑪ 가능하면 동료 재활전문가부터 검토와 피드백을 제공받는 것이 좋다. 평가사는 평가 후 내담자가 배치될 기관을 방문하고 프로그램을 탐색하는 등 사후조사를 하는 것이 보고서의 유용성과 정확도를 높일 수 있다.

제9장

Foundations of Vocational Rehabilitation

직업적응훈련

1. 직업적응훈련의 개념
2. 직업적응훈련의 과정
3. 직업적응훈련 방식
4. 직업적응훈련 이론
5. 직업적응훈련 모델

1. 직업적응훈련의 개념

우리는 장애인들의 심리적 영향이 일반적으로 장애와 관련된다고 본다. 그러나 이러한 영향은 중추신경계 손상이 행동장애를 야기하는 것처럼 직접적으로 발생하기도 하지만 일반인의 태도와 더 많이 관련되기도 한다. 즉, 장애인은 일반인의 태도로 인해 사회적 · 직업적 부적응을 더 많이 초래할 수 있다는 것이다(Szymanski & Parker, 2010). 이처럼 장애인이 가질 수 있는 직업적인 부적응을 해결하고자 하는 과정이 직업적응훈련(work adjustment training)이다.

직업적응훈련은 장애인이 실제적인 작업 환경에서 적절한 행동, 가치, 태도를 발전시킬 수 있도록, 개인 · 사회생활, 직업 준비 · 직업수행, 직무능력향상 · 직업유지 등에 대한 훈련을 통하여 도달 가능한 직업능력을 최대한 향상시킬 수 있도록 지원하는 서비스다. 법적인 정의는 중증장애인직업재활지원사업 운영규정 제2조 제3항에 따르면 직업적응훈련이란 구직장애인의 직업생활 및 직업환경에 대한 심리적 · 기능적 적응력 향상을 위해 실시하는 개인 · 사회적응, 직업 준비 · 직업수행, 직무능력 향상 · 직업유지에 대한 적응훈련이다(한국장애인개발원, 2010).

Lassiter 등(1983)은 직업적응을 개인과 작업환경 간의 조화 정도라고 하였고, Hoffman (1974)은 직업세계에 적응하는 데 실패한 경험이 있는 개인이나 실패할 가능성이 있는 개인을 대상으로 실시하는 훈련계획이라고 했으며, Wright(1980)는 장애인이 일의 의미, 가치, 요구를 이해하도록 돕고, 개인의 직업과 관련된 태도, 개인의 특성, 작업행동을 개발하거나 수정하며 신체기능을 개발하여 적절한 직업 발달을 꾀하는 과정이라고 하였다.

즉, 직업적응훈련은 사회로부터 요구되는 직업 역할 완수에 필요한 행동을 가르치기 위해 고안된 일련의 활동이다. 직업적응훈련은 직업적 책임감, 업무 생산성, 사회적 · 직업적 능력의 3가지 영역에서 바람직하지 못한 행동 소거와 바람직한 행동 강화를 중시하는 행동수정 접근이라 할 수 있다(McCuller, Moore, & Salzberg, 1990).

이상의 내용을 종합해 보면 직업적응훈련은 모든 직업 영역에 공통적으로 필요한 근로자로서의 기본적인 능력과 태도를 길러 구체적인 직업세계에서 활동할 수 있도록 해 주는 과정으로 정의할 수 있다. 즉, 직업적응훈련은 노동시장에서 필요로 하는 기술이 부족한 장애인들을 돕기 위한 다양한 경험을 제공함으로써 개인으로 하여금 자기확신, 자기통제,

업무지구력, 대인관계기술, 직업세계에 대한 이해, 근로자로서의 태도와 자세 등을 개발하도록 돕는 것이다.

이러한 이유로 직업적응훈련의 대상은 만 15세 이상의 장애인으로서 직업적응훈련서비스에 대한 욕구를 가지고 있고 직업재활계획에 따라 직업적응훈련을 필요로 하는 장애인으로 일상생활, 대인관계, 출·퇴근 기술 등 개인·사회생활에 대한 훈련, 직업 인식과 탐색, 작업습관 형성, 직업환경적응 등 직업 준비와 직업수행에 대한 훈련, 신체능력, 작업수행력 등 장애인의 직무능력 향상과 직업유지에 대한 훈련을 통하여 직업에 적응할 수 있도록 한다(한국장애인개발원, 2010).

직업적응훈련은 장애인이 직업 전 역할을 성공적으로 수행하는 데 문제시되는 요소를 해결하거나 수정·보완하기 위해 개인이나 환경을 변화시키는 과정이다. 따라서 직업적응훈련은 직업적 측면에서 긍정적인 기능을 강화하고, 부정적인 행동을 중재하려는 행동지원적 접근으로 볼 수 있다. 그리고 이 과정의 궁극적인 목표는 장애인이 실제적인 작업환경에서의 그들의 능력을 개발시킬 수 있도록 개인, 사회생활 적응훈련, 직업능력 향상, 직업유지 적응훈련을 실시하여 장애인이 장애를 수용한 상태에서 최대한의 기능을 개발시키는 데 있다.

따라서 직업적응훈련은 장애로 인한 복합적인 심리, 사회적인 영향에 의해 가질 수 있는 직업기능상의 부정적인 특성을 제거하거나 극복시키기 위한 전문적인 개입으로서 원만한 직업적응을 통한 사회통합과 참여를 촉진하는 직업재활 과정이며, 일반적으로 활용되는 직업적응훈련 기술에는 교육, 상담 및 조작적 조건(operant conditioning)이 포함된다. 그리고 장애인들이 직장에서 성공적으로 역할을 수행하는 데 필요한 구체적인 기술이나 능력을 개발하도록 직업적응훈련 과정은 구성되어야 한다.

직업적응훈련은 그 특성상 지역사회나 가정 등의 환경과 밀접하게 관련되므로 프로그램을 실시하기 전에 실시기관의 특성, 장애의 특성, 그리고 지역사회의 특성에 대한 고려를 통해 기관에 적합한 실시 방법을 고려하여 현실적 차원으로 구체화해야 한다. 직업적응훈련은 일반적으로 인식, 적용, 실천의 단계를 거쳐 실시된다. 일반적인 과정에서 사용될 수 있는 기법으로는 언어적 지시, 역할모델, 반복학습, 강화 및 연쇄법, 환경의 수정, 자기관리, 물리적 촉진기법, 상담기법 등이다. 이 기술들 중 장애인 개인의 학습 스타일이나 장애의 특성에 따라 가장 효과적으로 사용될 수 있는 기법을 사용한다.

장애인 근로자의 직업적응에 영향을 미치는 요인으로 작업장 환경을 들 수 있다. 일반적으로 직업적응훈련에 참여한 장애인 근로자들이 직업배치되었을 때 환경이 유사할수록, 배정된 직무가 실제적인 도움을 제공할수록 직업적응훈련을 통해 도움을 받고 향상될 가능성은 높아진다. 또한 직업적응훈련을 제공하는 기관 종사자들은 상담과 내담자 개개인의 재활 프로그램에 명시된 직업 목표 달성을 중심으로 하는 상담사와 내담자 간의 상호작용을 촉진할 수 있도록 충분한 지원을 제공해야 한다. 내담자의 반응과 조언은 직업적응훈련 제공 과정에 적극적으로 반영되어야 한다. 또한 재활상담사는 내담자로 하여금 자신의 직무수행에 영향을 미치게 될 여러 가지 직무 관련 요인을 이해할 수 있도록 필요한 도움을 제공해야 한다. 직업배치 후 새로운 직업에서 요구하는 상황에 대해 내담자가 장애로 인해 적응상의 어려움을 가질 수 있기 때문이다.

2. 직업적응훈련의 과정

직업적응훈련은 훈련 참여자들이 경쟁고용으로 전이될 가능성을 높일 수 있도록 설계되어야 한다. 그러므로 직업적응훈련은 안정적이지 못한 생산성, 낮은 사회성 기술, 분열적 행동, 끈기 부족, 상사 및 동료에 대한 미숙한 대응 등과 같은 문제의 진단과 개선을 목적으로 한다. 직업적응훈련 욕구가 있는지 평가를 한 후 욕구에 적합한 중재계획을 수립하게 된다. Marr(1982, pp. 127-128)는 중재계획을 수립할 때 고용 가능성을 높일 수 있는 행동 자산과 고용 가능성에 관련된 과잉행동과 낮은 수준의 행동을 고려해야 한다고 하였다. 또한 직업적응훈련계획을 수립할 때 다음과 같은 행동기법을 사용하라고 하였다.

① 관찰 가능한 행동 또는 이들 행동의 결과에 따라 직업적응문제와 목표를 구체화할 것
② 중재를 제공하기 전에 행동을 측정할 것
③ 선행연구에서 제시된 증거들에 기초하여 중재 절차를 선정할 것
④ 중재기간 동안 대상 행동을 지속적으로 측정하여 행동의 성공 여부를 파악할 것
⑤ 중재의 실패 원인을 내담자가 아니라 적용한 기법에서 찾을 것

중증장애인직업재활지원사업에서 정의하는 직업적응훈련 과정은 개별직업적응훈련계획을 수립하고 직업적응훈련생의 개별직업적응훈련계획을 토대로 직업적응훈련을 실

시한다. 직업적응훈련을 실시하는 중간에 훈련을 통한 향상도를 평가하기 위해 형성평가를 실시하거나 직업적응훈련의 효과성을 평가하기 위해 총괄평가를 실시한다.

1) 개별식업적응훈련계획 수립

직업재활계획에 근거하여 직업적응훈련에 대한 구체적인 사항을 개별직업적응훈련계획서를 작성한다. 직업적응훈련계획을 수립하기 위해 직업적응훈련 담당자와 장애인, 보호자의 상담이 진행되며 직업재활계획서의 장기목표나 단기목표 가운데 직업적응훈련에 관한 사항을 중심으로 시행방법을 구체화한다. 계획서에는 직업적응훈련생의 훈련목표, 참여할 프로그램과 내용, 서비스별 담당자, 기간 등을 명시하고 장애인, 보호자 등에게 직업적응훈련 목표와 내용을 명확하게 알린다. 개별직업적응훈련계획서의 구성 내용은 〈표 9-1〉과 같다.

〈표 9-1〉 개별직업적응훈련계획서 구성 내용

- 장애인의 인적사항: 성명, 생년월일, 장애유형 및 등급
- 서비스 기간
- 직업재활계획서의 직업적응훈련 관련 사항
- 직업적응훈련 장기목표
- 직업적응훈련 단기목표
- 직업적응훈련계획 수행 내용
- 사례회의 내용 및 결과
- 작성일자와 장애인, 보호자 등의 서명

2) 직업적응훈련계획 및 실시

개별직업적응훈련계획서를 토대로 개인 · 사회생활, 직업 준비 · 직업수행, 직무능력 향상 · 직업유지와 관련된 내용으로 구성한다. 직업적응훈련은 장애인복지관의 직업적응훈련반에서의 모의작업 또는 보호작업장에서 실시되는 경우가 많다. 각 기관은 개별직업적응훈련계획이 수립되면 적응훈련 목표를 달성하기 위한 구체적인 훈련 프로그램을 계획한다. 직업적응훈련의 내용은 일상생활, 대인관계, 출 · 퇴근 등의 개인 · 사회생활과 직

업 인식과 탐색, 작업습관 형성, 직업환경적응 등 직업 준비나 수행에 대한 적응훈련, 그리고 장애인 직무능력 향상과 직업유지를 위한 훈련이 포함된다. 직업적응훈련계획은 (기관)직업적응훈련계획서를 활용하여 작성하고 작성 시 각 훈련 프로그램의 목표, 내용 및 실시 방법, 기간, 실시횟수, 담당자, 예산 등을 구체적으로 명시하여야 한다.

다음은 직업적응훈련의 내용이다.

(1) 개인 · 사회생활 적응훈련

개인 · 사회생활 적응훈련이란 개인, 가정, 지역사회에 적응하고 독립적으로 사회생활을 유지하는 데 필요한 신변관리, 의사소통, 일상생활 자립, 이동능력, 지역사회이용, 대인관계 등을 포함한 훈련을 의미한다.

〈표 9-2〉 개인 · 사회생활 적응훈련의 세부 내용

영역	세부 내용
신변관리	-개인위생, 의복 착탈의, 면도하기, 화장하기, 개인 소지품 관리 등
가정관리	-집안일 하기: 청소하기, 문단속하기, 열쇠 사용하기, 가스 점검하기, 가전제품 사용법 알기 등 -음식준비: 요리하기, 주방 정리하기, 설거지하기 등 -의복관리: 세탁하기(손빨래, 드라이크리닝 구분하기), 계절별 옷 보관하기, 다림질하기, 정리하기 등
금전관리	-금액 알기, 가격표 보기, 계산하기, 거스름돈 계산하기, 용돈관리하기, 저축하기, 급여(훈련수당) 관리하기 등
기초학습	-시간개념: 시간 알기, 시계 보기, 작업 및 휴식시간 알기, 출퇴근 시간 알기, 달력 보기 등 -수개념: 수 쓰고 읽기, 개수 세기, 셈하기, 전자계산기 사용하기 등 -비교 · 위치개념: 크기, 길이, 양, 무게 등 비교하기, 위 · 아래 · 좌 · 우 · 앞 · 뒤 · 안 · 밖 알고 구분하기 등 -변별: 색인지 및 구분하기, 형태인지 및 구분하기 등 -언어개념: 일상용어 사용하기, 자기소개하기, 쓰기(이름, 전화번호, 주소 등), 말하기, 읽기 등
지역사회 이용	-약도 보기, 대중교통 이용하기, 지역사회 기관별 기능 알기, 지역사회 내 다양한 시설(관공서, 병원, 은행, 영화관, 식당, 카페 등) 이용하기 등
대인관계 기술	-자기 소개하기, 친구 사귀기, 이웃 및 작업동료와 함께 지내기, 교사 및 상급자 인사하기, 도움 요청하기, 가족이나 친구의 기념일 기억하기, 의견 존중하기 등
출퇴근	-도보 이동하기, 대중교통(버스, 전철) 이용하기, 출 · 퇴근 시간 지키기 등

의사소통	- 전화기 사용하기(걸기와 받기, 메모하기), 대체 의사소통판 사용하기, 수화 · 점자 사용하기, 자기주장하기, 칭찬하기, 감사표현하기 등
성교육	- 성에 대한 개념 알기, 신체구조 이해하기, 자신에 대한 이해하기, 감정 표현하기, 성희롱/성폭력의 개념과 대처방법 알기, 사회적으로 허용될 수 있는 사회적 행동 알기, 친밀감 표시하기, 지켜야 할 예절 알기, 이성교제하기, 성인으로서의 책임 알기, 결혼생활 알기, 부모의 역할 알기 등
여가활동	- 여가시설 이용하기, 동아리 활동하기, 교양강좌 수강하기 등

(2) 직업 준비 · 직업수행 적응훈련

직업 준비 · 직업수행 적응훈련이란 직업인식, 직업탐색, 구직행동, 구직기술, 직업과 관련된 사회적 · 직업적 행동 등 직업 준비와 관련된 지식과 구직 기술 등을 포함하는 훈련을 의미한다.

〈표 9-3〉 직업준비 · 직업수행 적응훈련의 세부 내용

영역	세부 내용
자기인식	- 생애주기 알기, 신상 소개하기, 나의 첫인상 알기, 내가 좋아하는 것 알기, 내가 싫어하는 것 알기, 자신의 꿈과 생활 계획하기, 잘할 수 있는 것 알기 등
직업인식	- 직업의 개념 알기, 직업을 통해 충족되는 개인적 · 사회적 가치 확인하기, 직업 이해하기, 직업의 필요성 알기, 직업생활태도 알기, 직업정보 알기, 취업 신청절차 알기, 직업현장 견학하기, 직업별 업무 수행하기, 급여 이해하기, 보수형태 알기, 4대 보험 알기, 월급명세표 이해하기, 상여금 알기 등
직업탐색	- 직업 흥미 확인하기(흥미가 직업에 미치는 요인 이해, 개인별 흥미검사, 내가 하고 싶은 일), 적성 확인하기(적성에 대한 이해, 개인별 적성검사), 관심 있는 직업범주 알아보기, 직업실습하기, 특정 직업 요구조건 파악하기, 자신에게 가능한 직업탐색하기, 실제적인 직업선택하기 등
구직행동	- 직업 목표 설정하기, 이력서 작성하기, 자기 소개서 작성하기, 이력서 제출하기, 면접 준비하기 등
구직기술	- 취업정보 습득하기, 구인광고 이해와 찾아보기, 직업의 종류 알기, 취업 가능한 직업 조사하기 등
작업습관 형성	- 안전수칙 알기, 직장 내 규칙 준수하기, 과제나 작업 기억하기, 지속적인 작업 수행하기, 지속적인 올바른 작업 자세 유지하기, 집중하기, 생산성 높이기, 작업의 질 높이기, 반복 작업을 통해 수행력 향상하기 등
작업환경적응	- 지시 따르기, 책임 준수하기, 자발적인 작업 수행하기, 작업수정에 대해 수용하기 스트레스 조절하기, 충동성 조절하기, 작업분위기에 적응하기 등

(3) 직무능력 향상 · 직업유지 적응훈련

직무능력 향상 · 직업유지 적응훈련이란 직무수행을 위해 필요한 기초적인 신체능력 향상 및 유지, 다양한 작업활동을 통한 직무능력 향상, 직업유지를 위해 필요한 능력 및 기술 등을 포함하는 훈련을 의미한다.

〈표 9-4〉 직무능력향상 · 직업유지 적응훈련의 세부 내용

영역	세부 내용
신체능력 향상	– 기초체력 강화하기, 건강관리하기, 손가락 기민성 높이기, 작업 유형별(선 작업/앉은 작업) 지속시간 준수하기, 운반하기, 적재하기, 신체 균형 잡기, 감각기능 높이기 등
직무능력 향상	– 기초변별능력 · 조립기능 · 포장기능 · 청소 · 운반 · 적재 · 사무 · 정리 · 손님 응대 · 판매 · 배달 · 음료제조 · 주방보조 · 간병 등 모의작업환경이나 실제 작업환경에서의 구체적인 작업수행력 높이기 등
직업유지능력 향상	– 경쟁적인 작업기준 이해(생산성과 작업의 질)하기, 끈기와 인내심 높이기, 작업 환경과 직무의 변화에 적응하기, 욕구의 적절한 표현과 동료와의 관계성 유지하기, 자신의 일에 대한 만족하기 등 – 작업습관 형성, 작업환경적응 방법 알고 준수하기 등

직업적응훈련을 실시하기 전에 훈련생의 장애 특성, 실시기관의 특성 그리고 지역사회의 특성을 고려하여 훈련생 및 기관 모두에 적합한 실시 방법이 구체화되어야 하며, 실시 과정을 훈련일지에 상세히 기록하여야 한다. 훈련일지에는 훈련일시, 장소, 훈련생 출석 현황, 프로그램의 내용 및 방법, 훈련생 관찰 내용, 프로그램 평가 등이 기록된다.

직업적응훈련 과정에서 사용될 수 있는 기법으로는 언어적 지시, 역할모델, 반복학습, 강화 및 연쇄법, 환경의 수정, 자기관리, 물리적 촉진기법, 상담기법 등이다. 이 기술들 중 훈련생 개인의 학습 스타일이나, 장애의 특성에 따라 가장 효과적으로 사용될 수 있는 기법을 사용한다.

개별직업적응훈련계획서

NO.			담당자	(인/서명)

1. 인적사항

성명		생년월일	
장애유형 및 등급	(　　　급)	서비스 기간	

2. 직업재활계획서의 직업적응훈련 관련사항

3. 직업적응훈련 장기목표

4. 직업적응훈련 단기목표

5. 직업적응훈련계획 수행내용

장 · 단기목표		기간	담당자	내용 및 방법	목표달성 여부	
					예	아니요

6. 사례회의

번호	일시	내용	결과	참석자	비고

작성일:

서명: (인/서명)

(인/서명)

(인/서명)

(인/서명)

[그림 9-1] 개별직업적응훈련계획서

(기관) 직업적응훈련계획서

1. 목적 및 목표

2. 개요

1) 실시기간: 년 월 일 ~ 년 월 일

2) 훈련생 인원: 총 명

3) 프로그램 시간표

4) 운영방침

3. 세부 프로그램

1) 프로그램 명 1

목표	실시내용 및 방법	일시	목표실적(량)	이용자(인원 수)	담당자

2) 프로그램 명 2

목표	실시내용 및 방법	일시	목표실적(량)	이용자(인원 수)	담당자

4. 소요예산

프로그램	항목	산출내역	계
계			

5. 평가계획

[그림 9-2] (기관) 직업적응훈련계획서

직업적응훈련 일지

□ 적응훈련영역: □ 세부 프로그램 명:

□ 훈련일시: 20 년 월 일 요일 (: ~ :)

□ 훈련장소: □ 담당자: (인/서명)

재적	명	출석	명	결석	명	지각	명	조퇴	명

훈련내용 및 방법	

훈련생 성명	관찰내용

프로그램 평가	

특이사항	출결사항 (결석자, 지각자, 조퇴자)	
	기타사항 (전달사항, 향후 계획 등)	

[그림 9-3] 직업적응훈련일지

3) 직업적응훈련평가

직업적응훈련에 대한 평가는 직업적응훈련생의 목표행동 달성 및 변화 등을 파악하고 직업적응훈련 내용 및 방법 등의 개선을 위해 정기적으로 실시되며, 훈련 중 프로그램의 진행과정 및 방법, 훈련생의 훈련 성과를 평가하는 형성평가와 훈련 종료 시 훈련생의 향상도를 평가하는 총괄평가로 구분된다. 이러한 평가 결과는 직업적응훈련계획을 수정·보완하거나 훈련생의 직업 목표를 달성하기 위한 지원방안을 마련하는 자료로 활용한다. 직업적응훈련평가는 직업적응훈련평가서, 직업적응훈련 프로그램 수준평가지 또는 상황평가지 등을 활용하여 실시될 수 있다.

(1) 형성평가

직업적응훈련 과정 중에 실시되는 것으로 훈련생에 대한 평가와 직업적응훈련에 대한 평가가 동시에 이루어진다. 훈련생에 대한 평가는 직업적응훈련 실시 초기에 직업적응훈련 영역과 개별 직업적응 목표의 수행 정도를 평가하여 기초선을 마련하고, 필요할 경우 적응훈련 종료 전까지 정기적으로 실시할 수 있다. 훈련생에 대한 형성평가 결과는 종료 시 진행되는 총괄평가의 결과와 비교·분석을 통하여 목표로 한 적응행동의 변화 및 향상도를 파악할 수 있다. 직업적응훈련에 대한 형성평가는 훈련 내용 및 방법의 적절성을 점검하여 훈련의 세부계획 및 접근 방법을 수정·보완하기 위해 실시된다. 이러한 형성평가 결과는 직업적응훈련 과정에서 훈련생의 향상도를 정기적으로 평가하고 프로그램 진행 내용 및 방법을 점검하며 개선하여 훈련이 효과적으로 진행될 수 있도록 한다.

(2) 총괄평가

총괄평가는 직업적응훈련 종료 시에 실시하는 훈련생 및 직업적응훈련에 대한 종합적인 평가로 직업적응훈련 계획 및 형성평가 결과와 비교·검토하여 최종으로 훈련생의 향상도와 기관의 직업적응훈련 효과성을 평가하는 것이다. 이러한 총괄평가의 결과는 직업적응훈련생 개인별 차기 적응훈련 프로그램 계획 시 반영되어 보다 실질적이고 효과적인 훈련이 이루어질 수 있도록 해 주고, 훈련생의 직업적응능력 수준을 파악하여 향후 직업 목표를 달성하기 위한 구체적인 지원방안을 마련하는 데 활용될 수 있다.

구체적인 평가 방법으로 훈련생에 대한 평가는 개별직업적응훈련계획의 각 영역별 목

(기관) 직업적응훈련평가서

프로그램 명 : ____________________

실시기간 : ____________________

담 당 자 : ____________________(인/서명)

1. 프로그램 실시

1) 인원 : 실인원 명/ 연인원 명(달성률 : % / 계획– 실인원 명/ 연인원 명)

2) 실시횟수 : 총 회/ 총 시간

구 분	( )월	( )월	( )월	( )월	( )월	계
횟 수						
시 간						
인 원						

3) 세부 프로그램 실시내용 및 방법

프로그램 명	목표달성률 % (시행/계획)	내용 및 방법	담당자	비고
	% (/)			
	% (/)			
	% (/)			
	% (/)			

2. 프로그램 평가

평가 항목	평 가	비고
내용의 적합성		
실시방법의 적합성		
훈련생의 참여도 및 만족도		
예산집행		

3. 종합평가

[그림 9-4] (기관) 직업적응훈련평가서

직업적응훈련 프로그램 수준평가지

기준	G: 독립적 수행 S: 도움 필요	N: 독립적 수행불가 /: 해당 없음

1. 개인 · 사회생활 적응훈련

구분	프로그램 내용		평가		
			초기	중간	종결
1	신변관리	개인위생			
		의복 착탈의			
		개인 소지품 관리			
2	가정관리	집안일하기			
		음식준비			
		의복관리			
3	금전관리	계산하기			
		용돈관리			
		저축하기			
		급여관리			
4	기초학습	시간개념			
		수개념			
		비교/위치			
		변별			
		언어			
5	지역사회이용	대중교통 이용			
		지역사회 공공시설 이용			
6	대인관계기술	자기소개			
		관계형성			
		도움요청			
7	출퇴근	도보나 대중교통 이용한 독립적인 출근			
		출 · 퇴근 시간 준수			
8	의사소통	전화사용			
		자기주장			
		칭찬, 감사 등 감정표현			
9	성교육	성에 대한 이해			
		성희롱/성폭력 예방			
		이성교제와 결혼			
		부모의 역할			
10	여가활동	여가시설 이용			
		동아리 활동			

2. 직업준비 · 직업수행 적응훈련

구분	프로그램 내용		평가		
			초기	중간	종결
1	자기인식	생애주기 이해			
		자기기호 파악			
		생애설계 및 계획			
		자기강점과 약점 이해			
2	직업인식	직업의 개념과 가치			
		취업 및 직업생활 준비			
		급여, 4대 보험 등 근무조건의 이해			
3	직업탐색	직업 흥미와 적성			
		직업정보탐색			
		현장실습			
		직업선택			
4	구직행동	직업 목표 설정			
		이력서 및 자기소개서 작성			
		면접준비			
5	구직기술	취업정보 습득			
		구인광고 이해와 탐색			
		취업가능한 직업조사			
6	작업습관 형성	안전수칙			
		과제나 작업 숙지			
		지속적인 작업수행			
		올바른 작업자세 및 태도			
		작업집중력			
		작업생산성			
		작업의 질			
		직무수행력 향상			
7	작업환경적응	작업지시 이해와 수행			
		과제 및 직무 책임			
		자발적인 작업수행			
		작업수정에 대한 수용			
		스트레스 및 충동성 조절			
		작업분위기 적응			

3. 직무능력 향상 · 직업유지 적응훈련

구분	프로그램 내용		평가		
			초기	중간	종결
1	신체능력 향상	기초체력 강하			
		건강관리			
		대 · 소근육 강화			
		작업 유형별 신체능력조건 강화 예-지속적으로 서거나 앉아서 하는 작업수행, 운반 · 적재 작업에 필요한 체력 등			
		신체균형			
		감각기능 강화			
2	직무능력 향상	조립 · 포장직무 수행능력			
		청소직무 수행능력			
		운반 · 적재직무 수행능력			
		사무직무 수행능력			
		판매직무 수행능력			
		주방보조직무 수행능력			
		간병직무 수행능력			
		이 외 모의 및 실제 작업환경에서의 담당직무 수행능력			
3	직업유지능력 향상	경쟁적인 작업기준(생산성과 작업의 질) 이해			
		직업지속력 향상			
		작업환경과 직무변화의 적응			
		욕구에 대한 적절한 의사표현			
		동료와 관계형성 및 유지			
		자신의 일에 대한 만족감 형성			
		적절한 작업습관 형성			
		작업환경적응방법 준수			

구분	일시	평가사 1	평가사 1
초기평가		(인/서명)	(인/서명)
중간평가		(인/서명)	(인/서명)
종결평가		(인/서명)	(인/서명)

[그림 9-5] 직업적응훈련 프로그램 수준 평가지

표와 내용에 따른 체크리스트를 고안하거나 직업적응훈련 프로그램 수준평가지 또는 상황평가지를 통하여 훈련생의 향상 정도를 평가한다.

3. 직업적응훈련 방식

직업적응훈련은 부적절한 행동을 소거하고 감소시키는 이전의 행동수정기법에서 벗어나 긍정적 행동지원을 통해 적합한 행동을 학습하는 방법으로 훈련 방식이 변하고 있다. 직업적응훈련에 주로 사용되는 기법은 ① 프로그램화된 교육, ② 시청각적 시연, ③ 비디오테이프를 활용한 모델 제시와 피드백 제공, ④ 사회성기술, 직업 준비기술, 직업 관련 기술 등의 학습을 돕기 위한 모의 훈련 등을 들 수 있다. 다양한 직업적응훈련 프로그램은 모델링과 역할극 중심의 교육 전략들을 활용하여 개인위생 관리, 몸단장, 자기주장, 대중교통 이용, 생활비 관리, 취업 면접, 입사 지원서 작성, 사업주의 기대치, 근로 안전 법규 이해 등의 기술을 가르친다.

직업적응훈련기법인 마이크로 트레이닝은 다음과 같은 기능적 행동을 발달시키는 데 목적을 둔다.

① 취업 면접에서 어려운 주제에 관한 질문들(예: 장애 관련 질문, 생산성 관련 질문 등)에 효과적으로 대처할 수 있는 능력
② 직장 동료들과의 원활한 상호작용
③ 직장에서의 행동통제능력
④ 상사와의 적절한 역할관계 유지
⑤ 생산적이고 건설적인 방식을 통해 업무와 관련하여 자신이 품고 있는 불쾌감이나 반대 의견 표현능력
⑥ 자신의 업무수행에 대한 모니터링 및 평가
⑦ 적절한 업무습관 유지
⑧ 직장 근무수칙 준수

4. 직업적응훈련 이론

1) 직업적응이론

(1) 직업적응이론의 개념

직업적응이론(work adjustment theory)은 직업인성이론, 특성이론, 학습이론 등에 기초한다(Pruitt, 1986). 미네소타 대학교의 Lofquist와 Dawis(1969)는 고용주의 근로자의 작업수행에 대한 만족도는 과업의 질과 양, 기타 작업의 결과에 의해 결정되며, 근로자의 직업에 대한 만족도는 작업환경과 근로자의 직업 욕구를 충족시켜 줄 수 있는 강화제에 의해 결정된다고 하였다. 즉, 고용주의 만족도(satisfactoriness)는 근로자의 능력과 직업의 요구사항 간의 일치도이며, 근로자의 만족도(satisfaction)는 근로자의 욕구와 작업환경에서의 강화제 강도 간의 일치도다. 근로자의 직업적응이란 고용주의 만족도와 근로자의 만족도 간의 일치도를 나타낸다. 이 이론은 개인과 직업 간의 균형, 조화, 일치라는 측면을 중요하게 여긴다. 직업 강화제란 자기 강화제, 환경과 조직에서의 강화제, 이타주의를 통한 강화제다. 이러한 강화제는 안전도, 안락함, 승진, 능력활동도, 활동, 권위, 회사의 인지도, 책무성, 사회적 활동, 사회적 지위, 관리능력, 다양성, 작업환경, 이타주의, 성취도, 자율성 등이다.

Dawis, Lofquist와 Lloyd는 또한 1976년의 연구에서 개인의 직업인성과 직업환경이 직업적응을 결정한다고 하였다. 개인의 직업인성은 출생 후부터 형성되기 시작하여 유전적 요인과 가정과 환경으로부터의 강화제에 따라 발달된다. 그 결과 직업인성은 직업환경에 반응하는 독특한 반응양식으로 나타나는데 긍정적 강화제는 개인의 능력을 향상시킨다.

직업인성요인은 융통성, 적극성, 반응성, 신속성으로, 융통성은 개인이 직업과 개인의 일치도가 낮을 경우 인내하는 정도를 의미한다. 융통성 있는 사람은 다양한 직업과 친구, 환경을 경험한 사람을 말한다. 적극성은 자신의 인성형태에 알맞도록 작업환경을 적극적으로 변화시켜 일치도를 높이려는 노력이며 이와 반대로 반응성은 자신의 인성을 변화시켜 작업환경에 맞추려는 노력이다. 적극적인 사람은 리더십, 조직적 기술, 높은 성취욕구, 개혁적인 사고를 가진 사람이고, 반응적인 사람은 규칙에 순응하고 구조적인 환경을 선호하며 집단의 구성원으로서 충성을 다하는 사람이다. 신속성은 직업과 인성 간의 일치도를 높이기 위한 노력의 속도를 의미한다. 신속성을 가진 사람은 과업을 빨리 끝내며,

정확도보다는 속도를 중요시한다. 신속성이 결여된 사람은 반응 속도가 느리고, 일 처리를 미루며, 숙고하는 특징을 보인다.

(2) 직업적응이론의 기본 가정

직업적응이론의 기본 가정은 다음과 같다.

① 사람들은 직업의 요구사항을 만족시키기 위해 동기화된다.
② 개인의 욕구는 직업을 통해 만족된다.
③ 이 2가지 요인 간의 일치도를 유지시키려는 노력이 '직업적응'이다.
④ 직업적응은 직업보유, 만족, 효율성과 연관되어 있다.

(3) 직업적응이론 기반 평가도구

이 이론을 기초로 다양한 평가도구가 개발되었다.

① Minnesota Importance Questionnaire: 근로자 욕구 평가
② Minnesota Satisfaction Questionnaire: 근로자 만족도 평가
③ Minnesota Satisfactoriness Scales: 고용주 만족도 평가
④ Job Description Questionnaire: 직업환경 만족도 평가
⑤ 직업 강화제 목록

근로자의 능력평가는 일반적성검사(General Aptitude Test Battery)가 유용하며 미네소타 중요도 검사(Minnesota Importance Questionnaire) 결과와의 일치도를 살펴보아 직업적응도를 예측할 수 있다. 그러나 직업평가 시 직업 의사결정과 제안점을 제시함에 있어 이러한 특정요인 사이의 일치도 이외에 근로자 능력과 욕구, 직업 특성과 강화제 모두를 고려하여야 한다.

결국 미네소타 직업적응이론에 따르면 개인의 직업적 능력 및 욕구와 직업의 요구 조건들 및 직업보상 체계들 간의 일치 정도를 알 수 있으면 그 개인의 직업적응과 고용 안정이 예측 가능하다는 것이다. 따라서 일반적으로 심리적·정서적·신체적 장애에 의한 충격은 개인의 직업적 욕구와 능력에 중요한 변화를 일으키기 때문에 재활상담사는 장애가

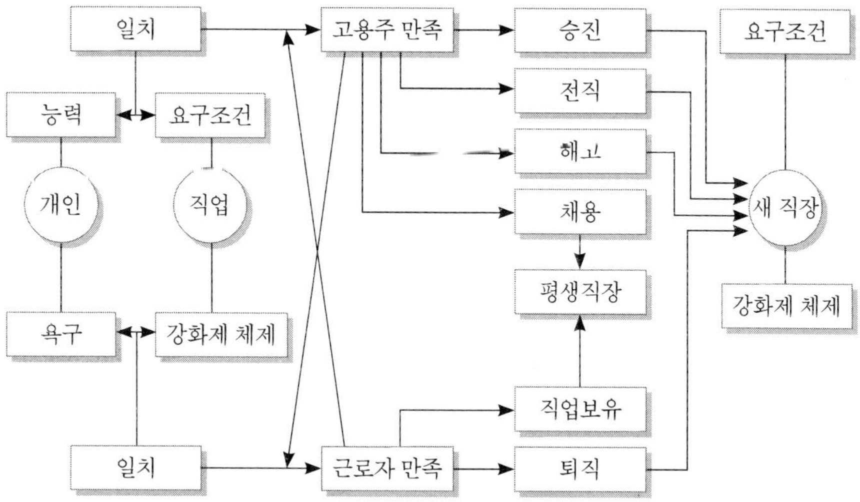

[그림 9-6] 직업적응이론

출처: 강위영, 이상진(1999). 직업 및 직능평가. 서울: 학지사.

어떻게 한 개인의 직업적응을 저해하는지를 결정하는 것이 중요하다고 본다. 따라서 이러한 잠재적 근로자의 욕구 및 능력에 가장 적합한 요구조건들 및 강화제를 구비한 일자리를 발견하는 것이 내담자의 직업적응을 극대화하는 데 필요하다(Brolin, 1982).

2) Holland의 진로형태이론

(1) 진로형태이론(Career Typology Theory)의 개념

Holland는 진로선택은 아동기의 경험을 기초로 하는 인성을 나타내며 사람들은 자신의 관점에 따라 직업세계를 인식한다는 것이다. 개인의 행동은 인성과 적절한 직업환경 특성 간의 상호작용에 의해 결정되며 가장 명확하게 성립된 성향에 알맞은 직업환경을 탐색한다. 또한 개인의 직업 만족, 안정, 성취와 적응은 인성과 직업환경 간의 적절한 상호작용에 기초한다. 예를 들어, 현실적이고 빈틈없는 성향의 사람은 공학자가 되며, 공격적이고 언어적이며, 성취욕이 강한 사람은 법학을 선택한다. 하나 이상의 성향이 같은 강도로 나타나게 되면 진로선택을 망설이게 된다. 만약 가장 강한 성향이 환경에 의해 방해받게 되면 두 번째 성향에 알맞은 직업 선택을 하게 된다. 예를 들면, 탐구적 성향을 가진 학생이 경제적 문제 때문에 해양학을 선택하지 못하게 되면 두 번째 성향인 현실적 직업 영역인 기계공학을 선택하는 것이다.

(2) 직업환경

Holland(1959)는 실재형, 탐구형, 예술형, 사회형, 기업형, 관습형의 여섯 가지 직업환경을 나타내는 Holland의 육각형(Typology)을 제시하였다. Holland의 자기탐색검사(Self-Directed Search)는 직업 흥미도에 대한 인성검사척도로 육각형을 기초로 인성 형태를 측정하는 도구다.

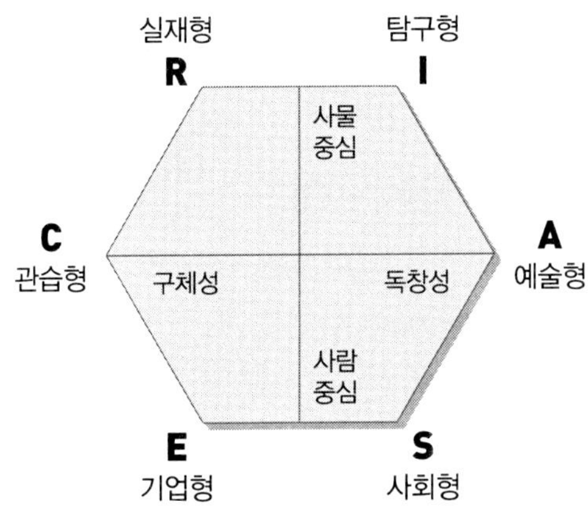

[그림 9-7] Holland 육각형(Holland Typology)

① 실재형(Realistic)

공격적 행동, 운동성과 협응력, 신체적 강인함을 요구하는 활동에 대한 흥미, 남성스러움으로 특징지어진다. 이러한 성향을 가진 사람들은 활발한 활동을 필요로 하는 직업을 선호하며 대인관계나 언어적 능력을 필요로 하는 과업을 기피한다. 추상적 사고보다는 구체적인 문제 해결 방법을 선호하며, 기계, 도구를 다루는 것을 좋아한다. 실재형에 속하는 직종은 기술직, 숙련직종으로 엔지니어, 농부, 트럭기사 등이 있다.

② 탐구형(Investigative)

활동하는 것보다는 사고하는 것을 선호하며, 설득하거나 지배적이기보다 조직하고 이해하며, 비사교적이다. 이러한 성향의 사람들은 밀접한 대인접촉을 기피하며 연구, 조사, 관찰, 분석 문제 해결을 좋아한다. 탐구형에 속하는 직종에는 과학과 관련된 직종, 기술직종으로 화학자, 생리학자 등이 있다.

③ **예술형**(Artistic)

심미적 성향을 가진 예술형의 사람들은 자기표현과 예술적 표현을 통한 간접적 대인관계를 선호한다. 정형화, 구조화된 환경을 싫어하며 신체적 기능 혹은 대인관계를 강조하는 과업을 선호한다. 이들은 탐구형과 마찬가지로 내향적이고 비사회적이지만, 여성적이며 자기통제가 비교적 적고 감정표현이 보다 즉각적이다. 상상적이고, 창조적이며, 직관적 사고를 선호한다. 미술, 음악, 기타 예술직종이 예술형에 속한다.

④ **사회형**(Social)

이러한 유형의 사람은 교육이나 치료를 통해 자신의 욕구를 만족시키는 지원적 성향을 가진다. 탐구형과 실재형과는 정반대로 밀접한 대인관계를 좋아하며 사교성에 있어 뛰어난 능력을 보인다. 그러나 지적인 문제 해결이나 강한 신체능력을 요구하는 과업은 회피한다. 타인을 훈련시키고, 정보를 제공하는 것을 좋아한다. 사회형에 속하는 직종은 상담, 교사 등이다.

⑤ **기업형**(Enterpring)

타인을 설득하는 것을 좋아하기 때문에 언변이 뛰어나다. 사회형과는 달리 언어적 능력을 남을 돕는 것이 아닌 지배하고 통제하며 영향을 주는 데 사용한다. 관습형과 마찬가지로 힘과 지위에 대한 관심이 크지만 관습형이 타인을 존중하는 것과는 달리 타인에 대한 배려가 적다. 경영이나 운영에 능력을 보인다. 기업형에 속하는 직종에는 영업사원과 같은 판매직종과 정치가, 법률가 등이 있다.

⑥ **관습형**(Conventional)

법칙과 법률에 순종하는 성향으로서 자아통제력이 강하고 개인적 욕구, 힘과 지위를 중요하세 생각한다. 이러한 유형의 사람들은 구조화된 환경과 규칙을 좋아하며 이러한 환경 내의 대인관계와 작업환경을 선호한다. 또한 자료를 처리하고 사무적인 일을 좋아하며 섬세하고 타인의 지시에 따라 일하는 것을 좋아한다. 회계사, 은행원, 경리직종, 사무직 등이 관습형에 속한다.

(3) 발달적 위계 단계

발달적 위계 단계란 개인의 여섯 가지 직업환경에 대한 적응도를 나타내는 것으로 모든 사람이 각 환경에 적응하며 그에 적합한 기능을 개발할 것을 전제로 한다. 즉, 개인이 하나의 직업환경 내에서 선택하는 직업 수준을 의미하며 이는 개인의 지능과 자기평가에 기초한다. 지능 수준은 지능검사 등을 통하여 획득되며 자기평가는 스트롱 직업 흥미검사(Strong Vocational Interest Blank)의 직업수준척도를 통하여 획득될 수 있다. 지능은 개인의 유전적 요인에 대한 정보를 획득하기 위한 것이며 자기평가는 사회적, 경제적 배경, 교육 수준, 건강 수준 등에 관한 정보를 얻기 위한 것으로 지능검사 결과의 사용에는 신중을 기해야 한다.

(4) 직업 수준과 발달적 위계 단계

개인이 직업을 선택하는 과정은 적합한 시기에 자신의 성향에 알맞은 특정 직업환경을 선택하기 위해 교육에 관한 의사결정을 하는 것이다. 개인은 과정이 진행됨에 따라 자신의 능력과 성취도에 알맞은 수준의 진로를 향해 발달되어 간다. 특히 진로선택은 자기평가를 통한 자신에 대한 지식과 직업세계에 대한 지식을 기초로 할 때 명확해진다. 이러한 의사결정의 용이성은 직업 야망, 직업력, 경제적 배경, 사회의 경제 상황, 교육적 기회 등의 요인에 영향 받는다. 같은 성향을 지닌 2명의 학생이 유사한 직업 영역을 선택하였을 경우 직업 위계가 명확히 성립된 사람은 직업선택에 있어 의문을 갖지 않지만 직업 위계가 일관적이지 못하다면 직업선택은 불완전하다. 예를 들어, 실재형, 기업형, 관습형, 사회형, 예술형, 탐구형의 위계를 가진 공학도는 실재형, 탐구형, 예술형, 사회형, 기업형, 관습형의 전형적인 공학도의 위계를 가진 다른 공학도보다 안정적이지 못하다.

3) 행동주의 이론

직업재활에서 행동주의적 접근은 특히, 지적장애인 혹은 장애가 심한 내담자의 재활에 있어 보다 중요하며, 직업재활을 극대화하기 위한 서비스의 발견, 기능장애의 제거에 초점을 두는 등 재활장면에서 효과적으로 적용될 수 있다. 내담자의 기본적인 행동 변화와 거기에 따른 정서적 · 인지적 변화를 중요시하며, 내담자의 성공적 고용에 필요한 행동의 형성과 유지에 대한 동기 및 자발성, 자아존중감과 직업적 잠재력을 증가시킬 수 있는 행동에 초점을 둔다. 따라서 인간행동의 유지, 감소, 형성을 위한 환경의 중요성과 행동 자체에 강조점을 두며, 연속적 강화(contingency)의 개념을 강조한다. 이것은 만약 어떤 반응이 끊임없이 강화된다면 강화제가 없는 상태에서도 거기에 따른 행동이 획득된다는 전제에서 행동에 있어서의 직응, 사회적으로 중요한 변화를 촉진시키기 위해 이러한 연속적 강화사건들에 대한 분석과 새로운 강화에 필요한 강화 사건을 도입하려고 한다(Riggar, Maki, & Wolf, 1986). 주요한 내담자 문제에 대한 조작적 조건원리, 즉 모든 행동은 그 행동에 따른 결과의 영향으로 학습된다는 것을 적용하여 강화 과정을 흔히 사용하며, 강화 과정은 행동형성(shaping)과 점진적 제거(fading)를 많이 사용한다. 학습에 있어서는 동기, 자극, 반응, 강화의 4가지 기본 요소가 중요하다.

5. 직업적응훈련 모델

1) 시카고 JVS 모델

시카고 JVS 모델(Chicago jewish vocational services model)은 직업발달이론과 직업적 성격에 기초하여 개별화 원리를 고수하는 것만이 최적의 훈련방법이 아니고, 유사한 문제를 가진 사람들의 훈련은 유사한 접근방법에 따라 진행되어야 효과적이라는 관점에 따른 것이다.

직업발달이론은 직업적 성숙에 도달하기 전에 개인의 발달 전반에 걸쳐 규칙적으로 진행되는 발달단계가 있다는 것을 가정하여 이를 직업적응훈련 시 기초로 활용한다는 것이다. 즉, 어떤 발달단계에 고착되어 있거나 발달상의 장애가 있다면 다음 단계로 나가기 전에 각각의 단계에서 내담자들이 이를 수행하거나 대처할 수 있도록 도와주는 것으로 훈련 프로그램의 다음 단계를 진행하려면 이전 단계를 숙달해야 한다는 것이다.

직업적 성격은 작업장 내에서 효과적으로 행동하기 위한 개인의 성격 특성으로 여기에는 직업에 대한 태도, 행동 유형, 가치체계, 자극과 능력들이 포함된다. 직업적 성격을 확실히 정의해야 하는 이유는 직업적응의 목표가 직업적 성격을 개발하는 데 있기 때문이다(Gellman, 1961).

Gellman은 시카고 JVS 모델을 통해 서비스 대상자와 방법을 다음과 같이 3가지 부류로 제시하고 있다.

(1) 비생산적인 자(non-productive)

이 부류에 속한 집단은 작업환경 내에서 정상적인 기능을 할 수 없는 사람들이다. 이들은 직업에 대한 동기도 없고, 그들 스스로 노동자로 인식하지 않으므로 이러한 집단에 대한 직업적응훈련 프로그램은 정상적인 직업발달 과정을 위해 반복적으로 훈련해야 한다.

이 과정은 간단한 과업을 통하여 성취도와 생산적인 작업세계를 인식할 수 있도록 하는 데서 시작되고, 성공이나 칭찬, 관리자의 격려는 이들의 동기를 형성시키고 향상시키려는 데 이용된다. 한편, 관리자는 이들에게 직업의 중요성과 직업세계에 대한 자신의 역할 등을 설명해 주어야 하고, 내담자에게 만족감을 줄 수 있는 과업을 채택해야 하며 이들의 독립심을 고취시키기 위해 임금을 지급해야 한다.

(2) 직무배치에 실패한 자(the unplaceable)

직업상에서 불리한 위치에 처한 이들, 예를 들면 일할 수 있는 능력은 있지만 외모와 행동이 부적절한 사람들은 사업주나 기타 관련자들에게 유능한 노동자로 생각되지 않는다. 특히 이러한 사람들에 대해 사업주보다 동료들이 더욱 거부감을 나타낸다. 왜냐하면 이들은 자신감 부족, 무력감, 패배감 등 비고용 증후군을 갖고 있으므로 동료들과의 관계에서 원활한 자신의 역할을 찾지 못하기 때문이다.

직업적응훈련은 이러한 집단을 위해 직업과 문화적 측면의 프로그램을 활용한다. 즉, 내담자가 취업할 직업 유형에 적합한 근로자로서 역할을 할 수 있도록 직업에 대한 실질적인 생각, 적당한 행동과 옷차림, 수용할 수 있는 태도, 자신감을 발달시킬 수 있는 프로그램으로 구성해야 한다.

(3) 부적응자(the unadjustable)

이 집단은 직업세계에 적응하는 데 필요한 적응행동능력을 가지지 못한 집단이다. 이들은 생산적인 일을 얻을 수 있지만 부적응적인 성격으로 직업생활에 실패하게 된다. 특히 대인관계의 실패는 직업세계에서 더 많은 부적응을 야기하게 되고, 전반적인 사회활동에 실패감을 야기하는 원인이 된다. 또한 직업경력에 있어서는 동료와 관리자와의 대인관계 실패로 직장에서 퇴사하게 된다. 이러한 내담자를 위한 직업적응훈련 프로그램은 집단적인 직업활동을 통하여 적절한 직업성격을 개발하고 협동성을 길러 주는 내용으로 구성해야 한다.

2) CRT 모델

CRT 모델(Critical role transition model)은 오하이오 클리블랜드의 직업지도 및 재활서비스국(Vocational Guidance and Rehabilitation Service)에서 사용하는 직업적응 모델이다. 여기에서 critical role transition이란 위기기간 동안 변화되는 행동 형태를 의미하는 사회학적 용어로 직업적응 과정의 의미는 적절한 훈련이나 치료를 통해 보다 기능적인 근로자로 변화시켜 준다는 것이다.

이 모델에서는 직업적응훈련을 다음의 4가지 단계로 설명하고 있다.

(1) 준비 단계(setting in)

이 단계에 있는 내담자들의 공통적인 문제는 낯선 환경에서 불안해하고, 지도 감독자나 내담자들과 사이좋게 지내지 못하며, 프로그램 수행능력이 부족하다. 이러한 문제를 해결하기 위해 내담자들이 지닌 심리적인 문제들을 제시하여 문제를 빨리 해결할 수 있는 환경적인 요인들을 지각할 수 있도록 해야 한다.

심리적인 문제를 해결하려면 ① 자신이 스스로 불안을 다스릴 수 있는 방법을 제공하고 ② 동일시의 과정으로 집단 상호작용을 이용하며, ③ 공격과 두려움을 조절하는 방법을 제공하고 ④ 환경을 긍정적으로 지각함으로써 도피감을 극복할 수 있는 능력을 증진시키도록 해야 한다.

(2) 학습 단계(learning)

이 단계는 내담자가 프로그램의 규칙을 따르고, 그들의 외모나 행동이 다음단계로 진행하려고 하는 사람들을 모방하며, 점심과 커피시간에 더 많은 사회화가 이루어지는 시기다.

이 단계에 있는 사람들은 작업장의 규칙에 순응하고 지시를 따르며 작업속도도 일관성 있게 처리한다. 이 단계의 공통적인 문제는 ① 집단학습 상황에 대한 부정적인 감정 ② 프로그램에 대한 부정적인 느낌 ③ 작업 상황의 무력감 등이다.

이러한 문제를 해결하기 위한 환경적인 요소로 첫째, 직업적응과 학교 사이의 차이점을 강조해야 한다. 둘째, 내담자가 프로그램에 대한 부정적인 감정을 처리할 수 있도록 도와야 한다. 셋째, 내담자의 학습 상황을 강화해야 한다. 넷째, 내담자가 업무를 효율적으로 수행할 수 있도록 해야 한다.

(3) 성장 단계(growth)

이 단계는 종종 불안과 초조, 칭찬이나 처벌에 의존하고 자기지향적인 행동을 나타낸다. 이 단계의 일반적인 문제는 ① 직업훈련을 퇴소하는 데 충분한 동기를 가지려 하고 ② 의존적인 감정을 가지며 ③ 항구적인 지도감독을 요구하는 것 등이다.

이러한 문제를 해결하기 위한 환경적인 요소로는 ① 훈련 프로그램의 가치를 내담자에게 다시 확신시키고, ② 보다 큰 책임을 갖도록 내담자들을 끊임없이 지지하며, ③ 내담자의 바람직한 태도를 칭찬하고 이들에 대한 지도감독을 차츰 줄여 가야 한다.

(4) 직업 준비 단계(job readiness)

이 단계는 내담자가 경쟁고용 시장에서 필요한 행동을 개발하는 단계로 직업을 탐색하고 경쟁고용 시장에서 적합한지를 고려하는 단계다. 이 단계와 관련된 문제는 ① 새로운 상황에 대한 두려움 ② 실패할 가능성에 대한 불안이다. 이러한 문제를 해결하기 위해 심리적으로 예상되는 보수에 대한 두려움을 감소시키고 자신감을 획득해야 한다.

또한 환경적인 요소로 첫째 자신감을 심어 주어야 한다. 이를 위해 취업한 내담자가 할 수 있는 일이고, 면접을 위해 준비해 왔다는 사실을 강조해야 한다. 둘째, 자신의 능력에 대한 자신감을 고양해야 한다. 이를 위해 내담자가 책임감을 갖고 일을 할 때 지도감독을 줄여 자기확신을 갖도록 하고 내담자가 선배들을 만나 자신도 할 수 있다는 것을 깨닫게 하며, 상담가로부터 할 수 있다는 사실을 들음으로써 자신의 성취감을 강조하여 주고 배치 후에는 상담사들이 지지하고 도움을 준다는 사실을 확신하도록 해 주어야 한다.

3) S.T.E.P 모델

이 모델은 밀워키에서 유태인 직업서비스를 위해 개발된 것으로 직업발달이론에 기초한 직업적응훈련 모델이다. S.T.E.P은 선별적 훈련과 평가 프로그램(Selective Training and

Evaluation Programming)의 약어로 내담자가 직업배치를 준비하기까지 여러 단계에서 일어나는 제반 상황을 돕기 위한 체계적이고 객관적인 절차를 의미한다. S.T.E.P 접근법은 훈련과 평가를 모든 내담자에게 동일하게 진행하는 것이 아니라 철저하게 개별화하여 진행한다. 즉, 내담자의 독특한 측면을 각 단계마다 분석하여 진행해 나간다.

대부분의 내담자들은 일상적인 과제를 수행하는 반면 몇몇 내담자들은 특별한 과제를 필요로 한다. S.T.E.P 훈련을 마치면 상담사와 지도감독자는 내담자의 직업적응 정도를 상세히 설명하고, 그들이 작업장에서 일한 만큼의 대가를 지불해야 하며, 이러한 모든 행동은 개별화를 통해 이루어질 수 있다. 따라서 S.T.E.P 접근은 치료적 차원에서 실시되는 프로그램이며 상담사의 역할도 치료적 역할이어야 한다. 내담자의 부적응 행동을 개선하기 위한 체계적 훈련 방법이라 할 수 있다.

S.T.E.P 프로그램은 다음과 같은 과정으로 진행된다.

① 평가 단계: 내담자의 직업적응능력을 파악하고, 내담자에게 적절한 S.T.E.P 모델을 계획하기 위한 과정
② 개별훈련 단계: 각 영역마다 배치한 일정한 수의 내담자에게 개별화된 훈련을 통하여 기능적인 문제를 극복하도록 하는 과정
③ 관계형성 단계: 작업장에서 지도감독자와 동료 근로자와 함께 성공적인 관계를 형성하도록 하는 과정
④ 기초통합훈련 단계: 구체적인 영역에서 계속적인 훈련이 이루어지는 동안 한편으로 내담자의 전체적인 작업 준비에 초점을 맞춰 고안되는 과정
⑤ 생산 단계: 실질적인 직업 경험을 제공하는 과정. 자기가치감은 훌륭한 작업습관과 생산성을 가져올 수 있으므로 이 훈련에서 중점적으로 실시되어야 한다.
⑥ 구체적 통합 단계: 직업 준비성을 길러 줄 수 있는 독립적인 사고와 행동, 그리고 직업 분야와 현재 직업시장에 대한 탐색기술을 증가시키는 데 초점을 둔 과정
⑦ 고용시장 배치 과정: 마지막으로 적응을 돕기 위해 내담자를 고용시장에 배치하고, 구체적인 지도감독을 제공하는 과정. 이러한 S.T.E.P 접근 방법은 직업훈련을 제공하기 위하여 하청계약 작업상담사, 그리고 지도감독자가 중심이 되어 시행된다.

4) 행동수정 모델

행동수정 모델은 재활시설 내의 직업적응훈련 프로그램에서 광범위하게 사용되고 있고, 학교 장면이나 기타 간련 기관에서도 사용되고 있다. Campbell은 행동수정 모델이 조작적 조건화와 토큰강화, 격리와 회피 등을 활용한다고 하였고, 이 모델의 특징은 내담자의 행동을 객관적으로 측정하여 훈련 과정에서 체계적으로 적용하는 데 있다.

Zimmerman(1969)은 보호작업장에서 일하는 중증장애인의 생산성을 증가시키는 데 토큰강화가 효과적이라고 하였다. 즉, 이들에게 토큰강화기법을 활용한 결과 생산성이 유의미하게 증가되었다. 그리고 Trybus와 Lacks(1972)는 행동수정 기법의 다양성을 설명하면서 토큰강화 등이 생산성 향상에 영향을 미친다고 하였다. Sandler와 Turner (1973)는 토큰경제 모델(token-economy model)을 장애인들에게 활용할 것을 강조하는데 그 이유는 이러한 기법이 표적 행동을 관리하거나 향상할 확률이 높으므로 직업훈련에 유용하기 때문이다.

이러한 프로그램을 계획할 때에는 모든 내담자들에 대한 일반적인 목적과 개개인에 대한 구체적인 목적을 고려해야 한다. 일반적인 목적은 출석률, 시간 지키기, 적절한 과제 수행, 의복과 위생관리, 사회적 행동 등이다. 왜냐하면 내담자들은 일반적으로 교육 수준이 낮으므로 보통 교육적 차원에서 습득해야 할 내용들은 습득하지 못하고 있기 때문이다. 개인에 대한 구체적인 목적은 개인의 장·단기 목적을 설정하기 위한 것으로 개인의 과거 기록을 참고해야 한다.

따라서 행동수정 모델은 개인이 개선해야 할 부적응적인 행동들에 대한 사항들을 기술하는 것이 무엇보다 중요하다. 이를 구체적으로 서술하면 다음과 같다.

첫째, 직업적응 프로그램 계획은 초기면접 시 나타난 내담자의 특성에 기초하여 ① 중재가 필요한 행동을 구체화하고 ② 직업 상황과 환경을 구체화하며 ③ 기법과 방법을 구체화하고 ④ 프로그램을 진행할 담당자를 명시하여 작성해야 한다.

둘째, 직업적응 방법은 개별화된 욕구에 기초하여야 하며, 직업적응훈련계획에서 고려해야 할 상황과 이 프로그램을 활용하는 데 필요한 기술, 개인에게 적절한 접근방법, 기관의 목적 등과 관련하여 진행되어야 한다.

셋째, 개인의 직업적응 목적을 성취하는 데 필요한 시간을 구체적으로 기술해야 한다.

넷째, 개인의 직업적응 욕구를 충족시키기 위해 필요한 환경이나 개인에게 부여할 과제를 계획해야 한다. 행동수정적 직업적응 프로그램은 행동문제를 해결하기 위해 개인에게 제공되는 서비스를 간단하고 체계적으로 진행시켜 나간다. 이러한 서비스는 개인이 직업적 목적을 설정하고 성취하도록 도와주는 과정으로 프로그램은 ① 행동과 임무를 명시하고 분석하며 ② 내담자와 함께 계획하고, ③ 보충하며 ④ 프로그램을 조정 · 변경하고 ⑤ 내담자와 프로그램의 목적이 성취될 때까지 서비스를 지속해야 한다.

직업적응훈련은 의뢰 · 접수 후 직업상담, 직업능력평가를 거친 훈련의 단계로 보호고용, 작업활동, 지원고용, 직종개발 및 취업 후 적응지도와 연계되는 재활서비스다.

직업적응훈련은 개인의 요구조건을 충족시키는 작업환경과 작업환경의 요구조건을 충족시키는 개인을 서로 일치하도록 훈련하여 훈련 대상자가 실제 작업수행시 요구되는 것과 일치하도록 하는 데 초점을 둔다(조정란, 1998). 또한 장애인이 직업인으로서의 역할을 수행하는 데 있어서 문제가 되는 요소를 해결하거나 수정 또는 보완하기 위해 개인이나 환경을 변화시키는 과정이라고 볼 수 있다(이은영, 1998). 즉, 직업적응훈련은 직업인이 되기 위한 훈련을 실시하는 과정을 말한다.

장애인의 직업적응훈련을 위해 직업상담 및 평가를 통하여 설정된 개별재활계획서를 토대로 직업적응훈련계획서를 수립한다. 이때는 직업평가사 및 재활상담사, 직업적응훈련 담당자 등이 참여하게 되며, 직업적응훈련계획의 목표를 어떻게 달성할 것인지 결정하는 틀을 수립하는 단계다. 직업적응훈련은 개인 · 사회생활, 직업 준비 · 수행, 직업능력 향상 · 유지와 관련된 적응훈련으로 구성되며, 각 영역별 프로그램의 다양성과 적합성, 직업적 접근가능 성에 대한 연구와 개발이 선행되어야 한다.

직업적응을 위한 과정은, 첫째, 기술과 행동에 영향을 주는 개인수행양식, 둘째, 작업환경의 변인에 따른 수행양식, 셋째, 작업과 작업자와의 상호작용 등에 의해 직업적응훈련을 재교육하는 과정이라고 볼 수 있다(Dawis, Lofquist, & Lloyd, 1976).

직업적응훈련에서의 평가는 훈련 시작 이전에 실시되는 초기평가, 훈련 중에 실시되는 중간평가와 종결시 실시되는 종결평가가 있다. 초기평가는 훈련의 효과를 비교하기 위해 훈련생의 기초수행능력(기초선)을 알아보기 위한 평가이고, 중간평가는 훈련 프로그램의 수정이나 훈련생의 변화에 따라 대처하기 위한 평가이며, 종결평가는 프로그램의 효과성 여부와 서비스 전이를 위한 프로그램의 정보제공을 의미한다.

Foundations of Vocational Rehabilitation

제10장

보호 및 지원고용

1. 보호작업장
2. 지원고용

1. 보호작업장

보호작업장(sheltered workshop)은 재활작업장 혹은 자립작업장으로도 불리며, 주로 장애인들이 특정 격리된 장소에 모여 근로와 직업활동을 하는 시설이다. 즉, 경쟁고용에 있어 제한된 잠재력을 지닌 중증장애인에게 직업훈련과 장기고용을 제공하는 재활시설로 중증장애인들의 사회적 · 경제적 의존 수준을 감소시키며 자신의 생산능력에 알맞은 노동을 하는 성인주간 프로그램이라고 할 수 있다.

우리나라 「장애인복지법 시행규칙」 [별표 4]에서는 보호작업장과 근로사업장을 장애인 직업재활시설로 규정하고 그 내용을 다음과 같이 명시하고 있다.

〈표 10-1〉 장애인 직업재활시설의 유형

3. 장애인 직업재활시설	가. 장애인 보호작업장: 직업능력이 낮은 장애인에게 직업적응능력 및 직무기능 향상훈련 등 직업재활훈련 프로그램을 제공하고, 보호가 가능한 조건에서 근로의 기회를 제공하며, 이에 상응하는 노동의 대가로 임금을 지급하며, 장애인 근로사업장이나 그 밖의 경쟁적인 고용시장으로 옮겨 갈 수 있도록 돕는 역할을 하는 시설 나. 장애인 근로사업장: 직업능력은 있으나 이동 및 접근성이나 사회적 제약 등으로 취업이 어려운 장애인에게 근로의 기회를 제공하고, 최저임금 이상의 임금을 지급하며, 경쟁적인 고용시장으로 옮겨 갈 수 있도록 돕는 역할을 하는 시설 다. 장애인 직업적응훈련시설: 작업능력이 극히 낮은 장애인에게 작업활동, 일상생활훈련 등을 제공하여 기초작업능력을 습득시키고, 작업평가 및 사회적응훈련 등을 실시하여 장애인 보호작업장 또는 장애인근로사업장이나 그 밖의 경쟁적인 고용시장으로 옮겨 갈 수 있도록 돕는 역할을 하는 시설

Wallin(1967)에 따르면 직업재활시설은 직업훈련과 사회적응 및 능력 개발을 위한 종합적인 프로그램이 실시되는 시설로 정의하면서 다음과 같은 8가지의 역할을 제시하였다.

① 직업재활시설은 직업 개발이나 직업능력을 향상시키고 직업훈련을 통해 생산적인 상품을 제조하여 고용기회를 제공하고 임금을 지급하는 역할을 수행하여야 한다.
② 직업재활시설은 많은 중증장애인이 훈련을 통해 일반기업체에 고용될 수 있도록 하는 역할을 수행하여야 한다.

③ 직업재활시설은 장애인들의 사회통합을 위한 역할을 수행하여야 한다. 따라서 장애인들의 심리적 안정이나 개선을 위한 모임, 게임, 오락, 영화, 노래 모임 등을 통한 사회적 활동을 할 수 있는 기회를 제공하여야 한다.

④ 직업재활시설은 지적장애인들이 의사소통을 원활히 할 수 있도록 언어기술을 향상시켜 주는 역할을 수행하여야 한다.

⑤ 직업재활시설은 장애인들의 읽고, 쓰는 능력을 발달시키는 역할을 한다.

⑥ 직업재활시설은 지적장애인의 성공적인 생활적응을 방해하는 여러 가지 성격 부적응을 최대한 극복할 수 있도록 훈련을 시키는 역할을 하여야 한다.

⑦ 직업재활시설은 궁극적으로 개개인마다 적절한 직업 안내와 사후지도를 제공하여 장애인들이 지역사회 내에 발생할 수 있는 많은 직업적인 문제점을 사전에 예방할 수 있는 역할을 수행하여야 한다.

⑧ 위에서 열거한 모든 역할의 함축된 의미로서 훈련 시작부터 개인적 · 교육적 · 사회적 · 직업적 모든 안내와 상담을 제공하는 역할을 수행하여야 한다.

Wright(1980)는 직업재활시설의 역할과 기능에 대해 다음과 같이 언급하고 있다.

① 직업재활시설은 완전경쟁시장 혹은 보호환경 내에서 직업능력평가나 적절한 직무배치를 위해 직업잠재력을 평가하는 역할을 해야 한다.

② 직업재활시설은 작업경험을 통해 직업준비 프로그램을 개발하는 역할을 해야 한다.

③ 직업재활시설은 완전고용을 위한 준비기능을 갖는 역할을 해야 한다.

④ 직업재활시설은 행동결함을 수정하는 직업적응훈련의 역할을 해야 한다.

⑤ 직업재활시설은 기술훈련을 제공하는 역할을 해야 한다.

⑥ 직업재활시설은 장애인의 신체기능을 향상시키는 역할을 해야 한다.

⑦ 직업재활시설은 장애인의 정신건강을 회복시키는 역할을 해야 한다.

⑧ 직업재활시설은 다른 서비스를 효과적으로 줄일 수 있도록 준비하는 역할을 해야 한다.

1) 보호작업장의 역사

보호고용이라는 용어가 등장하기 이전부터 몇몇 선진국에서는 보호고용이라는 용어는 아니지만 이와 비슷한 형태의 장애인고용제도가 이미 시행되어 오고 있었다. 영국은 1944년 「장애인고용법」을 통해 보호작업장인 램플로이(Remploy Ltd.)와 유보고용제도(designated employment scheme)를 규정했고, 미국에서 최초의 보호작업장 형태는 1837년 Samuel Gridley Howe가 설립한 Boston의 퍼킨스 맹아협회(Perkins Institute)의 지적장애인을 위한 공공수용보호시설인 워터타운(Watertown)으로 각종 침대시트나 방석 등을 제작하는 업무를 하였다.

이후 1833년 프랑스에서 설립되어 1945년 미국으로 전해진 성 빈센트 드 바울협회(St. Vincent de Paul Society)가 Saint Louis에서 빈민들에게 줄 옷을 수집하고 세탁하는 사업을 했고, 1850년에는 Massachusettes 주에 미국 최초의 시각장애인 보호작업장이 설립되었다. 1879년 구세군(Salvation Army)은 폐품을 수리하는 일을 했으며, 1889년에는 클리블랜드 재활센터(The Cleveland Rehabilitation Center)가 세워졌다.

1902년 감리교 목사인 Edgar J. Helms가 Boston에 Goodwill Industries of America를 설립하여 중고의류와 기타 물품 수집, 수선작업을 하여 임금을 지불하는 등 주로 종교단체나 유사 종교단체 등에서 신체장애인이나 노인, 알코올 중독자의 고용에 중점을 두고 민간기금으로 설립하여 운영하였다. 1917년에는 The Institute for the Crippled and Disabled가 지체장애인을 위한 보호작업장을 New York에, 또한 1920년에는 재가장애인과 지체장애인 민간직업재활센터인 The League for the Handicapped가 Detroit에 설립되었다. 1910년에서 1950년대는 지체장애인 중심 시설인 New York의 Altro 보호작업장에서 취업이나 직업훈련 이외에 정서적 문제를 지닌 결핵환자에 대한 정신과적 서비스도 시작되었다.

1920년대부터 1950년대 사이에는 시설과 입소 신청인이 증가하는 상황과 반대로 시설 재정은 열악하여 이로 인한 서비스의 질에 대한 불만이 커졌으며, 초기의 장애인의 재활과 훈련이라는 목적이 우생학의 실패와 더불어 격리수용을 통한 사회방어로 변질되는 현상이 일어났다.

[그림 10-1] 미국 Goodwill store

[그림 10-2] 우리나라 Goodwill store

1930년대에는 제2차 세계 대전 이후 직업이 강조되고, 많은 전사자로 인해 노동력이 부족하게 되었으며, 상이군인의 재활훈련에 대한 관심이 고조되면서 보호작업장은 경쟁고용이 어려운 심한 신체적 · 정신적 장애를 지닌 사람들을 위한 보호고용의 주된 역할을 하기 시작하였다.

「Wagner-O'Day법」(1938)으로 인해 시각장애인에 의해 생산된 작업장 물품들을 연방정부가 구매하도록 되었고, 이는 이후의 「Javits법」(1971)에 영향을 주어 정신장애, 지적장애, 발달장애인들이 보호작업장에서 일할 수 있는 기회가 확대되고, 연방정부뿐 아니라 연방정부기관에 서비스를 제공하는 각종 기관들에게까지 적용되었다.

1943년과 1954년 「직업재활법」에 보호작업장 지원에 관한 사항이 포함되어 있었다. 그러나 실제로 보호고용이라는 용어가 장애인재활정책 과정에 처음 등장하게 된 것은 1955년 국제노동기구의 제99호 권고에 의한 것이다. 이 권고에서는 보호고용을 "통상적인 고용이 될 수 없는 장애인을 위해 보호적인 조건에서 행해지는 훈련과 고용"이라고 정의하고, 보호고용이 이루어지는 장소와 보호고용 시설에서 일하는 종사자와 관련하여 다음과 같은 몇 가지 기본 원칙을 제시하였다.

첫째, 국가는 관련 민간기구와 협력하여 일반 경쟁고용이 어려운 장애인들을 위해 보호적인 조건하에서 훈련과 고용방안을 개발하도록 모든 조치를 취해야 하고(32조 1항), 이러한 조치에는 보호작업장 설립과 신체적 · 심리적 또는 지리적 이유로 규칙적으로 작업장에 오갈 수 없는 장애인을 위한 특별한 대책이 포함되어야 한다(32조 2항).

둘째, 보호작업장은 효과적인 의료지원과 직업지도하에 유용하고 수익성 있는 작업을 제공해야 하고, 직업적응기회와 경쟁고용으로 나아갈 수 있도록 해야 한다(33조).

셋째, 장애인이 자신의 가정에서 적절한 의료지원과 직업지도하에 유용하고 수익성이 있는 작업을 할 수 있도록 특별한 재가장애인 프로그램을 마련하고 개발해야 한다(34조).

넷째, 보호작업장에 취업된 장애인도 일반 근로자들에게 적용되는 법적임금 규정과 고용조건이 적용되어야 한다(35조). 이러한 보호고용의 원칙은 그 후 몇 번의 세미나(1959년 네덜란드, 1966년 스웨덴, 1975년 영국)를 통해 새롭게 정리되었고, 1966년 스웨덴 스톡홀름에서 열린 국제세미나를 통해 보호고용의 이념, 대상, 원칙, 국가의 책임, 보호고용의 유형이 구체적으로 정리되었다.

1950년대 이후에는 보호작업장이 활성화되고, 레크리에이션과 자기보호 프로그램이 포함되었다. 「힐 버튼 병원 연구와 건축법(Hill-Burton Hospital Survey and Construction Act, 1954)」은 중증장애인 재활시설과 작업장의 건설 및 장비에 대해 재정적인 지원을 법으로 규정하였다.

또한 1960년대에는 공공 직업재활서비스의 대상이 되지 않을 정도의 심한 장애를 지닌 내담자들은 주간활동센터, 작업활동센터, 보호작업장의 대상이 되었다.

우리나라에서 중증장애인을 직업재활의 대상으로 인식하기 시작한 것은 1979년 삼육

아동재활원(현 삼육재활센터)의 수산시설이 최초라고 볼 수 있다. 그 이후 1981년 「심신장애자복지법」과 동 법률에 근거하여 1986년 자립작업장 설치운영계획에 의하여 22개 보호작업장이 설치되면서부터 본격화되었다. 1999년 「장애인복지법」 전면 개정 당시 기존 2개의 유형(보호작업장, 근로작업장)에서 5개 유형(장애인 근로작업시설, 장애인 보호작업시설, 장애인 작업활동시설, 장애인 직업훈련시설, 장애인 생산품 판매시설)으로 세분화되었는데, 이후 여러 차례 평가를 통해 당초 의도했던 세분화 취지가 제대로 성과를 나타내지 못한다는 판단으로 2007년 직업재활시설의 유형개편 논의가 이루어졌다. 2010년까지 유예기간을 통해 전국의 직업재활시설이 근로사업장과 보호작업장 2개의 유형으로 재편되어 2016년까지 운영되었으며, 2015년 11월부터 시행된 「발달장애인 권리보장 및 지원에 관한 법률」에 따라 12월 31일 개정을 통해 장애인 직업적응훈련시설이 신설되어 "작업능력이 극히 낮은 장애인에게 작업활동, 일상생활훈련 등을 제공하여 기초작업능력을 습득시키고, 작업평가 및 사회적응훈련 등을 실시하여 장애인 보호작업장 또는 장애인근로사업장이나 그 밖의 경쟁적인 고용시장으로 옮겨 갈 수 있도록 돕는 역할을 하는 시설"이라고 명시하고 있다(법제처, 2015a).

2016년 말 현재 582개소의 직업재활시설에 17,131명의 중증장애인들이 근로활동을 하고 있다(보건복지부, 2017).

2) 보호고용의 이념

직업재활의 주요 목적은 장애인이 사회의 다른 구성원과 동일하게 그의 능력에 따라 동등한 권리와 고용기회를 갖도록 준비시키는 데 있다. 또한 경쟁적인 노동시장에서 정상적인 조건의 적절한 임무를 부여받지 못할 경우에는 보호고용을 통해서라도 고용기회를 제공하는 데 있다. 보호고용은 일반고용이 어려운 장애인을 위해 보호적인 조건하에서 행하는 훈련 및 고용으로 중증장애인을 수용시설에서 그 생애를 마치게 하는 것보다 사회활동을 통해 그들이 사회에 통합되도록 하는 데 있다. 즉, 보호고용의 기본 이념은 재활의 기본이념과 마찬가지로 정상화(normalization)와 통합화(integration)를 따른다.

3) 보호고용의 목적

보호고용의 주요 목적은 장애인에게 일거리를 제공하는 데 있다. 그러나 장애인을 보호고용에 취업시키는 경우, 그 사람의 개인적 · 직업적 적성과 지역적 특성에 충분한 주의를 기울여야 한다. 보호고용의 목적은 생산능력이 일반고용 시장에서 경쟁이 어려울 정도로 약화되어 있는 중증장애인에 대해 정부 차원의 국가 책임주의적 일거리를 제공하고, 일을 통해 생활 향상을 가져오는 것뿐만 아니라 유지해 나가도록 하는 데 있기 때문이다.

보호고용에 대한 기본적인 책임은 국가에 있다. 이 책임을 국가가 수행하기 위하여 보호고용의 정부계획, 국가책임주의적인 정부지원 및 지도감독이 이루어져야 하고, 정부는 보호고용의 설치 기준이나 필요한 법 제도의 정비 및 조사연구에 대해서도 책임을 져야 한다. 즉, 보호고용 운영이 정부, 지방자치단체, 또는 민간법인 중 어디에서 운영되든 이것은 국가책임주의적인 정부 지원이 보장되어야 한다.

4) 보호고용의 유형

보호고용은 기능별로 보면 훈련과 고용의 기능을 모두 갖추고 있지만 고용을 중시하는 유형과 훈련을 중시하는 유형으로 나눌 수 있다. 1966년 개최된 스웨덴 국제세미나 결과와 국제노동기구(ILO) 권고를 기준으로 여러 해외 국가에서 채택하고 있는 보호고용 유형은 여섯 가지로 정리될 수 있다.

① 보호작업장(sheltered workshop): 중증장애인들의 경우, 일반사업장에 적응이 매우 어려운 경우 이들을 위해 제한된 장소에서 일할 수 있도록 하는 특별한 공장이나 작업장

② 기업 내 집단고용(enclaves): 일반기업체 내의 생산공장의 일부를 보호공장의 소그룹 단위로 축소하여 장애인이 맡는 방식, 즉 일반기업의 생산라인 중 장애인들이 할 수 있는 공정을 장애인들에게 맡겨 생산하게 하는 고용방식

③ 재택고용(home-bound employment): 신체적 · 정신적 · 사회적 장애로 인하여 자신의 거주지를 떠날 수 없는 경우, 이들 장애인에게 생산작업을 주어 집에서 일할 수

있게 하는 고용방식

④ 옥외작업 고용(open-air employment): 생산직 근로자를 대상으로 한 특별 실업대책으로 장애인에게 공원 등 공공시설을 유지·관리하도록 하여 그 수입을 장애인들에게 돌아가게 하는 고용방식

⑤ 사무작업 고용(archive work employment): 사무직 근로자를 대상으로 한 특별 실업대책으로 도서관이나 박물관 등에서 문서보관 작업을 장애인에게 시켜 소득을 보장하게 하는 고용방식

⑥ 준보호고용(semi-sheltered employment): 일반기업이 장애인을 고용함에 따라 발생하는 손해에 대해 국가에서 대금을 결재하여 주는 제도

우리나라에서는 직업재활시설인 장애인 보호작업장과 장애인 근로사업장이 보호고용에 해당된다. 「장애인복지법 시행규칙」[별표 4]에 명시되어 있는 장애인 보호작업장과 장애인 근로사업장의 정의는 다음과 같다(법제처, 2017c).

〈표 10-2〉 장애인 보호작업장과 근로사업장의 정의

장애인 직업재활시설	가. 장애인 보호작업장: 직업능력이 낮은 장애인에게 직업적응능력 및 직무기능 향상훈련 등 직업재활훈련 프로그램을 제공하고, 보호가 가능한 조건에서 근로의 기회를 제공하며, 이에 상응하는 노동의 대가로 임금을 지급하며, 장애인 근로사업장이나 그 밖의 경쟁적인 고용시장으로 옮겨갈 수 있도록 돕는 역할을 하는 시설 나. 장애인 근로사업장: 직업능력은 있으나 이동 및 접근성이나 사회적 제약 등으로 취업이 어려운 장애인에게 근로의 기회를 제공하고, 최저임금 이상의 임금을 지급하며, 경쟁적인 고용시장으로 옮겨 갈 수 있도록 돕는 역할을 하는 시설

5) 보호고용의 대상

「장애인복지법 시행규칙」[별표 4]는 장애인 보호작업장 대상을 "직업능력이 낮아 직업적응능력 및 직무기능 향상훈련 등 직업재활훈련 프로그램이 필요하고, 보호가 가능한 조건에서 근로의 기회가 제공되어야 하는 장애인"으로, 장애인 근로사업장 대상은 "직업능력은 있으나 이동 및 접근성이나 사회적 제약 등으로 취업이 어려워 근로의 기회가 제공되어야 하는 장애인"으로 명시하고 있다(법제처, 2017c).

즉, 보호고용의 대상은 어느 정도의 노동능력을 가진 사람으로 신체적 · 정신적 또는 다른 장애로 인해 특별한 도움이 없는 한 경쟁노동 시장에서 고용을 확보하기 어려운 사람이 해당된다.

- 일에 대한 경험이 부족한 발달장애인 내담자
- 약간의 훈련을 통해 빠른 속도로 정규 노동력에 편입될 수 없는 내담자
- 약간의 심리사회적 문제를 지닌 내담자
- 정규적인 직업의 획득이 가능하지만 생산력이 부족한 사람

6) 생산품과 판매

보호작업장에서 판매하는 생산품은 ① 직업재활시설 자체생산품 생산 및 판매(일차 생산), ② 산업현장의 하청계약, ③ 폐품 수리와 재판매 등이다.

7) 임금지급

재활서비스국(Rehabilitation Service Administration)은 보호작업장의 낮은 임금을 기금으로 지원하여 공공기금에서 보조할 수 있도록 입법화하였다. 그 결과 보호작업장이 격리시설이고 낮은 임금을 받지만 지나치게 안락하게 작업함으로써 보호작업장을 벗어나려는 노력을 억제하는 부정적인 측면이 나타났다.

8) 근로자

미국에서는 보호작업장에 근로하는 장애인 근로자 수는 1968년 39,524명에서 1977년 156,475명으로 4배 정도 증가하였고, 1984년에는 약 3,500개 보호작업장에 50만 명 이상이 근로하고 있었다. 보호작업장 근로자의 71%는 발달장애인이며, 49%는 시각장애인이고, 전체 시설 중 76%는 일반 보호작업장이고 22%는 작업활동센터 형태로 운영되고 있었다.

우리나라 장애인 직업재활시설은 2016년 현재 582개소이며 근로장애인 수는 17,131명이다. 이 중 근로사업장은 63개소, 근로장애인은 2,762명으로 2015년에 비해 각각 1개소

와 26명 감소하였고, 보호작업장은 516개소, 장애인은 14,335명으로 2015년에 비해 각각 20개소, 719명 증가하였다. 이는 특히 근로사업장이 보호작업장에 비해 높은 수준의 생산, 판매, 임금 지급 등을 요구받지만 운영에 어려움을 겪고 있기 때문이다. 또한 2016년부터 직업적응훈련시설과 평생교육기관이 설치되면서 직업재활시설 수와 소속 장애인 수도 감소할 것으로 예상된다.

근로장애인의 수

- 장애인 보호작업장: 근로장애인 최소 인원은 10명 이상으로 하고, 작업활동 프로그램을 운영할 경우에도 근로장애인이 최소 10명 이상 되도록 해야 함
- 장애인 근로사업장: 근로장애인 최소 인원은 30명으로 하고, 장애인 보호작업장 프로그램이나 작업활동 프로그램을 운영할 경우에는 최소 10명 이상을 대상으로 해야 함(보건복지부, 2012).

시설이용 적격 대상 장애인

「장애인복지법」 제2조에 따른 장애인

- 보호작업장: 의료, 직업능력, 심리, 교육평가 등의 결과와 초기면접 정보를 토대로 전문가 위원회에서 적격 여부 평가 결과, 당장 경쟁적인 고용시장이나 장애인 근로사업장에서 생산능력을 발휘하기 어려운 장애인을 대상으로 하되 장애등급 3급 이상인 장애인이 장애인 근로자의 80% 이상 유지되도록 해야 함
- 보호작업장 적격 대상 이용 적격 대상 장애인보다 생산능력이 떨어지는 장애인에 대하여는 작업활동 프로그램에 참여하게 할 수 있도록 하되, 작업활동 프로그램에 참여하는 장애인은 [별표 1]에 따른 장애등급 3급 이상인 장애인이 80% 이상 유지되도록 하여야 함
- 작업활동 프로그램에 참여한 장애인은 적어도 3년 후의 평가 결과에 따라 보호작업장이나 장애인 근로사업장, 또는 경쟁적인 고용시장으로 옮겨 갈 수 있도록 해야 하며, 평가결과 작업활동 프로그램에 참여할 필요성이 인정되면 이 기간을 3년 더 연장할 수 있음
- 근로사업장: 의료, 직업능력, 심리, 교육평가 등의 결과와 초기면접 정보를 토대로 전문가 위원회에서 적격 여부 평가 결과, 교통, 건축환경의 접근성이나 적응의 문제로 경쟁적인 고용시장에서 취업이 어려운 장애인을 대상으로 하되 장애등급 3급 이상인 장애인이 장애인 근로자의 60% 이상 유지되도록 해야 함

- 장애인 생활시설과 동일한 법인이 운영하는 장애인 직업재활시설은 장애인 생활시설에서 생활하는 장애인 외의 장애인이 50% 이상 유지되도록 해야 함
- 작업이나 서비스 과정상 장애인이 아닌 자를 고용해야 할 필요가 있는 경우, 그 인원은 현재 근로인원 수의 30%를 넘을 수 없음

중증장애인이란?

「장애인고용촉진 및 직업재활법」에서 정의하고 있는 중증장애인과 「중증장애인 생산품 우선구매 특별법」에서 정의하고 있는 중증장애인의 기준에는 차이가 있음

「장애인 고용촉진 및 직업재활법 시행령」	「중증장애인생산품 우선구매 특별법」
제4조(중증장애인의 기준) ① 법 제2조 제2호에 따른 중증장애인은 다음 각 호의 어느 하나에 해당하는 자로 한다. 〈개정 2009. 12. 31., 2010. 7. 12.〉 1. 「장애인복지법 시행령」 제2조에 따른 장애인 기준에 해당하는 장애인 중 고용노동부령으로 정하는 장애등급 이상에 해당하는 자 2. 「장애인복지법 시행령」 제2조에 따른 장애인 기준에 해당하는 장애인 중 제1호에 따른 장애등급보다 한 단계 낮은 장애등급에 해당하는 자로서 뇌병변장애인 · 시각장애인 · 지적장애인 · 자폐성장애인 · 정신장애인 · 심장장애인 · 호흡기장애인 · 간질장애인 및 팔에 장애가 있는 지체장애인 3. 「국가유공자 및 예우 및 지원에 관한 법률 시행령」 제4조 제3항에 따른 상이등급에 해당하는 자 중 3급 이상의 상이등급에 해당하는 자	제2조(정의) ① '중증장애인'이란 주요 일상생활 활동을 현저히 제한하는 신체적 또는 정신적 손상으로 인하여 장기간에 걸쳐 직업생활에 상당한 제약을 받는 자로서 「장애인복지법」 제2조 제2항에 따른 장애의 종류 및 기준에 해당하는 자 중 다음 각 호의 자로 한다. 〈개정 2011. 8. 4.〉 1. 지적장애인 · 자폐성장애인 · 정신장애인 · 호흡기장애인 · 언어장애인 2. 1급부터 3급까지에 해당하는 뇌병변장애인 · 심장장애인 3. 1급 또는 3급까지에 해당하는 시각장애인 · 지체장애인 · 청각장애인 · 신장장애인 · 뇌전증장애인 · 간장애인 · 안면장애인 · 장루 · 요루장애인 4. 손가락에 장애가 있는 3급의 지체장애인 5. 제3호에 해당하는 장애를 가진 2가지 이상 가진 장애등급 3급에 해당하는 장애인

생산 및 품질관리

- 직업재활시설은 장애인들이 직무능력이나 생산성을 발휘할 수 있도록 보조기술을 이용한 장비 또는 도구의 활용과 직무과정 변경 등을 적절히 배려하기 위해 필요한 조치를 해야 함
- 직업재활시설은 장애인들의 생산품이나 서비스 업종이 장기간 유지될 수 있도록 노력해야 함
- 직업재활시설은 생산품이나 서비스에 대해 매년 원가나 단가에 대한 관련 자료를 토대로 분석해야 하고, 분석 결과에 따라 가격이 결정되도록 해야 함
- 직업재활시설은 생산품이나 서비스의 품질향상을 위하여 필요한 품질인증 획득 등의 노력을 해야 함

개별고용계획서(Individualized Plan for Employment) **수립**: 고려사항 → 초기면접, 직업사정 및 평가 결과를 반영한 개인별 고용계획서, 장애 특성에 맞는 적절한 배려나 보조공학기기 활용 및 지원, 장애인의 건강이나 안전을 위협할 수 있는 요인, 직무기능 향상이나 재활서비스를 위한 관리계획 등

재활 프로그램(「장애인복지법 시행규칙」 제42조)

- 장애유형, 정도, 연령별 특성 및 당해 시설에서 수행 중인 업종의 특성을 반영하여 재활사업 계획을 수립해야 함
- 주 8시간 이상 실시: 직업적응훈련(일상생활훈련, 사회적응훈련, 작업태도 및 기술훈련), 문제 해결훈련(의사소통기술훈련, 문제 해결훈련, 대인관계능력 향상훈련, 위급 혹은 응급 상황 대비훈련, 자기옹호 및 주장 훈련), 직업평가(작업표본평가 및 현장평가), 직무기능향상훈련(직무분석에 따른 직무변경, 개조, 보조공학 개입에 따른 훈련), 지역사회 자원활용훈련(지역사회 적응훈련) 등

장애인 보호작업장에 작업활동 프로그램을 운영하는 시설: 장애인들이 일정기간 훈련을 통하여 유상적인 임금을 받을 수 있도록 교육 · 훈련, 재활 프로그램(일상생활 및 가사생활훈련, 사회적응훈련, 작업훈련, 통근훈련, 취미 및 여가활동)을 실시해야 함

장애인 근로사업장 수행사업

- 장애인 근로사업장의 사업성 강화: 근로장애인에 대해 최저임금을 지급하기 위해 수익성이 높은 사업을 개발 추진, 직종 선정
- 개별고용계획서(Individualized Plan for Employment) 수립: 고려사항 → 초기면접, 직업사정 및 평가 결과를 반영한 개인별 고용계획서, 장애 특성에 맞는 적절한 배려나 보조공

학기기 활용 및 지원, 장애인의 건강이나 안전을 위협할 수 있는 요인, 직무기능 향상이나 재활서비스를 위한 관리계획 등

재활 프로그램(「장애인복지법 시행규칙」 제42조)

- 장애유형, 정도, 연령별 특성과 현재 수행 중인 업종의 특성에 따라 필요하다면 재활 프로그램을 계획해야 하고, 그 계획에는 일반고용으로의 전이를 위한 내용이 포함되어야 함

9) 보호작업장 프로그램

하나의 보호작업장에서 포장, 부품조립, 품질관리, 제품대조, 제빵 등 평균 4가지 이상의 과업을 수행한다.

10) 보호작업장 운영의 변인들

보호작업장이 효과적으로 운영되기 위해서는 ① 보호작업장의 재정적 안정성, ② 지역사회 지원, ③ 현대적 장비와 인력, ④ 유능하고 적절한 기술을 지닌 전문 직원이 필요하다(Cull & Hardy).

11) 장애인생산품 우선구매제도

2005년 1월 1일부터 실시된 장애인생산품 우선구매제도 실시기준 개정 고시(보건복지부 고시 제2004-80호, 2004. 12. 27.) 제3조(대상물품 및 구매비율) 장애인생산품 우선구매제도의 대상물품 및 구매비율은 〈'알아봅시다' 10-1〉과 같이 지정한 바 있다.

'알아봅시다' 10-1 장애인생산품 우선구매제도의 대상물품 및 구매비율

제3조(대상물품 및 구매비율) 장애인생산품 우선구매제도의 대상물품 및 구매비율

1. 사무용양식(봉투, 진행문서화일, 책표지): 100분의 5 이상
2. 사무용지류(복사용지, 신문용지, 중질지, 감열지): 100분의 5 이상
3. 화장용 종이류(화장지, 종이수건, 기저귀): 100분의 10 이상
4. 칫솔: 100분의 20 이상
5. 장갑 및 피복부속물(장갑, 넥타이, 손수건): 100분의 20 이상
6. 포대(폴리에틸렌포대, 폴리프로필렌포대): 100분의 20 이상
7. 피복류(모자, 작업복, 잠바, 조끼): 100분의 5 이상
8. 가구: 100분의 5 이상
9. 전자 · 정보장비(휴대용 플래시메모리 저장장치 및 유선전화기): 100분의 5 이상
10. 가정용설비물(담요, 수건, 이불, 베개, 방석): 100분의 5 이상
11. 사무용소모품(결재판, 재생토너 · 카트리지): 100분의 5 이상
12. 서적 그 밖의 잡종인쇄물: 100분의 5 이상
13. 현수막: 100분의 5 이상
14. 종이컵: 100분의 5 이상
15. 상자(마분지상자 및 골판지 상자): 100분의 5 이상
16. 신발류: 100분의 5 이상
17. 식료품(빵 및 떡류, 땅콩, 견과류 가공품): 100분의 5 이상
18. 화훼 및 농산물(꽃 · 야채 · 버섯 및 각종 유기농산물): 100분의 5 이상

장애인생산품 우선구매제도는 2013년 폐지되고 「중증장애인생산품 우선구매 특별법」이 제정되었다. 「중증장애인생산품 우선구매 특별법」의 법적 근거와 도입 목적은 다음과 같다(http://www.gomdoori.or.kr; http://www.kawid.or.kr/).

법적 근거

• 「중증장애인생산품 우선구매 특별법」 주요 내용

① 국가 및 지방자치단체는 중증장애인생산품의 우선구매를 촉진하기 위하여 필요한 지원 및 시책을 종합적이고 효과적으로 추진하여야 한다(제3조).

② 보건복지부장관은 매년 초에 제5조에 따른 중증장애인생산품 우선구매 촉진위원회의 심의를 거쳐 중증장애인생산품의 우선구매 촉진을 위한 계획을 수립하고 이를 추진하여야 한다(제4조).

③ 보건복지부장관은 공공기관이 중증장애인생산품을 구매함에 있어서 불합리한 차별적 관행이나 제도를 행할 경우 이의 시정을 요구하여야 한다(제6조).

④ 공공기관의 장은 중증장애인생산품에 대한 구매를 우선적으로 촉진하여야 한다(제7조).

도입 목적

• 장애인 직업재활시설 등에서 생산되는 중증장애인생산품을 공공기관이 우선구매함으로써 중증장애인의 자립을 지원

〈표 10-3〉 「장애인복지법」과 「중증장애인생산품 우선구매 특별법」의 우선구매제도 비교

구분	장애인생산품 우선구매	중증장애인생산품 우선구매
적용시기	• 2010년까지	• 2011년부터
관련 법	• 「장애인복지법」 제44조 • 「장애인복지법 시행령」 제28조, 제29조 • 「장애인복지법 시행규칙」 제34조~제37조	• 「중증장애인생산품 우선구매 특별법」 • 「중증장애인생산품 우선구매 특별법 시행령」
우선구매 품목	• 제조품으로 한정 • 18개 품목으로 한정(2010년까지)	• 제조품 외 노무용역 등의 서비스로 확대 • 품목 한정하지 않음
우선구매 비율	• 품목별 100분의 5~100분의 20 이상으로 구매비율 설정(2010년까지)	• 품목별 구매비율 없음 • 해당 기관 총 구매액의 100분의 1 이상을 구매목표 비율로 제시(2011년부터 시행)
우선구매 촉진계획 수립	• 미수립	• 공공기관별 수립하고 보건복지부장관이 종합
우선구매 촉진위원회	• 미설치	• 보건복지부에 설치 −위원회 설치(각 부처 고위공무원 및 장애인 관련 전문가로 구성)

우선구매 생산품 제공시설의 요건	• 장애인 5명 이상 • 총 근로자 중 장애인이 100분의 70 이상(중증장애인은 1.5배로 산정)	• 근로장애인은 5인 이상 • 총 근로자 중 장애인은 100분의 70 이상 • 이 중 중증장애인은 100분의 60 이상 • 총 근로시간 중 장애인의 근로시간 100분의 50 이상 • 직접생산 여부
생산시설 지정 및 공고	• 시 · 도지사	• 보건복지부
우선구매 수행기관	•「장애인복지법 시행령」에 따라 고시로 지정	•「중증장애인생산품 우선구매 특별법」 제11조 –중증장애인생산품 업무수행기관 지정 (보건복지부 공고 제2009-369호, 2009. 6. 2.) ⇒ 한국장애인개발원

(1) 중증장애인 생산품

중증장애인 생산품이란 장애인 직업재활시설, 장애인복지단체 및 정신질환자 직업재활시설 중 보건복지부장관으로부터 지정을 받은 중증장애인 생산품 생산시설에서 생산된 제품 및 생산시설에서 제공하는 노무용역 등의 서비스를 말한다.

중증장애인 생산품 생산시설

(중증)장애인 고용비율 및 직접생산 등의 지정 기준을 갖추어 보건복지부장관의 지정을 받은 시설

중증장애인 생산품 생산시설 지정

신청 대상:「장애인복지법」제58조 제1항 제3호에 따른 장애인 직업재활시설 및 동법 제63조에 따른 장애인복지단체,「정신보건법」제16조 제1항 제3호의 정신질환자 직업재활시설

☞ 2017년 5월 30일부터 정신질환자 직업재활시설은「정신건강증진 및 정신질환자 복지서비스 지원에 관한 법률」제27조 제1항 제2호의 재활훈련시설로 변경

〈표 10-4〉 중증장애인 생산품 생산시설 지정요건

구분	기준	비고
장애인 근로자 최소고용인원 수	10인 이상	근로장애인 수 10인
전체 근로자 대비 근로장애인 비율	70% 이상	(전체 근로장애인 수+ 근로장애인 수)×100%≥70%
전체 근로장애인 대비 중증장애인 비율	60% 이상	(전체 근로장애인 수+ 중증장애인 수)×100%≥80%
총 근로시간 대비 장애인 근로시간	50% 이상	(전체 근로시간-장애인 근로시간)× 100%≥50%

둘 이상의 품목을 생산사는 생산시설은
각 품목별로 참여하는 장애인이 5명 이상

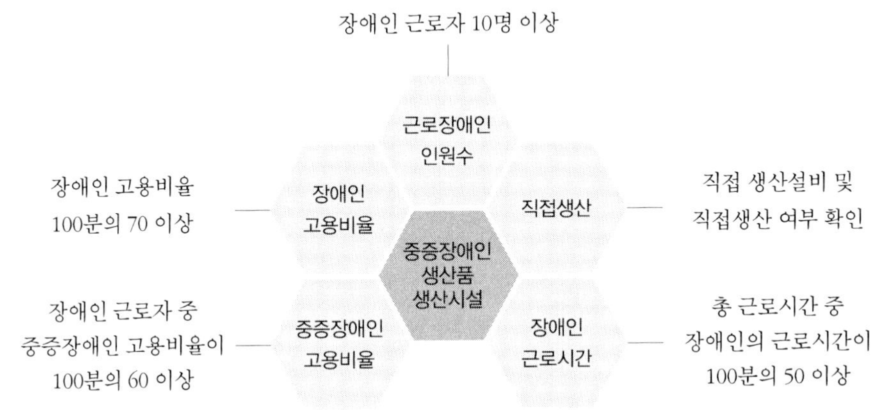

[그림 10-3] 중증장애인 생산품 생산시설 조건 모형

2017년 현재 중증장애인 생산품 생산시설의 수는 총 471개소다.

• 생산시설 수	총 471개소
• 정신질환자 직업재활시설 수	3개소
• 장애인 직업재활시설 수	343개소
• 장애인복지단체 수	125개소

(2) 장애인생산품인증제

장애인생산품인증제란 장애인 생산품에 대한 경쟁력을 강화, 인식제고 및 신뢰성 확보를 위해 도입한 제도로 장애인 생산품에 대한 경쟁력 강화, 인식제고 및 신뢰성 확보를 위해 시행되었다.

법적 근거

- 「장애인복지법」 제45조 생산품인증

① 보건복지부장관은 장애인복지시설, 장애인복지단체에서 생산한 물품의 판매촉진 · 품질향상 및 소비자와 구매자 보호를 위하여 인증제도를 실시할 수 있다.

② 제1항에 따른 인증의 선정 · 기준 · 절차 · 표시방법 및 대상품목의 선정 등에 관하여 필요한 사항은 보건복지부령으로 정한다.

③ 제1항 및 제2항에 따라 인증을 받은 경우 외에는 생산한 물품이나 그 물품의 포장 · 용기 또는 홍보물에 제2항에 따라 보건복지부령으로 정한 인증의 표시를 붙이거나 이를 사용하여서는 아니 된다.

④ 장애인생산품 인증기준 및 인증취소기준 · 절차(보건복지부고시 제2009-107호, 2009. 6. 10.)

도입 목적

- 장애인의 자활 · 자립을 도모하기 위해 장애인생산품 우선구매제도를 실시하고 있으나 그 실효성이 떨어지며, 장애인 생산품에 대한 부정적 인식으로 판매의 어려움이 가중되고 있는 실정임
- 장애인 생산품에 대한 경쟁력 강화, 인식 제고 및 신뢰성 확보를 위해 장애인생산품인증제 시행이 필요

인증대상 물품

- 「장애인복지법 시행규칙」 제34조 장애인생산품 인증 신청 및 기준

① 법 제45조에 따른 생산품의 인증은 다음 각 호의 요건을 모두 갖춘 시설이나 단체에서 생산한 물품에 대하여 한다.

1. 「중증장애인생산품 우선구매 특별법」 제9조에 따른 중증장애인 생산품 생산시설에서 생산할 것
2. 물품의 품질향상을 위한 인력 및 조직 등 품질관리체제를 갖출 것

인증상징 표시

- 생산품 및 포장재의 크기 · 형태 등을 고려, 인증상징 표시의 크기를 적절히 조정하여 물품이나 홍보물 등에 부착하거나 홍보에 활용할 수 있다.

[기본형 국문] [기본형 영문] [활용형 영문] [응용형 영문]

(3) 공공기관의 중증장애인생산품 우선구매

공공기관의 장은 공사를 제외한 구매하는 모든 생산품 및 용역 등에서 중증장애인생산품을 우선적으로 구매하여야 한다. 공공기관의 장은 대통령령에 따라 공공기관 총 구매액의 100분의 1 이상을 중증장애인 생산품으로 구매할 수 있도록 목표를 계획하고 이를 이행하여야 한다. 공공기관의 장은 소속기관에 대한 기관평가를 실시할 때 중증장애인 생산품 구매실적을 반드시 포함하여야 한다.

〈표 10-5〉 공공기관 중증장애인생산품 우선구매 주요 내용

우선구매 의무 관련 주요 내용	
제3조 국가 및 지방자치 단체의 책임	국가 및 지방자치단체는 중증장애인생산품의 우선구매를 촉진하기 위하여 필요한 지원 및 시책을 종합적이고 효과적으로 추진하여야 한다.
제6조 중증장애인생산품 우선구매 지원	보건복지부장관은 중증장애인 생산품의 구매증대를 위하여 공공기관에 우선구매를 요구할 수 있으며 해당 공공기관은 이에 응하여야 한다.
제20조 다른 법률과의 관계	「중증장애인생산품 우선구매 특별법」은 중증장애인생산품 우선구매와 관련하여 「중소기업제품 구매촉진 및 판로지원에 관한 법률」 제5조에 따른 구매계획의 작성 및 같은 법 제17조에 따른 「기술개발제품 등에 대한 우선구매 및 여성기업 지원에 관한 법률」, 「장애인고용촉진 및 직업재활법」 제2조의 3에 따른 장애인 표준사업장 생산품 관련 규정보다 우선하여 적용한다.

중증장애인생산품 우선구매 적용대상 기관은 다음과 같다.

우선구매 적용대상 기관

- 「중소기업제품 구매촉진 및 판로지원에 관한 법률」 제2조에 따른 공공기관
  ① 국가, 지방자치단체
  ② 특별법에 따라 설립된 법인 중 대통령령으로 정하는 기관
  ③ 「공공기관의 운영에 관한 법률」 제5조에 따른 공공기관 중 대통령령으로 정하는 기관
- 구매비율: 2011년부터는 공공기관별 총 구매액(제품과 노무용역 등의 서비스 포함)의 100분의 1 이상이 되어야 함(단, 공사는 제외함)

2008년부터 2015년까지 중증장애인생산품 우선구매 실적은 〈표 10-6〉과 같다.

〈표 10-6〉 중증장애인생산품 우선구매 실적 (단위: 억 원, %)

구분	2008년	2009년	2010년	2011년	2012년	2013년	2014년	2015년
우선구매액	1,320	1,658	1,902	2,358	2,526	2,958	3,530	4,640
우선구매율	–	–	–	0.55	0.49	0.72	0.91	1.02

* 적용대상 기관: 중소기업 구매촉진 및 판로지원에 관한 법률 제2조 제2호에 따른 공공기관.

(4) 중증장애인 생산품 판매시설

중증장애인 생산품 판매시설에서 제품 구매 시 생산시설을 통해 구매할 때의 번거로움과 일괄구매로 인한 구매 담당자의 편리성 등으로 업무 효율성을 높일 수 있으며, 판매시설에서 구매하는 모든 제품은 검증된 장애인 생산품이므로 장애인 생산품의 사칭 및 강매로 인한 피해를 예방할 수 있다.

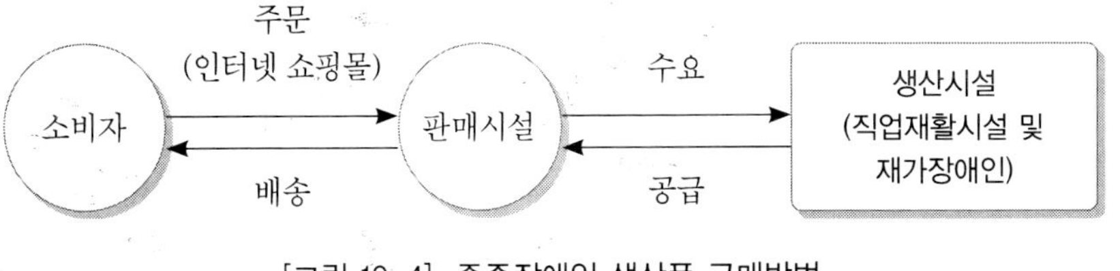

[그림 10-4] 중증장애인 생산품 구매방법

〈표 10-7〉 중증장애인 생산품 판매시설 현황

구분	시설장	우편	소재지	전화번호	팩스번호
서울	이광우	07984	서울특별시 양천구 목동서로 33	02-2647-4100	02-2645-4540
부산	이수영	47209	부산광역시 부산진구 동평로 405번길 88	051-852-0258	051-852-0234
대구	정희용	41156	대구광역시 동구 해동로 204	053-984-1116	053-984-1222
인천	백은석	21975	인천광역시 연수구 앵고개로 345-30	032-464-0184	032-468-0183
광주	이대원	62428	광주광역시 광산구 광산로 55	062-672-9765	062-672-9763
대전	백영희	34087	대전광역시 유성구 은구비남로 7번길 15	042-826-3233	042-826-3234
울산	김종욱	44728	울산광역시 남구 도산로 107번길 21	052-258-2494	052-268-2484
세종	노국현	30025	세종특별자치시 조치원읍 새내 14길 65-3	044-864-2081	044-864-2082
경기	강병모	16272	경기도 수원시 장안구 팔달로 211	031-268-9844	031-268-9846
강원	한택근	24374	강원도 춘천시 효석로 37	033-262-4264	033-262-4265
충북	박종태	28583	충청북도 청주시 흥덕구 공단로 87	043-238-4577	043-234-4577
충남	이건휘	32542	충청남도 공주시 봉황로 138	041-881-7781	041-881-7783
전북	김세영	54535	전라북도 익산시 익산대로 27길 132	063-856-2646	063-857-2646
전남	정백화	58696	전라남도 목포시 백년대로 266번길 11	061-278-2461	061-278-2463
경북	김진오	36637	경상북도 안동시 광명로 43	054-857-8890	054-857-8892
경남	곽준석	51441	경상남도 창원시 의창구 신월로 63 31-15번지	055-274-0888	055-274-0890
제주	양창오	63282	제주특자치도 제주시 임항로 294	064-702-1459	064-702-1458

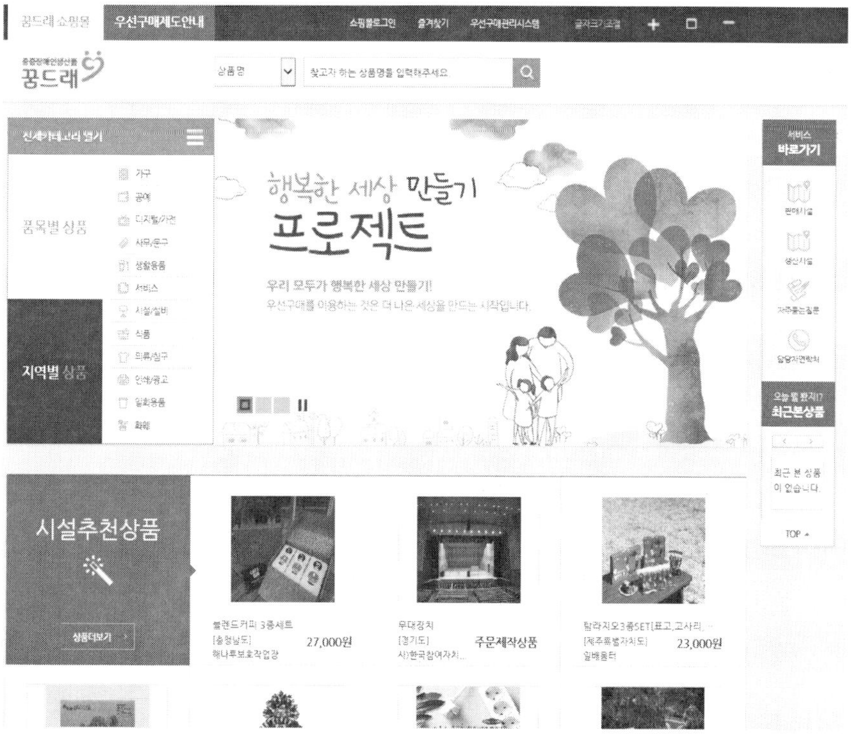

[그림 10-5] 꿈드레 쇼핑몰 홈페이지

출처: 꿈드레 쇼핑몰(https://www.goods.go.kr/sm/main.do)

2. 지원고용

1) 지원고용의 배경

지원고용은 다음과 같은 시대적 패러다임에 의해 탄생하게 되었다.

(1) 전통적 직업재활 방법의 한계

① 격리의 문제

② 중증장애인의 낮은 수입으로 인한 심각한 빈곤문제

③ 주간보호센터와 직업활동센터의 급격한 증가에 따른 정부의 재정적 부담

(2) 장애인 및 그 가족의 욕구 증대

대부분의 중증장애인은 직업 획득, 유지, 안정에 이르기까지 적절한 전문가의 도움이 필요하다.

(3) 재활기술의 진보

직업재활에 대한 사회적 투자로 장애인이 공적 부조에 의존하지 않고 일을 통해 경제적 · 사회적으로 독립하도록 도움을 제공하고자 한다. 장애아동의 의무교육 실시로 장애아동의 전환교육프로그램이 요구되었고, 지원고용이 대두되었다.

(4) 장애인에 대한 사회적 태도와 인식의 개선

1975년 워싱턴 대학교가 Seattle 지역에 있는 경쟁적인 음식물 서비스 업무에 중등도(moderate), 또는 중증(severe)의 지적장애인을 취업시키고 훈련시켰으며, 이후 이와 비슷한 프로그램으로 1977년 Wehman이 버지니아 코먼웰스 대학교(Virginia Commonwealth University), Project Employment로 시작한 프로그램이 1980년 재활연구 및 훈련 보조금을 받아 활성화되면서 지원고용 패러다임으로의 전환에 영향을 미쳤다.

이러한 패러다임의 변화는 다음과 같은 인식 변화를 가져왔다.

① 중증장애인도 일할 수 있는 능력이 있고 일하고자 하는 욕구가 있다는 연구 결과에 기초한 인식 변화
② 통합을 강조하는 지원고용의 개념 등장. 중증장애인도 최소제한환경에서 무상의 적절한 공교육을 받을 수 있게 되면서 교육, 직업, 여가활동을 통합환경에서 즐길 수 있는 지원 프로그램 개발 요청
③ 계속적인 지원에 대한 욕구의 대두. 연방정부는 시간제한적인 서비스를 제공하고 있었지만 연구 결과들은 지속적인 서비스 지원에 대한 욕구 반영

[그림 10-6] 장애인 여가생활

출처: http://www.down.or.kr/bbs/board.php?bo_table=welfare_news&wr_id=1182&page=2

- 내담자는 고용되기 전 '준비되어 있어야만' 한다는 개념은 점차 쇠퇴함
- 내담자에게 효율적이고 지속적인 지원을 제공해야 한다는 개념이 강조되기 시작
- 새로운 재활서비스의 방향은 보호작업장이 아닌 실제 환경에서 고용주와 함께 의미 있는 일을 하는 재활서비스를 제공하는 것
- 사회성 발달, 가족의 협력, 자연적 훈련장소, 내담자 권한부여, 사회적 통합
- '경쟁적 직업'이란 전일제 혹은 시간제로 행해지는 작업으로서 평균 주당 20시간 이상의 일을 하며, 최저임금에 기초하여 급여나 기타 수당을 받을 수 있도록 하는 경우를 의미

또한 1986년 미국 「재활법」 개정안과 1984년 우리나라 「발달장애인법」에 지원고용에 대한 규정이 포함되었다.

1986년 미국 「재활법」 개정안

- 사회 모든 구성원의 근로권 보장과 모든 장애인들을 포함하는 국가 프로그램의 무배제원칙(zero-rejection)
- 8명 이하의 장애인이 작업장에 근로하고 이들의 수가 전체 노동력의 5% 이상이 되지 않도록 규정

1984년 우리나라 「발달장애인법」

- 발달장애인이 경쟁적 고용에서 최저임금 혹은 그 이상 급료를 받도록 그 장애인의 작업능력에 상응하는 부족한 노동력만큼 계속적인 지원을 하는 것
- 비장애 근로자와 함께 다양한 종류의 취업현장에 배치됨
- 유급취업을 유지하는 데 필요한 감독비용, 훈련비용, 편의시설, 교통비용 등 활동비용을 지원해 주는 것

2) 지원고용의 정의 및 원칙

지원고용은 '실제 작업환경 내에서 직무지도인(job coach)에 의한 일대일 직무감독에 의해 직업이 이루어지는 것'으로 다음과 같은 원칙을 준수해야 한다.

① 직장에서의 일반인과의 통합
② 직업유지를 촉진시키기 위한 장기적이고 지속적인 지원에 대한 규정
③ 실제 작업에 대한 임금지불
④ 기관 간 협력과 서비스에 대한 재정지원
⑤ 실제적인 중증장애인의 직업배치
⑥ 고용기회 확대를 위한 선배치-후훈련

3) 지원고용의 원리

다음과 같은 지원을 통해 통합된 고용 상황에서 충분히 일할 수 있도록 하는 것이 지원고용의 원리다.

통합 · 경쟁고용이 어려운 중증장애인에게

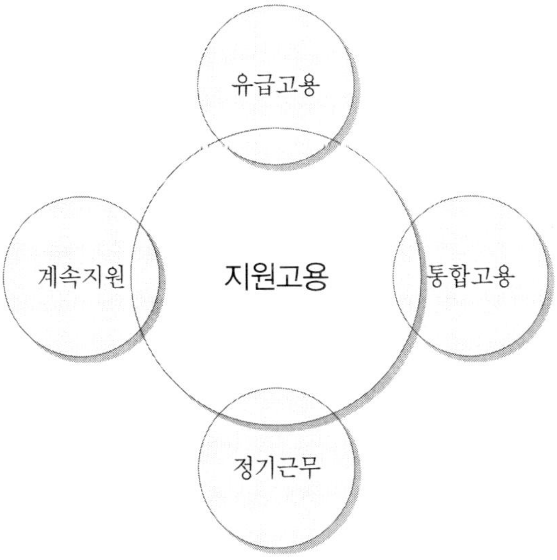

[그림 10-7] 지원고용의 원리

① 일반인과 통합된 환경에 고용
② 일주일에 20시간 이상 정기적으로 근무
③ 정상적인 월급과 수당을 받음
④ 부족한 노동력만큼 정부가 계속 지원

4) 지원고용의 대상

장기간의 집중적이고 계속적인 지원을 받지 않고서는 직업생활을 영위하기 어려운 중도 및 중증 발달장애인과 중복 장애인이다.

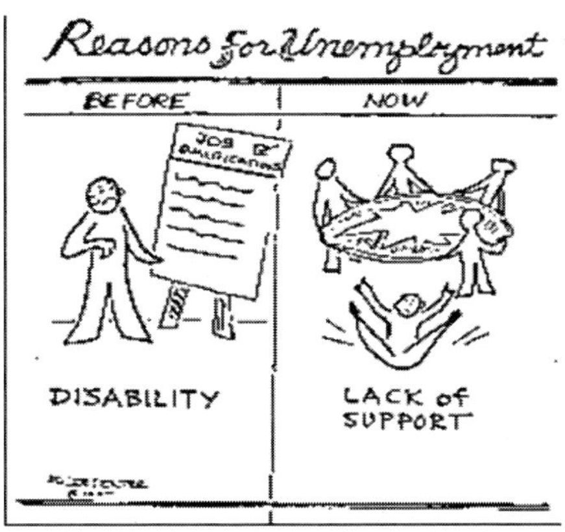

5) 전통적 고용과 지원고용의 차이점

(1) 고용

① 지원고용의 목적은 취업에 있어 모든 일반적으로 획득될 수 있는 결과를 얻는 것이다.

② 임금, 작업조건, 직무안정도에 있어 차별이 없는 것이다.

(2) 연속적인 지원

지원고용은 개인의 직업에 대한 준비도를 의미하는 것이 아니라 취업과 유지를 위해 지원이 계속되어야 한다.

(3) 서비스가 아닌 직업

고용에 필요한 기술을 개발하는 데 필요한 서비스를 제공하는 것이 아닌 일할 기회를 창조하는 것이다.

(4) 완전참여

중증장애인의 완전한 참여가 이루어져야 한다.

(5) 사회통합

① 일반인 동료 근로자, 감독자 혹은 직장과 직장 주변의 일반인과의 통합이 이루어져야 한다.

② 이를 활성화하기 위해 체계적인 교수방법, 행동중재, 재활공학의 방법이 도입되어야 한다.

③ 임금수준 이외에 회사의 인지도, 후생복지 수준, 근로자 처우, 작업조건이 통합의 질을 결정하는 요소다.

(6) 다양성과 융통성

지원고용은 지역사회 내 다양한 직업에 대한 고용과 다양한 지원을 의미하는 융통성을 가져야 한다.

〈표 10-8〉 전통적 직업배치와 지원고용 비교

	전통적 접근	지원고용
기본 가정	학습된 행동은 다른 장면으로 전이된다.	실제 작업환경 내에서 학습할 때 직업훈련이 가장 효과적으로 이루어진다.
지원, 지도, 감독의 수준	개인의 요구보다 프로그램의 규모나 규정의 정도에 따라 결정함	개인의 기능이 향상됨에 따라 집중적인 수준에서 점진적으로 줄여 나감
직업재활 과정	직업평가–훈련–배치	배치–직업평가–훈련

6) 지원고용의 모델

(1) 선훈련–후배치 모델(Training–Placement: TP)

1986년 「재활법」에 지원고용의 내용이 명시되기 이전의 직업재활훈련 모델은 선훈련–후배치 모델이었다. 그러나 이 모델은 다음과 같은 문제점이 있었다.

① 훈련 후에 배치되지 못함
② 직업배치 후에도 동료 근로자들과의 원만한 관계형성이 어려움(사회성)
③ 적절한 생산성 유지가 이루어지지 않음(학습한 기술의 일반화/전이)
④ 새로운 적응훈련을 받거나 보호작업장으로 되돌아감

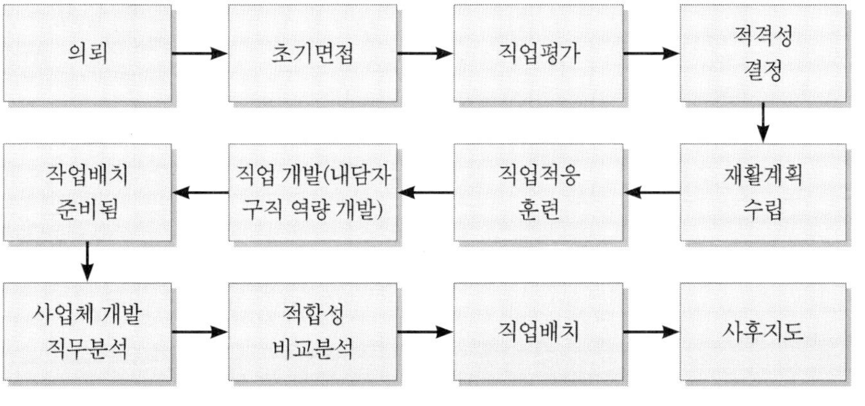

[그림 10-8] 선훈련–후배치 모델

이러한 문제점을 해결하기 위해 실제 일할 사업체를 내담자 특성과 욕구에 맞춰 개발하고, 고용계약을 체결하여 일을 하면서 현장훈련과 평가를 받고 적응해 가는 '선배치–후훈련'의 지원고용을 실시하게 되었다.

(2) 선배치-후훈련 모델(Placement-Training-Followup: PTF)

① 특정 직종에 배치 후 훈련

② 직업배치 → 현장훈련 → 계속적인 평가 → 직업보유

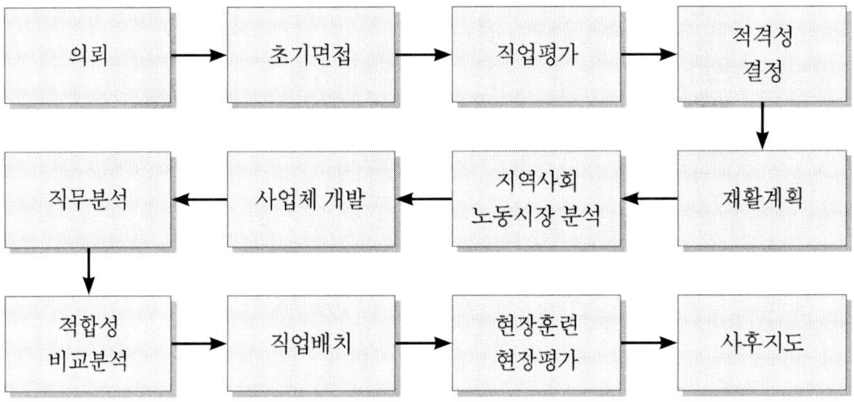

[그림 10-9] 선배치-후훈련 모델

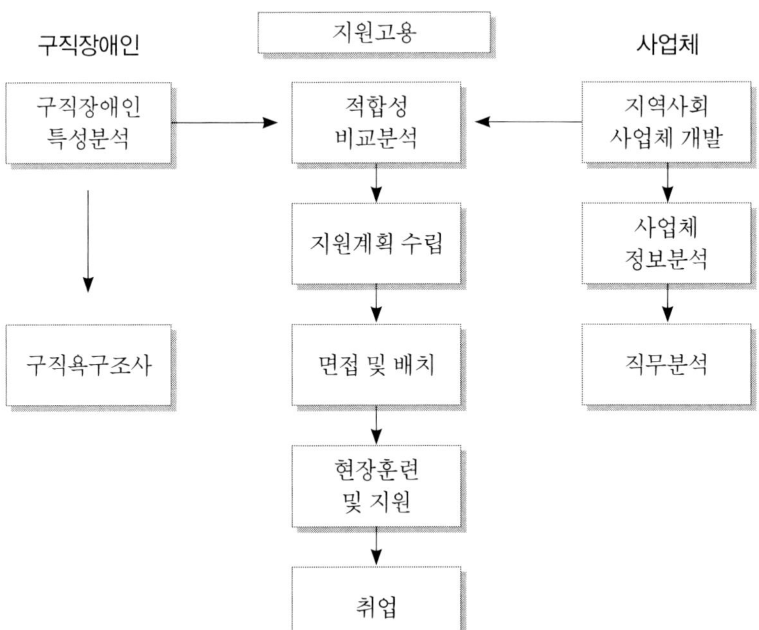

[그림 10-10] 지원고용의 단계

출처: 한국장애인개발원(2010). 중증장애인직업재활지원사업 운영 매뉴얼 I.

(3) 지원고용의 하위 모델

① 개별배치 모델

개별배치 모델(individual placement)은 지원고용서비스를 전달하는 가장 보편적인 방법으로 지역사회내의 직업에 개인을 배치하는 것이다. 직업훈련은 직무지도원(job coach)이라고 불리는 고용전문가가 일대일로 배치되어 현장에서 고용주가 만족할 만큼의 직무수행이 가능할 때까지 제공된다.

개별배치 모델은 다음과 같은 단계로 이루어진다.

직업 개발과 내담자 평가 → 현장훈련과 지원 → 지속적인 평가와 사후관리

개별고용의 고용 장소는 지역사회의 어떠한 곳이라도 가능하나, 지역사회 노동시장의 구조와 근로자의 선호도, 직업력, 직업의 요구조건, 교통 조건 등이 특정 배치 장소를 선정하는 주된 요인이다(Wehman, 1996). 직무지도원은 내담자의 조건에 알맞은 지역사회 노동시장의 채용가능 장소를 조사한 후 특정 직업이 파악되면 작업환경, 조건 등 직무유지에 영향을 주는 요인을 분석하는 직무분석을 실시한다. 내담자에 대한 평가가 직무 개발과 분석과 동시에 이루어진다. 이 단계에서는 내담자의 적응행동, 부모의 태도, 교통수단 이용 정도, 취업에 대한 의지 등의 요인을 평가하게 된다. 또한 취업하고자 하는 직종에서 요구하는 조건에 비추어 내담자의 현재 직업기술을 평가하기도 한다. 그러나 지원고용의 개념이 배치 직후 즉각적으로 직업에서 성공할 수 있는 능력을 가진 내담자를 요구하지 않기 때문에 내담자가 이러한 기준에 적합한 직무기술을 보유하고 있지 않다 하더라도 지원고용의 대상자에서 제외되지 않는다.

고용안정성을 지닌 적절한 취업 장소를 구한 후에, 지원고용 전문가는 내담자가 만족스러운 작업수행을 할 수 있도록 사업장 내부에서나 혹은 사업장 외부에서 직업훈련, 고용관리, 지원서비스를 제공하게 된다. 즉, 직무과업과 이와 관계된 행동기술(의사소통, 직무행동, 교통, 시간의 적절한 사용) 등을 직접적 · 체계적으로 가르친다. 사업체는 각 지원자의 목표와 욕구에 따라 전일제나 시간제로 구별될 수 있다. 미국의 경우, 전형적으로 개별배치 모델에 의한 지원고용 대상자는 최저임금 이상을 받고 있으나, 노동부의 규정에 의거하여 그 이하의 임금을 받을 수도 있다. 지원고용 대상자 대부분은 해당 사업체의 고용인으로 배치되나, 특별한 상황에서는 정부관청에서 임금을 지급받기도 한다.

내담자의 수행 수준이 고용주가 만족할 만큼 향상되면 직무지도원의 지원은 점차 줄어들거나 종료되지만, 종료 이후에도 취업기간 중 필요할 때마다 지원이 계속 제공된다. 직무지도원은 매일 행동훈련 자료, 관찰, 고용주로부터의 정보, 가족, 동료 근로자로부터 피드백을 받고 내담자의 적응 수준을 평가하게 된다. 그러므로 계속적인 지원을 위해서 사후지도 단계에서 사용할 수 있는 주기적인 평가가 매우 중요하다. 이 모델의 장점은 가장 최소제한적이고 자연스러운 지역사회환경에서 직무지도원에 의한 일대일의 집중적인 훈련

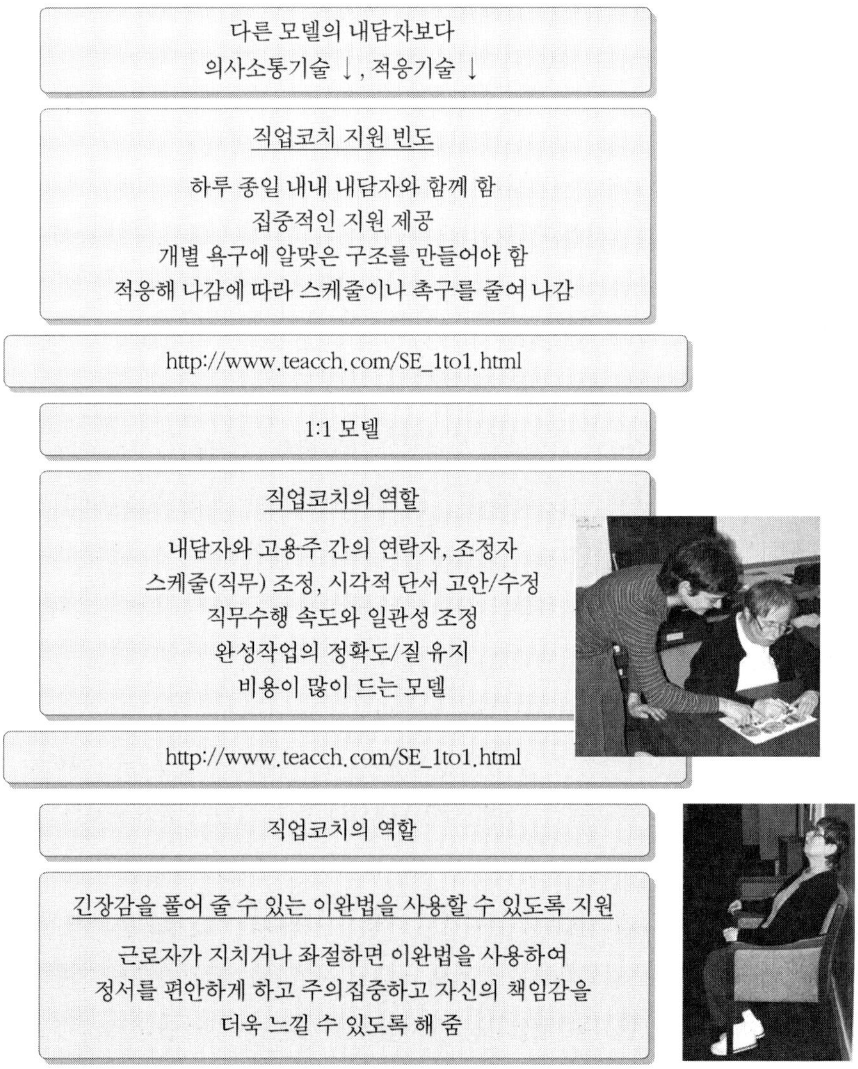

[그림 10-11] 개별배치 모델

이 이루어지고, 지속적인 지원서비스가 제공되며, 통합기회가 확대되고, 비교적 높은 임금과 수당을 받는 것이라고 할 수 있다. 실제 작업현장에서 배치와 훈련이 이루어지기 때문에 정규적인 임금을 제공하지 않는 비직업적 프로그램, 직업적응 프로그램, 보호작업장에서 장기간 훈련하는 것보다 비용적인 면에서 효율적이라고 할 수 있다(Hill et al., 1987; Rusch, 1986; Vogelsberg, 1986). 또한 내담자가 적어도 최저임금을 받게 되면 납세자가 되며 퇴직 이후 각종 수당의 혜택을 받는 완전한 시민이 된다는 의미도 포함한다.

반면 이 모델은 과제가 매일 변화되기 때문에 중증장애인이 적응하기 어려울 수 있고, 수용할 만한 행동 기준이 지원고용 대상 업체에 의해 정해지기 때문에 작업장에 적응하는 데 제한점이 있을 수 있다. 감독이 작업시간에만 부분적으로 주어지기 때문에 훈련을 하는 데 어려움이 있을 수 있다는 점, 프로그램의 효과가 소수의 지원고용 전문가에게 달려 있다는 점, 한 사람의 지원고용 대상자를 훈련하는 데 드는 비용이 다른 모델에 비하여 많다는 점 등의 단점이 있다.

② 소집단 모델

소집단 모델(enclave)에서는 직무지도원 한 명이 3~8명까지의 내담자를 훈련하고 지원한다. 내담자들은 소규모의 집단을 이루어 하나의 지역사회, 기업 혹은 산업체에서 일하며 일반적으로 개별배치 모델에서보다는 심한 장애를 가지고 있어서 개별적인 통합이 어려운 경우에 사용되는 모델이다.

Rhodes와 Valenta(1985)는 소집단 모델을 실행하기 위해서는, 첫째, 사업체 개발, 둘째, 작업조건 만족, 셋째, 근로자 통합, 넷째, 서비스 통합, 다섯째, 지속적인 지원 제공의 5가지 영역이 준비되어야 한다고 하였다.

소집단 작업은 일반적으로 직업 흥미와 프로그램의 유형이 비슷한 사람들이 집단으로 구성되어 포장과 조립과 같은 생산라인 일부를 담당하거나 제품생산 공정에 종사한다. 작업장 안에 배치된 지원고용 대상자들은 고용주와 서비스 제공자 사이에 체결된 다양한 작업 상황과 작업생산 과정에 대한 협상 내용에 따라 일을 수행하며, 내담자는 생산성에 따라 임금을 받는다. 임금은 사업주가 직접 지급하는 방식과 사업주가 지원고용 담당기관에 근로자의 임금을 지급하고 담당기관이 다시 근로자에게 임금을 지급하는 간접 지급 방식의 두 가지가 있다.

소집단 유형에서의 감독은 선임 감독자(비영리기관에 고용된)와 '모델 근로자'(생산성을 높이기 위해 사업주에 의해 배치된)에 의해 이루어진다. 개인은 3개월간 생산성이 비장애 동료 근로자 생산성의 65%를 초과할 경우 직접 회사에 의해 고용된다. 직무지도원은 내담자를 고용한 기업체나 지역의 재활기관에 의해 고용되며 지속적인 지도가 제공된다. 소집단 모델의 일반적인 직종은 빌딩 관리인, 가사도우미, 사무직, 재료 관리/운반인, 식음료서비스 근로자다.

이 접근법의 긍정적 측면으로는, 첫째, 작업수행 기준을 계속 유지하는 데 필요한 가장 집중적이며 지속적이고 신뢰할 수 있는 직무지도원의 지도가 제공된다. 둘째, 광범위한 지원이 필요하기 때문에 일반사업체에 경쟁고용이 어려운 중증장애인에게도 일반사업체 취업을 용이하게 할 수 있는 기회를 부여한다. 셋째, 지원고용 대상자의 통합과 수용을 촉진할 수 있도록 사업체 내부의 전문직원이 투입될 수 있다. 넷째, 유사한 직업 흥미와 목표, 서비스 욕구를 가진 사람이 모여 있으므로 고용 전문가의 시간 사용이 경제적이다. 다섯째, 한 사람의 직무지도원이 동시에 여러 명의 근로자를 지원할 수 있다. 여섯째, 사업주와의 협상을 통해 높은 수준의 임금과 수당을 받을 수 있다.

반면 이 모델의 한계점은, 첫째, 지원고용 대상자의 고용의 질이 직무지도원의 능력에 의존해야 하며, 둘째, 사업체가 지원고용 대상자 중 일부에서 나타날 수 있는 이상행동에 적절히 대처해야 하고, 셋째, 소기업 모델보다 물리적 · 심리적 통합의 기회가 적다

〈표 10-9〉 소집단 모델의 바람직한 특성

1. 집중적이고 지속적인 지원을 요구하는 소집단 근로자
2. 비장애 동료 근로자와 밀접한 거리를 유지할 수 있는 물리적 공간환경
3. 동료 근로자들이 일반적으로 수행하는 작업의 수행
4. 사업주에 의한 고용
5. 생산성에 기초한 임금과 수당지급/비장애 동료 근로자들과 동등한 임금과 수당지급
6. 대중 교통수단 혹은 회사 통근수단 이용 가능
7. 소집단의 규모는 연방정부 규정(1984)에 따라 8명 미만 혹은 전체 근로자의 1% 이하일 것
8. 비장애 동료 근로자와 동등한 일과시간(근로시간, 휴식시간 등)
9. 감독자는 회사의 규정과 절차를 숙지할 것
10. 지원 조직은 정규적으로 개입하지 않으나 필요한 경우 개입한다. 소집단 근로자의 생산성과 통합 수준을 향상시키기 위해 행동관리와 같은 기술훈련을 제공할 것

출처: Rhodes, L. E., & Valenta, L. (1985). Enclaves in industry. In P. McCarthy, J. M. Everson, M. S. Moon, & J. M. Barcus (Eds.), *School-to-work transition from youth with severe disabilities* (pp. 129-149). Richmond: Virginia Commonwealth University, Project Transition into Employment, Rehabilitation Research and Training Center.

는 것이다. 이 모델에서는 근로자의 82.86%가 장애인으로 개별배치 모델의 장애인 비율 41.69% 보다 훨씬 높은 것을 알 수 있다(Kregel, Wehman, & Banks, 1989). 넷째, 개별배치 모델보다 장애 정도가 중한 중증장애인이 이 모델의 대상이나, Kregel, Wehman과 Banks(1989)는 소집단 모델 대상의 40%가 경증 지적장애인이며, 26%가 중도 지적장애인, 22%가 중증/최중도 지적장애인, 7%가 경계선급 지적장애인, 5%가 지체와 감각장애

직무지도원: 내담자=1:2~5
전체 하루 일과 중 간헐적 지원
임금: 경쟁고용 수준
배치장소: 요식업, 제빵, 할인매장, 연구소 등

여러 명의 근로자가 각기 다른 과업을 수행
하나의 근로자가 공정의 전체 과업을
수행할 필요가 없으나 대부분의 공정을 완수해야 함

http://www.teacch.com/SE_Support.html

TEACCH는 현재
요식업, 제빵, 식료품, 할인매장, 제조업, 연구소의
Group Shared Support Model 운영 중

[그림 10-12] 소집단 모델

인이라고 하였다. 다섯째, 이 모델 근로자의 32%는 각종 수당을 받지 못하는 것으로 나타났다(West, Kregel, & Banks, 1990). 수당을 받은 경우에는 휴가(55%), 병가(37.5%), 의료비 보조(36.4%) 순서였으며 다른 집단 모델에 비해 의료비 보조를 많이 받는 것으로 나타났다.

③ 이동작업단 모델

이동작업단 모델(mobile work crew)은 직무지도원 한 명 내지 두 명당 3~8명 미만의 소수의 근로자들이 배치되어 van과 같은 차량을 이용하여 지역사회의 다른 지역으로 이동하여 공공건물 청소대행을 비롯하여 빌딩이나 극장관리, 눈 제거, 도색작업, 농업, 조경, 원예 등의 주로 보호와 관리와 관련된 계약 서비스를 수행하는 것이다. 이동작업단 근로자들은 개별배치나 소집단 모델 근로자보다 생산성에 제한이 있고, 추가 비용이 들며, 보다 집중적인 감독이 요구되므로, 일반적으로 지속적인 훈련과 감독을 제공하는 비영리기관의 고용인이 된다. 이 접근법은 근로자들이 이동하면서 작업을 수행하기 때문에 작은 지역이나 시골지역 혹은 기업체가 별로 없는 지역에 적합하다.

이 모델의 장점은 첫째, 소규모 도시 등 다양한 지역사회의 욕구를 충족시킬 수 있고, 이동 중간 지역사회시설을 사용(점심식사, 휴식 등)하기 때문에 통합의 기회와 사회에 노출되는 기회가 많고, 둘째, 직업상의 변수를 어느 정도 쉽게 조절할 수 있어 작업의 흐름과 양을 내담자의 훈련 수준 및 속도에 맞게 조정할 수 있으며, 셋째, 서비스 제공자들은 지역사회 내의 근로자, 작업배치계획, 특별히 생산 수준이 낮은 근로자의 관리, 차량관리 그리고 고용의 가능성을 결정짓는 다른 요소들을 보다 잘 통제할 수 있으며, 넷째, 초기 투자비용은 높으나 이러한 비용은 임금을 통해 상쇄될 수 있어 비용효율적이고, 다섯째, 직무과제의 통합을 통해 내담자들이 직무를 습득하면 최대의 임금과 생산성을 낼 수 있다.

반면 이 모델의 한계점은 첫째, 장애인들끼리 이동하기 때문에 통합의 정도가 다른 모델에 비해 적으며, 둘째, 이동작업대원이 비장애 근로자와의 접촉기회가 현저히 부족하다는 것이다. Kregel, Wehman과 Banks(1989)는 실제 이동작업단 모델 근로자의 48%가 경증 지적장애인이며, 7%만이 중증/최중도 장애인이었다고 하여, 경증장애인을 통합 기회가 적은 이동작업단에 배치하는 것은 지양해야 한다고 하였다. 셋째, 이들 중 수당을 받지 못하는 경우도 28%나 되었으나, 59.7%가 병가, 62.9%가 휴가를 받는 것으로 나타나 다른 집단 모델의 경우보다 많은 휴가를 받는 것으로 나타났다.

〈표 10-10〉 이동작업단 모델 실행에 있어 고려점

구분	고려사항
노동시장	실행 이전 노동시장분석을 통한 노동수요의 측정
도구 및 물품	필요한 도구에 대한 분석과 임대/구매 여부에 대한 결정. 비용, 투자에 대한 예상 이익, 도구 사용에 대한 훈련과 유지의 어려움, 도구운반의 용이성에 대한 평가
교통	근로자, 스태프, 도구의 안전하고 편리한 이동을 위한 교통수단의 확보
보험	근로자의 재산을 보호하기 위한 채권과 같은 추가적인 재산권 보험가입 여부
스태프	스태프 고용과 훈련의 의무화, 스태프는 직업훈련, 직무개발, 도구 사용, 급여 계산, 자료수집, 근로자의 이동수단에 대한 정보 획득이 필수. 스태프는 또한 비장애 근로자의 생산성을 향상시키고 초과근무를 통제해야 함

출처: Bourbeau, P. E. (1985). Mobile work crews An approach to achieve long-term supported employment. In P. Wehman, & J. Kregel (Eds.), *Supported employment for persons with disabilities: Focus on excellence* (pp. 83-94). New York, NY: Human Science.

직무지도원: 내담자 = 1:1~3/그룹당 2~3명
전체 하루 일과 중 간헐적 지원
임금: $6.50/시간
배치장소: 청소 및 정원관리

http://www.teacch.com/SE_Mobile.html

1:1 모델보다 덜 집중적인 지원 제공
하루 종일 내담자와 함께 있음
장점: 각 내담자의 욕구 충족이 용이함
직업코치는 과업시간, 휴식시간의 양 등을
조절할 수 있다.

Steve's Schedule at Mike's

	Clean Lara's Bathtub/Toilet and Sink
	Clean Master Shower/Toilet and Sink
	10 Minute Break
	Clean Downstairs Bathroom
	Electric Broom
	10 Minute Break
	Trash/Recycling
	All done!!!! Great Job!!!!!
	Help take stuff to the van

내담자의 강점, 흥미에 따라 과업 제공 가능

가장 큰 장점은
경쟁고용에 배치되기 위한 훈련 과정이 될 수 있다는 것

현재 TEACCH는 홈클리닝과 조경사업 운영 중

[그림 10-13] 이동작업단 모델

④ 소기업 모델

소기업 모델(small business)은 최대 6명의 중증장애인과 일반인이 지역사회 내에서 제조업 혹은 하청업을 수행하며 1가지 유형의 생산품이나 서비스를 제공하는 소규모의 사업체를 설립·운영하는 형태다. 이들 소기업은 사업체 운영을 통해 수익을 얻고 그것을 채용된 근로자들의 임금으로 지급하는 통상적인 일반 기업과 형태로 운영된다. 이 모델은 직무지도원 대 내담자 비율이 적기 때문에 지속적인 감독을 필요로 하는 행동장애나 제한된 자조기술을 가진 최중도 장애인에게 적합하다(Boles, Bellamy, Horner, & Mank, 1984; Mank et al., 1997; Moon & Griffin, 1988).

소기업 모델은 일반적인 작업장과 매우 유사한데, 자신의 기업 내에서 계약 맺은 과업을 수행하며 하청에 대한 책임을 지기 때문이다. 그러므로 마케팅, 세일즈, 생산, 문서화, 품질관리, 임금수준, 비용분석에 필요한 과정이 개발되어야 하며(Boles et al., 1984;

O'Bryan & O'Bryan, 1995) 이 모델의 기업주는 다른 지원고용 모델과 같이 근로자에 대해 양질의 훈련을 제공해야만 한다. 일반적인 작업장과 다른 점은 근로자의 수가 적으며, 일반 작업장 취업이 어려운 최중도 장애인을 대상으로 하고 장기적인 계약을 통해 총경비를 절약할 수 있다는 것이다. 근로자들은 직접적인 책임을 지는 관리자, 생산 관리자 등으로부터 감독을 받는데 임금은 생산성과 기업의 사업성과에 따라 달라진다. 소기업 모델의 장애인 생산품이나 서비스는 여객기 기내식 공급, 제과 · 제빵, 물품 조립 등이 속한다.

소기업 모델은 자신의 작업장 내에서 과업을 수행하기 때문에 통합의 기회가 적어 감독자는 적극적으로 지역사회와의 연계 기회를 제공해야 한다. 또한 자신의 사업이기 때문에 집단 모델 중 실행 비율이 가장 낮은 것으로 나타났다. 또한 다른 지원고용 모델과 마찬가지로 경증 지적장애인 49%, 경계선급 지적장애인 18%, 중증/최중도 지적장애인 13%, 정신장애인 7%, 지체 및 감각장애인 7%, 중도 지적장애인 6%로 경증 지적장애인이 가장 높은 비율을 차지하고 있었다(Kregel, Wehman, & Banks, 1989). 특히 수당의 경우 94%가 전혀 받지 못하고 있어 집단 모델 중 수당을 받지 못하는 비율이 가장 높았다.

직무지도원: 내담자 = 1 : 12

방문횟수: 1~2회/주, 2주

임금: 경쟁고용 수준
배치장소: 사무실, 도서관, 창고, 컴퓨터,
할인매장, 실험실 등

근로자는 1~6시간/2~8주 훈련 프로그램
근로자, 고용주, 지원의 내용에 따라 강도가 달라짐

www.teacch.com/supported_employ_independentmodel.htm

[그림 10-14] 소기업 모델

집단 모델은 개별배치 모델에 비해 보다 집중적인 지원을 요구하는 최중도장애인에게만 적합한 것으로 여겨진다. 일반적으로 주당 노동시간은 집단이나 이동작업단 모델 근로자들이 훨씬 많으나 평균 시간당 임금과 통합 수준은 개별배치 모델 근로자가 더 높은 것으로 나타났다(Kregel, Wehman, & Banks, 1989).

〈표 10-11〉 집단 모델의 특징

특징 \ 유형	소집단 모델	이동작업단 모델	소기업 모델
전체 지원고용 중 실행되는 비율	7.1~34%	6~18%	7~7.3%
고용 대상	최중도 - 경계선급 지적장애인	중증/최중도 - 경계선급 지적장애인	중증/최중도 - 경증 지적장애인
중증/최중도 장애인 비율	9~22%	0~27%	13%
주당 평균 노동시간	17.11~28.7	12.23~27.6	6.35
평균 월급여	$231.19~$435.34	$199.68~$381.24	$125~$149
1개 이상 수당을 받는 비율	67.4%	71.2%	5.6%
현장 지도시간 (10~12개월)	18.31	25.13	적용 안 됨
평균 투자 비용	$5,154	$5,008	$6,072
재활 종료 비율	11%	10%	적용 안 됨
통합 정도의 순위	중간	낮음	높음

출처: Wolfe, P. S. (1992). Supported employment: A review of group models. In P. Wehman, P. Sale, & W. S. Parent (Eds.), *Supported employment: strategies for integration of workers with disabilities* (pp. 63-82). Stoneham, MA: Butterworth-Heinemann.

7) 지원고용의 내용

지원고용은 중증장애인이 경쟁고용에서 많은 어려움을 겪고 있는 데 대한 고용 대안 서비스로 시작되었기 때문에(Whitehead, 1979) 효과적인 여러 요소를 포함하는 중재 패키지라고 할 수 있다(Lagomarcino, 1986). Trach(1990), McDonnell, Nofs, Hardman과 Chambless(1989), Wacker, Fromm-Steege, Berg와 Flynn(1989)는 다음과 같은 지원고용의 요인들을 제시하였다.

(1) 지역사회 조사 및 직무분석

취업가능성이 있는 직업배치 장소와 미래의 고용주와의 개별적인 접촉을 위해 지역사회 노동시장에 대한 조사를 실시한다. 다음 단계로 취업에 요구되는 직업적 · 사회적 기술을 판별하기 위해 취업 가능성이 있는 직업배치 장소에 대한 직접적인 관찰을 실시한다.

(2) 직업연결 및 배치

근로자 특성은 직업이 요구하는 조건과 관련되어 있다. 고용 전문가는 지역사회 조사에서 획득한 정보와 근로자의 직업적 · 사회적 기술을 평가한 정보를 비교하여 적합한 직업연결을 하게 된다. 잠재력 있는 근로자는 직업연결 과정의 한 부분이 된다. 지적장애인은 자신이 선호하는 직업을 표현하고 직업이 요구하는 조건에 자신의 직업적 · 사회적 · 개인적 강점을 맞추어 볼 수 있도록 교육된다. 이러한 교육은 자기계획 과정과 다양한 지역사회 작업장을 직접 방문하는 과정에서 이루어진다. 그 이후 실제 직업을 수행하면서 자신의 선택을 검증해 보게 된다. 무배제 원칙에 의해 어떠한 장애인도 취업에 있어 배제되지 않으며 승진과 임금 향상의 기회가 고려된 후 지역사회 내의 적합한 직업에 배치된다.

(3) 취업능력의 신장

배치 후 일반적으로 감독자가 훈련을 하는데 지원고용에서는 직무지도원이 근로자의 의뢰기관에서 추가훈련, 작업행동에 대한 지원, 근로자에 대한 옹호 등을 제공함으로써 감독자를 보다 많은 영역에서 지원한다. 감독자의 허락하에 직무지도원은 행동분석, 직무조정을 실행하고 직업행동의 유지를 위해 계획을 수립한다.

대부분의 전통적인 재활서비스의 고용모델은 훈련된 전문가가 직업적응 과정에 있어 배치 이후 즉각적인 훈련이나 지원을 제공하지 않았다. 고용주가 이러한 훈련을 모두 책임졌으며 배치기관은 단지 단순하며 비정규적인 사후 관리를 배치 후 단기간 동안 실시할 뿐이었다. 그러나 지원고용 모델은 근로자 개인의 직업환경에 대한 초기 적응력을 향상시키고 장기간 직업을 유지할 수 있도록 강화된 현장훈련과 지지서비스를 강조한다.

지원고용 과정의 일반적인 첫 번째 단계는 직업과 관련된 요구조건을 결정하기 위한 현장평가를 실시하는 것이다. 직업코치는 면접과 직무과업을 실제 수행하는 것을 관찰하는 것이다. 예를 들어, 내담자를 식음료서비스업에 배치했을 경우 감독자에게 그 직무과업이 시작되고 종료되는 시간을 명시해 달라고 질문하는 것과 같은 것이다. 감독자가 3명의 근로자가 제시간에 과업을 완수하지 못했다고 한다면 다음 단계는 근로자가 실제로 그 과업을 시작하고 완수하는 시간을 파악하기 위해서 근로자를 관찰하는 것이다. 이러한 직접적인 관찰의 결과 지원고용 근로자가 감독자의 기준을 대부분 넘지 못했다면, 그 영역을 판별하여 직무지도원이 실제로 그 과업을 수행한 뒤 적합한 방법을 개발하여 근로자들의 수행능력을 향상시킬 수 있도록 전략을 수립하게 된다.

여러 연구 결과에 의해 지원고용 근로자들의 독립적 작업수행능력을 향상시키기 위해서 지원고용 근로자 스스로가 적극적인 참여자가 될 때 지원고용이 효율적인 지원 전략이 될 수 있다는 사실들이 제시되고 있다. 즉, 지원고용의 과정은 근로자들이 의사를 결정하고, 독립적으로 수행하고, 자신의 수행을 평가하고, 미래의 수행 정도에 대한 적합한 계획을 스스로 세울 수 있도록 하는 과정이 되어야 한다는 것이다(Mithaug, Martin, Husch, Rusch, & Agran, 1988).

의사결정 단계에 있어 근로자는 자신의 과업을 판별하는 것을 배우고, 독립적인 작업수행 단계에 있어서는 작업을 일과표대로 수행함으로써 완수하게 된다. 일반적으로 지원고용의 근로자들은 처음에 효율적인 계획 수립, 일과표 짜기, 행동관리 기법을 배우게 되고(Rusch, Martin, & White, 1985), 자기평가 단계에서는 자신의 수행을 스스로 기록하여 관찰하게 된다(Connis, 1979). 이렇게 자신의 기대 수준과 실제 수행 정도를 비교해 봄으로써 근로자들은 자신의 목표를 달성했는지 인식하고 이를 기초로 수행 정도를 평가하고 미래에 대한 계획을 수립하는 기회를 갖게 된다. 조정 단계에서는 과업수행을 위해 변화가 있어야 하는지를 결정하게 된다. 즉, 과업 시작과 완료 시간, 과업 선택, 조직, 완성의 정확성에 대한 변화를 결정하게 된다. 만일 근로자가 의사결정 단계에서 수립한 목표를 완수했다면 이러한 조정은 거의 요구되지 않는다. 반대로 목표 달성에 실패했다면 과업수행 방법이나 과업 자체에 대한 변화가 요구되는 것이다. 직무지도원은 근로자들이 작업수행에 대한 기대 수준의 변화와 책임감과 기회의 증대와 같은 요인에 적응할 수 있도록 이렇게 근로자의 능력을 향상시켜야 한다.

내담자를 대신하여 지지 혹은 비지시적 중재를 하는 것은 이 단계의 중요한 요소다. 직무지도원은 내담자의 장애에 대한 감독자의 의문점(예를 들어, 장애 특성, 약물복용, 보조장비의 필요성, 동료들과의 관계 등)에 대해 응답하거나 내담자의 부모나 보호자와 내담자의 수행정도에 대해 이야기를 나누는 것이다.

직무지도원의 현장 지원은 점차 소거되기 때문에 행동관리는 작업현장의 중요한 타인 혹은 자극제로 전이되어야만 한다. 이러한 '자연적 지원'은 작업현장 여러 곳에서 일어날 수 있다. 즉, 직무지도원은 동료의 지원이나 시계, 호루라기, 그림과 같은 다른 요소를 '자연적 지원' 요소로 사용할 수 있다.

(4) 계속적 지원/사후지도

전통적인 배치 모델에서는 직무지도원이 내담자를 배치한 후 근로자의 작업수행의 적절성을 평가하기 위해 고용주와 만나게 된다. 그러나 중증장애인을 배치할 때에는 작업수행을 성공적으로 하기 위해서 요구되는 지원서비스의 강도와 기간이 다르기 때문에 이러한 유형의 '모니터링'만으로는 평가가 불충분하다. 지원고용에서 내담자 모니터링은 배치 이후 수년간 계속되는 지속적 활동이 되어야 한다.

배치 직후 직무지도원은 발생될 수 있는 문제나 고용주의 불만족 사항을 판별하기 위해 정기적으로 감독자의 평가를 받아야 한다. 그 후 직무지도원은 내담자의 행동을 평가하고 중재전략을 수립하며 감독자에게 근로자를 재평가하도록 요청한다. 만일 문제가 소거되지 않고 지속되고 있다면 이러한 과정은 반복된다. 근로자 또한 자신의 직무만족 수준을 정기적으로 평가해야 한다.

(5) 기관 간 협력

지원고용에 있어 중증장애인을 지원하기 위한 기관 간 협력은 매우 효과적인 것으로 나타났다. 이는 지원고용이 매우 강화된 지속적인 기관 간 협력을 요구하기 때문인 것으로 보인다.

8) 직무지도원

(1) 직무지도원의 역할

직무지도원(Job coach)은 다음과 같은 역할을 수행해야 한다.

첫째, 지역사회 내 지원고용을 수용할 기업체를 찾아내, 적절한 대상기업을 선정한다. 둘째, 지속적이고 무제한적인 지원을 내담자에게 제공하며 가족에게 미래의 수입, 직무지도원의 역할, 제공될 직업, 지원고용 프로그램 설명을 제공한다. 셋째, 내담자의 재활과정에 적절한 과거의 의료, 심리적 자료수집, 현재 필요한 서비스 결정, 자원 및 전문가 자문을 제공한다. 넷째, 관리자 혹은 경영자의 역할을 한다. 다섯째, 조정자의 역할을 한다. 이때 내담자가 많은 기술을 습득하고 일정하게 작업생산성을 유지할 수 있을 만큼 독립적이 되면 직무지도원은 직장에서의 지원을 줄여 나간다(fading out). 또 장기적이고 안정된 지원을 제공하며 적어도 한 달에 두 번 이상 현장 직무훈련 접촉을 유지한다.

(2) 직무지도원의 능력

① 내담자에 대한 적절하고 지지적인 감독 제공

② 장애의 정도와 프로그램 요구 사이의 관계 이해

③ 효과적인 프로그램 점검 및 평가체계 수행능력

④ 직업 및 개인적 적응기술에 대한 지식

⑤ 장애의 정도와 프로그램 요건들 사이의 관계에 대한 이해

⑥ 자기관리기법

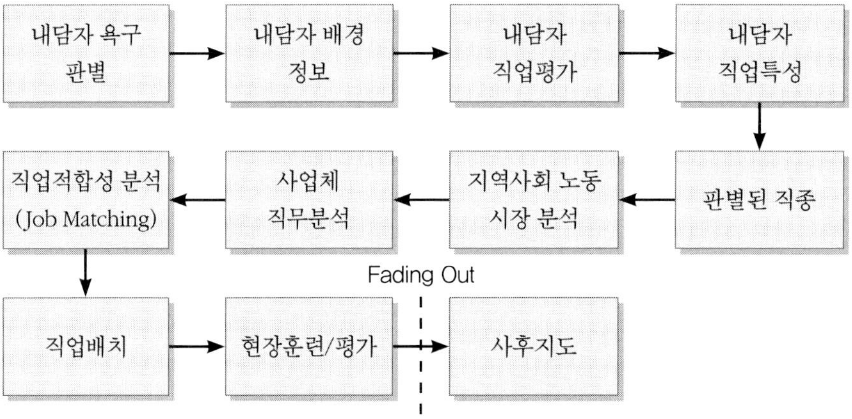

[그림 10-15] 직무지도원 역할

9) 직무분석

직무분석(job analysis)은 직무가 수행되는 특정 상황에서 발생되는 다양한 과업의 각 단계별 요구조건을 분석하는 것이다. 고용훈련 전문가는 이러한 분석 방법을 내담자의 과업을 이해하는 데 사용하여 훈련의 지속성을 관찰하고, 각 과업을 세분화하여 학습을 촉진하는 역할을 한다. 즉, 직무분석은 중증장애인이 직업에서 성공할 수 있도록 지원하는 데 매우 효과적인 방법이다.

(1) 직무분석의 정의

직무분석은 직무 내용, 직무수행 방법, 직무수행의 이유, 직무에서 요구하는 특성, 직무가 수행되는 조건에 대한 정보를 수집하고 분석하는 체계적인 과정으로 산업현장에서의 실제 작업수행을 관찰한 후 직무를 각 단계로 세분화하여 직무에 대한 정보를 획득한다. 직무분석 과정은 교육, 훈련, 기질, 적성, 흥미, 신체적 요구조건과 같은 직업과 관련된 과업, 작업환경과 같은 조건들을 발견하고 분류하는 것이다. 이 과정에서 직업평가사는 근로자 관찰, 근로자와 고용주 혹은 감독자 면접을 통해 직무수행에서 요구되는 신체적 특성과 환경적 특성, 교육수준과 직업훈련 등에 관한 정보를 획득한다.

직무분석은 직무를 분류하기 위한 목적으로 산업 공학자, 산업 심리학자들에 의해 개발된 방법이다. 1800년대 말 테일러(Frederick Taylor)는 최초로 조직적이고 과학적인 방법으로 작업에 대한 연구를 했으며, 효과적인 과업수행 방법을 알아내기 위해 과업을 동작의 단위로 구분하였다. 그러나 이 연구는 작업수행에 영향을 미치는 심리적 · 사회적 요인은 배제하였다.

Frank와 Gilbreth는 Taylor의 기계적인 직무분석을 발전시켜 인간관계나 심리학적 요인이 작업수행에 영향을 미친다고 하였으며, 이 개념은 1950년대에 더욱 확장되어 근로자 선발 방법을 개선하기 위해 직업평가 분야에 응용되기 시작하였다(강위영, 이상진, 1999).

현재 직업재활 분야에서 널리 쓰이고 있는 직업사전에 수록되어 있는 직업항목은 직무분석을 통해 분류된 것이다.

(2) 직무분석의 의의

강위영과 이상진(1999)은 직무분석의 의의를 다음과 같이 제시하였다.

① 직무상의 책임과 권한에 입각한 노동력의 조직
② 인적 자원에 입각한 근로자의 모집, 선발, 배치
③ 직무분석에서 제시된 직업에서 요구하는 신체적, 정신적 능력에 부응하기 위한 훈련계획
④ 숙련, 권한과 책임 및 기타 직무의 여러 가지 특성에 상응하는 임금관리
⑤ 직무상의 권한, 책임, 작업조건 등의 요인에 상응하는 전직 및 승진

⑥ 상세한 책임의 부과, 과업과 임무의 한계 및 공정한 임금을 통한 문제 해결
⑦ 직무분석에서 나타난 위험하고, 비위생적인 작업조건의 개선
⑧ 시간 및 동작 연구를 통한 표준생산량의 설정
⑨ 작업간소화와 방법 개선을 통한 노동생산량의 향상
⑩ 직무에 대한 상세한 정의와 분석 결과 제시를 통한 조직계획의 수립

(3) 직무분석의 목적

① 직무특성에 대한 정보를 제공한다.
② 작업표본 개발과 근로자의 과업수행과 내담자의 능력을 비교하는 기초가 된다.
③ 작업환경에 대한 많은 정보를 제공한다.

(4) 직무분석의 내용

① 직무수행의 이유
② 직무수행 방법
③ 직무수행 장소
④ 직무수행 도구, 장비, 보조장비

(5) 직무분석의 방법

① 근로자, 고용주, 감독자 면접
② 근로자 관찰과 결과 기록
③ 특정 과업에 따른 직무 분류
④ 직무분석표 작성

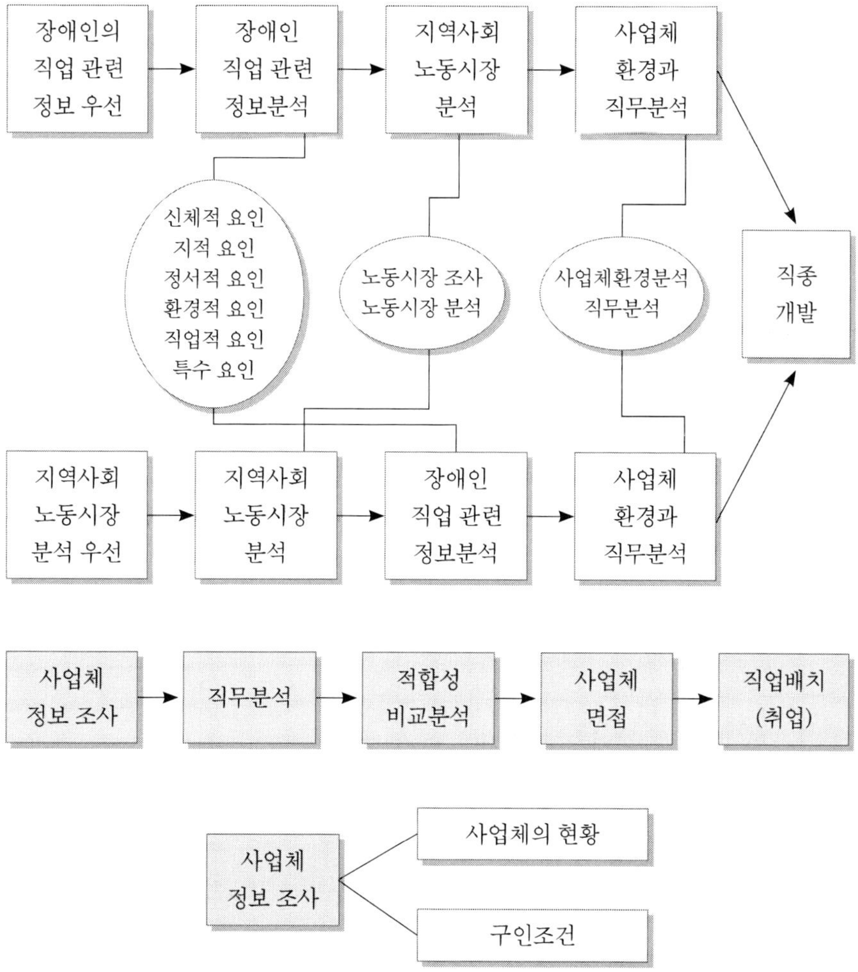

[그림 10-16] 직무분석 과정

(6) 직무분석표 작성

① 근로자 관찰

평가사는 관찰을 통해 직업의 신체적 조건을 결정한다. 예를 들어, 직무가 앉아서 하는 일인지 혹은 서서하는 일인지, 운반 가능한 최대 무게는 얼마인지, 운반 가능한 거리는 얼마인지, 직무가 요구하는 청력, 시력의 정도는 얼마인지, 내근직 혹은 외근직인지, 또한 소음 수준과 안전도 등을 분석한다.

② 직무과업 기술

평가사는 근로자가 직무를 수행하는 것을 관찰하여 직무를 순차적인 순서 혹은 기능적인 순서에 따라 기술한다. 순차적인 수행 순서는 수행되어야 하는 순서에 따라 정해진 단계별로 수행되는 것을 의미하며, 기능적인 수행순서는 직무의 중요도에 따라 정규적인 순서 없이 수행되는 것을 의미한다.

③ 작업도구, 보조도구, 기계, 장비, 재료, 기술

근로자가 해당 직무를 수행하는 과정에서 사용하는 작업도구, 보조도구, 기계, 장비, 재료, 기술을 분석한다.

④ 근로자 면접

근로자 관찰결과의 정확성을 확인하며 오류를 발견하는 과정이다. 직무수행에 요구되는 교육 수준과 직업훈련 경력, 훈련기간과 형태, 자격증 유무 등이 분석된다.

⑤ 직업적성, 흥미, 근로자 기질에 대한 평가 실시

직업적성은 일반적으로 적성검사를 사용하여 평가되며 이러한 인성검사 결과는 직업사전 직업항목과 비교된다.

직무분석의 내용은 직업사전의 자료(data), 사람(people), 일(things) 영역과 근로자와의 연관성에 대한 정보를 제공하며 직업사전 코드와 항목에 따른 분류를 용이하게 한다.

(7) 직무분석의 적용 분야

직무분석의 목적은 직업에 관한 실제적인 정보를 획득하는 것이지만 이외에도 다양한 분야에 적용된다(Pruitt, 1986).

① 직무의 분류
② 직업연결

직무분석은 다음에 제시된 사업체정보지와 직무분석지 양식에 제시된 내용에 따라 분석하는 것이 일반적이다. 직무분석 실시 후 내담자 특성과 비교분석하는 적합성 비교분석을 실시한다.

NO	
작성일	20 년 월 일
작성자	(서명/인)

사업체정보지

<table>
<tr><td rowspan="20">사
업
체
현
황</td><td>사업체 명</td><td></td><td colspan="2">대표자 명</td><td colspan="2"></td></tr>
<tr><td rowspan="4">소재지</td><td rowspan="4"></td><td rowspan="4">연
락
처</td><td>전화번호</td><td colspan="2"></td></tr>
<tr><td>FAX</td><td colspan="2"></td></tr>
<tr><td>홈페이지</td><td colspan="2"></td></tr>
<tr><td>담당자</td><td colspan="2"></td></tr>
<tr><td>사업자등록번호</td><td></td><td colspan="2" rowspan="2">근로자 수</td><td colspan="2" rowspan="2">총 명/남: 명/여: 명</td></tr>
<tr><td>업종/생산품</td><td>/</td></tr>
<tr><td colspan="6">사업체 환경</td></tr>
<tr><td colspan="2">• 편의시설
– 화장실:□입식□좌식
– 계단:□유□무
– 엘리베이터:□유□무
– 경사로:□유□무
– W/C 사용:□가능□불가</td><td colspan="3">• 작업장 위치:
• 안전성:□안전□보통□염려
• 온도:□추움□보통□더움
• 교통편(노선 및 승하차 지점)
– 지하철:
– 버스:
– 통근차량:□유□ 무</td><td>• 청결성:□청결□보통□불량
• 소음도:□높음□보통□낮음
• 조명:□어두움□보통□밝음</td></tr>
<tr><td colspan="6">기타(부연 설명):</td></tr>
<tr><td colspan="6">장애인 고용환경</td></tr>
<tr><td colspan="2">고용주 및 동료 태도</td><td colspan="4"></td></tr>
<tr><td colspan="2">작업환경</td><td colspan="4"></td></tr>
<tr><td colspan="2">장애인 배치 직무조건</td><td colspan="4"></td></tr>
<tr><td colspan="2">기타</td><td colspan="4"></td></tr>
<tr><td colspan="6">장애인 고용현황 및 복리후생</td></tr>
<tr><td>고용 여부</td><td>□유□무</td><td colspan="2">고용 형태</td><td colspan="2">□간부□사무□생산□기타</td></tr>
<tr><td>고용 인원</td><td></td><td colspan="2">장애유형</td><td colspan="2"></td></tr>
<tr><td>기숙사</td><td>□유□무</td><td colspan="2">식사 제공</td><td colspan="2">□조식□중식□석식</td></tr>
</table>

구분	항목	내용	항목	내용
구인 (근로) 조건	구인 유형	□취업 □부업 □훈련	성별	남: 명 / 여: 명 / 무관: 명
	작업 내용	□주 작업: □보조작업:		
		□직무중요도(근력, 지속력, 활동범위, 속도, 상호관계, 위험요소 등):		
	구인연령		혼인관계	□미혼 □기혼 □무관
	학력		자 격 증	
	기술 및 기능정도	□미숙련기능자 □반숙련기능자 □숙련기능자 □기타( )		
	구비서류	□이력서 □자기소개서 □성적증명서 □졸업증명서 □주민등록등본 □기타( )		
	장애유형 및 보장구	□희망장애 유형: *사유: □필요보장구:		
	근무 여건			
	고용 형태	□상용 □일용 □시간제 상용 □시간제 일용 □기타( )		
	고용 기간	□정규직 □계약직 □일용직 □시간제	수습	개월
	근무시간	□근무시간: : ~ : □잔업시간: : ~ : □2교대 □3교대 □연장근로시간: 주 평균 시간(주 회)		
	급여조건	□월급제: 기본급 원 + 제수당 원 = 원 □일급제: 기본급 원 ( )일 = ( )원 + 제수당( )원 = ( )원 □제수당: □야근수당 □연/월차수당 □기타수당( )		
		□상여금: %	급여 지급일	
	퇴직금	□유 □무 (사 유:)	4대 보험	□산재보험 □고용보험 □건강보험 □국민연금

[그림 10-17] 사업체정보지

출처: 한국장애인개발원(2010). 중증장애인직업재활지원사업 운영 매뉴얼 I권.

직무분석지

NO.		작성자	(서명/인)
사업체 명		사업수 (인사담당자)	
업체방문일	20 년 월 일	직무분석표 작성일	20 년 월 일
자료수집 방법	□관찰 □면접 □설문지 □과거자료 분석결과 □체험 □기타( )		
담당직무 명			
직무개요			

구분	항목	요구도								비고
		①		②		③		④		
신체 능력	배근력(들기)	10kg 미만	□	10~20kg 미만	□	20~40kg 미만	□	40kg 이상	□	
	허리 굽히기	1시간 미만	□	1~2시간 미만	□	2~4시간 미만	□	4~8시간 이상	□	
	의자 앉기	1시간 미만	□	1~2시간 미만	□	2~4시간 미만	□	4~8시간 이상	□	
	쪼그려 앉기	1시간 미만	□	1~2시간 미만	□	2~4시간 미만	□	4~8시간 이상	□	
	서기	1시간 미만	□	1~2시간 미만	□	2~4시간 미만	□	4~8시간 이상	□	
	계단 오르기	1시간 미만	□	1~2시간 미만	□	2~4시간 미만	□	4~8시간 이상	□	
	보행	1시간 미만	□	1~2시간 미만	□	2~4시간 미만	□	4~8시간 이상	□	
	손가락 기민성	요구되지 않음	□	연필크기 물건 집기	□	동전크기 물건 집기	□	바늘크기 물건 집기	□	
	눈손 협응	요구되지 않음	□	어느 정도 요구됨	□	중요함	□	매우 중요함	□	
	양손 협응	요구되지 않음	□	우세손만 사용	□	주: 우세손 보: 비우세손	□	양손 동시 사용	□	
	청력	요구되지 않음	□	보청기로 소리/신호 확인	□	보청기로 일상대화 가능	□	전화 사용 및 일상대화 가능	□	
	시력	요구되지 않음	□	표지판 등 큰 글씨 확인	□	상품 설명 같은 작은 글씨 확인	□	전자부품 등 세밀한 글씨 확인	□	

인지	지식이해	요구되지 않음	□	언어지시, 모델링 후 견본 제시	□	언어지시와 함께 모델링	□	언어지시 만으로 이해	□	
	쓰기	요구되지 않음	□	1~2단어 받아쓰기	□	3~4단어 받아쓰기	□	편지 등 작문하기	□	
	읽기	요구되지 않음	□	1~2단어 읽고 이해	□	단문 읽고 이해	□	설명서 등의 장문 읽고 이해	□	
	수 세기	요구되지 않음	□	1~10까지 세기	□	1~100까지 세기	□	100 이상 세기	□	
	수리능력	요구되지 않음	□	수 세기	□	덧셈 · 뺄셈 가능	□	사칙연산 가능	□	
	금전관리기술	요구되지 않음	□	화폐 종류 인지 가능	□	거스름돈 주고받기	□	금전관리 계획 및 실행	□	
	시간개념	요구되지 않음	□	시계 보기 가능	□	시간에 맞춰 자신이 수행할 일을 확인	□	시간계획 및 배분	□	
작업 수행	지속력	2시간 미만	□	2~3시간 미만	□	3~4시간 미만	□	4시간 이상	□	
	작업 속도	느린 속도 수용 가능함	□	보통의 꾸준한 작업 속도가 요구됨	□	종종 빠른 작업 속도가 요구됨	□	지속적으로 빠른 작업 속도가 요구됨	□	
	작업주도성	요구되지 않음	□	자신의 직무를 스스로 할 수 있어야 함	□	자발적으로 하는 것이 도움이 됨	□	직원이 다음 과제를 지시하거나 단서를 제공할 수 있음	□	
	업무의 순차적 수행	1가지 업무	□	2~3가지 업무의 순차적 수행이 요구됨	□	4~6가지 업무의 순차적 수행이 요구됨	□	7가지 이상 업무의 순차적 수행이 요구됨	□	
	일과상의 변화	변화 없음	□	하루에 2~3회 변화	□	하루에 4~6회 변화	□	하루에 7회 이상 변화	□	
변별력	크기 변별	매우 낮음	□	낮음	□	높음	□	매우 높음	□	
	형태 변별	매우 낮음	□	낮음	□	높음	□	매우 높음	□	
	색 변별	매우 낮음	□	낮음	□	높음	□	매우 높음	□	
사회성 사회	개인 용모	중요하지 않음	□	청결만 요구	□	청결/단정한 복장	□	청결/단정한 복장과 외모	□	
	표현언어	요구되지 않음	□	1단어 표현	□	2~3단어 조합의 단문 표현	□	정확한 문장 표현	□	
	수용언어	요구되지 않음	□	1단어 수용	□	2~3단어 조합의 단문 수용	□	긴 문장 수용	□	

<table>
<tr><td colspan="4">담당직무 공정분석</td></tr>
<tr><td>순번</td><td>수행 과정</td><td>사용공구/
도구/자재</td><td>작업요구 수준
(필요 기능/작업량/작업 속도/무게 등)</td></tr>
<tr><td>1</td><td></td><td></td><td></td></tr>
<tr><td>2</td><td></td><td></td><td></td></tr>
<tr><td>3</td><td></td><td></td><td></td></tr>
<tr><td>4</td><td></td><td></td><td></td></tr>
<tr><td>5</td><td></td><td></td><td></td></tr>
<tr><td colspan="4">★ 직무수행 과정별 사진 첨부</td></tr>
<tr><td colspan="2">직무수행 시
유의사항</td><td colspan="2"></td></tr>
<tr><td>종합
소견</td><td colspan="3"></td></tr>
</table>

[그림 10-18] 직무분석지

출처: 한국장애인개발원(2010). 중증장애인직업재활지원사업 운영 매뉴얼 I권.

적합성 비교분석지

NO−

<table>
<tr><td>성명</td><td colspan="2"></td><td colspan="2">생년월일</td><td></td><td>장애유형 및 등급</td></tr>
<tr><td>사업체 명</td><td colspan="2"></td><td colspan="2">담당직무</td><td colspan="2"></td></tr>
<tr><td colspan="3">직무분석</td><td colspan="3">직무배치 가능성</td><td rowspan="2">필요한 지원 정도 및 계획</td></tr>
<tr><td>구분</td><td>순번</td><td>고용선별 요소</td><td>사업체</td><td>구직자</td><td>적합성
(좋음: G/ 나쁨: P/
지원필요: SN)</td></tr>
<tr><td rowspan="5">고용환경</td><td>1</td><td>사업체 환경</td><td></td><td></td><td></td><td></td></tr>
<tr><td>2</td><td>고용주 및 동료태도</td><td></td><td></td><td></td><td></td></tr>
<tr><td>3</td><td>직무조건</td><td></td><td></td><td></td><td></td></tr>
<tr><td>4</td><td>작업환경</td><td></td><td></td><td></td><td></td></tr>
<tr><td>5</td><td>구인조건</td><td></td><td></td><td></td><td></td></tr>
<tr><td rowspan="12">신체능력</td><td>6</td><td>배근력(들기)</td><td></td><td></td><td></td><td></td></tr>
<tr><td>7</td><td>허리 굽히기</td><td></td><td></td><td></td><td></td></tr>
<tr><td>8</td><td>의자 앉기</td><td></td><td></td><td></td><td></td></tr>
<tr><td>9</td><td>쪼그려 앉기</td><td></td><td></td><td></td><td></td></tr>
<tr><td>10</td><td>서기</td><td></td><td></td><td></td><td></td></tr>
<tr><td>11</td><td>계단 오르기</td><td></td><td></td><td></td><td></td></tr>
<tr><td>12</td><td>보행</td><td></td><td></td><td></td><td></td></tr>
<tr><td>13</td><td>손가락 기민성</td><td></td><td></td><td></td><td></td></tr>
<tr><td>14</td><td>눈손 협응</td><td></td><td></td><td></td><td></td></tr>
<tr><td>15</td><td>양손 협응</td><td></td><td></td><td></td><td></td></tr>
<tr><td>16</td><td>청력</td><td></td><td></td><td></td><td></td></tr>
<tr><td>17</td><td>시력</td><td></td><td></td><td></td><td></td></tr>
<tr><td rowspan="7">인지</td><td>18</td><td>지시이해</td><td></td><td></td><td></td><td></td></tr>
<tr><td>19</td><td>쓰기</td><td></td><td></td><td></td><td></td></tr>
<tr><td>20</td><td>읽기</td><td></td><td></td><td></td><td></td></tr>
<tr><td>21</td><td>수 세기</td><td></td><td></td><td></td><td></td></tr>
<tr><td>22</td><td>수리능력</td><td></td><td></td><td></td><td></td></tr>
<tr><td>23</td><td>금전관리 기술</td><td></td><td></td><td></td><td></td></tr>
<tr><td>24</td><td>시간개념</td><td></td><td></td><td></td><td></td></tr>
<tr><td rowspan="4">작업수행</td><td>25</td><td>지속력</td><td></td><td></td><td></td><td></td></tr>
<tr><td>26</td><td>작업속도</td><td></td><td></td><td></td><td></td></tr>
<tr><td>27</td><td>업무의 순차적 수행</td><td></td><td></td><td></td><td></td></tr>
<tr><td>28</td><td>일과상의 변화</td><td></td><td></td><td></td><td></td></tr>
<tr><td rowspan="3">변별력</td><td>29</td><td>크기 변별</td><td></td><td></td><td></td><td></td></tr>
<tr><td>30</td><td>형태 변별</td><td></td><td></td><td></td><td></td></tr>
<tr><td>31</td><td>색 변별</td><td></td><td></td><td></td><td></td></tr>
<tr><td rowspan="3">사회성</td><td>32</td><td>개인용모</td><td></td><td></td><td></td><td></td></tr>
<tr><td>33</td><td>표현언어</td><td></td><td></td><td></td><td></td></tr>
<tr><td>34</td><td>수용언어</td><td></td><td></td><td></td><td></td></tr>
<tr><td>사례회의결과</td><td colspan="6"></td></tr>
</table>

분석일: 20 . .

담당자: (인/서명)

[그림 10-19] 적합성 비교분석지

출처: 한국장애인개발원(2010). 중증장애인직업재활지원사업 운영 매뉴얼 I권.

③ 직업배치
④ 직업상담
⑤ 교과과정계획
⑥ 직업재활
⑦ 직업 재구조화
⑧ 직무 특성과 내용에 대한 기술
⑨ 자격증 획득 준비
⑩ 직무에서 요구되는 기능에 관한 연구

10) 우리나라 지원고용

(1) 한국장애인고용공단 중증장애인지원고용사업

중증장애인지원고용

개요

3~7주간 사업체 현장훈련을 거쳐 취업으로 연계하는 프로그램입니다. 훈련기간 동안에는 일하는 방법을 알려주고 사업체 적응을 돕기 위하여 직무지도원을 배치함

근거

「장애인고용촉진 및 직업재활법」 제13조, 제43조

신청자격 및 요건

- 장애인: 15세 이상 중증장애인
  - –상담 및 직업능력평가를 통해 현장훈련을 필요로 하는 장애인이 훈련에 참여하실 수 있습니다.
- 사업주: 중증장애인 구인계획이 있는 사업체
  - –현장훈련을 실시할 수 있는 여건 및 환경을 갖춘 사업체
  - –4대 보험(국민연금, 건강보험, 산재보험, 고용보험) 가입 사업체
  - –노동관계 법령에서 규정하는 산업안전보건 등 작업조건이 정비되어 있는 사업체
- 제외사업체
  - –정부에서 예산으로 시행하는 재정에 따른 일자리 중 인건비를 지원받는 경우
  - –「장애인복지법」 제58조 제1항 제3호에 따른 장애인 직업재활시설

절차

중증장애인지원고용 절차: 모집 및 선정[공단] → 사전훈련(6일 이내)[공단] → 현장훈련(3~7주)[공단] → 훈련평가 후 고용[사업주] → 적응지도[공단 · 사업주]

지원내용

- 장애인: 훈련준비금(40,000원) 및 훈련수당(1일 17,000원) 지급, 재해보험가입
- 사업주: 훈련보조금 1인당 1일 19,340원, 훈련기간 동안 직무지도원 배치

① 직무지원인 지원사업

- 장애로 인해 취업 초기에 직장 적응에 어려움을 겪고 있는 중증장애인에게 직무지원인을 근무하고 있는 사업체에 배치하여 장애인의 취업유지율을 높이고, 안정적인 취업 후 적응을 통해 삶의 질을 향상시키기 위해 지원하는 사업
- 현장 및 본 사업 자문위원회 의견을 반영 2014년부터 직무보조인 → 직무지원인으로 명칭 변경

② 구체적 내용

- 서비스 대상: 취업 후 직장 적응에 어려움을 겪고 있는 중증장애인
- 지원 대상: 장애인 직업재활사업수행기관(장애인복지관, 장애인단체)
- 사업규모/기간: 직무지원인 45명(개소당 2인 이내)/지원약정 체결 후 6개월(1차) → 12개월(2차)*

  * 최초 6개월(1차) 사업 후 사업평가를 통해 지속적인 관리와 지원
- 지원내용: 직무지원인 임금(51,500원/1일), 교육일비(1만 2천 원/1일), 운영비*

  * 직무지원인 1인당 25만 원 지원: 교육비, 출장여비, 4대보험 등 제반경비로 집행
- 추진절차: [수행기관] 사업신청 [개발원] 서류면접심사 및 지원 결정 [수행기관] 직무지원인 채용 및 실무교육 [직무지원인] 직무지원서비스 제공

(2) 한국장애인개발원 근로지원인 지원사업

① 근로지원인 지원의 정의

직장생활에서 장애인이 수행하는 직무 중 핵심 업무를 제외한 부수적인 업무를 근로지

원인의 도움을 받아 처리할 수 있도록 지원하는 서비스다.

② **지원 대상**

업무수행능력은 보유하고 있으나 장애로 인해 부수적인 업무수행에 어려움을 겪고 있는 중증장애인근로자(예산 범위 내에서 대상자 선발)

③ **지원 시간**

주 40시간, 1일 최대 8시간 이내(공단 평가를 통하여 결정)

④ **본인 부담금**

지원받는 시간당 300원

현장훈련 사업체 개발 시

현장훈련 업체 개발이 어려울 경우

- 기존의 연계 사업체인데도 현장훈련을 수락하지 않는다면 '맞춤형 훈련형식'을 제안
- 직무분석을 통해 실제 직무공정, 직무에서 사용하는 공구, 장비, 기능 등을 파악하여 직업기술훈련과 직업적응훈련을 사전에 실시하여 능력을 일정 수준 향상시킨 후 현장훈련을 통해 가속화함

11) 직업 및 직무의 정의

직무(job)라는 말은 누가, 언제, 어떤 목적으로 사용하느냐에 따라 다른 의미를 가질 수 있으며 상황에 따라 직업(occupation), 직위(position), 작업(task) 등과 상호 교환적으로 사용된다. 따라서 이러한 혼란을 없애도 용어의 의미를 명확히 하기 위해 직무분석 관점에서 직업 관련 용어들을 [그림 10-20]에 정의한다.

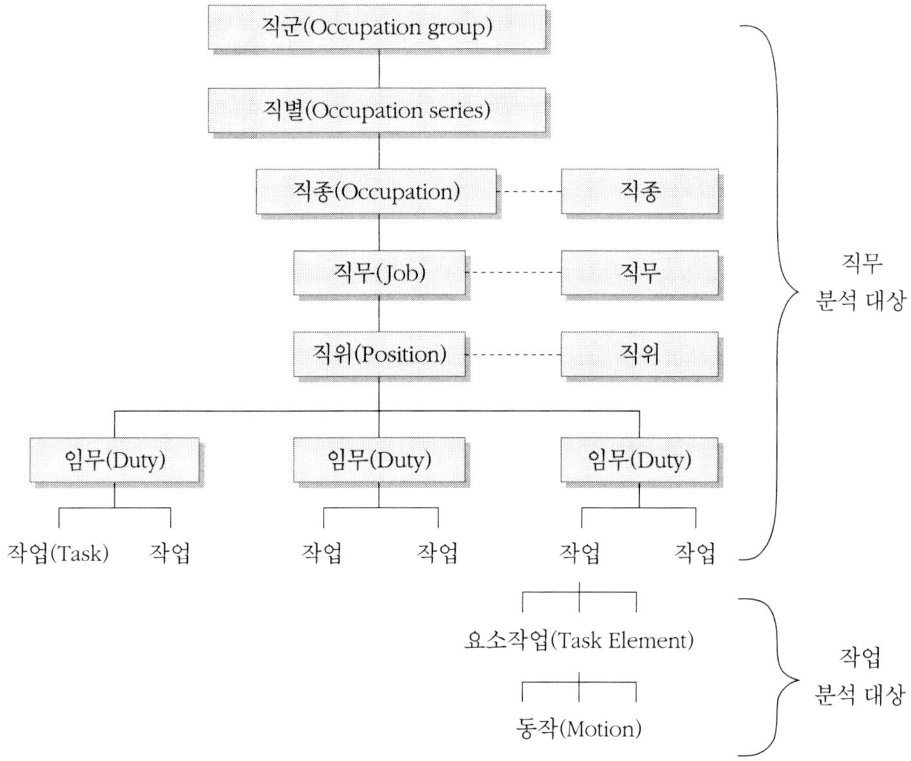

[그림 10-20] 직업 및 직무의 정의

출처: 한국고용정보원(2012). 한국직업사전.

(1) 동작(Motion, 動作)

과업요소(task element)를 구성하는 작업자의 기본 행위를 말한다. 신체의 일부를 움직이거나 이동하는 등의 작업과 관련된 모든 행위가 포함된다.

(2) 과업요소(Task Element, 課業要素)

유관한 여러 개의 동작이 하나의 과업요소(task element)를 형성하며, 이는 과업(task)을 구성하는 하위요소다. 이 과업요소 하나로는 유용한 결과를 얻을 수 없지만, 몇 개의 과업요소가 합해지면 유용한 결과를 얻을 수 있다.

(3) 과업(Task, 課業)

유관한 여러 개의 요소작업이 하나의 과업(task)을 형성하며, 직무(job)를 구성하는 하위요소다. 과업은 직무를 단계별 작은 부분으로 나눈 것으로 이것은 완전한 과업 단위를 나타내며 자체로 독립될 수 있으며 측정 가능한 행동을 말한다. 과업에는 작업자에 의해 수행되는 정신적 · 육체적 활동이 포함되며 일 또는 과업 등으로 표현되기도 한다.

(4) 직위(Position, 職位)

작업자 한 사람, 한 사람에게 임무 · 일 · 책임이 분명히 존재하여 작업이 수행될 경우, 그 한 사람, 한 사람의 작업을 직위라 한다. 어떤 조직이든 작업자의 수만큼 직위가 있게 된다. 이 직위는 개개인의 사회적 또는 신분적 지위(地位)를 의미하거나 위계적인 상하의 지위를 의미하는 것이 아니라 직무상의 지위를 의미하는 것으로 직무가 조직 내의 직무체계 안에서 차지하는 지위를 가리킨다. 조직 속의 개인은 무엇보다도 우선 직위로 표현된다.

(5) 직무(Job, 職務)

다른 직무와 구별되는 주요한 일 또는 특징적인 일의 수행 측면에서 볼 때 동일하다고 인정되는 직위의 일군으로, 작업자가 수행하는 임무(duty)와 과업(task)이 그의 직무를 이룬다. 만일 여러 사람이 동일한 임무와 과업을 수행하고 있다면 그들은 동일한 직무를 수행하고 있는 것이다. 각각의 직무는 직무분석의 대상이 되며 독립된 직업 결정의 중요한 기준이 된다. 직무 수는 직위 수와 같거나 적게 된다.

(6) 직업(Occupation, 職業)

하나의 사업장(社業場) 이상에서 발견되며 한 사람 이상의 작업자에 의해 수행되는 공통된 직무들의 묶음으로 정의된다. 특정한 직업은 작업 목적, 작업 방법, 중간재료, 최종 생산물, 작업자의 행동, 작업자의 특성 등의 관점에서 볼 때 유사한 관계에 있다. 여기서 사업장의 범위는 1인(人)이 경영하는 자영업체에서 대규모 사업체까지를 포함한다. 직업이 유사한 직무의 집합이라는 관점은 하나의 직업과 구별되는 특정한 직무를 가지고 있어야 한다는 기본 원리를 제공한다. 따라서 직무분석가는 사업체에 존재하는 모든 직위들 중에서 유사한 직무를 변별해 냄으로써 직업의 수를 결정하게 된다.

(7) 직종(Occupations, 職種)

직무의 복잡함과 책임의 비중은 다르지만, 직무 내용이 유사한 직무의 집합을 직종이라고 하며, 통상적으로 직무순환은 이 범위에서 주로 이루어진다. 즉, '직종이라 함은 직무의 종류가 유사하고, 그 복잡함과 책임의 비중이 다른 직무의 계열'이라고 할 수 있으며, 기업의 테두리를 넘어서 직무의 분류 구분을 생각할 때에는 직무분석 용어로서는 직업(Occupation)이라는 분류개념이 쓰인다.

- 직무(job), 과업(task), 과업요소(task element) 등은 상대적 개념이다. 어떤 직무에서는 요소작업인 것이 다른 직무에서는 과업(task)이 될 수 있고 또 어떤 근로자에게는 하나의 직무가 될 수 있다.
- 직군, 직렬, 직업, 직무 등은 조직 내의 관리상 편의를 위하여 만들어진 추상적인 개념이며 직위, 작업, 요소작업, 동작 등은 실제로 존재하는 실제 개념이다. 이러한 직무분석 용어는 어디서나 일반적으로 사용되지만 직무분석 용어의 분류는 산업, 직업, 업체에 따라 달리 분류되어 사용될 수 있다.

(8) 직군(Job Group, 職群)

이론적인 기준으로 설정한 유사한 성격을 지닌 일정 직무의 군으로서 이는 직무의 내용인 과업(작업, task)의 유사성이 높은 기능, 지식, 능력을 필요로 하는 공통 또는 상호 관련된 직무의 무리다.

(9) 직렬(Occupational Series, 職列)

직무의 종류가 유사하고, 그 책임과 곤란성이 정도가 상이한 직급의 군을 말한다(「국가공무원법」 제5조 8호). 업무 분야가 같은 여러 개 직종의 무리를 말한다.

한국고용직업분류에서 정하고 있는 직업분류는 〈표 10-12〉와 같다.

〈표 10-12〉 한국고용직업분류 직업 수

한국고용직업분류 중분류	본직업	관련 직업	유사 명칭	합계
01 관리직	158	148	56	362
02 경영회계사무 관련직	427	207	149	783
03 금융 · 보험 관련직	181	112	85	378
04 교육 및 자연과학 · 사회과학 연구 관련직	272	619	54	945
05 법률 · 경찰 · 소방 · 교도 관련직	35	30	13	78
06 보건 · 의료 관련직	128	66	72	266
07 사회복지 및 종교 관련직	25	27	15	67
08 문화 · 예술 · 디자인 · 방송 관련직	233	225	180	638
09 운전 및 운송 관련직	118	75	51	244
10 영업 및 판매 관련직	137	176	63	376
11 경비 및 청소 관련직	61	16	33	110
12 미용 · 숙박 · 여행 · 오락 · 스포츠 관련직	97	127	81	305
13 음식 서비스 관련직	21	10	21	52
14 건설 관련직	265	176	186	627
15 기계 관련직	396	216	126	738
16 재료 관련직	478	244	216	938
17 화학 관련직	374	251	126	751
18 섬유 및 의복 관련직	387	97	267	751
19 전기 · 전자 관련직	460	323	178	961
20 정보통신 관련직	185	85	57	327
21 식품가공 관련직	323	182	98	603
22 환경 · 인쇄 · 목재 · 가구 · 공예 및 생산단순직	514	357	193	1,064
23 농림어업 관련직	105	144	37	286
24 군인	5	0	0	5
총계	5,385	3,913	2,357	11,655

출처: 한국고용정보원(2012). 한국직업사전.

- 사회복지 및 종교 관련직은 사회공공 및 복지 차원에서 다양한 사회서비스를 제공하는 일과 관련된 직업 및 종교의식과 관련된 직업들이다. 이 직군은 다시 071 사회복지 및 상담 전문가, 027 보육교사, 육아도우미 및 생활지도원, 073 성직자 및 종교 관련 종사자 등으로 구분되는데, 이 중 사회복지 전문직은 사회문제나 개인적인 어려움을 겪고 있는 사람들에게 사회복지 관련 전문지식을 바탕으로 문제를 진단, 평가하고 이를 바탕으로 궁극적인 문제 해결을 할 수 있도록 지원하는 업무를 수행하며, 종교 관련직은 종교적 전통, 관습 및 신념에 의해 종교의례와 의식을 거행하고 신자들에게 정신적 · 도덕적 지도를 수행한다.
- 사회복지 및 종교 관련직 중 사회복지 전문직 일부는 자격시험을 거쳐야 하며, 종교 관련직은 해당 종단에서 요구하는 일정기간 동안의 교육과 수행 과정을 거쳐야 한다.

[그림 10-21] 한국고용직업분류상 사회복지 및 종교 관련직

출처: 한국고용정보원(2012). 한국직업사전.

2471-5 장애인재활상담사

직무개요 개인의 손상이나 기능제한, 상황적 요인 등으로 개인 활동이나 사회참여에 어려운 사람들을 대상으로 진단과 평가, 재활상담과 사례관리, 전환기 서비스 및 직업재활 등의 전반적인 서비스를 지원한다.

수행직무 상담을 통해 이용자의 기초 정보를 수집하고 각종 검사 및 직업평가 등을 통해 장애를 진단하고 평가 보고서를 작성한다. 이용자의 개인별 재활계획에 따라 필요한 전환 · 직업적응훈련 프로그램, 직업훈련 및 관련 정보제공, 구직탐색훈련 프로그램, 자립생활 · 사회적응훈련 프로그램, 보호 · 지원 · 맞춤식 고용 등 고용 프로그램, 취업 후 적응지도, 장애 인식 및 차별 개선 관련 프로그램 등의 재활서비스를 운영한다. 이용자의 적합한 직무 개발을 위해 지역사회 노동시장 조사, 고용주 및 인사 담당자 면담, 작업현장 관찰, 직무분석 및 직무조정(보조공학서비스), 구인 · 구직자 매칭, 사업주 지원 자원개발 및 정보제공, 고용주 · 구직자 간담회 및 교육 등을 수행한다. 재활계획 실행을 모니터링하고 재활계획서를 작성하여 사례를 관리한다.

부가직업정보

- 정규교육: 12년 초과~14년 이하(전문대졸 정도)
- 숙련기간: 2년 초과~4년 이하
- 직무기능: 자료(조정)/사람(자문)/사물(단순작업)
- 작업강도: 가벼운 작업
- 육체활동: –
- 작업장소: 실내 · 외
- 작업환경: –
- 관유사명칭: 직업재활사
- 관련 직업: 장애인직업능력평가사, 직업훈련교사
- 자격/면허: 사회복지사, 장애인재활상담사
- 고용직업분류: [2311]사회복지사
- 표준직업분류: [2471]사회복지사
- 표준산업분류: [Q871]거주 복지시설 운영업/[Q872]비거주 복지시설 운영업
- 조사연도: 2017

[그림 10-22] 장애인재활상담사 직무내용

참고문헌

강위영, 나운환, 박경순, 류정진, 정명현(2009). 직업재활개론. 서울: 나눔의 집.

강위영, 이상진(1999). 직업 및 직능평가. 서울: 학지사.

강위영, 조인수, 구대회 역(1993). 재활과학론. 서울: 성원사.

고용노동부(2010, 2011, 2012, 2013, 2014, 2015, 2016, 2017, 2018). 2010년~2018년 대상별 장려금 지급단가.

고용노동부(2012, 2013, 2014, 2015, 2016, 2017). 2012~2018년 월 고용부담금.

국립특수교육원(2009). 특수교육학 용어사전.

김백수, 이근민, 육주혜, 장문영, 오현정, 박경옥, 이진현, 유성문, 김소영, 손병창, 송병섭, 이석민, 권대규, 김성남, 전영환, 김경명, 김유환, 성기창(2016). 보조공학총론(2판). 서울: 학지사.

남용현, 김혜화, 최재호(2012). 신체능력향상 프로그램 매뉴얼. 한국장애인고용공단 고용개발원.

대한작업치료사협회(2018). https://www.kaot.org/start.asp

박지혁, 김협, 박민수, 우희순, 이종훈(2017). 작업치료 실행체계: 구성범주와 과정. 서울: 청담미디어.

박희찬(2007). 미국의 직업재활서비스 코드체계에 의한 직업재활센터의 종결 사례 분석. 직업재활연구, 17(2), pp. 77-98.

배소영(1991). 컴퓨터를 이용한 언어분석: KCLA와 언어발달 기술. 언어치료연구, 8(1), 219-243.

법제처(1981).「심신장애자복지법」

법제처(1982).「심신장애자복지법 시행규칙」[별표 2호]

법제처(1989).「장애인복지법」

법제처(1990).「장애인고용촉진 등에 관한 법률」

법제처(2000a).「장애인고용촉진 및 직업재활법」

법제처(2000b).「장애인복지법」

법제처(2002).「장애인고용촉진 및 직업재활법」

법제처(2003).「장애인복지법」

법제처(2004).「장애인고용촉진 및 직업재활법」

법제처(2005).「장애인기업활동 촉진법」

법제처(2007a).「장애인고용촉진 및 직업재활법」

법제처(2007b).「장애인복지법」

법제처(2008a).「장애인고용촉진 및 직업재활법」

법제처(2008b).「중증장애인생산품 우선구매 특별법」

법제처(2009). 「장애인고용촉진 및 직업재활법」

법제처(2010a). 「장애인고용촉진 및 직업재활법」

법제처(2010b). 「장애인복지법」

법제처(2011). 「장애인고용촉진 및 직업재활법」

법제처(2012a). 「장애인고용촉진 및 직업재활법」

법제처(2012b). 「장애인복지법」

법제처(2013a). 「장애인고용촉진 및 직업재활법」

법제처(2013b). 「장애인복지법」

법제처(2015a). 「발달장애인 권리보장 및 지원에 관한 법률」

법제처(2015b). 「장애인고용촉진 및 직업재활법」

법제처(2017a). 「장애인 등에 대한 특수교육법 시행규칙」

법제처(2017b). 「장애인복지법」

법제처(2017c). 「장애인복지법 시행규칙」

법제처(2018a). 「장애인복지법」

법제처(2018b). 「장애인복지법 시행령」

법제처(2018c). 「장애인복지법 시행규칙」

법제처(2018d). 「장애인 · 노인 등을 위한 보조기기 지원 및 활용촉진에 관한 법률」

보건복지부(2017). 2017년 장애인 복지시설 일람표.

양명숙, 김동일, 김명권, 김성회, 김춘경, 김형태, 문일경, 박경애, 박성희, 박재황, 박종수, 이영이, 전지경, 제석봉, 천성문, 한재희, 홍종관(2013). **상담이론과 실제.** 서울: 학지사.

유완식(2014). **장애인고용장려금 제도 개선 방안.** 서울: 한국장애인고용공단, 고용개발원.

이은영(1998). 장애인 직업적응훈련이 지체장애인의 직무만족에 미치는 영향에 관한 연구. 이화여자대학교 사회복지대학원 석사학위논문.

이혜경, 이진숙, 이가은(2014). **직업재활시설 실태조사 및 운영개선 연구.** 서울: 한국장애인개발원.

전영환, 남용현, 류정진 (2010). **장애인근로자의 건강실태 분석.** 한국장애인고용공단 고용개발원.

조성재, 신태식 역(2012). **직업재활의 기초.** Rubin, S. E., & Roessler, R. T. (2007). *Foundations of the vocational rehabilitation process* (6th ed.). 서울: 시그마프레스.

조정란(1998). 직업적응훈련 대상자의 취업성과에 관한 연구. 이화여자대학교 대학원 석사학위논문.

조현춘, 조현재, 문지혜, 이근배, 홍영근 역(2013). **심리상담과 치료의 이론과 실제.** Corey, G. (2012). *Theory and practice of counseling and psychotherapy* (9th ed.). 서울: Cengage Learning.

한국고용정보원(2012). **한국직업사전.**

한국장애인개발원(2010). **중증장애인직업재활지원사업 운영 매뉴얼 I권.**

한국장애인개발원(2015). **중증장애인의 직업재활계획을 위한 직업상담과 직업능력평가 매뉴얼.**

한국장애인개발원(2018). https://www.goods.go.kr/pp/index.do?menuNo=5402000&condition.fcltySe=S

한국장애인고용공단(2009). **장애인 직업능력평가 매뉴얼.**

한국장애인고용공단(2018). 2018년 장애인보조공학기기 지원안내서.

한국장애인고용공단 고용개발원(2016). 2016년 장애인고용패널조사(2차 웨이브 1차 조사).

한국장애인복지관협회(2015). 2015년도 전국 장애인복지관 편람.

Abrams, M. (1979). A new work sample battery for vocational assessment of the disadvantaged: VITAS. *The Vocational Guidance Quarterly, 28*(1), 35-43.

American Occupational Therapy Association (2014). *Occupational therapy practice framework: Domain & process* (3rd ed.). American Occupational Therapy Association.

Anderson, R. C., & Freebody, P. (1982). Reading comprehension and the assessment and acquisition of word knowledge. *Reading Technical Report, 249.*

Anderson, R. C., & Freebody, P. (1985). Vocabulary knowledge. In H. Singer & R. Ruddell (Eds.), *Theoretical models and processes of reading* (3rd ed., pp. 343-371). Newark, DE: International Reading Association.

Banja, J. D. (1990). Rehabilitation and empowerment. *Archives of Physical Medicine and Rehabilitation, 71*, 614-615.

Bloom, K. D., Buhrke, R. A., & Scott, T. B. (1988). Burnout and job expectations of state agency rehabilitation counselors in North Dakota. *Journal of Applied Rehabilitation Counseling, 19*(3), 32-36.

Boles, S. M., Bellamy, G. T., Horner, R. H., Mank, D. M. (1984). Specialized Training Program: The structured employment model. In Paine, S. C., Bellamy, G. T., Wilcox, B. (Eds.), *Human services that work: From innovation to standard practice* (pp. 181-208). Baltimore: Paul H. Brookes.

Botterbusch, K. F. (1982). Commercial vocational evaluation systems. In B. Bolton (Ed.), *Vocational adjustment of disabled persons* (pp. 93-126). Austin, TX: PRO-ED.

Bourbeau, P. E. (1985). Mobile work crews An approach to achieve long-term supported employment. In P. Wehman, & J. Kregel (Eds.), *Supported employment for persons with disabilities: Focus on excellence* (pp. 83-94). New York, NY: Human Science.

Brolin, D. E. (1982). *Vocational preparation of persons with handicaps* (2nd ed.). Columbus, OH: A Bell & Howell Company.

Brown, R. I., & Hughson, E. A. (1987). *Behavioural and Social Rehabilitation and Training.* Wiley & Sons, London.

Brown, R. I. (1989). Aging, disability, and quality of life: A challenge for society. *Canadian Psychology, 20*(3), 551-559.

Cassell, J. L., & Mulkey, S. W. (1985). *Rehabilitation Caseload Management: Concepts and Practice.* Austin, TX: Pro-ed.

Cobb, H. (1972). *The forecast of fulfillment.* New York, NY: Teachers College Press.

Commission on Accreditation of Rehabilitation Facilities (1984). *Standards Manual for Facilities Serving People with Disabilities.* Tucson, AZ.

Commission on Accredition of Rehabilitation Facilities. (1987). *Standards for organizations serving people with disabilities*. Tucson, AZ.

Commission on Certification of Work Adjustment and Vocational Evaluation Specialists (2001). *Tenth National Forum on Issues in Vocational Evaluation, Assessment, and Work Adjustment: the issues papers* . Albuquerque, NM.

Commission on Rehabilitation Counselor Certification (2007). *Scope of Practice for Rehabilitation Counseling*. Schaumburg, IL: Author.

Commission on Rehabilitation Counselor Certification (2018). *Rehabilitation Counseling Brochure*. Schaumburg, IL: Author.

Connis, R. T. (1979). The effects of sequential pictorial cues, self-recording, and praise on the job task sequencing of retarded adults. *Journal of Applied Behavior Analysis, 12*(3), 355-361.

Coven, A. B., & Blackhawk, E. (1978). *Gestalt Polarities: Understanding and Counseling the Resistant,* Non-Motivated Drug-Dependent Person.

Crewe, N. M. (1990). Vocational assessment instruments. In S. Scheer (Ed.), *Multidisciplinary perspectives in vocational assessment of impaired workers* (pp. 61-72). Rockville, MA: Aspen.

Cronbach, L. J. (1990). *Essentials of psychological testing*. New York, NY: Harper and Row.

Dawis, R. V., Lofquist, L. H., & Lloyd, H. (1976). Personality style and the process of work adjustment. *Journal of Counseling Psychology, 23*(1), 55-59.

Day, H. I., & Chambers, J. C. (1991). Empathy and burnout in rehabilitation counsellors. *Canadian Journal of Rehabilitation, 5*(1), 33-44.

DeLoach, C., & Greer, B. (1981). *Adjustment to severe disability: A metamorphosis*. New York: McGraw-Hill.

Dispenza, M. L. (2002). Overcoming the new digital divide: Technology accommodations and the undue hardship defense under the Americans with Disabilities Act. *Syracuse Law Review, 52*, pp. 159-181.

Ditty, J., & Reynolds, K. (1980). Traditional Vocational Evaluation: Help or Hindrance. *Journal of Rehabilitation, 46*(4), 22-25.

Doherty, J. (1991). From a patient's point of view: My story. *Journal of Cognitive Rehabilitation, 9*(2), 10-11.

Dowd, L. (Ed.). (1993). *VEWAA Glossary of terminology for vocational assessment, evaluation, and work adjustment*. Menomonie, WI: University of Wisconsin-Stout, Materials Development Center.

Early, J. K., Thomas, S., & Azzam, B. H. (1989). Ethics check: Are your ethics up to date? In Fry, R. (Ed.), *Fourth national forum on issues in vocational assessment: The issues papers*. Menomonie, WI: Materials Development Center, University of Wisconsin-Stout.

Edgcomb, J. (1986). *Vocational evaluation: Common criticisms and their effect on future opportunities*. In Fry, R. (Ed.), Second national forum on issues in vocational assessment: The issues papers. Menomonie, WI: Materials Development Center, University of Wisconsin-Stout.

Egerman, K., & Gilbert, J. (1969). The work evaluator. *Journal of Rehabilitation, 35*(3), 12-14.

Equal Employment Opportunity Commission (2016). https://www.eeoc.gov/policy/docs/accommodation.html#undue

Farley, R. C., Bolton, B., & Little, N. D. (1990). Employability assessment and planning in rehabilitation and educational settings. *Vocational Evaluation and Work Adjustment Bulletin, 23*(4), 117-123.

Flershman, E. A. (1984). *Taxonomies of human performance: The description of human tasks.* Orlando, FL: Academic Press.

Frey, W. D. (1984). Functional assessment in the '80s. In A. S. Halpern & M. J. Fuhrer (Eds.), *Functional assessment in rehabilitation* (pp. 11-43). Baltimore, MD: Paul H. Brookes.

Gellman, W. (1961). "The vocational adjustment shop". *Journal of Counseling and Development, 39*(8), 630-633.

Genskow, J. K. (1973). Evaluation: A multi-purpose proposition. *Journal of Rehabilitation, 39*(3), 22-25.

Gice, J. (1985). In search of ... The perfect vocational evaluation. *Vocational Evaluation and Work Adjustment Bulletin, 18*(1), 4-7.

Goldman, L. (1971). *Using tests in counseling* (2nd ed.). New York, NY: Appleton, Century, Crofts.

Gwilliam, R. (1970). *A taxonomy of goals and expectations.* Manuscript. Utah State Office of Rehabilitation Service.

Hahn, H. (1985). Introduction: "Disability Policy and the Problem of Discrimination". *The American Behavioral Scientist, 28*(3), 293-318.

Hahn, H. (1988). The Politics of Physical Differences: Disability and Discrimination. *Journal of Social Issues, 44*(1), 39-47.

Hill, M. L, Banks, P. D., Hardrock, R. R., Wehman, P. H., Hill, J. W., & Shafer, M. S. (1987). Benefit-cost analysis of supported competitive employment for persons with mental retardation. *Research in Developmental Disabilities, 8,* 71-89.

Hoffman, L. W. (1974). Effect of maternal employment on the child-a review of the research. *Developmental Psychology, 10,* 204-208.

Holland, J. L. (1959). A theory of vocational choice. *Journal of Counseling Psychology, 6,* 35-45.

Jenkins, W., Patterson, J. B., & Szymanski, E. M. (1992). Philosophical, historic, and legislative aspects of the rehabilitation counseling profession. In R. M. Parker & E. M. Szymanski (Eds.), *Rehabilitation counseling: Basics and beyond* (2nd ed.). Austin, TX: Pro-ed.

Kerr, N. (1961). Understanding the process of adjustment to disability. *Journal of Rehabilitation, 27,* 16-18.

Klein, M. A., Wheaton, J. E., & Wilson, K. B. (1997). The career assessment of persons with disabilities: A review. *Journal of Career Assessment, 5*(2), 203-211.

Kolb, C. L., & Woldt, A. I. (1976). The rehabilitative potential of a Gestalt approach to counseling severely impaired clients. In W. A. McDowell, S. A. Meadows, R. Crabtree, & R. Sakata (Eds.), *Rehabilitation counseling with persons who are severely disabled* (pp. 48-58). Huntington, WV: Marshal University Press.

Kregel, J., Wehman, P., & Banks, P. D. (1989). *The effect of consumer characteristics and type of employment model on individual outcomes in supported employment.* Manuscript submitted for publication.

Krueger, D. (1984). Psychological rehabilitation of physical trauma and disability. In D. Krueger (Ed.), *Rehabilitation psychology* (pp. 3-14). Rockville, MD: Aspen.

Lagomarcino, T. (1986). Community services. In F. Rusch (Ed.), *Competitive employment issues and strategies* (pp. 65-75). Baltimore, MA: Brookes.

Lassiter, R. A., Lassiter, M. H., Hardy, R. E., Underwood, J. W., & Cull, J. G. (Eds.). (1983). *Vocational evaluation, work adjustment and independent living for severely disabled people.* Springfield, IL: Charles C. Thomas.

Leahy, M., Muenzen, P., Saunders, J., & Strauser, D. (2009). Essential Knowledge Domains Underlying Effective Rehabilitation Counseling Practice. *Rehabilitation Counseling Bulletin, 52*(2), 95-106.

Leung, P. (1993). A changing demography and its challenges. *Journal of Vocational Rehabilitation, 3*(1), 3-11.

Livneh, H., & Antonak, R. F. (1990). Reactions to disability: An empirical investigation of their nature and structure. *Journal of Applied Rehabilitation Counseling, 21*, 13-21.

Lofquist, L. H., & Dawis, R. V. (1969). *Adjustment to work.* New York, NY: Appleton-Century-Crofts.

Mank, D., Cioffi, A., & Yovanoff, P. (1997). Analysis of typicalness of supported employment jobs, natural supports, and wage and integration outcomes. *Mental Retardation, 35*, 185-197.

Marini, I. (1991). A summary and analysis of issues from the national forum on issues in vocational assessment 1984-1989. *Vocational Evaluation and Work Adjustment Bulletin, 24*(3), 95-99.

Marr, J. N. (1982). Behavioral analysis of work problems. In B. Bolton (Ed.), *Vocational adjustment of disabled persons* (pp. 127-147). Baltimore, MD: University Park Press.

Mason, J. D. (1983). Work evaluation and work adjustment: An industrial perspective. *Vocational Evaluation and Work Adjustment Bulletin, 16*(3), 85-91.

Mauser, A. J. (1981). *Assessing the learning disabled: Selected instruments* (2nd ed.). San Rafael, CA: Academic Therapy Publications.

McCarthy, A. K. (2014). Relationship Between rehabilitation counselor efficacy for counseling skills and client outcomes. *Journal of Rehabilitation, 80*(2), 3-11.

McClannahan, M. C. (1984). *Ethical dilemmas-Differences in the public and private for profit practitioners'point of view.* In C. Smith, & R. Fry (Eds.), National forum on issues in vocational assessment: The issues papers. Menomonie, WI: Materials Development Center, University of Wisconsin-Stout.

McCray, P. M. (1979). *Learning assessment in vocational evaluation*. Menomonie, WI: Materials Development Center, University of Wisconsin-Stout.

McCuller, G. L., Moore, S. C., & Salzberg, C. L. (1990). Programming for vocational competence in sheltered workshops. *Journal of Rehabilitation, 56*(3), 41-44.

McDaniel, R. S. (1986). Vocational evaluation: What direction. In R. Fry. (Ed.), *Second national forum on issues in vocational assessment: The issues papers.* Materials Development Center, University of Wisconsin-Stout.

McDaniel, R. S. (1987). Deprofessionalizing vocational evaluation. In R. Fry. (Ed.), *National forum on issues in vocational assessment: The issues papers.* Materials Development Center, University of Wisconsin-Stout.

McDaniel, R. S., & McClannahan, M. C. (1993). Selecting vocational evaluation tools. In R. Fry. (Ed.), *Sixth national forum on issues in vocational assessment: The issues papers* (pp. 39-44). Materials Development Center, University of Wisconsin-Stout.

McDonnell, J., Nofs, D., Hardman, M. L., & Chambless, C. (1989). An analysis of the procedural components of supported employment programs associated with employment outcomes. *Journal of Applied Behavior Analysis, 22*(4), 417-428.

McGowan, J., & Porter, T. (1967). *An introduction to the vocational rehabilitation process.* Washington DC: US Department of HEW-VRA.

McKelvie, W. H., & Friedland, B. U. (1978). The life style and career counseling. In L. Baruth & D. Ekstein (Eds.), *Life style: Theory, practice and research.* Dubuque, IA: Kendal/Hunt.

Miller, L., & Roberts, R. (1979). Unmet counselor needs from ambiguity to the Zeigarnik effect. *Journal of Applied Rehabilitation Counseling, 10*(2), 60-65.

Mithaug, D. E., Martin, M. E., Husch, J. V., Rusch, F. R., & Agran, M. (1988). *When will persons in supported employment need less support?* Colorado Springs, CO: Ascent.

Moon, M. S., & Griffin, S. L. (1988). Supported employment service delivery models. In P. Wehman & M. S. Moon (Eds.), *Vocational rehabilitation and supported employment* (pp. 17-30). Baltimore, MA: Paul H. Brookes.

Mullins, J., Roessler, R., Schriner, K., Brown, P., & Bellini, J. (1997). Improving Employment Outcomes Through Quality Rehabilitation Counseling (QRC). *Journal of Rehabilitation, 63*(4), 21-31.

Nadolsky, J. M. (1984). Vocational evaluation: An experimental trend in vocational assessment. In C. Smith & R. Fry (Eds.), *National forum on issues in vocational assessment: The issues papers* (pp. 1-9). Menomonie, WI: Materials Development Center, University of Wisconsin-Stout.

Nation, I. S. P., & Coady, J. (1988). Vocabulary and reading. In R. Carter & M. McCarthy (Eds.), *Vocabulary and language teaching* (pp. 97-110). London: Longman.

Neff, W. S. (1970). Vocational assessment-theory and models. *Journal of Rehabilitation, 36*(1), 27-29.

Neff, W. S. (1985). *Work and human behavior.* New York, NY: Aldine.

Olson, L. (1992). *Use of vocational evaluation in the workers'compensation system.* In J. M. Siefker (Ed.). *Vocational evaluation in private sector rehabilitation* (pp. 99-134). Menomonie, WI: Materials Development Center, University of Wisconsin-Stout.

Owings, S., & Siefker, J. M. (1991). Criterion-referenced scoring vs. norming: A critical discussion. *Vocational Evaluation & Work Adjustment Bulletin, 24*(3), 109-111.

Parker, R. M., Szymanski, E. D., & Patterson, J. B. (2005). *Rehabilitation Counseling: Basic and Beyond* (4th ed.). Austin, TX: Pro-ed.

Parker, R. M., & Patterson, J. B. (2012). *Rehabilitation Counseling: Basics and Beyond* (5th ed.). Austin, TX: Pro-ed.

Patterson, C. H. (1967). Specialization in rehabilitation counseling. *Rehabilitation Counseling Bulletin, 10*, 147-154.

Payne, L. M. (1990). Preventing rehabilitation counselor burnout. *Journal of Rehabilitation, 4*(2), 20-25.

Pierson, N., & Crimando, W. (1988). The effects of vocational evaluation on client's attitudes toward work. *Vocational Evaluation and Work Adjustment Bulletin, 21*(4), 133-137.

Potiron, T. (1967). The necessity of special test norms for the deaf. *Information Psychologique, 26*, 17-22.

Power, P. W. (1984). *A guide to vocational assessment*. Baltimore, MD: University Park Press.

Power, P. W. (2013). *A guide to vocational assessment* (5th ed.). Austin, TX: PRO-ED.

Presnall, D. M. (1979). The relationship of manual dexterity and skill acquisition factors to workshop productivity. *Education and Training of the Mentally Retarded, 14*(1), 11-17.

Pruitt, W. A. (1986). *Vocational evaluation* (2nd ed.). Menomonie, WI.: Walter Pruitt Associates.

Pyle, D. W. (1979). *Intelligence: An introduction*. London: Routledge & Kegan Paul.

Rhodes, L. E., & Valenta, L. (1985). Industry-based supported employment: An enclave approach. *Journal of the Association for Persons with Severe Handicaps, 10*(1), 12-20.

Riggar, T. F., & Maki, D. R., & Wolf, A. W. (1986). *Applied rehabilitation counseling*. New York: Springer.

Roessler, R. T., & Greenwood, R. (1987). Vocational evaluation. In B. Bolton (Ed.). *Handbook of measurement and evaluation in rehabiltaition* (2nd ed., pp. 151-168). Baltimore, MD: Paul Brookes.

Roessler, R. T., & Rubin, S. E. (2006). *Case Management and Rehabilitation Counseling* (6th ed.). Austin, TX: Pro-ed.

Roessler, R. T., Bolton, B., & Hinman, S. (1985). A comprehensive employability assessment strategy for disabled persons. In C. Smith & R. Fry (Eds.), *National forum on issues in vocational assessment: The issues papers* (pp. 287-292). Menomonie, WI: Materials Development Center, University of Wisconsin-Stout.

Rosenberg, B. (1973). The work sample approach to vocational evaluation. In R. E. Hardy & J. G. Cull (Eds.), *Vocational evaluation for rehabilitation services* (pp. 139-161). Springfield, IL: Charles C. Thomas.

Rubin, S. E., & Emener, W. G. (1979). Recent rehabilitation counselor role changes and role strain-a pilot investigation. *Journal of Applied Rehabilitation Counseling, 10*(3), 142-147.

Rubin, S. E., & Roessler, R. T., & Rumrill, P. D., Jr. (2016). *Foundations of the Vocational Rehabilitation Process* (7th ed.). Austin, TX: Pro-ed.

Rusch, F. R. (1986). *Competitive employment: Issues and strategies*. Baltimore, MA: Brookes.

Rusch, F. R., Martin, J. E., & White, D. M. (1985). Competitive employment: Teaching mentally retarded employees to maintain their work behavior. *Education and Training of the Mentally Retarded, 20*, 182-189.

Sandler, J., & Turner, W. L. (1973). Vocational preparation of the hardcore unemployed: The token economy. *Rehabilitation Counseling Bulletin, 17*(2), 79-91.

Sherman, S. W., & Robinson, N. (1982). *Ability testing of handicapped people: Dilemma for government, science, and the public*. Panel on Testing of Handicapped People, Committee on Ability Testing, National Research

Council. Washington, DC: National Academy Press.

Shontz, F. C. (1965). Reactions to crisis. *Volta Review, 67*(5), 364-370.

Siefker, J. M. (1996). *Tests and test use in vocational evaluation and assessment: Rehabilitation resource.* Menomonie, WI: University of Wisconsin-Stout.

Sink, J. M., & Porter, T. L. (1978). Convergence and divergence in rehabilitation counseling and vocational evaluation. *The Journal of Applied Rehabilitation Counseling, 9*(1), 9-10.

Smits, S. J., & Ledbetter, J. G. (1979). The practice of rehabilitation counseling within the administrative structure of the state-federal program. *Journal of Applied Rehabilitation Counseling, 10*(2), 78-84.

Stude, E. W., & McKelvey, J. (2012). Ethics and the law: Friend or foe? *The Personnel and Guidance Journal, 57*(9), 453-456.

Szymanski, E. M., & Parker, R. M. (2010). Work and disability: Basic concepts. In E. M. Szymanski & R. M. Parker (Eds.), *Work and disability: Contexts, issues, and strategies for enhancing employment outcomes for people with disabilities* (pp. 1-15). Austin, TX: Pro-Ed, Inc.

Trach, J. S. (1990). Supported employment program characteristics. In F. R. Rusch (Ed.), *Supported employment: Models, methods, issues* (pp. 65-81). Sycamore, IL: Sycamore Publishing.

Trybus, R. J., & Lacks, P. B. (1972). Modifications of vocational behavior in a community agency for mentally retarded adolescents. *Rehabilitation Literature, 33*, 258-266.

US Congress (1990). *Americans with Disabilities Act.*

US Congress (1998). *Assistive Technology Act.*

US Department of Justice (1995). *The Americans with Disabilities Act checklist for readily achievable barrier removal.*

Uthe, E. F. (1980). *Assessment of vocational aptitudes for the handicapped.* Louisville, Kentucky: Department of Vocational Education, University of Kentucky.

Vocational Evaluation and Work Adjust-ment Association. (1975). Vocational evaluation project final report, reprint no.12. *Vocational Evaluation and Work Adjustment Bulletin, 8* (Special Edition).

Vogelsberg, R. T. (1986). Competitive employment in Vermont. In F. Rusch (Ed.), *Competitive employment issues and strategies* (pp. 35-49). Baltimore: Paul H. Brookes.

Wacker, D. P., Berg, W. K., Choisser, L., & Smith, J. (1989). Evaluation of the generalized effects of a peer-training procedure with moderately retarded adolescents. *Journal of Applied Behavior Analysis, 22*(3), 261-273.

Walk, T. E. (1985). A review of commercial vocational evaluation systems and disability groups. *Vocational Evaluation and Work Adjustment Bulletin, 18*(1), 29-34.

Wallin, J. E. W. (1967). Sheltered workshops for older adolescent and adult mental retardates. In L. V. Stahlecker (Ed.), *Occupational information for the mentally retarded.* Springfield, IL: Thomas.

Wehman, P. (1996). *Life beyond the classroom* (2nd ed.). Baltimore, MD: Paul H. Brookes.

West, M., Kregel, J., & Banks, P. D. (1990). Fringe benefits earned by supported employment participants. *Rehabilitation Counseling Bulletin, 34*, 126-138.

Whitehead, C. (1989). Influencing employment through federal and state policy. In W. E. Kiernan & R. L. Schalock (Eds.), *Economics, industry, and disability: A look ahead* (pp. 27-36). Baltimore: Paul H. Brookes.

Whitehouse, F. A. (1953). Habilitation; concept and process. *Journal of Rehabilitation, 19*(2), 3-7.

WHO (1980). *International Classification of Impairments, Disabilities, and Handicaps*. Geneva, Switzerland.

WHO (1997). *ICIDH-2 International Classification of Functioning, Disability and Health*. Geneva, Switzerland.

WHO (2001). *International Classification of Functioning, Disability and Health (ICF)*. Geneva, Switzerland.

WHO (2011). *World report on disability*.

WHO (2016). http://www.who.int/topics/rehabilitation/en/

Wolfe, P. S. (1992). Supported employment: A review of group models. In P. Wehman, P. Sale, & W. S. Parent (Eds.), *Supported employment: strategies for integration of workers with disabilities* (pp. 63-82). Stoneham, MA: Butterworth-Heinemann.

Wright, B. A. (1987). Human dignity and professional self-monitoring. *Journal of Applied Rehabilitation Counseling, 18*, 12-14.

Wright, G. N. (1980). *Total rehabilitation*. Boston, MA: Little Brown.

Wright, G. N., Leahy, M. J., & Shapson, P. S. (1987). Rehabilitation Skills Inventory: Importance of counselor competencies. *Rehabilitation Counseling Bulletin, 31*, 107-118.

Yell, M. L., Shriner, J. G., & Katsiyannis, A. (2006). Individuals with disabilities education improvement act of 2004 and IDEA regulations of 2006: Implications for educators, administrators, and teacher trainers. *Focus on Exceptional Children, 39*(1), 1-24.

Zimmerman, J., Stuckey, T. E., Garlick, B. J., & Miller, M. (1969). Effects of token reinforcement on productivity in multiply handicapped clients in a sheltered workshop. *Rehabilitation Literature, 30*, 34-41.

Zunker, V. G. (1994). *Using assessment results for career development* (4th ed.). Pacific Grove, CA: Brooks/Cole.

http://news.naver.com/main/read.nhn?mode=LSD&mid=sec&sid1=101&oid=016&aid= 0000947851

http://pezcame.com/aGFuZGljYXBwZWQgcGF0aW8gZG9vcnM/

http://thez.zeiler.com/report%3A-offering-voluntary-benefits-may-reduce-workers-compensation-claims

https://blog.naver.com/ha2anna/221063258874

https://simondarcyccs.files.wordpress.com/2014/04/hand-controls1.jpg

찾아보기

인명

내용

저자 소개

이상진(Lee, Sang Jin)

Ohio State University, Rehabilitation Services(M.A.)

대구대학교 대학원 정서장애아교육 전공(문학박사)

미국 공인직업재활상담사(Certified Rehabilitation Counselor)

Ohio Bureau of Workers' Compensation, Rehabilitation Counselor & Case Manager 역임

한국직업재활학회 부회장 역임

현 평택대학교 재활상담학과 교수

한국정서행동장애아교육학회 이사

한국청소년시설환경학회 이사

한국장애인개발원 중증장애인직업재활지원사업 평가위원

보건복지부 장애인직업재활시설평가 평가위원

장애와 재활

Foundations of Vocational Rehabilitation

2018년 6월 28일 1판 1쇄 발행
2022년 11월 25일 1판 2쇄 발행

지은이 • 이 상 진
펴낸이 • 김 진 환
펴낸곳 • (주) 학지사
04031 서울특별시 마포구 양화로 15길 20 마인드월드빌딩 5층
대표전화 • 02) 330-5114 팩스 • 02) 324-2345
등록번호 • 제313-2006-000265호

홈페이지 • http://www.hakjisa.co.kr
페이스북 • https://www.facebook.com/hakjisabook

ISBN 978-89-997-1195-4 93370

정가 **24,000원**

저자와의 협약으로 인지는 생략합니다.
파본은 구입처에서 교환하여 드립니다.